CASE STUDY OF AVIATION LAW
Labour Contract Law Volume

航空法案例教程
劳动合同法卷

郝秀辉　孔得建　郭倩男　郭栋◎编著

知识产权出版社
全国百佳图书出版单位
—北京—

图书在版编目（CIP）数据

航空法案例教程. 劳动合同法卷 / 郝秀辉等编著. --北京：知识产权出版社，2021.11
ISBN 978-7-5130-7889-4

Ⅰ.①航… Ⅱ.①郝… Ⅲ.①航空法—案例—中国—高等学校—教材②劳动合同—合同法—案例—中国—高等学校—教材 Ⅳ.①D922.296.5②D922.525

中国版本图书馆 CIP 数据核字（2021）第 239545 号

责任编辑：齐梓伊　　　　　　　责任校对：谷　洋
封面设计：久品轩　　　　　　　责任印制：孙婷婷

航空法案例教程：劳动合同法卷

郝秀辉　孔得建　郭倩男　郭　栋　编著

出版发行：知识产权出版社有限责任公司		网　　址：http://www.ipph.cn
社　　址：北京市海淀区气象路50号院		邮　　编：100081
责编电话：010-82000860 转 8173		责编邮箱：qiziyi2004@qq.com
发行电话：010-82000860 转 8101/8102		发行传真：010-82000893/82005070/82000270
印　　刷：北京九州迅驰传媒文化有限公司		经　　销：各大网上书店、新华书店及相关专业书店
开　　本：720mm×1000mm　1/16		印　　张：21.75
版　　次：2021年11月第1版		印　　次：2021年11月第1次印刷
字　　数：340千字		定　　价：89.00元
ISBN 978-7-5130-7889-4		

出版权专有　侵权必究
如有印装质量问题，本社负责调换。

作者简介

孔得建，1988年生，山东莘县人。先后取得山东大学（威海）法学学士学位，北京航空航天大学法学硕士学位，荷兰莱顿大学法学博士学位，曾在意大利博洛尼亚大学、国际统一私法协会和欧洲空间政策研究所从事访问研究。现为中国政法大学国际法学院讲师，航空与空间法研究中心研究员，中国航空航天法律网总编。主要研究方向为航空航天法，重点关注卫星导航法律和政策。主持和参与多项省部级横纵向课题，出版英文专著一部，发表中英文论文和译文多篇。

郭倩男，1994年生，辽宁抚顺人。先后取得西南政法大学法学学士学位，中国民航大学法律硕士学位。现任上海电气集团子公司法务部主管。

郭栋，1985年生，山东泗水县人。先后取得西南政法大学法学硕士学位和美国圣玛丽大学法律硕士学位，北京航空航天大学法学博士学位，曾在美国圣玛丽大学从事访问研究。现为北京服装学院商学院教师，兼职律师。在《山东社会科学》《法律科学》《北京航空航天大学学报》等期刊发表论文十余篇。

航空法学案例教学规划丛书总序

案例教学模式的改革与创新是当代法学教育教学改革的重要内容，已获共识并被广泛采用。案例教学模式以问题为中心，以实务为导向，以理论与实践相结合为教学目的，是培养应用型、创新型人才的有效途径。自最高人民法院提出"建立和完善案例指导制度"以来，判例研究作为一种教学组织模式的重要性日益彰显。在信息化和智能化的时代，案例教学的资料收集与检索获得前所未有的便利，但也给如何创新法学案例教学的形式和内容提出新挑战。

推进案例教学必须要有相应的案例教材配套，教材（特别是案例教材）建设是深化教学改革、全面推进素质教育、培养卓越法律人才的重要保证。教材是体现教学内容和教学方法的知识载体，是进行教学的基本工具，是学科建设和课程建设成果的凝结和体现，加强教材规划与建设是提高教学质量的重要基础性工作。

目前，案例教学虽然在法学教育中推广较快，以案例分析为内容的各类图书或参考书也汗牛充栋，但因其选择的相关案例过于零散和随意，或过于简单和浅显，较多图书在规则阐述方面存在系统性和逻辑性不足，尤其是特色化、个性化的案例教材严重短缺，案例教材没能发挥应有的作用。

近年来，中国民航大学的法学学科专业建设取得重大进展。2001年法学本科专业面向全国招生，2012年获批法学一级学科硕士点，2014年获批法律硕士专业学位点，2017年获批天津市高等学校"十三五"综合投资规划"应用型"专业建设项目，2020年获批天津市一流本科专业建设点。拥有天津市人文社科重点研究基地——航空法律与政策研究中心、天津市级实验教学示范中心——航空法学实验教学中心。

中国民航大学法学专业为有效实现专业特色化发展，围绕应用型航空法律人才需求特点，以学校为本位，自我设计开发和确定了大量凸显航空法特色的"校本课程"，意在通过校本课程教学实现专业人才培养目标。多年来，法学院持续构建以任课教师为主体的研究团队，积极开展对航空法教学内容的研究，有计划地推进分层分类、立体化的特色教材建设，开发和编撰作为校本课程实施的媒介——"校本教材"。其中《航空法学原理与实例》《航空运输合同法》《航空保险法》和《航空恐怖主义犯罪的防范与控制》等教材，已在教学中投入使用，获得良好效果和较大反响。

为进一步促进中国民航大学航空法案例教学的发展，避免航空法案例教材的无序、重复编撰与出版，根据航空法律人才培养教学计划，本书编写组特别开展"航空法学案例教学规划丛书"的编写，统一规划和设计案例教程的体系和内容，强化案例教材建设的过程性管理。

本套丛书注重特色性、研究性和实用性。每部教程所选案例均为航空领域的典型案例，反映现实问题，突出强化对案例的深度研究和法理阐释，不局限于对既有案例的单纯评述，也非对臆造案例的学术构造，而是意在通过总结法律适用的经验和技术，探讨司法裁判的妥当性，切入航空业发展对法律规范和法学理论的真需求，研究理论和实务良性互动的现实问题。每部案例教程的编著均以法学课程的案例教学为指引，在教程体例设计上注重科学性、逻辑性和教学规律，在案例选择上注重精准性、代表性和可接受性，充分发挥案例教程对航空法学案例教学的作用。

郝秀辉

2021 年 3 月

前　言

劳动合同法是法学专业的重要专业课程之一，是法科学生建构专业知识体系的重要组成部分。劳动合同法作为规范用人单位和劳动者之间订立、履行、变更、解除和终止劳动关系的法律，具有很强的实践性，对各行业、各领域用人单位和劳动者之间的劳动关系均具有指导意义。

本案例教材以劳动合同法的基本制度为线索，选用民航领域劳动争议典型案例88个，对许多具体民航法律实务问题进行了有针对性的阐释和说明。通过简介案情，使学生了解和熟悉民航领域劳动纠纷，增强对民航劳动关系的认知，培养学生对民航业的兴趣。通过案例评析，帮助学生理解现行劳动合同法律规定，增强学生运用法律分析和解决民航实务问题的能力。

本案例教材的作者对各章内容的编写虽竭尽全力，但仍会有不完善之处，尚祈读者和学界同人批评指正。各章编写具体分工如下：

第一章　劳动合同法概述　　郝秀辉　郭倩男

第二章　劳动合同的订立、形式、内容和效力　　郝秀辉　郭倩男

第三章　劳动合同的履行和变更　　郝秀辉　郭栋

第四章　劳动合同的解除与终止　　郝秀辉　郭栋

第五章　用人单位内部规章制度　　郝秀辉

第六章　劳务派遣　　孔得建　郝秀辉

第七章　集体合同　　孔得建　郝秀辉

第八章　劳动合同争议的解决　　郝秀辉

本教材最终由郝秀辉负责统稿和修订、完善，郭倩男负责文字校对。

编者

2021 年 8 月

目 录

第一章 劳动合同法概述 …… 1

第一节 劳动合同法的调整对象 …… 1
一、机票送票员与航空公司之间的劳务关系 …… 3
二、航空配载员与航空公司之间的劳务派遣关系 …… 8
三、机场集团公司与职工的劳动合同关系 …… 14
四、飞机制造企业改制后与员工的劳动合同关系 …… 16
五、航空集团公司与员工的社会保险关系 …… 20
六、事业单位（飞行队）与其飞行员的聘用合同关系 …… 22

第二节 劳动合同法的适用范围 …… 25
一、航空公司合并或分立后原劳动合同义务的履行主体之争议 …… 25
二、航空乘务员执勤期间走私物品被解除劳动合同之争议 …… 27
三、航空公司与客户管理员变更劳动合同内容之争议 …… 29
四、通航机务维修员单方解除劳动合同之争议 …… 32
五、空中交通管制员离职后要求用人单位返还执照之争议 …… 34

第三节 劳动合同法的渊源 …… 38
一、民航空管局职工的退休年龄适用统一行政法规 …… 39
二、民用机场电工不符合民航规章要求的操作规范被解除劳动合同 …… 41
三、航空公司应依据民航规章和规范性文件为离职飞行员移交相关档案 …… 45

四、航空地服公司站坪司机的加班工时应执行民航系统特定工时计算标准⋯⋯ 62

第二章　劳动合同的订立、形式、内容和效力⋯⋯ 67
第一节　劳动合同的订立⋯⋯ 67
一、委托培养的飞行学员不能被强制订立劳动合同⋯⋯ 68
二、航空配餐公司员工订立劳动合同时负有如实告知义务⋯⋯ 70
三、参加职业培训的飞行员未取得资质不影响订立劳动合同的能力⋯⋯ 72
第二节　劳动合同的形式⋯⋯ 74
一、航空技术公司未与员工订立书面劳动合同的法律后果⋯⋯ 75
二、机场公司与安检员的无固定期限劳动合同的书面形式⋯⋯ 79
三、航空运输销售代理公司与员工的电子劳动合同有效⋯⋯ 83
第三节　劳动合同的内容⋯⋯ 86
一、劳动合同的必备条款⋯⋯ 86
二、劳动合同的补充条款⋯⋯ 107
第四节　劳动合同的效力⋯⋯ 126
一、外国航空公司驻华办事处订立的劳动合同无效⋯⋯ 126
二、航空公司的分公司与员工订立劳动合同的效力⋯⋯ 129

第三章　劳动合同的履行和变更⋯⋯ 132
第一节　劳动合同的履行⋯⋯ 132
一、航空科技公司应当依约履行劳动合同承诺的奖金⋯⋯ 133
二、航空公司因乘务员涉嫌违法犯罪中止劳动合同⋯⋯ 135
三、民航快递公司应按约定履行对派遣员工的工资支付义务⋯⋯ 138
四、通航公司应及时履行对员工工伤保险的申报义务⋯⋯ 141
五、民航高校教师晋升教授后应否履行服务期协议的约定⋯⋯ 144
六、外籍飞行员劳动合同履行中的情势变更⋯⋯ 146
七、航空公司应支付乘务员工伤停工留薪期的工资⋯⋯ 151
第二节　劳动合同的变更⋯⋯ 153
一、通航公司变更劳动合同内容未采用书面形式的效力⋯⋯ 154

二、航空公司的合并对劳动合同履行主体的变更 …………………… 157

三、航空公司未与劳动者协商一致变更劳动合同主体的效力 ……… 159

第四章 劳动合同的解除与终止 …………………………………… 164

第一节 劳动合同的解除 …………………………………………… 164

一、用人单位单方解除劳动合同 …………………………………… 166

二、劳动者单方解除劳动合同 ……………………………………… 186

第二节 劳动合同的终止 …………………………………………… 206

一、飞机维修公司终止发动机清洁工的劳动合同不合法定退休
年龄要求 …………………………………………………………… 206

二、机场集团公司司机在工伤治疗期后被依法终止劳动合同 …… 209

三、乘务员与航空公司终止劳动合同经济补偿金的计算年限 …… 214

四、航空高校终止编制人员到期聘用合同应否支付经济补偿金 … 217

第五章 用人单位内部规章制度 …………………………………… 219

一、乘务员严重违反航空公司内部规章制度被解除劳动合同 …… 220

二、航空技术公司要求违纪员工赔偿产品质量不合格的经济损失 … 223

三、机场安保人员因严重违纪被解除劳动合同无权要求
赔偿金 ……………………………………………………………… 225

四、航空服务公司依据内部规章制度要求离职员工赔偿培训费
损失 ………………………………………………………………… 229

五、航空货运公司依据内部规章制度对员工进行处罚 …………… 232

第六章 劳务派遣 …………………………………………………… 236

一、劳务派遣的航空乘务员违规携带行李被航空公司解除用工 … 237

二、国际航协无正当理由退回被派遣劳动者的法律后果 ………… 240

三、航空服务公司解除劳动合同补偿金的计算年限应包括劳务
派遣工作期间 ……………………………………………………… 246

四、航空维修公司接受派遣的退休返聘者可否享受工伤保险待遇 … 249

五、航空公司装卸工在机场控制区违规携带打火机被退回劳务
派遣公司 …………………………………………………………… 252

3

六、机场劳务派遣装卸员病假期间可否被解除劳动合同 …………… 255

七、航班清洁工私拿机供品应否被劳务派遣公司解除劳动合同 …… 258

八、民航空管局劳务派遣厨师的工伤保险赔偿 …………………… 261

第七章　集体合同 ……………………………………………… 270

一、航空公司的集体合同可否对飞行员加班工资计算基数进行
约定 ……………………………………………………… 271

二、航空港建设公司的集体合同是否需要劳动者签字 …………… 278

三、航空货运公司的集体合同是否需要签盖单位公章 …………… 281

四、机场集团公司的集体合同可否适用下属股份公司 …………… 284

五、飞机维修公司可否依据集体合同对辞职员工主张培训违约金 …… 286

六、民航空管站的劳务派遣驾驶员是否适用集体合同 …………… 288

七、机场集团公司依据集体合同规定解除劳动合同应否支付经济
补偿金 …………………………………………………… 291

第八章　劳动合同争议的解决 …………………………………… 295

第一节　劳动合同争议解决路径之一：仲裁 ……………………… 296

一、航油公司员工申请绩效工资的仲裁时效与起算 …………… 298

二、机场公司向劳动者主张违约金的仲裁时效与中断 …………… 304

三、航空货运公司未签订书面劳动合同加付双倍工资的仲裁时效
与起算 …………………………………………………… 306

四、商务航空公司职工未休年休假工资的仲裁时效与起算 ……… 309

五、机场客服员请求确认劳动关系之诉是否适用仲裁时效 ……… 315

第二节　劳动合同争议解决路径之二：诉讼 ……………………… 318

一、航空公司请求飞行员返还生活补贴的诉讼时效 …………… 319

二、通航公司法务员请求防暑降温费的仲裁时效的司法认定 …… 322

三、航空配餐公司员工主张加班费的时效与诉讼中调解 ………… 324

四、飞行员与航空公司劳动争议诉讼的优先管辖与并案审理 …… 330

参考文献 …………………………………………………………… 333

第一章
劳动合同法概述

劳动合同制度是劳动法的一项核心法律制度，是劳动者实现劳动权的法律形式之一，是劳动者和用人单位实现双向选择的法律形式，是保护劳动关系双方当事人合法权益的法律手段，具有极其重要的作用，是解决劳动争议的重要依据。[①]

《中华人民共和国劳动法》（以下简称《劳动法》）是劳动领域的基本法，其中规定了用人单位与劳动者建立劳动关系应订立书面劳动合同。《中华人民共和国劳动合同法》（以下简称《劳动合同法》）是《劳动法》的子法之一，与《劳动法》构成下位法和上位法的关系。我国劳动法的框架体系如图 1-1 所示。

第一节 劳动合同法的调整对象

任何一个独立的法律部门，都有其特定的调整对象。劳动法是我国社会主义法律体系中一个重要的独立法律部门，其调整的是劳动关系以及与劳动关系密切相联系的其他关系。《劳动法》是劳动保障立法体系的基准法，是《劳动合同法》的立法根据，是《劳动合同法》的母法。

劳动合同法，是指关于劳动合同的法律规范，有广义和狭义之分。广义的劳动合同法，一般是指所有关于劳动合同的法律规范的总称；狭义的劳动合同法，是指现行的《劳动合同法》。

---

① 关怀、林嘉主编：《劳动法》，中国人民大学出版社 2016 年版，第 90-91 页。

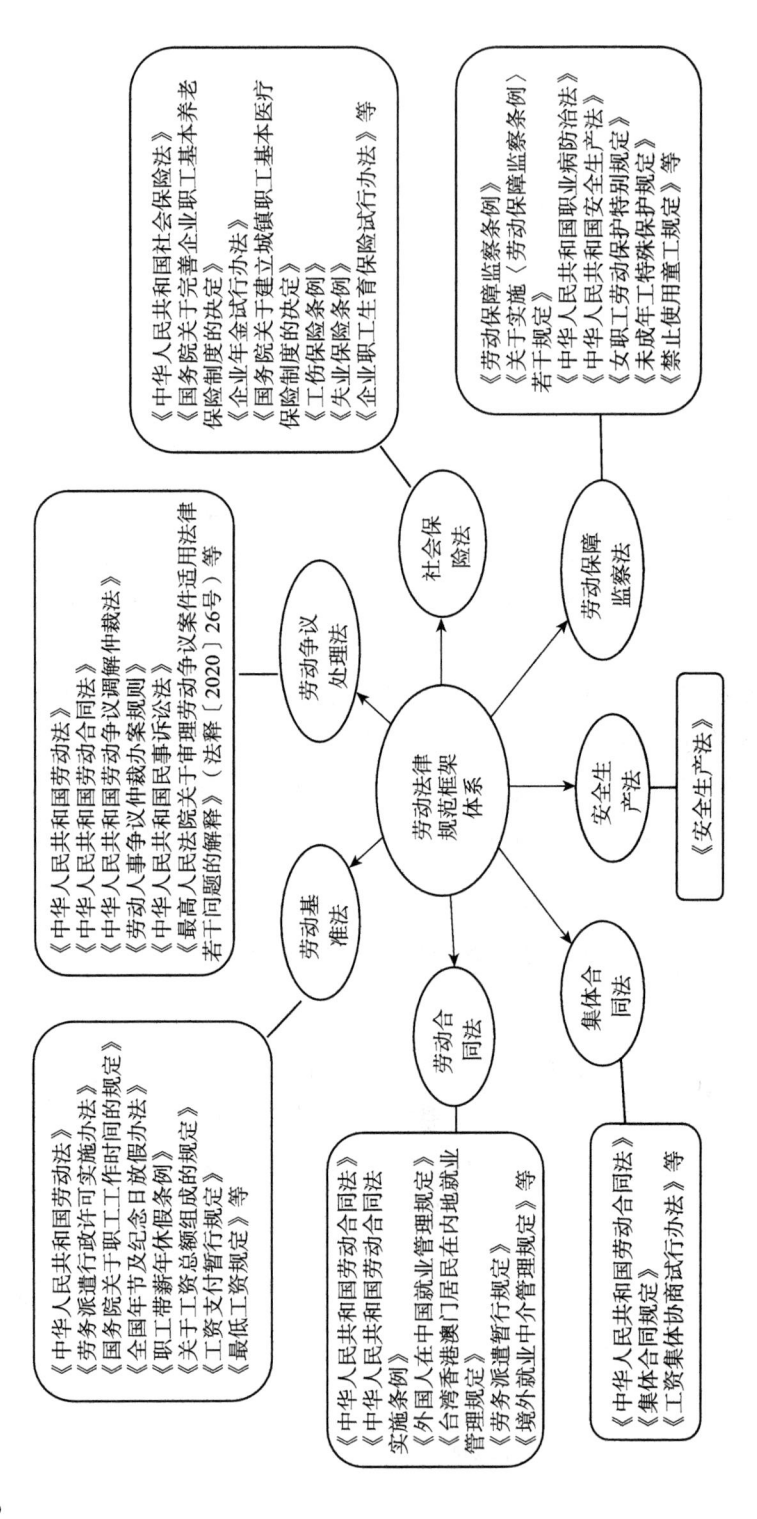

图 1-1 我国劳动法律规范框架体系

劳动合同法的调整对象为劳动合同关系。劳动合同关系是劳动者在运用劳动能力，实现社会劳动过程中与用人单位之间产生的社会关系。劳动者与用人单位在劳动合同的订立、履行、变更、解除或者终止各个环节发生的各种权利义务关系，均由劳动合同法进行调整。

民航业是我国经济社会发展重要的战略产业。经中国民航局全国民航工会工作调查，截至2018年12月月底，民航全行业职工达70.5万人[1]。民航业存在大量用人单位与劳动者的劳动合同关系，该领域的劳动合同既有一般劳动合同的一些共性，又存在许多特性，如劳动时限、劳动内容、飞行员流动规制等。

一、机票送票员与航空公司之间的劳务关系

【案例】李某某与中国南方航空股份有限公司海南分公司劳动纠纷案[2]

【案情介绍】

2005年10月，李某某经他人介绍到中国南方航空股份有限公司海南分公司（以下简称南航海南分公司）售票中心从事送票工作。根据《送票员管理规定》，由南航海南分公司电话通知李某某送票，李某某自备送票交通工具，当天所出票须当天送完，送完票后将票款交回给南航海南分公司。双方口头约定送票报酬为每张票8元，后涨为每张票9元，一般每月结算一次费用。结算后，南航海南分公司将报酬以现金支票方式支付给李某某。2005年之后，先由李某某自行到税务部门开具发票交给南航海南分公司，南航海南分公司再委托银行将结算的送票费支付给李某某。李某某开具的发票记载支付项目内容为"劳务费"，南航海南分公司委托银行支付给李某某款项的摘要记载为"工资、代发工资、奖金、协议奖金、送票费、保险"等内容。李某某除每月领取送票费外，在南航海南分公司处不享受其他福利待遇。李某某没有固定工作量、无底薪，每月多送多得、少送少得、不送不得。李某某每月所得送票费从几百元至几千元不等。双方未签订书面合同，南航海南分公司未为其缴纳社会保险费。南航海南分公司提交的员工考勤记录名单中未

---

[1] 参见中国民用航空局2019年5月发布的《2018年民航行业发展统计公报》。
[2] 海口市美兰区人民法院（2014）美民一初字第1857号民事判决书；海南省海口市中级人民法院（2015）海中法民一终字第194号民事判决书。

显示有李某某。

2014年1月14日，李某某以送票业务量减少，报酬过低，无法维持生计为由而离职。之后，李某某向海南省劳动人事争议仲裁委员会申请仲裁，要求确认：双方自2007年12月至2014年1月14日期间存在劳动关系，并由南航海南分公司为李某某补缴2008年1月至2014年1月期间的五项社会保险费。海南省劳动人事争议仲裁委员会经审理认为，李某某与南航海南分公司间不存在劳动关系，裁决驳回李某某的仲裁请求。李某某不服，向海口市美兰区人民法院提起诉讼。法院审理后判决驳回李某某的诉讼请求。李某某不服判决，提起上诉。海口市中级人民法院审理后，判决驳回上诉，维持原判。

【案例评析】

本案涉及劳动关系的认定标准问题，在此重点探讨争议焦点之一：李某某和南航海南分公司之间存在劳动关系还是劳务关系？

1. 劳动关系的成立是审理劳动争议案件的前提

劳动关系是劳动法、劳动合同法、劳动争议调解仲裁法的调整对象，只有用人单位和劳动者之间建立了劳动关系，由此产生的争议才称为劳动争议。因此，当事人之间是否成立劳动关系，是审理劳动争议案件的前提，也是确定双方权利义务的基础。

在司法实践中，主体之间订有书面劳动合同的，劳动关系的认定一般不存在困难；发生争议较多的是不存在书面劳动合同情形下劳动关系的认定问题。目前，劳动关系成立的认定主要依据劳动和社会保障部《关于确立劳动关系有关事项的通知》（劳社部发〔2005〕12号）第1条和第2条的规定。即用人单位招用劳动者未订立书面劳动合同，但同时具备下列情形的，劳动关系成立：

（1）用人单位和劳动者符合法律、法规规定的主体资格；

（2）用人单位依法制定的各项劳动规章制度适用于劳动者，劳动者受用人单位的劳动管理，从事用人单位安排的有报酬的劳动；

（3）劳动者提供的劳动是用人单位业务的组成部分。

用人单位未与劳动者签订劳动合同，认定双方存在劳动关系时可参照下列凭证：

（1）工资支付凭证或记录（职工工资发放花名册）、缴纳各项社会保险费的记录；

第一章 劳动合同法概述

（2）用人单位向劳动者发放的"工作证""服务证"等能够证明身份的证件；

（3）劳动者填写的用人单位招工招聘"登记表""报名表"等招用记录；

（4）考勤记录；

（5）其他劳动者的证言等。

在本案中，李某某为南航海南分公司送票员，双方对此并无异议，也符合劳动者和用人单位均具备法定主体资格的要求。但李某某与南航海南分公司是否存在劳动关系，还需要考虑如下两个因素。

第一，《送票员管理规定》不是南航海南分公司的劳动规章制度。从李某某提交的《送票员管理规定》的内容来看，该规定虽要求排班的送票员按时到中心售票处待命，休息的送票员候补，但实质并无强制约束，送票员不参加排班，或者不候补的，南航海南分公司并无处罚规定。即便送票员存在迟到或者未按时送票的情形，没有旅客有效投诉的，也不进行处罚。而南航海南分公司对送票员的处罚，仅仅限于罚款，公司管理劳动者常用的通报批评、责令检讨、降级、调离岗位、撤职等方式，并不涉及。南航海南分公司营业场所未向李某某提供办公间，也从未要求李某某打考勤。由此，南航海南分公司的劳动规章制度并不适用于送票员李某某，《送票员管理规定》并非南航海南分公司的劳动规章制度，而是南航海南分公司就其与送票员之间的送票业务单方拟就的格式合同，要求送票员提供符合要求的送票服务，故南航海南分公司才会要求送票员在该规定末端签字确认。但李某某认为该规定不合理而拒绝了签名，实质上已经拒绝对南航海南分公司的上述要约进行承诺。公司合法制定并公布的劳动规章制度，对所有劳动者有约束力，不会以个别劳动者签名作为生效条件。因此，南航海南分公司依据《送票员管理规定》对送票员进行约束，不属于用人单位对劳动者的劳动管理，而是平等主体对合同权利的行使。若双方发生纠纷，如送票途中发生盗抢事件或者意外伤害，南航海南分公司依据该规定要求送票员承担责任时，未在该规定上签名的送票员可以对该规定提出未生效抗辩。

第二，送票员提供的劳动并非南航海南分公司主营业务的组成部分。南航海南分公司的业务范围是航空运输服务，机票销售和航空运输为其主营业务，而为旅客送票是为公司主营业务服务的辅助业务，本身并非公司主营业务。

南航海南分公司向其付款项目中有"工资"或者"奖金"的摘要记录的问

题，法院认为，南航海南分公司以何种名目通过银行向李某某付款，系其内部与银行财务账目处理问题，仅凭该交易明细不足以认定双方存在劳动关系。

在李某某与南航海南分公司劳动纠纷案中，法院认定双方不存在劳动关系。李某某为南航海南分公司送票，每张票固定收取8元或9元的送票费，自备交通工具、自付与旅客联络的通信费用，自行承担经营风险，南航海南分公司未将其对劳动者考核管理的各项劳动规章制度用于管理李某某，双方的关系不符合劳动关系的组成要件。李某某承接南航海南分公司的送票业务，由南航海南分公司派单并按单计费支付报酬，该过程形式上符合承揽合同关系，其实质是一种劳务关系。

李某某的送票业务是等待南航海南分公司打电话通知，无固定工作量、无固定底薪，多送多得、少送少得、不送不得，这说明李某某无须打卡上班，可自行安排业务量，显然没有体现出劳动合同关系中人身从属性的特点，也证明了李某某不受南航海南分公司各项规章制度的约束。从南航海南分公司向李某某支付送票报酬，李某某向南航海南分公司出具劳务费发票来看，李某某明确知晓送票所得收入为劳务费。同时，双方未签订书面劳动合同，南航海南分公司没有为李某某缴纳相关社会保险，李某某没有实际享有南航海南分公司内部员工待遇和其他福利。因此，李某某与南航海南分公司存在劳务关系，而非劳动关系。

2. 劳动关系与劳务关系的辨析与区分

劳动关系是指用人单位雇用劳动者为其成员，劳动者在用人单位的管理下，提供由用人单位支付报酬的劳动而产生的权利义务关系。在劳动关系中，由用人单位提供劳动场所、对象、工具等基本劳动条件，由劳动者来完成用人单位指令的业务工作。

劳动关系的基础为雇佣关系，但并非所有的雇佣关系都是劳动关系。当雇佣关系符合劳动法的调整范围，体现国家对劳动者保护的强制干预①时，便以劳动关系出现；当雇佣关系不在公权力的干预范围之内时，不属于劳动法律法规调整范围，而仅仅是一种普通的雇佣关系，受民法调整。对于劳动关系的认定，应结合主体、隶属性、内容等要件进行，整体理解和把握法律、

---

① 例如，确定劳动者的基本权利，包括最低工资、工作时长、辞退的法定情形、用人单位强制性地缴纳社会保险等内容。

司法解释规定,避免因对法条的孤立、片面理解而产生法律适用错误,脱离法律规定和客观实际将劳动关系泛化。①

劳务关系属于民事关系之一,是指平等民事主体一方根据口头或书面约定向另一方提供一次性或特定的劳务,另一方接受劳务并依约支付劳务报酬而形成的权利义务关系。例如,家庭或个人与家政服务人员之间的关系;个体工匠与帮工或学徒之间的关系;农村承包经营户与受雇人之间的关系等。

在实践中,很多用人单位往往以双方是劳务关系来规避劳动法上的责任,因而,正确区分劳动关系与劳务关系有着十分重要的意义,有利于保护劳动者的合法权益。劳动关系与劳务关系区分对照详见表1-1。

表1-1 劳动关系与劳务关系区分对照

序号	比较项	劳动关系	劳务关系
1	用工主体资格	法定性:企业、个体经济组织、民办非企业单位等,以及与劳动者建立劳动关系的国家机关、事业单位、社会团体	宽泛性:自然人、法人或其他组织
2	双方地位	兼有人身关系和财产关系的双重性质,人身关系兼具平等性和从属性(包括人格从属性和经济从属性)	仅为财产关系,没有身份隶属和依附性
3	双方权利义务	国家干预性强:如劳动合同有法定的必备条款,合同解除须满足法定条件和法定程序,最低工资,最高工时,强制缴纳社会保险,保障劳动者的劳动安全与卫生等强制性义务,劳动风险完全由用人单位承担	意思自治性突出:不强制给劳动者提供保险、福利等待遇;工作风险一般由劳务者自担;报酬支付原则、支付形式由双方协商,不违背法律或行政法规强制性规定即可
4	关系特点	稳定性、持续性	临时性、短期性、一次性

---

① 杜万华主编:《〈第八次全国法院民事商事审判工作会议(民事部分)纪要〉理解与适用》,人民法院出版社2017年版,第436页。

续表

序号	比较项	劳动关系	劳务关系
5	法律责任	当事人承担经济补偿金、赔偿金等民事责任和行政责任（如劳动行政部门给予用人单位罚款等行政处罚，用人单位对当事人给予警告、记过、降职等处分）	一般是违约和侵权等民事责任，无行政责任或其他纪律处分
6	适用法律	《劳动合同法》《劳动法》《中华人民共和国社会保险法》	《中华人民共和国民法典》
7	保护时效	劳动争议申请仲裁的时效期间为1年（《中华人民共和国劳动争议调解仲裁法》第27条）	向人民法院请求保护民事权利的诉讼时效期间为3年（《中华人民共和国民法典》第188条）

二、航空配载员与航空公司之间的劳务派遣关系

【案例】王某某与中国南方航空股份有限公司新疆分公司、乌鲁木齐助成兴业劳务派遣有限公司劳动争议案

【案情介绍】

2005年，王某某入职中国南方航空股份有限公司新疆分公司（以下简称南航新疆分公司）从事配载员工作。2008年，王某某的劳动关系转至乌鲁木齐助成兴业劳务派遣有限公司（以下简称助成兴业公司）。2016年4月，王某某休病假。2016年5月23日，王某某离开南航新疆分公司，于2016年5月26日申请劳动仲裁。2016年6月1日，助成兴业公司收到新疆维吾尔自治区劳动人事争议仲裁委员会邮寄送达的王某某仲裁申请，并于当日告知南航新疆分公司。2016年6月2日，南航新疆分公司亦收到新疆维吾尔自治区劳动人事争议仲裁委员会邮寄送达的王某某仲裁申请，并于当日作出《关于与王某某解除上岗合同的函》，送达助成兴业公司。助成兴业公司作出与王某某解除劳动关系决定，以邮寄方式向王某某送达。王某某申请劳动仲裁，不服裁决，诉至法院，请求判令助成兴业公司、南航新疆分公司连带支付其解除劳动关系经济补偿金；按照每月8 000元工资标准补齐工资差额。一审法

院判决助成兴业公司与南航新疆分公司连带支付王某某劳动关系存续期间解除劳动关系经济补偿金。① 王某某和助成兴业公司、南航新疆分公司均不服一审判决，提出上诉。二审法院审理后裁定撤销经济补偿金的判决。②

【案例评析】

1. 劳务派遣法律关系结构解析

本案涉及的是一起劳务派遣法律关系，包含有劳动者、劳务派遣机构和用工单位三方主体，彼此相互之间的权利义务和要求如图 1-2 所示。

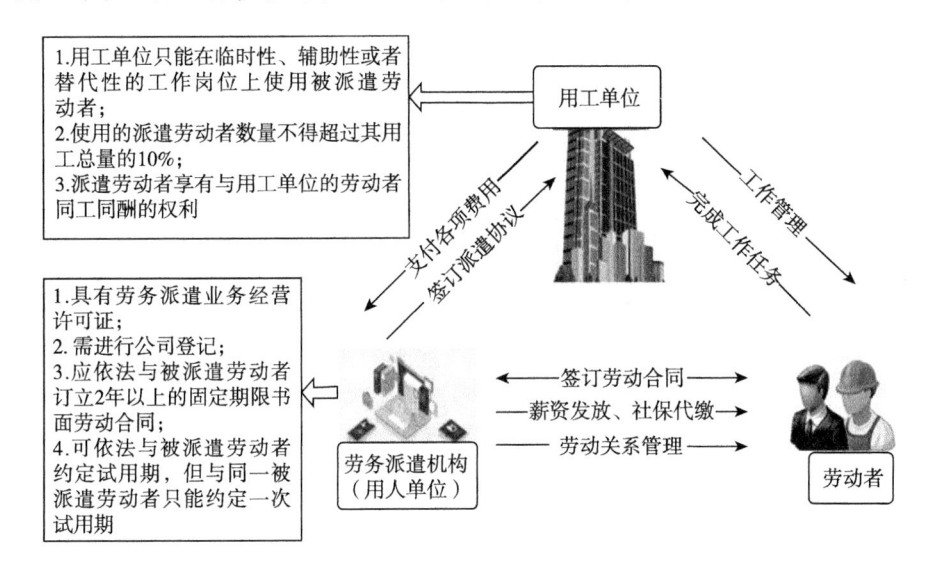

图 1-2 劳务派遣三方法律关系

注：本图由笔者根据 2013 年发布的《劳务派遣行政许可实施办法》规定整理制作。

劳务派遣机构经营劳务派遣业务，实行劳务派遣业务经营许可证制度。即应当向劳动行政部门依法申请行政许可；经许可的，依法办理相应的公司登记，未经许可，任何单位和个人不得经营劳务派遣业务。另根据《劳动合同法》（2012 年修订本）第 67 条的规定，用人单位不得设立劳务派遣单位向本单位或者所属单位派遣劳动者。

劳务派遣业务经营许可的条件、申请、受理、决定和颁发许可证的程序如图 1-3 所示。

---

① 乌鲁木齐市新市区人民法院（2016）新 0104 民初 5859 号民事判决书。
② 新疆维吾尔自治区乌鲁木齐市中级人民法院（2017）新 01 民终 100 号民事裁定书。

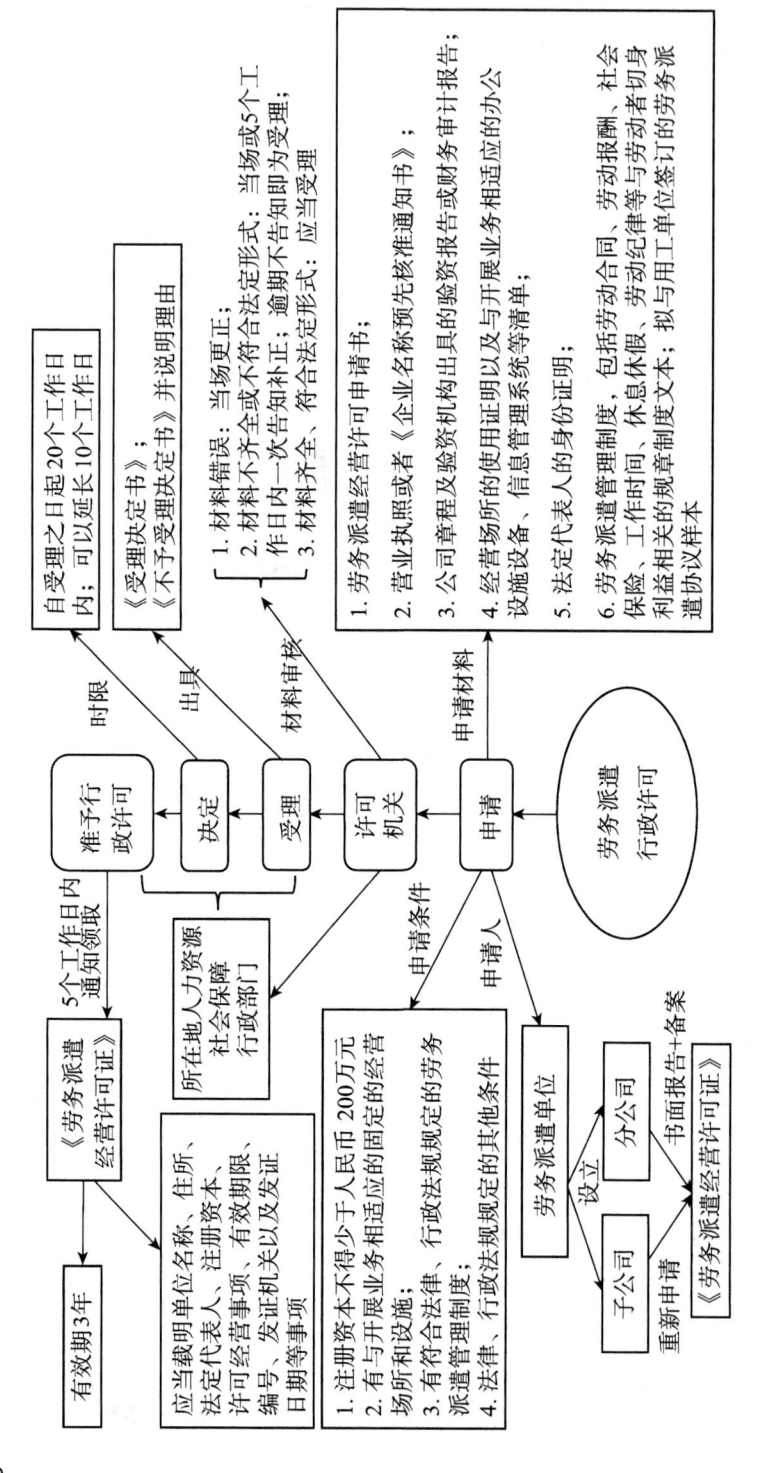

图1-3 劳务派遣行政许可的条件和程序

根据《劳动合同法》第 92 条的规定，未经许可，擅自经营劳务派遣业务的，由劳动行政部门责令停止违法行为，没收违法所得，并处违法所得 1 倍以上 5 倍以下的罚款；没有违法所得的，可以处 5 万元以下的罚款。劳务派遣单位、用工单位违反《劳动合同法》有关劳务派遣规定的，由劳动行政部门责令限期改正；逾期不改正的，以每人 5 000 元以上 1 万元以下的标准处以罚款，对劳务派遣单位，吊销其劳务派遣业务经营许可证。用工单位给被派遣劳动者造成损害的，劳务派遣单位与用工单位承担连带赔偿责任。

2. 航空配载员的工作是航空公司的辅助性工作岗位

根据《劳务派遣暂行规定》第 3 条的规定，劳务派遣的用工单位只能在临时性、辅助性或者替代性的工作岗位上使用被派遣劳动者。所谓临时性工作岗位是指存续时间不超过 6 个月的岗位；辅助性工作岗位是指为主营业务岗位提供服务的非主营业务岗位；替代性工作岗位是指用工单位的劳动者因脱产学习、休假等原因无法工作的一定期间内，可以由其他劳动者替代工作的岗位。用工单位决定使用被派遣劳动者的辅助性岗位，应当经职工代表大会或者全体职工讨论，提出方案和意见，与工会或者职工代表平等协商确定，并在用工单位内公示。

在航空运输实践中，航空配载员的工作是航空运输主营业务的辅助性工作，但具有极其重要的意义。飞机的载重与平衡是航空运营人运行控制中心（AOC）的核心业务之一，是影响飞行安全和运营人经济效益的重要因素之一。长期以来，很多航空安全事件、事故征候及事故都源于航空器的载重平衡存在错误，因此，飞机的载重平衡是航空运输地面保障的关键环节。在飞机起飞前 3 小时左右，配载员根据从货运部门发来的航班装有货物、邮件重量的数据和机型舱位等情况，结合该航班旅客座位的分布，将旅客、行李、邮件、货物以及油量数据融合在一起，输入生产系统中。在保证飞机旅客和全部货物、邮件、行李的装载都处于安全平衡范围内时，配载员将分配合理的装机单传送给现场部门，由现场装卸部门将货物、邮件和行李装载在飞机不同的舱位。在飞机起飞前，配载员将载重平衡表（又称载重平衡图）交给机长，便于机长了解飞机重心位置。①

航空配载员是航空公司的辅助性工作岗位，根据《劳动合同法》（2012

---

① 参见万青主编：《飞机载重平衡》（第二版），中国民航出版社 2015 年版，第 18 页。

年修订本）和《劳务派遣暂行规定》的相关规定，航空公司可以通过劳务派遣方式招工。

3. 本案争议焦点分析

（1）派遣机构——助成兴业公司应否支付王某某解除劳动关系经济补偿金？

《劳务派遣暂行规定》第17条规定："劳务派遣单位因劳动合同法第四十六条或者本规定第十五条、第十六条规定的情形，与被派遣劳动者解除或者终止劳动合同的，应当依法向被派遣劳动者支付经济补偿。"

本案不具有《劳务派遣暂行规定》第15条、第16条规定的情形。① 根据《劳动合同法》（2012年修订本）第46条规定②，在助成兴业公司与王某某的劳动合同关系中，只有在派遣公司与劳动者协商一致解除劳动合同，或王某某有证据证明因派遣公司存在未按照劳动合同约定提供劳动保护或者劳动条件，未及时足额支付劳动报酬，未依法为劳动者缴纳社会保险费，用人单位的规章制度违反法律、法规的规定，损害劳动者权益等情形，导致其解除劳动合同的，助成兴业公司才应当向其支付经济补偿。③《中华人民共和国劳动争议调解仲裁法》（以下简称《劳动争议调解仲裁法》）第6条规定，发生劳动争议，当事人对自己提出的主张，有责任提供证据。但王某某未能提供证据证实。反之，其在2016年5月26日申请劳动仲裁要求解除与助成兴业公司的劳动合同，则证明其是一方主动提出解除劳动合同。显然，王某某

---

① 《劳务派遣暂行规定》第15条规定："被派遣劳动者因本规定第十二条规定被用工单位退回，劳务派遣单位重新派遣时维持或者提高劳动合同约定条件，被派遣劳动者不同意的，劳务派遣单位可以解除劳动合同。被派遣劳动者因本规定第十二条规定被用工单位退回，劳务派遣单位重新派遣时降低劳动合同约定条件，被派遣劳动者不同意的，劳务派遣单位不得解除劳动合同。但被派遣劳动者提出解除劳动合同的除外。"第16条规定："劳务派遣单位被依法宣告破产、吊销营业执照、责令关闭、撤销、决定提前解散或者经营期限届满不再继续经营，劳动合同终止。用工单位应当与劳务派遣单位协商妥善安置被派遣劳动者。"

② 《劳动合同法》（2012年修订本）第46条规定："有下列情形之一的，用人单位应当向劳动者支付经济补偿：（一）劳动者依照本法第三十八条规定解除劳动合同的；（二）用人单位依照本法第三十六条规定向劳动者提出解除劳动合同并与劳动者协商一致解除劳动合同的；（三）用人单位依照本法第四十条规定解除劳动合同的；（四）用人单位依照本法第四十一条第一款规定解除劳动合同的；（五）除用人单位维持或者提高劳动合同约定条件续订劳动合同，劳动者不同意续订的情形外，依照本法第四十四条第一项规定终止固定期限劳动合同的；（六）依照本法第四十四条第四项、第五项规定终止劳动合同的；（七）法律、行政法规规定的其他情形。"

③ 参见《劳动合同法》（2012年修订本）第36条、第38条、第65条。

要求助成兴业公司支付解除其劳动关系的经济补偿金,不符合法定支付经济补偿的情形,因此,对该项请求,一审法院的判定是错误的,二审法院给予了纠正。

(2) 用工单位——南航新疆分公司应否承担连带赔偿责任?

《劳动合同法》(2012年修订本)第92条第2款规定:"劳务派遣单位、用工单位违反本法有关劳务派遣规定的,由劳动行政部门责令限期改正……用工单位给被派遣劳动者造成损害的,劳务派遣单位与用工单位承担连带赔偿责任。"本案的南航新疆分公司与王某某不存在劳动关系,其作为用工单位亦不存在法定的应当承担连带赔偿责任的情形,因此,王某某要求南航新疆分公司承担王某某支付解除劳动合同经济补偿金连带责任于法无据,不应该给予支持。

(3) 王某某要求按每月8 000元工资标准补齐工资差额是否符合"同工同酬"的要求?

《劳动合同法》(2012年修订本)第62条第1款规定:"用工单位应当履行下列义务:(一)执行国家劳动标准,提供相应的劳动条件和劳动保护;(二)告知被派遣劳动者的工作要求和劳动报酬;(三)支付加班费、绩效奖金,提供与工作岗位相关的福利待遇;(四)对在岗被派遣劳动者进行工作岗位所必需的培训;(五)连续用工的,实行正常的工资调整机制。"第63条第1款规定:"被派遣劳动者享有与用工单位的劳动者同工同酬的权利。用工单位应当按照同工同酬原则,对被派遣劳动者与本单位同类岗位的劳动者实行相同的劳动报酬分配办法。用工单位无同类岗位劳动者的,参照用工单位所在地相同或者相近岗位劳动者的劳动报酬确定。"

在本案中,王某某、助成兴业公司、南航新疆分公司在庭审中对王某某离职前平均工资标准为3 000元/月均无异议。该工资标准并非南航新疆分公司的工资标准(8 000元/月)。

《劳动法》(2018年修正本)第46条规定了工资分配应当遵循按劳分配原则,实行同工同酬。《劳动合同法》(2012年修订本)也规定"被派遣劳动者享有与用工单位的劳动者同工同酬的权利"。但《劳动法》(2018年修正本)第47条同时规定用人单位依法自主确定本单位的工资分配方式和工资水平。

本案中,王某某与助成兴业公司之间存在劳动合同关系,王某某是被助成兴业公司派遣到南航新疆分公司工作的。双方签订劳动合同时明确约定了王某某执行助成兴业公司的工资分配制度,约定了工资标准,该工资标准未违反法定最低工资标准,且双方履行合同期间,王某某一直未对其工资标准提出异议。

同工同酬是指用人单位对于从事相同工作,付出等量劳动且取得相同劳绩的劳动者,应支付同等的劳动报酬。正如法院裁定认为,同工同酬作为一项分配原则是相对而非绝对的,同工同酬不能简单地理解为从事相同工作的人有完全一样的工资数额,劳动者工龄、资历、学历、经验、熟练程度等差异会导致劳动者收入上的差距,同时工资待遇与企业的考核机制亦相关,且王某某未提供证据证明自己与其从事相同工作的人员付出等量劳动、取得相同的工作效果而工资报酬不同。[①] 因此,王某某要求按助成兴业公司、南航新疆分公司8 000元/月标准补齐工资差额的请求,因缺少事实依据,是无法获得法院支持的。

三、机场集团公司与职工的劳动合同关系

【案例】刘某某与中国民用航空东北地区管理局、辽宁省机场管理集团有限公司劳动争议纠纷案

【案情介绍】

刘某某于1994年4月从部队复员,被安置到中国民用航空东北地区管理局(以下简称民航东北管理局)下属的生活服务中心从事司机工作。1996年10月18日刘某某与民航东北管理局签订了无固定期限劳动合同。刘某某在部队期间左腿因公致残,但其评残手续于1995年11月才转到民航东北管理局。2001年4月17日,刘某某与民航东北管理局生活服务中心签订职工内部退养协议回家休养。2003年8月,民航东北管理局将刘某某分流到辽宁省机场管理集团有限公司(以下简称辽宁机场公司),但刘某某未到辽宁机场公司报到。2003年9月,民航东北管理局生活服务中心向辽宁省劳动鉴定委员会提出鉴定申请,对刘某某左腿伤进行伤残等级鉴定,该鉴定委员会于2003年12月30日作出鉴定结论,评定刘某某左腿伤残程度为10级。刘某某于2007年3月再次受伤,经辽宁机场公司申报,沈阳市劳动鉴定康复管理办

[①] 参见新疆维吾尔自治区乌鲁木齐市中级人民法院(2017)新01民终100号民事裁定书。

公室因此出具"职工工伤、职业病致残程度鉴定结论通知单"载明,"辽宁机场公司:你单位刘某某同志,因工伤(职业病)申请致残程度鉴定,经医疗专家组鉴定,其残情评定为左膝关节外侧半月板切除术后,左髌骨脱位,左膝髌骨内侧支持带断裂。劳动鉴定办公室依据医学专家组鉴定残情的意见,结合国家《职工工伤与职业病致残程度鉴定标准》,评定级别为伤残九级无生活自理障碍。"

2008年6月6日,刘某某与民航东北管理局、辽宁机场公司签订《关于对刘某某同志上访有关问题的协调处理意见》,内容为刘某某同意继续分流到辽宁机场公司,保证在2008年6月10日前报到,签订劳动合同;2003年10月至2008年6月三险一金由辽宁机场公司负责缴纳,费用由民航东北管理局支付;同意给予刘某某一定数量的生活补助及医疗补贴(标准参照民航东北管理局生活服务中心机关人员有关标准并扣除其借款部分,资金由民航东北管理局生活服务中心一次性支付);报到后应服从新单位安排,并遵守企业内部有关管理规定;其伤残治疗费用依据国家有关规定及辽宁机场公司相关规定执行;到辽宁机场公司报到后,继续执行内部退养。该意见经三方确认签字后,刘某某逾期不到新单位报到并办理有关手续,视为主动辞职,并放弃一切工作及经济补偿要求。该意见签订后,三方已实际履行。

2009年6月,沈阳市劳动和社会保障局对刘某某的工伤进行核定,确认左髌骨脱位、左膝髌骨内侧支持带断裂、左膝外侧半月板切除术后为工伤。2015年12月,沈阳市劳动鉴定康复管理办公室对刘某某的残情评定为伤残九级,无生活自理障碍。刘某某遂请求民航东北管理局、辽宁机场公司支付一次性伤残补助金59 619元,双方未能就该项补助金支付主体和数额达成一致,遂诉至人民法院,一审法院和二审法院对刘某某主张均未支持。[1]

【案例评析】

机场集团公司与职工的劳动合同关系是请求因公致伤残补助的前提和基础。

本案的争议焦点是责任的承担主体问题。首先,关于辽宁机场公司应否承担责任的问题。刘某某于2007年3月在工作岗位受伤,经辽宁机场公司申

---

[1] 沈阳市大东区人民法院(2017)辽0104号民事判决书;辽宁省沈阳市中级人民法院(2018)辽01民终12240号民事判决书。

报，沈阳市劳动鉴定康复管理办公室因此出具"职工工伤、职业病致残程度鉴定结论通知单"载明伤残九级程度。从伤残申报主体及通知单的内容看，辽宁机场公司应对刘某某的伤害承担责任。

其次，关于民航东北管理局应否承担责任的问题。刘某某主张航空东北管理局承担责任有两个理由：一是刘某某提出本案三方当事人于2008年6月6日签订的《关于对刘某某同志上访有关问题的协调处理意见》中约定民航东北管理局负责支付保险费用，但实际并未支付，以此主张民航东北管理局应承担工伤保险损失的责任。该处理意见中载明"三险一金"由辽宁机场公司负责缴纳，费用由民航东北管理局支付。由于辽宁机场公司是本案中的用人单位，故民航东北管理局即使承诺支付费用，亦属于上级单位对下级单位的款项拨放，应由民航东北管理局下拨款项后由辽宁机场公司负责向劳动者发放。二是刘某某提出在2008年6月6日的处理意见签订之前，其与民航东北管理局之间存在劳动关系，本案的工伤是发生在2007年3月2日，即在其与民航东北管理局存在劳动关系期间，以此主张民航东北管理局承担工伤保险损失的责任。由于辽宁机场公司与民航东北管理局是两个独立的法人单位，刘某某主要供职于辽宁机场公司，并已与民航东北管理局的劳动关系终止，基于劳动合同双方主体具有相对性的原理，故民航东北管理局非本案工伤事件发生时与发生后的用人单位主体，刘某某索要一次性伤残补助金的主体不适格。此外，根据《工伤保险条例》第15条"职工原在军队服役，因战、因公负伤致残，已取得革命伤残军人证，到用人单位后旧伤复发的"，"享受除一次性伤残补助金以外的工伤保险待遇"的规定，刘某某不应再享受一次性伤残补助金待遇。

四、飞机制造企业改制后与员工的劳动合同关系

【案例】成都飞机工业（集团）有限责任公司与邹某某劳动合同纠纷案

【案情介绍】

1994年5月10日，成都飞机工业（集团）有限责任公司（以下简称成飞公司）作为甲方与邹某某（乙方）签订《劳动合同书》。其中约定，合同期从1994年1月1日起至退休之日止；合同期内，因生产（工作）需要，经双方协商，甲方可以变更乙方的工作（岗位），其劳动关系不变。1997年1

月 1 日起邹某某担任工装厂 45 车间党支部书记。2004 年 6 月 3 日，成飞公司作出《关于下发〈成都飞机工业集团电子科技有限公司组建方案〉的通知》，成飞公司以 45 车间等相应资产与成都飞机工业集团三航有限责任公司、成都成飞电子设备厂、成都成飞大雁电子电器厂、创智科技信息股份有限公司、四川成飞集成科技股份有限公司共同组建成飞电子；参与组建各方的所有职工全部进入成飞电子公司，与成飞电子公司重新签订劳动合同。成飞电子公司独立行使劳动人事权利。参与组建各方的原成飞公司职工与成飞公司解除劳动合同。其后，邹某某进入成飞电子公司工作，但未与成飞电子公司重新签订劳动合同。邹某某在成飞电子公司工作期间，其工资及福利待遇等均由成飞电子公司发放。2014 年 9 月 22 日，成飞电子公司人力资源部作出《成飞电子公司职工劳动关系规范方案》，规定以外派、内部退养、回成飞公司、自谋职业四种方式供成飞电子公司职工选择。邹某某填写职工意向选择表，选择自谋职业、领取经济补偿金。2014 年 9 月 30 日，成飞电子公司作出《关于解除邹某某劳动合同的决定》，其后邹某某领取了成飞电子公司发放的经济补偿金。2015 年，邹某某申请仲裁，要求按成飞公司工资文件中的相应薪酬和福利待遇标准为其补足工资差额，未被受理，遂提起诉讼。一审判决驳回邹某某的诉讼请求，二审维持原判。①

【案例评析】

企业改制会引起原企业和其职工之间劳动法律关系的重大调整，是一个系统又复杂的命题，它涉及原来签订的劳动合同效力问题、企业职工身份转换中新劳动法律关系创设问题、职工劳动保险和工资拖欠负担问题以及企业改制过程引发的劳动纠纷解决问题等。这类案件多数具有群体性、对抗性、集中性、社会性等特点，如何妥善作出正确审理，成为影响社会稳定的主要因素，也是民事审判的难点问题。②

随着我国经济体制改革的逐步深入，企业改制呈现出多元化特征，根据企业改制是否具有自主性，分为两类：一类是政府行为主导的企业改制；一类是

---

① 成都市青羊区人民法院（2015）青羊民初字第 1896 号民事判决书；四川省成都市中级人民法院（2017）川 01 民终 5832 号民事裁定书。
② 《依法维护劳动者权益　构建和发展和谐稳定的劳动关系——最高人民法院民一庭庭长杜万华就〈关于审理劳动争议案件适用法律若干问题的解释（三）〉答记者问》，载奚晓明主编：《民事审判指导与参考》（总第 43 集），法律出版社 2011 年版，第 8 页。

企业自主进行的改制。对于这两类改制引发的劳动纠纷，司法处理的态度不同。

1. 有关政府行为主导的企业改制纠纷

政府行为主导的企业改制涉及的企业职工下岗、整体拖欠职工工资，是企业制度改革和劳动用工制度改革出现的特殊现象，企业权利义务的转移等事项并非企业自主的决定，相关资产调整、划拨是无偿的，改制职工与企业之间具有行政性、服从性关系。因此，这是基于政府指令造成企业改制过程的劳动纠纷，不是劳动合同履行中的问题，由此引发的纠纷，不属于平等主体之间的相关民事纠纷，应当由政府有关部门按照企业改制的政策规定统筹解决，不应以民事案件立案审理。①

从司法解释考察，《最高人民法院关于因政府调整划转企业国有资产引起的纠纷是否受理问题的批复》（法复〔1996〕4号），表明对此类纠纷不予受理的态度。《最高人民法院关于审理与企业改制相关的民事纠纷案件若干问题的规定》（法释〔2003〕1号）第3条规定："政府主管部门在对企业国有资产进行行政性调整、划转过程中发生的纠纷，当事人向人民法院提起民事诉讼的，人民法院不予受理。"

2. 有关企业自主改制引发的劳动纠纷

企业自主改制与政府行为主导的企业改制引发的争议不同，企业自主改制完全是在法律规定的层面上进行，是基于企业的自由意志、企业自身经济效益等因素决定的，企业自主改制中的各方当事人基本遵循等价有偿的市场原则，原则上应属于平等的民事主体关系。因此，对于这部分劳动争议案件，涉及的是平等主体之间的民事权益纠纷，应属于人民法院的受案范围。

从司法解释考察，根据《最高人民法院关于审理劳动争议案件适用法律问题的解释（一）》（法释〔2020〕26号）第1条的规定，因企业自主进行改制引发的劳动争议，人民法院应予受理。本条规定明确了人民法院关于此类案件的受理原则和受理范围。

人民法院仅受理企业改制中基于平等民事主体关系而发生的民事纠纷，当事人因此发生的争议才可提起民事诉讼，否则不能启动民事诉讼程序，这是人民法院受理民事案件的通则。企业改造产权制度如果是通过企业民事行为、设立民事法律关系实现的，如出售企业资产、企业兼并与分立、债权转

---

① 参见2000年10月全国民事审判工作会议指示精神。

股,那么不仅涉及参与企业改制的相关当事人的利益,还涉及原企业利害关系人的利益。因此,凡是平等的民事主体之间因参与企业改制而发生的民事纠纷和因企业改制涉及他人民事权益而引发的民事纠纷,均属于与企业改制相关的民事纠纷,人民法院应当受理。

本案中,成飞公司根据国家经济贸易委员会、财政部、劳动和社会保障部、国土资源局、中国人民银行、国家税务总局、国家工商行政管理总局、中华全国总工会印发《关于国有大中型企业主辅分离辅业改制分流安置富余人员的实施办法》①(国经贸企改〔2002〕859号)、中国航天第一集团公司下发航计〔2003〕445号、成飞公司司体〔2004〕260号和司企〔2004〕343号等文件要求,将邹某某所在的45车间作为经营性资产投资组建成飞电子公司,成为成飞电子公司的相对控股企业,但因邹某某在内的45车间员工不愿意按照改制文件的要求与成飞电子公司重新签订劳动合同,故成飞公司与邹某某形成事实上的劳务派遣关系,即成飞公司为劳务派遣单位,成飞电子公司为用工单位,邹某某为被派遣劳动者。根据《劳动合同法》(2012年修订本)的相关规定,劳务派遣单位应当向被派遣劳动者按月支付劳动报酬。用工单位应当告知被派遣劳动者的工作要求和劳动报酬,支付加班费、绩效奖金,提供与工作岗位相关的福利待遇等。本案中,从邹某某到成飞电子公司工作直至2014年邹某某选择自谋职业、领取经济补偿金期间,其劳动报酬并未由成飞公司按月支付,而是由成飞电子公司根据邹某某在该公司所在的工作岗位及担任的职务向其支付劳动报酬及福利待遇等,应视为成飞电子公司代为支付劳动报酬。

其实,本案被法院驳回的根本原因在于:成飞公司是在政府及其相关部门主导下进行的企业改制,本案并非成飞公司自主改制引发的劳动争议,因此,根据《最高人民法院关于审理劳动争议案件适用法律问题的解释(一)》

---

① 其中规定:"(十四)依法规范劳动关系。对从原主体企业分流进入改制企业的富余人员,应由原主体企业与其变更或解除劳动合同,并由改制企业与其变更或重新签订三年以上期限的劳动合同。变更或签订新的劳动合同应在改制企业工商登记30天内完成。(十五)对分流进入改制为非国有法人控股企业的富余人员,原主体企业要依法与其解除劳动合同,并支付经济补偿金。职工个人所得经济补偿金,可在自愿的基础上转为改制企业的等价股权或债权。(十六)对分流进入改制为国有法人控股企业的富余人员,原主体企业和改制企业可按国家规定与其变更劳动合同,用工主体由原主体企业变更为改制企业,企业改制前后职工的工作年限合并计算。(十七)改制企业要及时为职工接续养老、失业、医疗等各项社会保险关系。"

(法释〔2020〕26号）第1条规定，依法不应由人民法院受理。

五、航空集团公司与员工的社会保险关系

【案例】倪某某与中国航空集团有限公司劳动争议案[1]

【案情介绍】

中国国际航空公司成立于1988年。倪某某原系中国国际航空公司职员，双方于1998年解除劳动关系。2017年12月，中国国际航空公司因吸收合并，经北京市工商行政管理局核准办理注销登记，注销、合并、变更为中国航空集团有限公司（以下简称航空集团）。倪某某于2017年以中国国际航空公司为被申请人向北京市朝阳区劳动人事争议仲裁委员会申请仲裁，请求为其补缴1998年辞职前的社会保险。朝阳区仲裁委员会于当日作出京朝劳人仲不字（2017）第01342号不予受理通知书，倪某某不服，诉至法院，诉讼请求同仲裁请求。航空集团辩称，倪某某与集团建立劳动关系及社会保险缴纳情况，因时间久远，已无法查询，倪某某的主张已经超过仲裁时效。法院以补缴社会保险的主张不属于人民法院受理劳动争议案件的范围为由，驳回原告起诉。

【案例评析】

本案涉及的问题是有关劳动者社会保险的争议是否属于《劳动合同法》的调整对象。

所谓社会保险费，是指由用人单位及其职工依法参加社会保险并缴纳的职工基本养老保险费、职工基本医疗保险费、工伤保险费、失业保险费和生育保险费。[2]

依据《劳动争议调解仲裁法》第2条第4项规定，因社会保险发生的争议，属于劳动争议。但是，并非所有的社会保险争议都属于人民法院受理案件的范围，要具体分析。

1. 人民法院应予受理的社会保险争议案件范围

根据《最高人民法院关于审理劳动争议案件适用法律问题的解释（一）》（法释〔2020〕26号）第1条的规定，劳动者与用人单位之间发生的下列纠纷，属于劳动争议，当事人不服劳动争议仲裁机构作出的裁决，依法提起诉

---

[1] 北京市朝阳区人民法院（2017）京0105民初74989号民事裁定书。
[2] 参见2013年发布的《社会保险费申报缴纳管理规定》第2条2款。

讼的，人民法院应予受理：

（1）劳动者以用人单位未为其办理社会保险手续，且社会保险经办机构不能补办导致劳动者无法享受社会保险待遇为由，要求用人单位赔偿损失发生的纠纷。

（2）劳动者因为工伤、职业病，请求用人单位依法给予工伤保险待遇发生的纠纷。

（3）劳动者退休后，与尚未参加社会保险统筹的原用人单位因追索养老金、医疗费、工伤保险待遇和其他社会保险费而发生的纠纷。

（4）劳动者与用人单位解除或者终止劳动关系后，请求用人单位办理劳动者的人事档案、社会保险关系等移转手续发生的纠纷。

但值得注意的是，根据《最高人民法院关于审理劳动争议案件适用法律问题的解释（一）》（法释〔2020〕26号）第32条规定，用人单位与其招用的已经依法享受养老保险待遇或者领取退休金的人员发生用工争议而提起诉讼的，人民法院应当按劳务关系处理。

2. 人民法院不予受理的社会保险争议案件范围

根据最高人民法院的司法解释和相关观点，法院不予受理的社会保险争议有：

（1）劳动者请求社会保险经办机构发放社会保险金的纠纷。[①]

（2）劳动者与用人单位因办理社会保险登记、补缴社会保险费、增加社会保险险种、补足社会保险缴费基数及变更参保地而发生的争议。[②] 此类争议应由社保管理部门解决处理，不应纳入人民法院受案范围。

在司法实践中，涉及社会保险费的补缴、补足和增加等方面的争议较多。但是，从一些法院的判决书考察，关于劳动者诉请有关社会保险费补缴等争议，多数是简单判定应由社保征稽局强制征缴，以不属于人民法院审理范围为由，驳回诉请，对此缺少较为详细的说理或说明。例如，本案中倪某某与航空集团的劳动争议，法院判决也是极其简单。

根据《劳动法》（2018年修正本）第72条、第73条的规定，用人单位

[①]《最高人民法院关于审理劳动争议案件适用法律问题的解释（一）》（法释〔2006〕26号）第2条。

[②]参见最高人民法院民一庭庭长杜万华就《关于审理劳动争议案件适用法律若干问题的解释（三）答记者问》，载《人民法院报》2010年9月15日第2版。

定期为劳动者缴纳社会保险金是用人单位和劳动者依法向国家履行的强制性义务,具有强制保险性质,用人单位和劳动者之间不能就是否缴费以及缴费的金额和比例问题自行协商来规避法律的明文规定。根据《社会保险费征缴暂行条例》《劳动保障监察条例》等行政法规,劳动行政部门对用人单位为劳动者办理社会保险具有专属管理权、监察权和处罚权。因此,因为用人单位、劳动者和社会保险机构就欠费、发放、补缴发生的争议,是征缴之间的纠纷,属于行政管理的范畴,带有社会管理性质,不是单一的劳动者与用人单位之间的社会保险争议。对于此类纠纷,劳动者应当向相关部门申请解决,通过行政途径解决,不应向人民法院提起劳动争议诉讼。

3. 用人单位不支付劳动者的社会保险费可能承担的法律风险

从民事责任风险看,根据《劳动合同法》(2012年修订本)第38条、第46条规定,用人单位未依法为劳动者缴纳社会保险费的,劳动者可以解除劳动合同,用人单位应当向劳动者支付经济补偿。从行政责任风险看,根据《中华人民共和国社会保险法》(以下简称《社会保险法》)(2018年修正本)第86条规定,用人单位未按时足额缴纳社会保险费的,由社会保险费征收机构责令限期缴纳或者补足,并自欠缴之日起,按日加收万分之五的滞纳金;逾期仍不缴纳的,由有关行政部门处欠缴数额一倍以上三倍以下的罚款。由此可见,对于法院不予受理的社会保险费缴纳争议案件,劳动者可以通过行政执法途径予以解决。

六、事业单位(飞行队)与其飞行员的聘用合同关系

【案例】交通运输部东海第一救助飞行队与黄某某聘用合同纠纷案

【案情介绍】

2003年7月,黄某某进入交通运输部东海第一救助飞行队(以下简称飞行队)担任飞行员。2007年7月双方签订聘用合同,合同约定聘用期限为2003年7月至2014年6月30日;合同期内,飞行队若参加社会保险,飞行队将按国家和上海市的有关规定按期为黄某某缴纳失业保险金、医疗保险金、养老保险金以及其他社会保险金等。2011年8月27日至9月5日,黄某某在美国飞安国际公司接受飞行队安排的培训,并签订《交通运输部救助飞行队特殊岗位人员培训协议》,其中约定黄某某在飞行队的服务期限为15年。2014年6月30日双方所签聘用合同约定的期限到期后,飞行队未与黄某某续签聘用合同,黄某某仍然在飞行队工作。2014年11月5日飞行队的上级

主管单位交通运输部救助打捞局向飞行队回复《关于黄某某同志申请辞职宜的批复》，表示"目前救助飞行队飞行员队伍还处于起步建设阶段，仍然面临成熟飞行员数量紧缺的情况……请你队继续做好挽留黄某某同志的思想工作"。2014年12月1日黄某某向飞行队发出解除劳动关系告知函，告知飞行队将于2015年1月1日解除劳动关系等。黄某某在飞行队正常工作至2014年12月31日，飞行队发放黄某某工资至2014年12月。2015年2月，黄某某申请仲裁，要求飞行队为他办理离职手续并出具离职证明；交付其民用航空器驾驶员执照原件、民用航空人员体检合格证原件、驾驶员飞行记录簿原件、中国民航飞行经历记录本原件、飞行员体检档案原件和飞行员技术档案原件；支付经济补偿。仲裁委员会裁决，飞行队应为黄某某办理离职手续并出具离职证明，对返还相关文件请求不予处理，对支付经济补偿的请求未予支持。飞行队不服裁决，诉至法院。一审法院判决飞行队应为黄某某办理离职手续并出具离职证明。二审判决维持原判。[1]

【案例评析】

本案涉及的焦点问题，是事业单位和劳动者之间的聘用合同关系是否为《劳动合同法》的调整对象。

事业单位是指经过各级编制部门批准使用事业单位编制的单位。事业单位和劳动者之间通过订立劳动聘用合同确立劳动关系。事业单位与其工作人员之间因辞职、辞退及履行聘用合同所发生的争议，称为人事争议。

从法律、法规的规定来看，聘用合同关系是《劳动合同法》的调整对象。例如，《劳动合同法》（2012年修订本）第2条第2款规定，国家机关、事业单位、社会团体和与其建立劳动关系的劳动者，订立、履行、变更、解除或者终止劳动合同，依照《劳动合同法》执行。2014年发布的《事业单位人事管理条例》[2] 第37条规定，事业单位工作人员与所在单位发生人事争议的，依照《劳动争议调解仲裁法》等有关规定处理。2017年发布的《劳动人事争议仲裁办案规则》进一步规定，事业单位与其建立人事关系的工作人员之间因终止人事关系以及履行聘用合同发生的争议，适用该规则。

从司法解释的相关规定考察，法院应当受理事业单位的聘用合同履行争

---

[1] 上海市浦东新区人民法院（2015）浦民一（民）初字第19209号民事判决书；上海市第一中级人民法院（2015）沪一中民三（民）终字第1590号民事判决书。

[2] 这是我国第一部系统规范事业单位人事管理的行政法规。

议。例如,《最高人民法院关于人民法院审理事业单位人事争议案件若干问题的规定》(法释〔2003〕13号)第1条规定:"事业单位与其工作人员之间因辞职、辞退及履行聘用合同所发生的争议,适用《中华人民共和国劳动法》的规定处理。"第2条规定:"当事人对依照国家有关规定设立的人事争议仲裁机构所作的人事争议仲裁裁决不服,自收到仲裁裁决之日起十五日内向人民法院提起诉讼的,人民法院应当依法受理。"

但是,人事争议与劳动争议还是有一定的区别:①争议范围不同。人事争议解决的是"事业单位与其工作人员之间因辞职、辞退及履行聘用合同所发生的争议",事业单位与其受聘人员因职称、职级、职务等产生的争议,因技术入股、知识产权的权属以及利益分配等产生的争议,因承包问题产生的争议(因承包合同的履行涉及工资、福利待遇以及聘用合同解除的争议除外),不属于人事争议案件处理范围。劳动争议解决的是"因企业开除、除名、辞退职工和职工辞职、自动离职;执行国家有关工资、保险、福利、培训、劳动保护的规定;履行劳动合同发生的争议等"。②仲裁机构不同。仲裁是法院受理人事争议与劳动争议的前置程序,但劳动争议仲裁机构是劳动争议仲裁委员会,人事争议仲裁机构是人事争议仲裁委员会。③法律适用不同。对人事争议相关问题的处理,如果国务院、人事部有规定的,依照该规定处理;该规定不明确,地方法规有明确规定的,按照地方相关规定处理;前述规定、规章均未明确的,纠纷的性质与劳动争议相似的,也可以参照处理劳动争议的方法进行处理。同时,事业单位经过职工代表大会通过,并予以公告或公示,且不违反法律法规的强制性规定的规章制度,也可作为处理人事争议案件的参考依据。

"交通运输部东海第一救助飞行队"为中华人民共和国交通运输部所属中央事业单位,成立于2001年3月5日,是我国第一支专业从事海上搜救的空中队伍。[①] 黄某某是该事业单位编制人员,故二者之间的劳动合同纠纷,属于《劳动合同法》的调整对象。

---

① 飞行队位于上海市浦东新区,主要承担我国东部海区遇险(难)船舶、航空器、固定设施等人员搜寻救助和人命救助、海事巡航执法等水上交通安全保障工作,以及国家重大政治军事活动的安全保障工作,如在"神舟"系列发射、上海世博会保障任务中发挥了积极的作用。2004年8月20日,成立了交通运输部东海第二救助飞行队,主要担负我国台湾海峡及福建沿海范围内的海上遇险(难)船舶、航空器、固定设施等的人员搜寻救助和人命救生;承担海上船舶、固定设施的伤病人员救助;配合海上救助船舶实施海上救助、消防和防污染工作;应地方政府需要执行其他海上和陆地救援工作。

黄某某与飞行队纠纷争议的焦点之一是：双方在聘用合同期满后应续订聘用合同而未订立情形下如何确定双方的关系？对此，国家没有规定，应依据有明确规定的地方法规予以处理。根据《上海市事业单位聘用合同办法》第39条第1款规定，应当订立聘用合同而未订立的，受聘人员可以随时终止聘用关系。因此，黄某某于2014年12月1日发函告知飞行队将于2015年1月1日解除双方聘用关系，符合《上海市事业单位聘用合同办法》规定，亦不违反我国劳动合同法的相关规定。在双方的聘用关系解除后，飞行队应当及时为黄某某办理离职手续并出具离职证明。

第二节　劳动合同法的适用范围

劳动合同法的适用范围是指劳动合同法的效力范围，即劳动合同法在时间、空间、对人、对事四个方面的效力范围。《劳动合同法》（2012年修订本）第2条明确了劳动合同法的适用范围，即"中华人民共和国境内的企业、个体经济组织、民办非企业单位等组织与劳动者建立劳动关系，订立、履行、变更、解除或者终止劳动合同，适用本法。国家机关、事业单位、社会团体和与其建立劳动关系的劳动者，订立、履行、变更、解除或者终止劳动合同，依照本法执行。"

在航空领域内，用人单位复杂多样、种类繁多，既有各类航空企业，如民用公共运输航空公司、民用机场集团公司、航空货运代理公司、航空维修公司、通航运输公司、航空器（材）生产企业，也包括国家机关、事业单位和社会团体，如民用航空管理局及各地区管理局、空中交通管理局、民航局直属高校、航空运输协会和机场协会等。上述各类民航单位与其劳动者之间的劳动合同争议，均可适用《劳动合同法》。

一、航空公司合并或分立后原劳动合同义务的履行主体之争议

【案例】王某某与中国东方航空股份有限公司、上海航空有限公司劳动合同纠纷案

【案情介绍】

王某某1985年到上海航空公司从事航空器维修工作。1996年12月，王

某某与上海航空公司签订无固定期限劳动合同。上海航空公司最终更名为上海航空股份有限公司（以下简称上航股份公司）。2009年起，中国东方航空股份有限公司（以下简称东航股份公司）与上航股份公司联合重组，由东航股份公司吸收合并上航股份公司。2010年3月，上海航空有限公司成立。2010年8月，上航股份公司第六届职工代表大会第九次会议暨上海航空有限公司第一届职工代表大会决议上海航空有限公司在上航股份公司注销后承继上航股份公司员工的劳动关系。2010年12月，上航股份公司因合并依法被注销，其债权债务的承接人为东航股份公司。2011年8月起，王某某的薪酬待遇由东航股份公司的内设部门——东航工程技术公司发放。2014年3月，王某某退休，退休证上注明原工作单位为上海航空有限公司。2011年1月起至王某某退休前，王某某的社会保险费由上海航空有限公司缴纳。2014年8月，王某某向上海市浦东新区劳动人事争议仲裁委员会申请仲裁，要求被申请人即东航股份公司支付克扣的工资月度奖金、高温费、住房补贴、工资差额和绩效奖金并支付拖欠上述工资、待遇25%的经济补偿金。仲裁裁决支持了申请人要求支付克扣工资的请求，对其余请求不予支持。原告不服仲裁裁决，向法院提起诉讼，诉请与仲裁请求相同，一审判决结果同仲裁裁决，二审驳回上诉维持原判。[1]

【案例评析】

本案诉求主要针对的是工资、补偿金等事项，但这些诉求事项涉及的核心问题是劳动者的劳动关系在原单位发生合并后应由谁来承接？进而涉及原劳动合同内容由哪个主体予以履行的问题。

1. 公司分立、合并的民法上的后果

在实践中，公司法人的分立、合并是公司运营过程中经常出现的情况。公司的分立，是指一个公司依法分成两个或两个以上的公司。公司分立有新设分立（用公式表示为：$A = B + C$）和派生分立（用公式表示为：$A = A1 + B$）两种。公司的合并，是指两个以上的公司合并为一个公司。公司合并分为吸收合并（用公式表示为：$A + B = A1$ 或 $B1$）和新设合并（用公式表示为：$A + B = C$）。

---

[1] 上海市浦东新区人民法院（2014）浦民一（民）初字第40749号民事判决书；上海市第一中级人民法院（2015）沪一中民三（民）终字第1208号民事判决书。

《中华人民共和国民法典》（以下简称《民法典》）总则编第67条规定："法人合并的，其权利和义务由合并后的法人享有和承担。法人分立的，其权利和义务由分立后的法人享有连带债权，承担连带债务，但是债权人和债务人另有约定的除外。"

2. 公司分立、合并的劳动合同法上的后果

《劳动合同法》（2012年修订本）第34条规定："用人单位发生合并或者分立等情况，原劳动合同继续有效，劳动合同由承继其权利和义务的用人单位继续履行。"由此表明，劳动合同的内容不因用人单位的合并或分立而发生任何改变。

在本案中，王某某的原单位上航股份公司被东航股份公司吸收合并，原上航股份公司召开职代会决议由上海航空有限公司承继上航股份公司员工的劳动关系。尽管上航股份公司依法被注销后，王某某的社会保险费由上海航空有限公司缴纳，但王某某的薪酬待遇自2011年8月起由东航股份公司的内设部门东航工程技术公司向王某某发放，表明王某某的劳动合同实际由东航股份公司承继。对于王某某劳动合同承继的争议，上航股份公司因合并依法被注销后，应由东航股份公司承继王某某的劳动合同。

二、航空乘务员执勤期间走私物品被解除劳动合同之争议

【案例】王某与中国国际航空股份有限公司的劳动争议案[①]

【案情介绍】

王某在中国国际航空股份有限公司（以下简称国航公司）从事空勤乘务工作，双方于2005年7月1日签订劳动合同。2007年7月1日，双方签订无固定期限劳动合同。2013年11月28日，王某在印度购买两件紫檀物品（一件为紫檀制品，一件为紫檀原木），2013年12月1日在直飞印度至北京航班任务时，被印度海关扣留并被处罚。国航公司经民主讨论并全体通过制定的《客舱服务部乘务员管理手册》明确要求乘务人员在执行驻外航班期间，应遵守驻地国、地区的海关、边防、检疫规定，严禁乘务员违法违规"捎、买、带"，并规定乘务员违反该规定的行为属于综合A类过错，公司将解除

---

① 北京市顺义区人民法院（2014）顺民初字第05134号民事判决书；北京市第三中级人民法院（2015）三中民终字第01970号民事判决书。

合同。国航公司客舱服务部的网站登载了管理手册，要求乘务员点击下载、认真学习。王某曾签字承诺杜绝违法违规"捎、买、带"。国航公司认为，王某的走私行为导致国航公司当日的航班延误，对国航公司的形象造成不良国际影响，遂向王某邮寄送达解除劳动合同通知书，王某于2014年1月3日签收。国航公司为证明解除劳动合同系合法解除，一审中提交了下列证据：《关于解除王某劳动合同的请示》（电子打印件）、《解除劳动合同审批表》（打印件）、《工会客舱服务部委员会同意解除王某劳动合同的决定》、《关于解除王某劳动合同的批复》（电子打印件）。王某认为国航公司的《客舱服务部乘务员管理手册》既没经过公示，也没告知王某，国航公司解除劳动合同缺乏依据，要求继续履行与国航公司的劳动合同。

【案例评析】

本案的争议焦点为国航公司依据《客舱服务部乘务员管理手册》解除与王某的劳动合同的行为是否合法。

1. 用人单位有权依法建立内部劳动规章制度

《劳动合同法》（2012年修订本）第4条第2款规定："用人单位在制定、修改或者决定有关劳动报酬、工作时间、休息休假、劳动安全卫生、保险福利、职工培训、劳动纪律以及劳动定额管理等直接涉及劳动者切身利益的规章制度或者重大事项时，应当经职工代表大会或者全体职工讨论，提出方案和意见，与工会或者职工代表平等协商确定。"

本条规定一方面表明用人单位有权依法建立和完善劳动规章制度，保障劳动者享有劳动权利和履行劳动义务；另一方面表明用人单位在制定内部规章制度时，应当经过各方利益主体讨论，并进行民主协商和决议，制定过程应当体现劳资双方权利义务均衡，保障劳动者合法权益的精神。

本案中，客舱服务部工会书面证明国航公司工会客舱服务部委员会召开了职工代表团长联席会及客舱委员会，进行民主讨论并全体通过了《客舱服务部乘务员管理手册》。该内部规章制定的过程履行了法定的民主程序，应当认定为合法行为。

2. 用人单位内部劳动规章制度适用的告知程序

《劳动合同法》（2012年修订本）第4条第4款规定："用人单位应当将直接涉及劳动者切身利益的规章制度和重大事项决定公示，或者告知劳动者。"这表明劳动合同双方的意思自治应给予尊重，用人单位通过民主程序制定内部规章后，还应当经过一定程序和时限的公示，方能产生法律约束力。公示制度的作用，兼有权利成立和赋予权利对外效力之功能。①

本案中，国航公司客舱服务部的网站上登载管理手册，要求乘务员点击下载、认真学习，说明国航公司已公示《客舱服务部乘务员管理手册》。另有王某签字承诺杜绝违法违规"捎、买、带"，说明国航公司的告知义务已经履行。

3. 用人单位单方解除劳动合同应当通知并征求工会意见

《劳动合同法》（2012年修订本）第43条规定："用人单位单方解除劳动合同，应当事先将理由通知工会。用人单位违反法律、行政法规规定或者劳动合同约定的，工会有权要求用人单位纠正。用人单位应当研究工会的意见，并将处理结果书面通知工会。"本条明确了工会对用人单位解除劳动合同的监督作用。本案的劳动合同解除过程中，国航公司征求了工会意见，不存在程序瑕疵。

三、航空公司与客户管理员变更劳动合同内容之争议

【案例】张某某与海南航空股份有限公司劳动争议案②

【案情介绍】

张某某1995年入职海南航空股份有限公司（以下简称海航公司），2008年5月17日，双方签订无固定期限劳动合同，约定：①海航公司根据工作需要安排张某某在市场部从事电子商务中心大客户管理室区域管理员工作，工作地点在北京，实行标准工时制度；②张某某的具体岗位职责和工作要求按照海航公司公布的相关标准执行，张某某应按时、按质、按量完成工作任务；③张某某因技能、身体等因素达不到生产服务、工作质量、产量等指标不能胜任工作的，海航公司可根据工作需要和张某某的专业、特长、工作能力及表现调整工作岗位、级别及其劳动报酬。劳动合同第26～28条对劳动合同的变更进行明确约定。

2009年5月19日，海航公司向张某某作出《关于张某某定岗的通知》，

---

① 梅夏英：《民法上公示制度的法律意义及其后果》，载《法学家》2004年第2期，第115页。
② 北京市朝阳区人民法院（2009）朝民初字第30492号民事判决书；北京市第二中级人民法院（2010）二中民终字第5527号民事判决书。

主要内容为根据公司2008年年终考核结果，张某某的考核成绩不合格，为不胜任职位要求人员，根据实际情况决定对张某某重新定岗定级为市场销售部电子商务中心网站后台支持员（行政b1）。张某某不同意公司作出的调岗决定。自2009年5月起，张某某的月工资调整为800元，张某某仍到原工作岗位上班，但公司未安排张某某具体工作内容。2009年6月，张某某申请劳动争议仲裁，要求裁决海航公司恢复原工作岗位。北京市朝阳区劳动争议仲裁委员会裁决驳回张某某的仲裁申请请求。张某某不服诉至法院，诉请恢复原岗位，补发2009年1—10月工资及25%的经济补偿金。一审判决海航公司恢复张某的原工作岗位，并支付张某某2009年5月至10月拖欠工资及25%的经济补偿金。海航公司不服，提起上诉。二审维持原判。

【案例评析】

本案争议涉及用人单位内部调岗调薪的合法性审查问题。

用人单位与劳动者建立劳动关系后，用人单位对于劳动者即有劳动请求权。用人单位根据企业生产经营的需要、市场环境的变化及劳动者的工作情况，可在单位内部对劳动者进行调岗调薪。但由于用人单位的内部调岗调薪改变了双方签订的劳动合同，直接涉及劳动者的切身利益，因此，《劳动合同法》及司法解释对用人单位内部调岗调薪权的行使程序、条件及举证责任等作出了较为严格的规定。

1. 用人单位调岗调薪的法定要求

所谓"调岗调薪"，是指用人单位在履行劳动合同过程中，根据法定或约定的情形，通过与劳动者的协议或单方决定对劳动者的工作岗位和薪酬标准及职务级别等劳动合同内容进行变更。

劳动合同订立生效后，对用人单位与劳动者双方均有约束力，任何一方不应擅自变更合同内容。工作岗位和薪酬标准属于劳动合同的法定必备条款，因此用人单位对劳动者进行内部调岗实质上属于劳动合同内容的变更。根据《劳动合同法》（2012年修订本）第35条的规定，用人单位如需变更劳动合同内容，应分别就相关变更内容和劳动者经协商达成一致方可，并应采用书面形式予以确认。

本案中，张某某与海航公司签订的无固定期限劳动合同，对原告工作岗位、工作地点、劳动合同变更、不能胜任工作界定等内容进行了明确约定，是双方真实意思表示的结果。海航公司向张某某作出《关于张某某定岗的通知》，变更了劳动合同中工作岗位和薪酬条款，这种调岗调薪虽然符合劳动合同变更的书面形式要件，但未与劳动者充分协商，听取其意见。海航公司在认定张某某年终考核不合格后，单方通知劳动者考核不合格和调岗调薪的决定，违反了协商的法定程序。

2. 用人单位调岗调薪的法律风险

在实践中，用人单位与劳动者未经协商，擅自调岗调薪，会面临以下法律风险：

（1）劳动者解除劳动合同的风险。用人单位违法调整劳动者工作岗位，降低劳动者工作报酬的，劳动者可以要求解除劳动合同。

（2）支付双倍经济补偿金的风险。用人单位未经协商单方调岗调薪，如果劳动者不服从，用人单位因此而解除劳动合同的，构成违法解除劳动合同，劳动者可以依据《劳动合同法》（2012年修订本）第48条的规定①要求支付双倍的经济补偿金。

（3）额外支付赔偿金的风险。《劳动合同法》（2012年修订本）第85条规定，用人单位"解除或者终止劳动合同，未依照本法规定向劳动者支付经济补偿的"，"由劳动行政部门责令限期支付劳动报酬、加班费或者经济补偿；劳动报酬低于当地最低工资标准的，应当支付其差额部分；逾期不支付的，责令用人单位按应付金额百分之五十以上百分之一百以下的标准向劳动者加付赔偿金"。

本案中，双方争议焦点之一是"何为不能胜任工作"。我国立法上没有给出明确的答案。根据《关于〈中华人民共和国劳动法〉若干条文的说明》（劳办发〔1994〕289号），"不能胜任工作"是指不能按要求完成劳动合同中约定的任务或者同工种、同岗位人员的工作量。用人单位不得故意提高定额标准，使劳动者无法完成。实际上，该解释仅是一个原则，要判断劳动者是否能胜任工作，需要对多个因素综合考量后判定。②虽然双方劳动合同对"不能胜任工作"明确界定为"履行岗位职责、达到工作要求，按时、按质、

---

① 《劳动合同法》（2012年修订本）第48条规定："用人单位违反本法规定解除或者终止劳动合同，劳动者要求继续履行劳动合同的，用人单位应当继续履行；劳动者不要求继续履行劳动合同或者劳动合同已经不能继续履行的，用人单位应当依照本法第八十七条规定支付赔偿金。"

② 周国良、王坤、李坤刚等：《劳动合同解除事由中不能胜任工作与不符合录用条件的认定》，载《中国劳动》2016年第17期，第50页。

按量完成工作任务",但是,海航公司仅依据一次书面考试成绩,认定张某某不能胜任工作,并对其重新定岗定级,行为过于武断,有失合理性,一定程度上是对用人单位内部管理权的滥用。因此,法院判定海航公司应当恢复张某某的原工作岗位,以维护劳动者的合法劳动权。

3. 调岗调薪的风险防范措施

用人单位内部调岗调薪权属于经营自主权的范畴,在出现客观情况发生重大变化或劳动者不能达到工作要求等情况下,需赋予用人单位自主调岗调薪的权利,但必须平衡劳动者合法权益。由此,对用人单位内部调岗调薪权需采用合法性和合理性并重的审查方式。

如何防范用人单位调岗调薪的法律风险?应注意采取以下措施:①强化考核,提前准备充分的调岗依据;②调岗后要与员工签订变更协议,明确变更后双方的权利义务;③调岗后要对员工进行岗位培训。[1]

四、通航机务维修员单方解除劳动合同之争议

【案例】鄂尔多斯市通用航空有限责任公司与赵某某劳动争议案[2]

【案情介绍】

2010年1月,赵某某入职鄂尔多斯市通用航空有限责任公司(以下简称通航公司),从事机务维修工作。2017年11月16日签订《劳动合同》约定:"合同期限自2017年9月1日起至2020年8月31日止。若在服务期内提出辞职,赵某某需向通航公司一次性支付违约金25万元;通航公司根据工作的需要,安排赵某某在机务维修岗位工作,从事机务维修、放行人员的相关维修活动;薪资月薪总额18 000元/月(税后);通航公司有下列情形的,赵某某可以解除劳动合同……(2)未按照西蒙集团公司及本公司绩效管理办法向赵某某按时足额支付工资的;(3)未依法为赵某某缴纳社会保险费的(除乙方签订自愿放弃缴纳说明外)。"2014年9月,赵某某与通航公司签订《外派培训协议书》,约定:根据赵某某自愿申请和公司有关部门的推荐,通航公司同意赵某某参加培训学习;通航公司为赵某某提供培训费用预计200 000

---

[1] 周洪波:《企业单方对员工调岗调薪的法律风险及防范》,载《上海企业》2017年第6期,第85页。

[2] 内蒙古自治区伊金霍洛旗人民法院(2018)内0627民初1797号民事判决书。

元人民币；赵某某参加完培训后，必须服从通航公司安排，在原服务期限基础上续签8年劳动合同，即从2015年2月16日至2023年2月16日，若因通航公司内部变更，需缩减合同时间，则以通航公司变更为准；若参加培训并取得机型执照后，不与通航公司签订合同，提出辞职，赵某某需向通航公司一次性赔偿40万元整。

通航公司将赵某某的工资发放至2017年12月，未发放2018年1月工资。赵某某2018年2月7日提出解除劳动合同，2018年3月7日，通航公司向赵某某出具离职交接表，赵某某同月7日离岗。赵某某申请劳动仲裁，请求：确认2018年2月7日解除劳动关系；通航公司为赵某某出具终止劳动合同的证明；通航公司支付赵某某拖欠工资和经济补偿金等。通航公司不服仲裁裁决，提起诉讼。

【案例评析】

本案涉及的是劳动合同履行过程中，因用人单位拖欠工资造成的劳动者单方解除劳动合同并产生经济补偿金的纠纷。

1. 合同解除时间的确定

赵某某于2018年2月7日向通航公司提出解除劳动合同，并向通航公司出具书面解除劳动合同通知书，通航公司于当日收到该解除劳动合同通知书。双方曾在劳动合同中约定赵某某提出解除劳动合同，应当提前30日以书面形式通知通航公司，赵某某于2018年3月7日向通航公司办理离职审批手续，并于2018年3月7日离岗，故通航公司与赵某某劳动合同关系解除时间应为2018年3月7日。

2. 因拖欠工资致劳动者单方解除劳动合同的法律后果

根据《劳动合同法》（2012年修订本）第38条、第46条、第47条之规定，用人单位未及时足额支付劳动报酬的，劳动者无须提前通知即可单方解除劳动合同；用人单位应当向劳动者支付经济补偿；经济补偿按劳动者在本单位工作的年限，每满1年支付1个月工资的标准向劳动者支付；6个月以上不满1年的，按1年计算；不满6个月的，向劳动者支付半个月工资的经济补偿；劳动者月工资高于用人单位所在直辖市、设区的市级人民政府公布的本地区上年度职工月平均工资3倍的，向其支付经济补偿的标准按职工月平均工资3倍的数额支付，向其支付经济补偿的年限最高不超过12年。

据此，通用航空公司应向赵某某支付从2010年1月至2018年3月7日止共计8个半月经济补偿金。通用航空公司未提供赵某某离岗前12个月月平均工资数额,赵某某在仲裁时主张月平均工资为24 974.58元,劳动合同约定月工资数额高于本地区上年度职工月平均工资3倍,故应支付赵某某的经济补偿金应按本地区上年度职工月平均工资3倍计算。

3. 因拖欠工资致劳动者单方解除劳动合同的不构成对服务期的违约

根据《中华人民共和国劳动合同法实施条例》(以下简称《劳动合同法实施条例》)第26条规定:"用人单位与劳动者约定了服务期,劳动者依照劳动合同法第三十八条的规定解除劳动合同的,不属于违反服务期的约定,用人单位不得要求劳动者支付违约金。"故通航公司以赵某某服务期未满为由要求支付违约金25万元的诉讼请求,没有获得法院支持。

五、空中交通管制员离职后要求用人单位返还执照之争议

【案例】潘某与中国民用航空西南地区空中交通管理局重庆分局劳动争议案①

【案情介绍】

2010年8月3日,潘某与中国民用航空西南地区空中交通管理局重庆分局(以下简称民航西南空管局重庆分局)签订书面劳动合同,合同期限自2010年7月14日至2016年7月13日。合同见习、适应期从2010年7月14日至2011年7月13日,其中2010年7月14日至2010年9月13日为试用期;2011年7月13日,见习期满一年,由见习管制员转正为五级管制员。在两个月试用期内基本工资为700元/月,绩效工资为300元/月。见习期满后,基本工资为450元/月,绩效工资为1 050元/月。潘某主张,2010年7月14日至2014年6月20日工作期间,民航西南空管局重庆分局要求潘某加班但未支付潘某加班费。2014年12月22日,潘某申请劳动争议仲裁,被不予受理。后潘某诉至法院,诉请:民航西南空管局重庆分局拖延转正违法;支付潘某超时加班费用;返还潘某的管制员执照。一审法院因证据不足驳回加班费诉请,支持返还管制员执照的诉请。二审维持原判。

---

① 重庆市渝北区人民法院(2015)渝北法民初字第08485号民事判决书;重庆市第一中级人民法院(2015)渝一中法民终字第03701号民事判决书。

第一章 劳动合同法概述

【案例评析】

本案涉及的是民用航空空中交通管制员的劳动纠纷,争议焦点是空中交通管制员的见习期是否为试用期以及管制员执照应否返还问题。

1. 民航空中交通管制员执照类型

空中交通管制员,是指持有执照、独立从事执照载明的空中交通服务工作的特定人员。

根据《中华人民共和国飞行基本规则》(2007年修订)第42条规定以及《民用航空空中交通管制员执照管理规则》(CCAR-66TM-I-R4)、《民用航空空中交通管制培训管理规则》(CCAR-70TM-R1)、《民用航空空中交通管制员执照理论考试大纲》(WM-TM-2014-001)、《民用航空空中交通管制员执照管理办法》(AP-66I-TM-2010-01)等民航规章和规范性文件的要求,空中交通管制员应当按照国家有关规定,经过专门培训、考核,取得执照(经注册)、证书后,方可上岗工作。

根据《民用航空空中交通管制员执照管理规则》(CCAR-66TM-I-R4)第6条的规定,空中交通管制员执照类别包括:机场管制、进近管制、区域管制、进近雷达管制、精密进近雷达管制、区域雷达管制、飞行服务和运行监控八类。[①]

2. 民航空中交通管制员执照申请条件和流程

(1)民航空中交通管制员执照申请条件。

《民用航空空中交通管制员执照管理规则》(CCAR-66TM-I-R4)第20条规定:"管制员执照申请人应当具备下列条件:(一)具有中华人民共和国国籍;(二)热爱民航事业,具有良好的品行;(三)年满21周岁;(四)具有大学专科(含)以上文化程度;(五)能正确读、听、说、写汉语,口齿清楚,无影响双向无线电通话的口吃和口音;(六)通过规定的体检,取得有效的体检合格证;(七)完成规定的专业培训,取得有效的培训合格证;(八)通过理论考试,取得有效的理论考试合格证;(九)通过技能考核,取得有效的技能考核合格证;(十)符合本规则规定的管制员执照申请人经历要求。"

---

① 根据《国际民用航空公约》附件1《人员执照的颁发》4.4.3.1的规定,空中交通管制员等级必须由下列类别组成:机场管制等级;进近管制等级;进近雷达管制等级;精密进近雷达管制等级;区域管制等级;区域雷达管制等级。

由此可见，除空中交通管制员执照的申请人的国籍、学历、品行、语言表达、年龄和体检要求外，管制培训、经历要求、理论考试和技能考核也是空中交通管制员申请执照的必要条件。详情如图1-4所示。

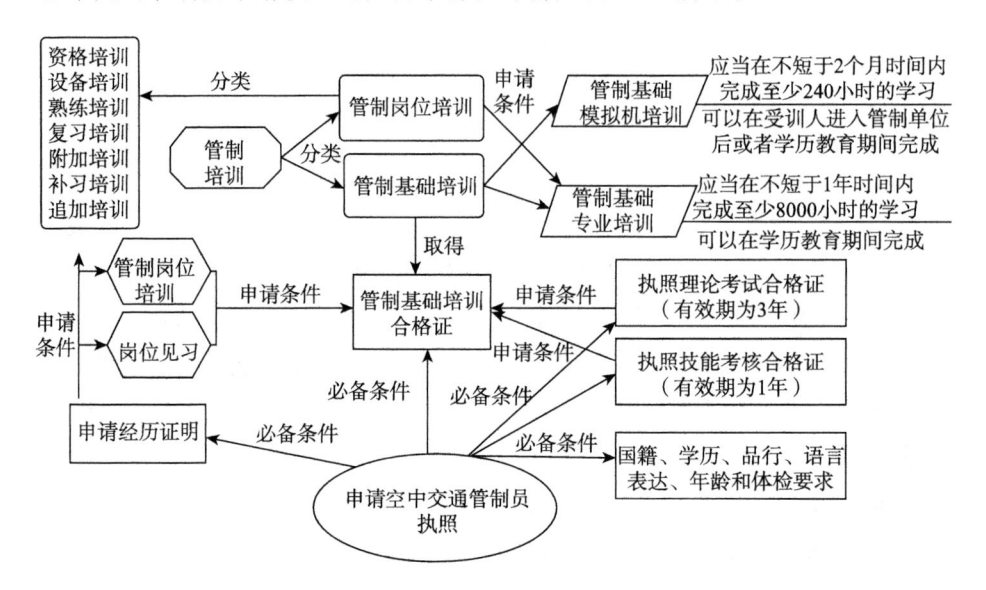

图1-4 民用航空空中交通管制员执照的申请条件

根据《民用航空空中交通管制培训管理规则》（CCAR-70TM-R1）第3条的规定，民用航空空中交通管制培训分为管制基础培训和管制岗位培训。管制基础培训，是为了使受训人具备从事管制工作的基本管制知识和基本管制技能，在符合条件的管制培训机构进行的初始培训。管制基础培训包括管制基础专业培训和管制基础模拟机培训。管制岗位培训，是为了使受训人适应岗位所需的专业技术知识和专业技能，在管制单位进行的培训。管制岗位培训包括资格培训、设备培训、熟练培训、复习培训、附加培训、补习培训和追加培训。

《民用航空空中交通管制员执照管理规则》（CCAR-66TM-Ⅰ-R4）第11条规定："申请管制员执照或者签注前应当完成本规则第三十六条所规定的岗位培训，并且获得在持照管制员监督下见习工作的经历。"第36条规定："管制员执照和签注申请人应当符合下列申请经历要求：（一）完成空中交通管制培训管理规则规定的岗位培训并达到相关要求；（二）机场管制、进近管制、区域管制、飞行服务、运行监控类别签注申请人，在具有相应类别签注持照人的监督下，完成至少 3 个月的管制见习工作；（三）进近雷达管制、区域雷达管制、精密进近雷达管制类别签注申请人，在具有相应类别签注持照人的监督下，完成至少 4 个月的管制见习工作；（四）精密进近雷达类别签注的申请人，还应当在雷达模拟机上实施不少于 200 次精密进近，在所在单位使用的设备上实施不少于 100 次精密进近；（五）增加或者变更工作地点签注的申请人，应当于新工作地点在持照人监督下，完成至少 1 个月的管制见习工作，增加或者变更的工作地点为新设立管制单位的情况除外。申请人的（二）、（三）、（四）项经历要求应当在申请前的 6 个月内完成，但可以同时进行。"

（2）民航空中交通管制员执照的申请、受理、审查、批准、颁发和注册办理流程。

民航空中交通管制员执照的申请、受理、审查批准、颁发和注册办理等具体流程如图 1-5 所示。

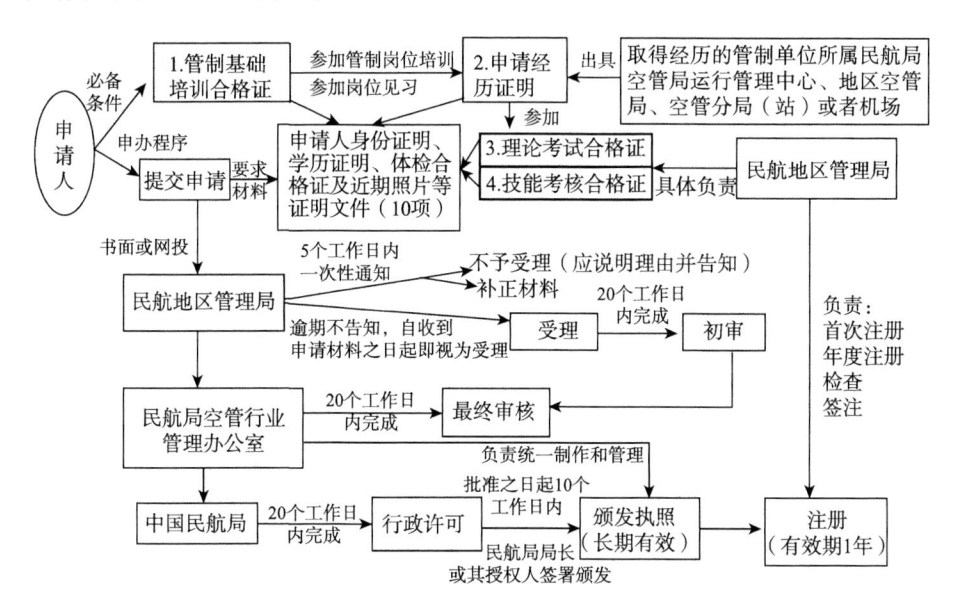

图 1-5 空中交通管制员执照申请、受理、审查、批准、颁发和注册办理流程

本案中，民航西南空管局重庆分局主张，空中交通管制员岗位具有特殊性，根据规定需要经过特别的管制培训，管制员需要完成相关培训，经历一定见习期取得见习经历，因此见习期不是试用期。民航西南空管局重庆分局对潘某转正为五级管制员之前实行一年的见习期并不违反法律规定，潘某主张单位对其拖延转正，缺乏事实依据，故法院不予认定。

3. 民航空中交通管制员执照的使用管理

《民用航空空中交通管制员执照管理规则》第3条规定："管制员实行执照管理制度，执照经注册方为有效执照。持有有效管制员执照的，方可独立从事其执照载明的空中交通服务工作。"《民用航空空中交通管制员执照管理办法》（AP-66I-TM-2010-01）第61条规定："管制员执行空中交通管制任务时应当随身携带执照或者将执照保存在岗位所在单位。"

本案中，潘某离职以后，民航西南空管局重庆分局一直代为保管潘某的管制员执照，应该予以退还，否则导致潘某再就业后无法持照上岗，严重影响潘某的劳动权益，对此，法院判决给予支持。

第三节　劳动合同法的渊源

法的渊源，又谓"法源"或"法律的渊源"。无论何种表述，均无关宏旨。在西方法理学中，"法的渊源"是一个极其重要却常常被运用的很混乱的术语，它犹如一面"多棱镜"具有多重意义，包括法的历史渊源、法的理论和思想渊源、法的效力渊源、法的文献渊源、法的学术渊源、法的形式渊源、法的实质渊源等。在我国法理学教科书中，法的渊源一般仅指法的各种表现/存在形式，包括直接渊源和间接渊源。法的渊源本质是多元规范的集合体，是司法裁判从中发现/寻找待决案件所需要的裁判规范或准则之依据。[1]

劳动合同法的渊源，亦称劳动合同法的形式，是指劳动合同法律规范的具体表现形式。我国劳动合同法渊源，按其效力层次与范围可分为：

（1）宪法。我国宪法关于劳动者基本权利义务的规定及与劳动问题相关的经济制度，是我国劳动合同立法的基础和最高法律依据，同时又是劳动合同法律规范的表现形式之一。

（2）法律。包括我国全国人民代表大会制定和修改的基本法及全国人民

---

[1] 薛波：《后民法典时代司法解释与案例指导制度功能调适论》，载《河北法学》2021年第2期，第60-61页。

代表大会常务委员会制定和修改的其他法律，其效力仅次于宪法。如《劳动合同法》《劳动争议调解仲裁法》《社会保险法》等。

（3）行政法规。即指由国务院根据宪法和法律的有关原则制定发布的各种劳动行政法规，其法律效力具有普遍性，是当前我国调整劳动关系的重要依据。如《劳动合同法实施条例》。

（4）部门规章。即指国务院劳动行政部门单独或会同有关部门制定的专项劳动规章。如《劳动人事争议仲裁办案规则》《就业服务与就业管理规定》（2018修订）等。

（5）地方性法规和地方性规章。是指省、自治区、直辖市以及省会城市和经国务院批准的较大的市的人大及其常委会、人民政府制定的规范性文件中有关劳动问题的规定。如《青岛市人力资源和社会保障局关于规范劳动关系有关问题的意见》（青人社规〔2020〕4号）等。

（6）规范性劳动法律、法规解释。是指法定的对劳动法律、法规有解释权的国家机关，就劳动法律、法规在执行中的问题所作的具有普遍约束力的解释。例如，北京市高级人民法院与北京市劳动人事争议仲裁委员会2020年5月7日联合发布《关于审理新型冠状病毒感染肺炎疫情防控期间劳动争议案件法律适用问题的解答》、《人力资源和社会保障部关于贯彻实施新修订的劳动合同法严格规范劳务派遣的通知》（人社部发〔2013〕6号）、《最高人民法院关于审理劳动争议案件适用法律问题的解释（一）》（法释〔2020〕26号）。

一、民航空管局职工的退休年龄适用统一行政法规

【案例】 李某某与中国民用航空中南地区空中交通管理局河南分局劳动争议案[①]

【案情介绍】

1989年1月24日，李某某被原中国民航河南省管理局（以下简称民航河南省局）招收为全民合同制女工，担任原民航河南省局航管中心调度室话台话务员；1996年4月，李某某经原民航河南省局评审具备技术员任职资

---

① 郑州航空港经济综合实验区人民法院（2017）豫0192民初606号民事判决书；河南省郑州市中级人民法院（2017）豫01民终10613号民事判决书。

格，后经原民航河南省局批准，李某某两次被聘任为干部，工作单位为航管中心调度室，聘任职务为管制员，聘任期间分别为1996年2月27日至1998年2月26日、1998年4月14日至2000年4月14日。2007年12月28日，李某某与中国民用航空中南地区空中交通管理局河南分局①（以下简称民航中南空管局河南分局）签订无固定期限劳动合同，合同期为2007年12月28日至法定或约定解除（终止）合同条件时止。2013年12月，空管局下发《关于技术职务和技能职务聘任的通知》（民航河南空局人发〔2013〕14号），载明李某某为空管局聘任的三级管制员，聘期为2013年12月30日至2014年12月29日。依据《民航中南空管局干部选拔任用工作规定》第62条规定，李某某于2016年2月1日满50周岁，在其50周岁时未在科级（含）以上岗位连续聘任满10年且未担任科级（含）以上职务，不符合按干部身份退休的条件。据此，李某某应于2016年2月1日办理退休手续。但李某某本人对自身工人身份提出异议，不接受政策认定的工人身份，没有办理退休手续。空管局人力资源部工作人员当面通知李某某办理退休事宜，被其当场提出异议。双方就李某某无固定期限劳动合同的终止时间及是否应当继续履行劳动合同的事项产生劳动争议，李某某诉请要求用人单位继续履行劳动合同、补发工资。法院判决驳回李某某诉请。二审法院认为原审根据《民航中南空管局干部选拔任用工作规定》第62条的规定，认定李某某不符合该规定按干部身份退休的条件是正确的，判决驳回上诉，维持原判。

【案例评析】

本案的争议焦点是李某某是否已达到退休年龄符合解除劳动合同的条件问题。

根据《劳动合同法实施条例》第21条规定，劳动者达到法定退休年龄的，劳动合同终止。按照法定退休年龄办理职工退休、退职，是维护职工合法权益和劳动权利的根本保证。

我国关于劳动者退休年龄的规定，实施时间较早，主要是1978年发布的《国务院关于工人退休、退职的暂行办法》（国发〔1978〕104号）和《国务院关于安置老弱病残干部的暂行办法》。即退休的条件是：①男性干

---

① 2001年12月5日，由于民航体制改革，民航河南省局的空管部分从民航河南省局中分离出来，在此基础上组建中国民用航空郑州空中交通管理中心；2011年，该中心更名为中国民用航空中南地区空中交通管理局河南分局，该单位为企业化管理的事业单位。

部、工人年满60周岁，女干部年满55周岁，女工人年满50周岁，连续工龄或工作年限满10年；②从事井下、高空、高温、特别繁重体力劳动或者其他有害身体健康的工作，男年满55周岁、女年满45周岁，连续工龄或工作年限满10年；③男年满50周岁，女年满45周岁，连续工龄或工作年限满10年，经医院证明，并经劳动鉴定委员会确认，完全丧失劳动能力的；④因工致残，经医院证明，并经劳动鉴定委员会确认，完全丧失劳动能力的。

《劳动和社会保障部办公厅关于企业职工"法定退休年龄"含义的复函》（劳社厅函〔2001〕125号）进一步明确：国家法定的企业职工退休年龄，是指国家法律规定的正常退休年龄，即男年满60周岁，女工人年满50周岁，女干部年满55周岁。本案中，由于李某某被定为工人身份，2016年2月1日已满50周岁，已经达到法定退休年龄，因此劳动合同终止，故李某某要求用人单位继续履行劳动合同、补发工资的诉讼请求，显然没有法律依据。

我国退休年龄的规定目前有不合理之处，例如，身份差别导致退休年龄差距大的问题。依据现行规定，女工人的50岁对比女性公务员或干部的55岁和60岁，存在5～10年的差别[1]。各个国家对退休年龄都有不同的规定，每个时期也会有不同的退休年龄规定，值得关注的是，很多国家目前都在制订和施行延迟退休方案。

二、民用机场电工不符合民航规章要求的操作规范被解除劳动合同

【案例】包头蓝天航空服务有限公司与丁某某劳动争议纠纷案

【案情介绍】

丁某某于2005年8月受聘于内蒙古包头民航机场有限责任公司（以下简称机场公司）做临时工。机场公司系包头蓝天航空服务有限公司（以下简称蓝天公司）的上级单位。蓝天公司成立于2006年8月。2007年12月1日，丁某某与蓝天公司签订劳动合同，合同约定，合同期限从2007年1月1日起至2010年12月31日止，丁某某从事电工工作。双方在合同履行期间，2008年2月1日施行了《民用机场运行安全管理规定》（CCAR-140），其第19

---

[1] 林嘉：《退休年龄的法理分析及制度安排》，载《中国法学》2015年第6期，第7页。

条规定，机场内所有与运行安全有关岗位的员工均应当持证上岗；与运行安全有关的岗位，其中包括航站楼设备电工。蓝天公司于2008年10月25日以"丁某某考试不合格、不具备电工上岗资质、没有近网作业操作证"为由作出《解除劳动合同通知书》，从2008年12月1日开始与丁某某解除劳动合同。《解除劳动合同通知书》签收回执没有丁某某签字。丁某某认可2008年11月蓝天公司解除与其劳动合同经过代班班长口头通知。丁某某于2009年6月向包头市东河区劳动争议仲裁委员会申请仲裁，但不服仲裁裁决书，诉至法院，请求蓝天公司给付其2008年11月工资及赔偿金等。本案经两审和再审程序。[1]

【案例评析】

本案的争议焦点是蓝天公司与丁某某解除劳动合同是否构成违法及其损失赔偿问题。

根据《劳动合同法》（2012年修订本）第40条规定，劳动者有不能胜任工作，经过培训或者调整工作岗位，仍不能胜任工作情形的，用人单位提前30日以书面形式通知劳动者本人或者额外支付劳动者一个月工资后，可以解除劳动合同。

《运输机场运行安全管理规定》（CCAR-140-R1）[2] 第19条规定，机场内所有与运行安全有关岗位的员工均应当持证上岗。与运行安全有关的岗位主要包括：场务维护工、场务机具维修工、运行指挥员、助航灯光电工、航站楼设备电工、航站楼设备机修工、特种车辆操作工、特种车辆维修工、特种车辆电气维修工等。国家、民航局要求持有从业资格的岗位，该岗位人员应当持有相应的资格证书。

本案中，丁某某是航站楼设备电工，因考试不合格，没有中国民用航空局颁发的民航规章所要求的岗位从业人员应当持有的近网作业操作证，没有电工上岗资质，故蓝天公司可以解除与丁某某的劳动关系。但根据《劳动合

---

[1] 参见包东劳仲裁第（2009）第35号仲裁裁决书；包头市东河区人民法院（2010）包东民初字第148号民事判决书；包头市中级人民法院（2010）包民四终字第223号民事判决书；内蒙古自治区高级人民法院（2013）内民申字第683号民事裁定书；内蒙古自治区高级人民法院（2014）包民再字第1号民事裁定书；包头市东河区人民法院（2014）包东民初字第988号民事判决书；包头市中级人民法院（2015）包民再字第2号民事判决书。

[2] 《运输机场运行安全管理规定》（CCAR-140-R1）适用于运输机场（包括军民合用运输机场民用部分）的运行安全管理，自2019年1月1日起施行。

同法》（2012年修订本）第40条规定，蓝天公司解除劳动合同应提前30日以书面形式通知丁某某本人。但是，蓝天公司《解除劳动合同通知书》回执上没有丁某某签字，蓝天公司也未能提供证据证明其解除与丁某某劳动关系履行了法定程序。因此，法院判决认定蓝天公司解除与丁某某劳动合同是违法的。

《劳动合同法》（2012年修订本）第89条规定："用人单位违反本法规定未向劳动者出具解除或者终止劳动合同的书面证明，由劳动行政部门责令改正；给劳动者造成损害的，应当承担赔偿责任。"蓝天公司在解除与丁某某劳动关系后，未向丁某某出具解除劳动合同的书面证明，给丁某某造成损失，蓝天公司应对丁某某进行损失赔偿。此外，《劳动合同法》（2012年修订本）第87条规定："用人单位违反本法规定解除或者终止劳动合同的，应当依照本法第四十七条规定的经济补偿标准的二倍向劳动者支付赔偿金。"重审法院判决蓝天公司给付丁某某解除劳动合同经济补偿金7 200元表述不当，实为赔偿金，予以纠正。

从法律规定来看，用人单位对劳动者支付的经济补偿金和赔偿金是有区别的，详见表1-2和表1-3。

表1-2　经济补偿金和赔偿金的比较对照

项目	经济补偿金	赔偿金
性质	补偿性；一次性支付	惩罚性
计算方式	计算公式：经济补偿金＝基数×补偿年限 经济补偿按劳动者在本单位实际工作的年限，每满1年按1个月工资的标准向劳动者支付；6个月以上不满1年的，按1年计算；不满6个月的，向劳动者支付半个月工资的经济补偿。（《劳动合同法》第47条）	计算公式：赔偿金＝经济补偿金×2 赔偿金的计算年限自用工之日起计算；支付赔偿金的，不再支付经济补偿。（《劳动合同法实施条例》第25条）
适用条件	1. 存在劳动者解除劳动合同的情形； 2. 存在用人单位解除或者终止劳动合同的情形	1. 用人单位存在违法解除或终止劳动合同的情形； 2. 劳动者不要求继续履行劳动合同或劳动合同已经不能履行

表1-3 用人单位应当支付解除劳动合同经济补偿金的情形

用人单位被动解除劳动合同应当支付经济补偿金的情形	用人单位主动解除劳动合同应当支付经济补偿金的情形
1. 劳动者因用人单位未按照劳动合同约定提供劳动保护或者劳动条件而解除劳动合同的； 2. 劳动者因用人单位未及时足额支付劳动报酬而解除劳动合同的； 3. 劳动者因用人单位低于当地最低工资标准支付劳动者工资而解除劳动合同的； 4. 劳动者因用人单位未依法为劳动者缴纳社会保险费而解除劳动合同的； 5. 劳动者因用人单位的规章制度违反法律、法规的规定、损害劳动者权益而解除劳动合同的； 6. 劳动者因用人单位以欺诈、胁迫的手段或者乘人之危，使劳动者在违背真实意愿的情况下签订或者变更劳动合同，致使合同无效而解除劳动合同的； 7. 劳动者因用人单位免除自己的法定责任、排除劳动者权利，致使劳动合同无效而解除劳动合同的； 8. 劳动者因用人单位订立劳动合同违反法律、行政法规强制性规定，致使劳动合同无效而解除劳动合同的； 9. 劳动者因用人单位以暴力、威胁或者非法限制人身自由的手段强迫劳动而解除劳动合同的； 10. 劳动者因用人单位违章指挥、强令冒险作业危及劳动者人身安全而解除劳动合同的； 11. 法律、行政法规规定的其他情形	1. 用人单位提出、双方协商解除劳动合同的； 2. 用人单位因劳动者患病或者因工负伤，在规定的医疗期满后不能从事原工作，也不能从事用人单位另行安排的工作而解除劳动合同的； 3. 用人单位因劳动者不能胜任工作，经过培训或者调整工作岗位，仍不能胜任工作而解除劳动合同的； 4. 用人单位因劳动合同订立时所依据的客观情况发生重大变化，致使劳动合同无法履行，经用人单位与劳动者协商，未能就变更劳动合同内容达成协议而解除劳动合同的； 5. 用人单位因依照企业破产法规进行重整，依法裁减人员；或因生产经营发生严重困难，依法裁减人员的； 6. 用人单位因企业转产、重大技术革新或者经营方式调整，经过变更劳动合同后，仍需要裁减人员，以法定程序裁减人员的； 7. 用人单位因劳动合同订立时所依据的客观经济情况发生重大变化，致使劳动合同无法履行，以法定程序裁减人员的； 8. 用人单位因劳动合同期满，劳动者同意续订劳动合同而用人单位不同意续订劳动合同，终止固定期限劳动合同的； 9. 用人单位因被依法宣告破产而终止劳动合同的； 10. 用人单位因被吊销营业执照、责令关闭、撤销或决定提前解散而终止劳动合同的； 11. 法律、行政法规规定的其他情形

三、航空公司应依据民航规章和规范性文件为离职飞行员移交相关档案

【案例】何某与龙江航空有限公司劳动争议案

【案情介绍】

2016年5月11日,何某和龙江航空有限公司(以下简称龙江公司)签订《飞行员引进协议》,约定:何某从原单位离职后到龙江公司工作。龙江公司向其原单位中国东方航空公司支付调动费221.55万元,在双方签订劳动合同之日起10个工作日内,龙江公司一次性向何某支付安家费140万元;劳动合同存续期间,由何某提出离职或因违反国家法律及民航法规被辞退,龙江公司按本协议第1条公司为引进何某支付的款项人民币400万元为基数,并按照"3+7"模式予以返还;何某按前述条件第1项足额返还公司款项的,公司应当自足额款项返还之日起30日内为何某办妥所有飞行员全部离职手续;如因公司原因未能按约办妥所有飞行员全部离职手续的,则公司自何某足额款项返还之日起按人民币15万元每月补偿何某,直至公司办妥所有飞行员全部离职手续为止,非公司原因除外;自协议签订日起,公司每月向何某支付人民币6万元,作为生活补贴,不足半月的,按半月人民币3万元计付,超过半月未满1个月的,按整月人民币6万元计付;在此期间,何某被公司安排至其他航空公司执行飞行的,所产生的劳动报酬全部归何某享有;劳动报酬如不足人民币6万元的,差额部分由公司另外补足。2016年8月5日,何某和龙江公司签订《劳动合同书》,约定:劳动期限为2016年7月8日至2026年7月8日;月薪为9 300元。同日,双方签订《劳动合同补充协议》约定:关于调动费、安家费、服务期限、款项递减、待遇、违约责任等在《飞行人员引进协议》中有明确约定的,以该协议的约定内容为准。

2017年8月,龙江公司对何某作出《关于给予何某解除劳动合同的处理决定》。何某申请劳动仲裁,并对裁决不服,诉至法院,诉请判令:确认被告违法解除劳动合同,并按照经济补偿金的2倍支付赔偿金;被告出具解除劳动合同证明,并办理档案和社会保险关系转移手续,办理原告的飞行执照转移手续,出具《安全记录申请审核表》、安全记录副本(包括训练和检查记录、事故、事故征候结论及奖励和惩罚记录等),并赔偿因延迟转移手续给原告造成的经济损失。法院经审理,认为被告主动解除与原告的劳动关系,应当协助原告办理飞行执照的调转手续,但被告迟迟未主动履行上述义务,

致使原告无法继续从事飞行员工作，其行为侵害了原告的合法权益，应当给付原告违法解除劳动合同赔偿金；向原告何某出具解除劳动合同证明，并为原告办理档案和社会保险关系转移手续；将原告飞行执照手续（包括《安全记录申请审核表》、安全记录副本、训练记录、检查记录、事故、事故征候结论及奖励惩罚记录在内的航空人员身体档案、飞行技术履历档案、驾驶员飞行记录簿、空勤登记证、健康记录等）移交至当地的民用航空管理局。①

【案例评析】

本案争议焦点问题是：飞行员的飞行档案和执照等转移手续的办理是否属于劳动争议案件的受案范围？这也是目前飞行员流动纠纷的司法实践中争议最多的问题，其中档案及证照关系等材料的范围、作用、转移方式和操作办法等很多问题需要进一步厘清。

1. 飞行员的档案及证照等材料的范围和作用

飞行员辞职后，需要移转的档案及证照关系往往包括以下几类材料。

（1）现实表现材料（安保评价）。根据《关于规范为离职空勤人员出具安保评价工作的通知》（局发明电〔2015〕1304号）的规定，各航空公司要严格按照《民用航空背景调查规定》和《中国民航空勤登机证管理规定》的要求，为正常离职、调动的空勤人员出具现实表现材料（安保评价）。

为了评估有关人员是否适合从事民用航空相关工作，或是否可以在无人陪同下进入民用机场（含军民合用机场民用部分）控制区，根据规定需要对公共航空运输企业空勤人员的身份、经历、社会关系和现实表现等方面进行调查。飞行员属于空勤人员，应当进行背景调查，背景应符合以下要求：①无犯罪记录；②未受过收容教养、强制戒毒、劳动教养；③近三年未因违反《中华人民共和国治安管理处罚法》受过行政拘留；④未参加过国家禁止的组织及其活动；⑤近三年的现实表现良好；⑥配偶、父母（或直接抚养人）未因危害国家安全罪受过刑事处罚；⑦配偶、父母（或直接抚养人）非国家禁止组织的骨干分子或正在参与其活动；⑧无可能危害民用航空安全的其他情形。②

---

① 黑龙江省哈尔滨市香坊区人民法院（2018）黑0110民初825号民事判决书。
② 参见《民用航空背景调查规定》（民航发〔2014〕3号）第2条、第13条、第14条规定及《中国民用航空局关于调整〈民用航空背景调查规定〉中境内人员违法犯罪情况调查工作相关要求的通知》（局发明电〔2019〕57号）。

(2) 飞行技术档案（飞行技术履历档案已经变更为飞行技术档案，包括飞行记录簿）的复印件。

根据《大型飞机公共航空运输承运人运行合格审定规则》（CCAR-121-R7）[①] 第121.691条和《运输飞行员注册、记录和运行管理》（AC-121-FS-2014-48）[②] 的规定，每个合格证持有人应当建立和保存每一机组成员的记录，记录包括内容如图1-6所示。

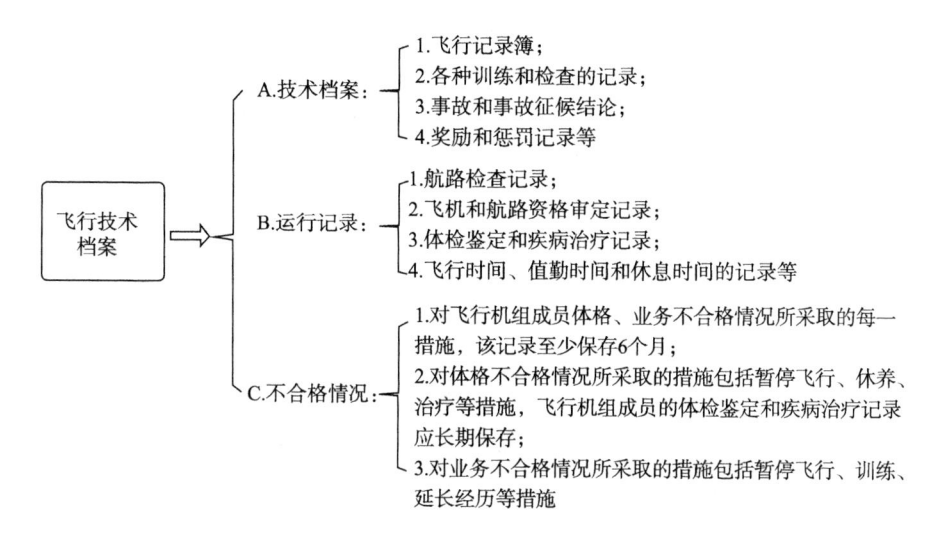

```
                          ┌ 1.飞行记录簿；
              A.技术档案：  │ 2.各种训练和检查的记录；
                          │ 3.事故和事故征候结论；
                          └ 4.奖励和惩罚记录等

              ┌ 1.航路检查记录；
飞行技术   →  B.运行记录： │ 2.飞机和航路资格审定记录；
档案                     │ 3.体检鉴定和疾病治疗记录；
                        └ 4.飞行时间、值勤时间和休息时间的记录等

              ┌ 1.对飞行机组成员体格、业务不合格情况所采取的每一
              │   措施，该记录至少保存6个月；
   C.不合格情况：│ 2.对体格不合格情况所采取的措施包括暂停飞行、休养、
              │   治疗等措施，飞行机组成员的体检鉴定和疾病治疗记录
              │   应长期保存；
              └ 3.对业务不合格情况所采取的措施包括暂停飞行、训练、
                  延长经历等措施
```

图1-6　飞行员的飞行技术档案（包括飞行记录簿）的具体内容

根据《运输飞行员注册、记录和运行管理》（AC-121-FS-2014-48）规定，合格证持有人应按照CCAR-121部第691条建立每一机组成员的训练和运行记录，并对每个飞行人员的安全记录进行登记；运营人应当在机组成员所服务的基地保存上述款要求的记录[③]，以便接受局方的检查；机组成员不再服务于该运营人时，运营人应当自机组成员退出运行之日起，将要求的记录保存至少24个月；运营人应做好机组成员离职或辞职、终止聘用或取消聘用资格的记录。

（3）飞行执照。执照提供了持照人具备胜任能力的证据，证明其兼备了

---

① CCAR 121规章自1999年颁布施行以来，迄今进行了七次修订，对行业持续安全起到了积极的促进作用，第七次修订版自2021年3月15日起施行。

② 本咨询通告只适用于按照CCAR-121部运行的运营人，按照CCAR-135部和CCAR-91部运行的飞行人员，其安全记录管理由运营人按照适用规章进行，不适用本咨询通告。

③ 即图1-6中列出的各项飞行技术档案内容。

必要的技能、知识和态度。目前,航空人员执照颁发的基础是《国际民用航空公约》规定的原则和公约附件1《人员执照的颁发》所载的国际标准和建议措施。我国也建构和实行航空人员执照颁发制度[①]。《中华人民共和国民用航空法》(以下简称《民用航空法》)(2021年修正本)第40条规定:航空人员应当接受专门训练,经考核合格,取得国务院民用航空主管部门颁发的执照,方可担任其执照载明的工作。《大型飞机公共航空运输承运人运行合格审定规则》(CCAR-121-R7)第121.453条规定,只有持有航线运输驾驶员执照和该飞机相应型别等级的驾驶员,方可以在按照本规则运行的飞机上担任机长。驾驶员是飞行机组成员,在飞行值勤期内对航空器运行负有必不可少的职责,必须持有执照。我国对航空器驾驶员执照的颁发依据是《民用航空器驾驶员合格审定规则》(CCAR-61-R5)。

(4)空勤登机证。空勤登机证是中国境内航空公司执行飞行任务的空勤人员以及执行跟机任务的其他人员进入全国各民用机场(含军民合用机场民用部分)以及境外机场控制区的通行证件。[②]例如,2016年施行的《民用航空安全检查规则》(CCAR-339-R1)第57条规定,执行飞行任务的机组人员进入民用运输机场控制区的,民航安检机构应当核查其民航空勤通行证件和民航局规定的其他文件,并对其人身及物品进行安全检查。2019年施行的《公共航空运输企业航空安全保卫规则》(CCAR-343-R1)第101条规定,公共航空运输企业承担的安全检查工作,按照《中国民用航空安全检查规则》执行。2016年施行的《民用航空运输机场航空安全保卫规则》(CCAR-329)第65条规定,空勤人员执行飞行任务时凭空勤登机证进入机场控制区。中国民用航空局发布《关于加强运输机场保障通用航空飞行活动有关工作的通知》(民航规〔2019〕41号),再次强调通用航空飞行活动主体应严格落实《中国民航空勤登机证管理规定》及有关要求,其空勤人员进入运输机场执行飞行任务时,应正确佩戴空勤登机证,交验《飞行任务书》,并在指定通道接受安全检查。

(5)体检鉴定档案和体检合格证。航空人员的体检鉴定和体检合格证管

---

① 需要注意的是,中国直接颁发的航空人员执照,无法从《国际民用航空公约》给予的国际认可中受益,只在中国空域内有效,持有此类执照的国际航班只能在得到其所使用空域的国家许可的情况下才能进行飞行。

② 《中国民航空勤登机证管理规定》(民航发〔2019〕89号)第3条。

理制度是保障飞行安全的重要内容。《国际民用航空公约》附件1《人员执照的颁发》对各类执照签发及体检合格进行了相关要求。"体检合格证"是颁照当局颁发的关于执照持有人符合体检合格特定要求的证明。根据《飞行人员和空中交通管制员体检鉴定档案管理办法》（MD-FS-2016-049）第7条和第8条的规定，飞行人员的体检鉴定档案是体检鉴定资料①及相关医学资料经过整理、分类、排序、编号②、装订、编页后形成的健康记录，其电子体检鉴定档案还包括体检合格证申请颁发及管理信息、航卫不安全事件信息、不良信息记录等资料。为保证从事民用航空活动的空勤人员身体状况符合履行职责和飞行安全的要求，根据《民用航空法》（2021年修正）和《民用航空人员体检合格证管理规则》（CCAR-67FS-R4）③，空勤人员的体检合格证实行行政审批制度④。体检合格证办理基本流程和程序依据是《民用航空人员体检合格证申请、审核和颁发程序》（AP-67-FS-2018-001R1）。

2. 飞行员辞职后对飞行记录及证照关系等档案材料的处理方式⑤

第一，在飞行员辞职后入职其他航空公司的情形下，飞行记录及证照关系等档案材料的处理方式。

（1）现实表现材料（安保评价）。根据《民用航空背景调查规定》（民航发〔2014〕3号）第27条的规定，"依照本规定通过背景调查的人

---

① 体检鉴定资料是由飞行人员、空中交通管制员和飞行学生体检鉴定过程中产生的体检鉴定表、辅助检查结果报告、体检鉴定结论通知书、疾病诊疗记录、体检鉴定讨论记录、毒品药品检测报告、心理健康评定结果以及专家委员会鉴定意见等文字、符号、图表、影像资料组成。体检鉴定资料按照记录形式不同，分为实物体检鉴定资料和电子体检鉴定资料。参见《飞行人员和空中交通管制员体检鉴定档案管理办法》（MD-FS-2016-049）第4条体检鉴定资料的组成。

② 体检鉴定档案编号的基本结构由三部分组成：工作单位或院校名称缩写（可以使用中文或英文字母组合）；体检合格证类别（持有多个体检合格证类别的应当全部标注，并按照Ⅰ级至Ⅲ级体检合格证顺序标注）；体检合格证编号（飞行学生使用身份证明号码）。

③ 2019年1月1日起施行。

④ 根据《民用航空人员体检合格证管理规则》（CCAR-67FS-R4）第67.7条的要求，空勤人员履行职责时，应当持有依照该规则取得的有效体检合格证，或者体检合格证认可证书，满足体检合格证或认可证书上载明的限制要求。第67.21条规定，航线运输驾驶员执照、多人制机组驾驶员执照、商用驾驶员执照（飞机、直升机或倾转旋翼机航空器类别等级）申请人或者持有人应当取得并持有Ⅰ级体检合格证。

⑤ 参见中国民用航空局综合司2016年9月7日给北京市第二中级人民法院书面咨询的回函（民航综法函〔2016〕89号函）；中国新华航空集团有限公司与韩明劳动争议案的北京市顺义区人民法院（2017）京0113民初20259号民事判决书。

员，如调动到其他民用航空企业事业单位，在现单位背景条件要求不高于原单位的前提下，应当由原单位提供背景调查材料原件，安全保卫部门出具其在职期间的现实表现材料，现单位予以审核"。有关现实表现材料（安保评价）的具体出具和移交程序，没有具体规定，一般由航空公司自行掌握。在现实操作中，多为原单位保卫部门将该材料直接转至新单位。

（2）飞行技术档案。根据《大型飞机公共航空运输承运人运行合格审定规则》（CCAR－121－R7）第121.691条的规定，每个合格证持有人应当建立和保存每一机组成员的下列记录：①技术档案，包括飞行记录簿，各种训练和检查的记录，事故、事故征候结论，奖励和惩罚记录等；能证明该机组成员是否满足本规则适用条款要求的记录，包括航路检查、飞机和航路资格审定、体检鉴定和疾病治疗以及飞行时间、值勤时间和休息时间的记录等；③对飞行机组成员或者飞行签派员体格、业务不合格情况所采取的每一措施，该记录至少保存6个月；④飞行机组成员的体检鉴定和疾病治疗记录应当长期保存。合格证持有人应当在机组成员所服务的基地保存本条要求的记录，以便接受局方的检查。机组成员不再服务于该合格证持有人时，合格证持有人应当自该人员退出运行之日起，将本条要求的技术档案记录保存至少24个月，并在其提出要求时向其提供训练记录的复印件。

在此需要特别说明的是，根据中国民用航空总局下发的《关于进一步加强民航飞行队伍管理的意见》规定，飞行人员辞职时，其飞行执照、技术档案应交原用人单位所在地的地区管理局暂存保管；辞职后到新的航空公司复飞，该公司仍须按照五部委文件[1]规定，与辞职飞行员原单位主动协商，对没有经过协商而私自流动的飞行人员，各地区管理局不得办理其在新公司的注签手续，不准其参加新公司的运行飞行。该意见的规定与《运输飞行员注册、记录和运行管理》（AC－121－FS－2014－48）的规定相悖。根据中国民用航空局2015年6月2日向广东省深圳市中级人民法院的复函，《大型飞机公共航空运输承运人运行合格审定规则》（CCAR－121－R3）颁布实施后，

---

[1] 指2005年由中国民用航空总局、人事部等五部委发布的《关于规范飞行人员流动管理保证民航飞行队伍稳定的意见》。

第一章 劳动合同法概述

《关于进一步加强民航飞行队伍管理的意见》的相关规定即不再执行，移交副本的规范具体请参见《运输飞行员注册、记录和运行管理》（AC-121-FS-2014-48）。

根据《运输飞行员注册、记录和运行管理》（AC-121-FS-2014-48）4.4和4.5的规定，新雇主应要求雇佣的飞行人员提供前雇主①的4.1A项内容②的副本（所述副本包括原件的复印件、影印件、扫描件等复制品，非指证件的副本），并进行评估，将结果报局方审核且在局方的系统注册成功后方可实施运行；前雇主应向飞行人员提供4.1A项内容的副本，以满足其参与新雇主运行的安全记录要求，不得收取费用。具体程序是：

1）飞行人员应填写申请表格向前雇主提出安全记录副本的申请。在双方存在劳动合同纠纷时，应先解决纠纷，再提出申请。

2）前雇主运营人应在15个工作日内及时提供安全记录副本，因地理位置等特殊原因无法及时提供的，可以延长至20个工作日内提供。无故不提供安全记录副本的运营人，局方将不接受其注册新的飞行人员。

3）前雇主发生兼并、破产情况时，应遵循下列原则：①飞行人员在被雇佣期间，前雇主被新雇主兼并，飞行人员无须办理任何手续，雇主之间自行实施安全记录移交，存放于新雇主处；②飞行人员离职后被新雇主雇佣，前雇主被其他运营人收购、兼并或合并，飞行人员须向主控方运营人申请安全记录副本，主控方运营人承担前雇主的责任和义务；③前雇主破产，并且无法提供安全记录副本时，飞行人员可向前雇主主管地区管理局申请开具证明信，以代替安全记录的要求；④记录因天然不可抗拒原因丢失或损坏（比如，在发生洪水、严重地震、风暴和火灾的情况下），前雇主须对该情况书面说明，并经公证部门公证，此时飞行人员可向前雇主主管地区管理局申请开具证明信，以代替安全记录的要求。

根据上述《运输飞行员注册、记录和运行管理》（AC-121-FS-2014-48）的规定，飞行人员本人填写《安全记录申请审核表》后，交民航行政机关办理飞行执照关系注册手续。

（3）体检鉴定档案和体检合格证。为保证飞行安全，《民用航空人员

---

① 前雇主是指过去24个月内与该飞行员有雇佣关系的运营人。
② 即图1-6中的"技术档案"内容。

体检合格证管理规则》(CCAR-67FS-R4)规定,空勤人员履行职责时,应当持有依照该规则取得的有效体检合格证或体检合格证认可证书,满足体检合格证或认可证书上载明的限制要求。《飞行人员和空中交通管制员体检鉴定档案管理办法》(MD-FS-2016-049)第14条规定,飞行人员、空中交通管制员和飞行学生变更体检机构时,应当将体检鉴定档案由人员调出体检机构移交至人员调入体检机构(详见图1-7)。涉及民用航空人员体检合格证关系单位信息变更的,仅需要新用人单位报告所在地区管理局(航卫部门),管理局航卫部门出具变更函;信息管理系统管理员根据上述要求在信息系统中将信息变更至新用人单位。体检合格证由飞行人员本人向新公司出示。①

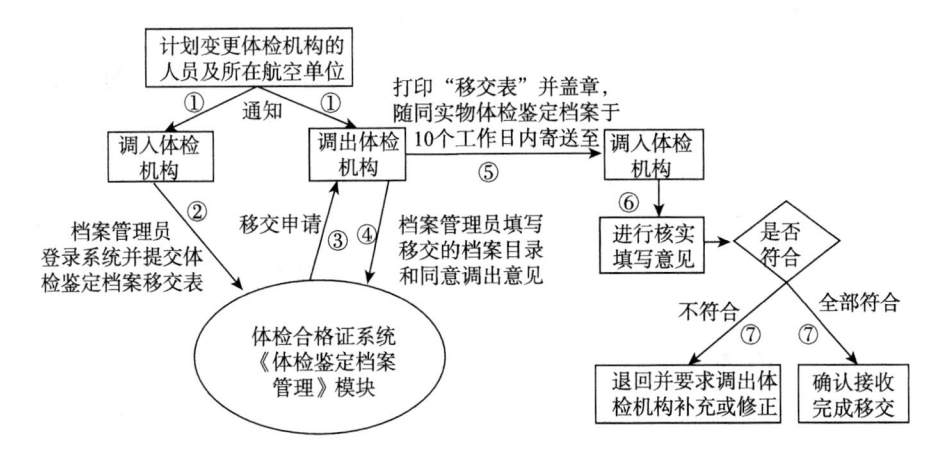

图1-7 飞行员体检鉴定档案的移交办理程序

(4) 空勤登机证等。根据现行《关于印发中国民航空勤登机证管理规定的通知》(民航发〔2019〕89号)第24条的规定,持证人员因变更工作单位换发证件时,应当由新工作单位向批准单位提出申请,并按要求提交申办材料。空勤人员需提供的材料包括有效职业证照和其他相关材料。

第二,在飞行员尚未确定新用人单位的情形下,飞行记录及证照关系等档案材料的处理方式。

(1) 现实表现材料(安保评价)。在未确定新用人单位的情形下,《民用

---

① 为进一步明确民航管理部门关于飞行员特殊档案、证照及证照关系转移的不同规范性文件应如何理解和适用,北京市第二中级人民法院2016年7月向中国民用航空局书面咨询,中国民航局综合司2016年9月给北京市第二中级人民法院的回函(民航综法函〔2016〕89号函)。

航空背景调查规定》（民航发〔2014〕3号）对原用人单位应否为其出具现实表现材料（安保评价）未做明确要求，由航空公司自行掌握。2019年调查也对此未予明确。

（2）飞行技术档案。根据《大型飞机公共航空运输承运人运行合格审定规则》（CCAR-121-R7）第121.691条的规定，飞行技术档案（飞行技术履历档案），包括飞行记录簿（驾驶员飞行记录簿）由原公司保存至少24个月。

（3）飞行经历记录本和飞行执照。继续由本人持有并保管。根据《运输飞行员注册、记录和运行管理》（AC-121-FS-2014-48）的规定，飞行执照关系不发生变化。

（4）体检鉴定档案和体检合格证。根据《飞行人员和空中交通管制员体检鉴定档案管理办法》（MD-FS-2016-049）的规定，体检鉴定档案（健康记录本）继续由原体检机构负责保存、管理。对于民用航空人员体检合格证关系，原单位航卫管理部门应在信息管理系统中对辞职飞行人员进行"离岗"操作；本人无须操作。

（5）空勤登机证。根据《中国民航空勤登机证管理规定》（民航发〔2019〕89号）第33条的规定，由申办单位及时收回空勤登机证并报制作单位及时注销、销毁。对无法收回的证件和遗失的证件，应当立即注销。

3. 飞行员与航空公司的劳动争议诉讼情况考察

笔者于2021年7月4日登录威科先行·法律信息库，根据关键词"飞行员 劳动争议"进行标题检索，共检索出2 409个法律文书，案涉28个省（自治区、直辖市）的管辖法院，但还是在国航、南航、东航、海航等航空公司运行基地所在省份比较集中，持续居高。诉讼自2014年以来呈持续增长态势；此类争议调解率很低，有些案件历经再审程序，有的案件还进入执行程序。详细数据见表1-4。

在飞行员与航空公司的劳动争议中，既有飞行员起诉的情形（偏多），也有航空公司提起诉讼的情形。双方各有不同的诉讼请求，如图1-8所示。

表1-4 飞行员与航空公司之间劳动争议诉讼情况统计

审理法院及受案数		审判程序	文书类型
北京市（516） 天津市（79） 上海市（347） 重庆市（63） 河北省（25） 山西省（1） 内蒙古自治区（19） 辽宁省（31） 吉林省（5） 黑龙江省（23） 江苏省（93） 浙江省（145） 安徽省（5） 福建省（29）	江西省（7） 山东省（40） 河南省（42） 湖北省（92） 湖南省（18） 广东省（244） 广西壮族自治区（11） 海南省（89） 四川省（242） 贵州省（11） 云南省（34） 陕西省（79） 宁夏回族自治区（3） 新疆维吾尔自治区（115）	一审（1 175） 二审（1 171） 再审（44） 执行（13） 其他（4） **法院级别** 高级人民法院（72） 中级人民法院（1 150） 基层人民法院（1 187） **案由** 民事（2 404） 行政（4） 执行（9）	判决书（2 256） 裁定书（135） 调解书（14） 其他（2） **裁判日期** 最近1年（170） 最近3年（748） 最近5年（1 436） 2021年（55） 2020年（183） 2019年（315） 2018年（327） 2017年（405） 2001年至2016年（1 118）

资料来源：根据威科先行法律信息库搜索结果自行整理。

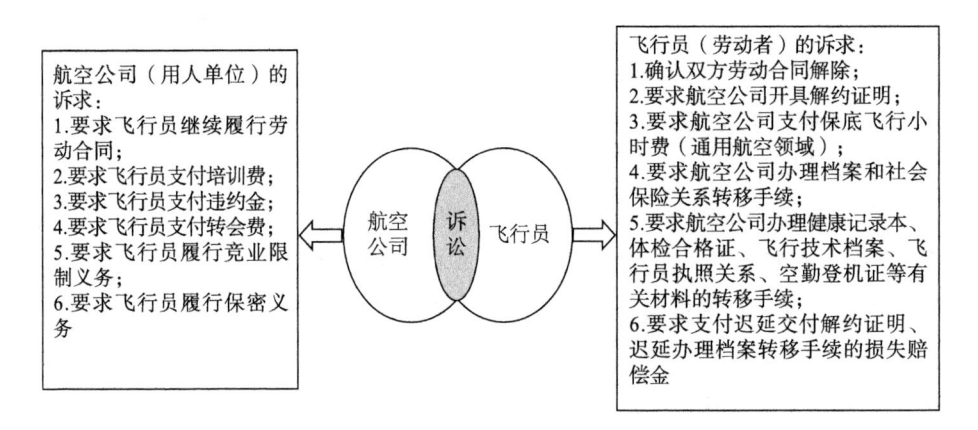

航空公司（用人单位）的诉求：
1. 要求飞行员继续履行劳动合同；
2. 要求飞行员支付培训费；
3. 要求飞行员支付违约金；
4. 要求飞行员支付转会费；
5. 要求飞行员履行竞业限制义务；
6. 要求飞行员履行保密义务

飞行员（劳动者）的诉求：
1. 确认双方劳动合同解除；
2. 要求航空公司开具解约证明；
3. 要求航空公司支付保底飞行小时费（通用航空领域）；
4. 要求航空公司办理档案和社会保险关系转移手续；
5. 要求航空公司办理健康记录本、体检合格证、飞行技术档案、飞行员执照关系、空勤登机证等有关材料的转移手续；
6. 要求支付迟延交付解约证明、迟延办理档案转移手续的损失赔偿金

图1-8 飞行员与航空公司的主要诉讼请求比较

4. 飞行员的飞行记录及证照关系等档案材料移转的司法认定争议

（1）不支持飞行员诉请的裁决。

根据中国裁判文书网上搜索的相关文书考察来看，仲裁机构的裁决观点比较一致，除新疆维吾尔自治区、湖北省、江西省等少数省份的仲裁机构外，

绝大多数省份的仲裁机构仅支持飞行员要求航空公司出具解除劳动合同证明、办理人事档案和社会保险关系移转的请求，但基本均不支持要求给予办理安保评价、体检鉴定档案、证照关系等移转的诉讼请求。而从司法判决和裁定文书来看，法院对解除劳动合同证明、办理人事档案和社会保险关系移转请求的裁决基本和仲裁机构的观点一致，但对飞行员的安保评价、体检鉴定档案、证照关系等移转办理的请求，出现了截然相反的观点和处理结果。

在不支持的典型判例中，有基层人民法院判决，如济南高新经济开发区人民法院（2017）鲁0191民初2992号案民事判决、天津市滨海新区人民法院（2019）津0116民初81621号民事判决①；也有中级人民法院判决，如乌鲁木齐市新市区人民法院（2018）新0104民初字7491号民事判决②、天津市第三中级人民法院（2019）津03民终684号民事判决；还有高级人民法院的裁定，如天津市高级人民法院（2019）津民申1401号民事裁定③。

司法裁判不支持的理由是：安保评价、体检鉴定档案、飞行技术档案等资料的保管、移交的规定，是民航管理部门行政管理的内部规定，上述规定属于中国民用航空局为保证飞行安全，对飞行员流动和飞行员再就业、证照变更等方面做出的管理性规范，并非基于劳动法律的规定。故上述材料不同于劳动合同法上的劳动者档案，其移交与办理不属于人民法院受理劳动争议案件的审理范围，应由行政机构解决。④

（2）支持飞行员诉请的法院判决。

持此种观点的法院判决，相对较多，如北京市、重庆市、湖北省、陕西省、海南省、辽宁省、黑龙江省、云南省等地区的法院，均有责令航空公司为飞行员出具解除劳动合同的证明及为其办理人事档案和社会保险关系转移手续、移交《运输飞行员注册、记录和运行管理》第4.1A条规定的技术档案副本等判决。其中包括基层、中级和高级人民法院的判决。

基层人民法院判决占比较大，如北京市顺义区人民法院（2019）京0113民初9021号民事判决、（2018）京0113民初21632号民事判决⑤等；西安市

---

① 严某与天津航空有限责任公司的劳动争议案。
② 李某正和中国南方航空股份有限公司新疆分公司劳动争议案。
③ 天津市高级人民法院对霍某利与天津航空公司劳动争议再审案。
④ 陈敏：《关于飞行员辞职劳动争议中如何处理档案转移诉求的探讨》，载《海峡法学》2019年第2期，第41页。
⑤ 中国新华航空集团有限公司与韩某劳动争议案。

雁塔区人民法院（2019）陕0113民初316号民事判决；青岛市即墨区人民法院（2018）鲁0282民初9402号民事判决；海南省海口市美兰区人民法院（2018）琼0108民初9398号民事判决等。

中级人民法院判决占比也很高，如北京市第三中级人民法院的(2017) 京03民终6911号、(2019) 京03民终13105号、(2019) 京03民终13111号、(2019) 京03民终13101号、(2019) 京03民终14034号、(2019) 京03民终13102号、(2019) 京03民终14038号、(2019) 京03民终15012号等判决；广州市中级人民法院（2015）穗中法民一终字第4692、4693号判决；重庆市第一中级人民法院（2014）渝一中法民终字第03938号判决；昆明市中级人民法院（2018）云01民终1227号判决；陕西省西安市中级人民法院（2019）陕01民终7784号判决；山东省青岛市中级人民法院（2019）鲁02民终3558号判决；海南省海口市中级人民法院（2019）琼01民终374号民事判决等。

也有案件在高级人民法院的再审程序中获得支持，如福建省高级人民法院认为，应在保障民航飞行员合理、有序流动的原则下，参照民航管理部门现行有效的规范性文件以及民航局政策法规司给广东省深圳市中级人民法院的答复函（民航法函〔2015〕10号函）①、民航局综合司分别给北京市第二中级人民法院及厦门航空有限公司的答复函（民航综法函〔2016〕89号、民航综法函〔2017〕76号）②，处理飞行员相关档案的转移问题。根据民航管理部门现行有效的规范性文件及上述答复函内容，飞行员辞职后和入职新用人单位时，需要转移的特殊档案、证照及证照关系包括现实表现材料（安保评价）、飞行技术档案（包括飞行记录簿）的复印件、飞行执照关系、空勤登机证、体检鉴定档案（健康记录本）和民用航空人员体检合格证关系。③

---

① 广东省深圳市中级人民法院在刘某与深圳航空有限责任公司劳动争议案中，曾于2015年4月29日向中国民用航空局发函咨询。

② 北京市第二中级人民法院在审理黄某与中国邮政航空有限责任公司劳动争议案过程中，为进一步明确民航管理部门关于飞行员特殊档案、证照及证照关系转移的不同规范性文件应如何理解和适用，于2016年7月向中国民用航空局书面咨询。

③ 参见张某威、厦门航空有限公司劳动争议再审案〔福建省高级人民法院（2017）闽民再298号民事判决书〕；龚某、厦门航空有限公司劳动争议再审案〔福建省高级人民法院（2017）闽民再299号民事判决书〕。

北京市高级人民法院也据此驳回多起航空公司申诉案件。[1]

此外，还有案件进入执行程序，如"李某某与中国联合航空有限公司劳动争议案"[2]"杨某某与中国南方航空股份有限公司海南分公司劳动争议案"[3]"李某与中国联合航空有限公司劳动争议案"[4]"陈某与中国联合航空有限公司劳动争议案"[5]。上述案件均因不具备执行条件，被依法终结执行程序，原因未见说明。但是，在"董某超与青岛航空股份有限公司劳动争议合同纠纷案"[6]中，法院裁定执行条件不成熟，依法终结执行，并对原因予以说明："依照《最高人民法院关于转发中国民用航空总局等〈关于规范飞行人员流动管理保证民航飞行队伍稳定的意见〉的通知》规定，'正常的飞行相关档案流转是经过民航地区管理局审批通过后，由飞行员新任职公司派员前往飞行员原任职公司提取，并不经过飞行员本人，即便发生纠纷也应为新单位与原单位之间的法律关系'。本案在执行期间申请执行人未提供其入职新单位的证明材料。"

值得注意的是，北京市顺义区人民法院 2019 年 6 月曾将山东航空股份有限公司列为失信被执行人，原因是其多次拒绝为离职人员办理相关人事变动手续及开具离职证明。

支持的依据是，从判例考察来看，支持飞行员诉请的依据主要有二：一是根据《劳动合同法》（2012 年修订本）第 50 条的规定，用人单位应当在解

---

[1] 参见山东航空股份有限公司与沈某劳动争议再审案［北京市高级人民法院（2019）京民申 4273 号民事裁定书］；山东航空股份有限公司与刘某劳动争议再审案［北京市高级人民法院（2019）京民申 4272 号民事裁定书］；山东航空股份有限公司与张某瑞劳动争议再审案［北京市高级人民法院（2019）京民申 4274 号民事裁定书］。

[2] 北京市丰台区人民法院（2017）京 0106 执 1747 号执行裁定书［执行依据（2015）丰民初字第 21370 号民事判决书］。

[3] 海南省海口市美兰区人民法院（2016）琼 0108 执 1104 号执行裁定书［执行依据：海口市中级人民法院（2016）琼 01 民终 570 号民事判决书］。本案判决责令被执行人中国南方航空股份有限公司海南分公司将申请执行人杨某某的劳动人事档案、航空人员健康记录本、体检合格证、飞行技术履历档案、飞行经历记录本、驾驶员飞行记录簿副本、飞行员执照关系移交到中国民用航空中南地区管理局，而非本人或新单位。

[4] 北京市丰台区人民法院（2016）京 0106 执 1202 号执行裁定书［执行依据：（2015）丰民初字第 13935 号民事判决书］。

[5] 北京市丰台区人民法院（2016）京 0106 执 1203 号执行裁定书［执行依据：（2015）丰民初字第 13934 号民事判决书］。

[6] 山东省青岛市即墨区人民法院（2019）鲁 0282 执 5521 号执行裁定书［执行依据：青岛市中级人民法院作出的（2019）鲁 02 民终 3558 号民事判决书］。

57

除或者终止劳动合同时出具解除或者终止劳动合同的证明,并在15日内为劳动者办理档案和社会保险关系转移手续;二是根据《大型飞机公共航空运输承运人运行合格审定规则》(CCAR-121-R7)第121.691条及《运输飞行员注册、记录和运行管理》(AC-121-FS-2014-48)第4.1条、第4.4条、第4.5条的规定,前雇主仅应当向飞行员移交技术档案,包括飞行记录簿,各种训练和检查的记录,事故、事故征候结论,奖励和惩罚记录等的副本(原件的复印件、影印件、扫描件等复制品,非指证件的副本)。例如,"葛某文与海南航空股份有限公司劳动争议案"[①] "邓某与海南航空股份有限公司劳动争议纠纷案"[②] "山东航空股份有限公司与刘某劳动争议案"[③] 等。

5. 办理飞行记录及证照关系等档案材料转移是否属于劳动争议案件的受案范围

从上述支持和不支持飞行员诉请的两种判决来看,其争议焦点在于如何理解"档案"的含义及其范围。航空飞行员是一种特殊职业的劳动者,其现实表现材料(安保评价)、飞行技术档案(包括飞行记录簿)、飞行执照关系、空勤登机证、体检鉴定档案(健康记录本)和民用航空人员体检合格证,是否属于飞行员这个劳动者的"档案"范畴?

"档案"的含义和范围是什么?需要进行立法考察。根据《中华人民共和国档案法》(2016年修正本)(以下简称《档案法》)第2条规定,"档案"是指过去和现在的国家机构、社会组织以及个人从事政治、军事、经济、科学、技术、文化、宗教等活动直接形成的对国家和社会有保存价值的各种文字、图表、声像等不同形式的历史记录。显然,国家机关、企事业单位的职工都应有档案,但对于档案的具体范围和形式,《档案法》没有明确。劳动部、国家档案局下发的《企业职工档案管理工作规定》(劳力字〔1992〕33号)进一步明确了企业职工档案的定义、内容和分类。即企业职工档案是指企业劳动、组织、人事等部门在招用、调配、培训、考核、奖惩、选拔和任

---

① 海南省海口市中级人民法院(2017)琼01民终131号民事判决书;海口市美兰区人民法院(2016)琼0108民初3759号民事判决书。
② 海南省海口市美兰区人民法院(2016)琼0108民初1956号民事判决书,后据此进入执行程序,该法院发出(2017)琼0108执1660号执行通知书,后因申请执行人邓某提出撤销强制执行申请,被裁定终结执行。
③ 北京市第三中级人民法院(2018)京03民终15890号民事判决书;北京市高级人民法院(2019)京民申4272号民事裁定书。

用等工作中形成的有关职工个人经历、政治思想、业务技术水平、工作表现以及工作变动等情况的文件材料。企业职工档案的内容和分类包括：履历材料，自传材料，鉴定、考核、考察材料，评定岗位技能和学历材料（包括学历、学位、学绩、培训结业成绩表和评定技能的考绩、审批等材料），政审材料，参加中国共产党、共青团及民主党派的材料，奖励材料，处分材料，招用、劳动合同、调动、聘用、复员退伍、转业、工资、保险福利待遇、出国、退休、退职等材料；其他可供组织参考的材料。① 迄今为止，没有立法规定对所谓的"人事档案、技术档案、社会档案、国家档案"等类型进行明确区分。

飞行员是航空领域的劳动者，其取得的飞行资质、飞行小时、飞行中的奖惩、身体状况和执照类型等所有方面的记录，是飞行员职业的特殊要求，都具有重要的价值和功效。例如，安保评价关系到飞行员的政治素养和表现，飞行记录、飞行执照和空勤登机证关系到飞行员的飞行技术与安全，体检鉴定档案（健康记录本）和体检合格证关系到飞行员的身体健康，这些都是保证民航飞行安全和管理的重要材料。而飞行员的现实表现材料（安保评价）、飞行记录簿、空勤登机证、体检鉴定档案（健康记录本）、飞行执照和体检合格证等，是飞行员在航空活动中形成并经过鉴定和整理的文献记录，这些文件记录材料具有原始性、客观性、鉴定性和不可替代性，尤其是飞行记录档案还具有增值性。按照民航法规和规章的相关要求，这些记录材料既是飞行员上岗的法定条件，关系到飞行员再就业权利的实现，又是国家进行航空飞行安全管理和对飞行员所涉航空"事故"或"事件"惩处的依据，关系到航空运输业的安全运转。

在当今"档案"的作用和价值正在由国家政治层面向社会民生层面发生转变的发展趋势下，档案在服务民生方面的作用越来越重要，不仅是历史地、全面地考察职工的依据，也为保障各方权益提供了基础。例如，职工档案是社会保险行政机关认定缴费年限、退休年龄、岗位时间的重要凭证②，是职工取得法定的职业（执业）资格和职位不可缺少的重要材料，也是严格管理用人单位的必要审查材料。因此，在司法实践中，对飞行员"档案"含义和

---

① 参见《企业职工档案管理工作规定》（劳力字〔1992〕33号）第2条和第9条。
② 当然，缴纳社会保险的前提是以劳动关系的存在为必要条件的，而非档案关系。

范围的把握，应该按照《企业职工档案管理工作规定》予以理解和适用，频发的诉争所涉飞行员的各类档案材料，都应属于职工档案的法定范围。

有人认为，飞行员的档案关系比一般劳动者人事档案关系更复杂，分为人事档案、技术档案以及健康档案三类。[①] 实际上，飞行员的档案关系并不复杂，也没必要特别强调"特殊档案"的概念。航空飞行确实是一种特殊行业，但并不意味着飞行员的档案超出了职工档案的法定范围，仅是不同行业职工的档案材料的表现形式不同而已。故飞行员的现实表现材料（安保评价）、飞行技术档案（包括飞行记录簿）、飞行执照关系、空勤登机证、体检鉴定档案（健康记录本）和体检合格证等文件材料自然应属于《劳动合同法》（2012年修订本）第50条规定的"档案"范畴。

根据《企业职工档案管理工作规定》（劳力字〔1992〕33号）第18条的规定[②]，职工档案随其劳动关系转移而转移，由与之建立劳动关系的用人单位保管。因此，航空公司作为用人单位，在双方劳动关系解除后，为飞行员办理相关档案转移手续是其法定义务。对于人事档案，应做扩大解释，泛指"档案"一词，所有涉及飞行员与航空公司解除或者终止劳动关系后，请求航空公司办理飞行员的档案移转手续产生的争议，经劳动争议仲裁委员会仲裁后，当事人依法起诉的，人民法院应予受理。部分法院直接认定飞行执照相关档案不属于"人事档案"，判决此类争议不属于劳动争议受案范围，应是一种错误的理解，不符合档案的内涵和法定范围。

6. 民航行政规范性文件在劳动合同争议中的司法适用分析

从判例考察看，部分法院认为飞行执照等档案移转问题，民航管理部门已有内部行政管理规范文件，故应由行政机构解决，法院对此类争议不应受理。这种司法认定实质上反映了一个重要问题，即民航行政规范性文件在劳动合同争议中能否被司法适用？

行政规范性文件是由行政主体制定和发布，不属于《中华人民共和国立法法》（以下简称《立法法》）所明确的任何"法"之类型，但与行政主体

---

① 陈敏：《关于飞行员辞职劳动争议中如何处理档案转移诉求的探讨》，载《海峡法学》2019年第2期，第39页。

② 《企业职工档案管理工作规定》第18条规定："企业职工调动、辞职、解除劳动合同或被开除、辞退等，应由职工所在单位在一个月内将其档案转交其新的工作单位或其户口所在地的街道劳动（组织人事）部门。职工被劳教、劳改，原所在单位今后还准备录用的，其档案由原所在单位保管。"

行使管理职能密切相关，且会在特定范围和特定领域内影响公民之权利义务。在司法实践中，不难发现，在民事裁判文书中引用行政规范性文件进行说理者有之，更有以行政规范性文件作为裁判依据。行政规范性文件作为民事裁判说理依据，是有一定法理基础的，即行政规范性文件不仅是我国规范等级体系的有机组成部分，还是民法非正式法源（有介入民事裁判的余地），同时，在公私法融合下行政规范性文件对民事司法适用提供了可能。①《最高人民法院关于裁判文书引用法律、法规等规范性法律文件的规定》（法释〔2009〕14号）第6条提供了司法依据，明确规定，对于本条规定第三条、第四条、第五条规定之外的即规范性文件，根据审理案件的需要，经审查认定为合法有效的，可以作为裁判说理的依据。

在有关飞行员档案关系移转的劳动争议案中，从民航局政策法规司给广东省深圳市中级人民法院的答复函（民航法函〔2015〕10号函）和民航局综合司分别给北京市第二中级人民法院及厦航公司的答复函（民航综法函〔2016〕89号、民航综法函〔2017〕76号）看，处理飞行员相关档案转移问题的依据，涉及的除民航规章外，主要是民航行政规范性文件。其中《大型飞机公共航空运输承运人运行合格审定规则》《民用航空人员体检合格证管理规则》是依据《民用航空法》和《中华人民共和国行政许可法》制定的民航规章，而《民用航空背景调查规定》《关于进一步加强民航飞行队伍管理的意见》《运输飞行员注册、记录和运行管理》《飞行人员和空中交通管制员体检鉴定档案管理办法》《中国民航空勤登机证管理规定》等均为民航管理的行政规范性文件。这些涉案行政规范性文件比其他规范更接近于此类案件事实，而且这些行政规范性文件是对民航和劳动的法律与规章等上位规范的具体化，符合审理飞行员劳动争议案件的需要。另根据《民航局行政规范性文件合法性审核管理规定》（民航发〔2019〕38号），这些文件是中国民用航空局依照法定权限、程序制定并公开发布，涉及飞行人员和航空公司权利义务，具有普遍约束力并在一定期限内反复适用的行政规范性文件。因此，法院可以直接作为裁判说理的依据，而不应作为不予受理的依据。

---

① 汪君：《行政规范性文件之民事司法适用》，载《法学家》2020年第1期，第105页。

四、航空地服公司站坪司机的加班工时应执行民航系统特定工时计算标准

【案例】田某某与北京空港蓝天劳务派遣中心、北京空港航空地面服务有限公司劳动争议案

【案情介绍】

2007年12月28日，田某某与北京空港蓝天劳务派遣中心（以下简称蓝天劳务派遣中心）签订劳动合同，担任站坪司机。2008年12月29日，双方再次签订劳动合同，约定：甲方（蓝天劳务派遣中心）派遣乙方（田某某）到用工单位（北京空港航空地面服务有限公司，以下简称空港地服公司）工作，乙方在用工单位执行综合计算工时制度，乙方在完成工作任务前提下，额外从事甲方或用人单位另行安排的工作，必须履行甲方或用工单位的加班申请程序并经批准，否则不能按加班认定；月工资不低于北京市最低工资标准，即730元/月执行，或按用工单位相关薪酬标准执行。加班标准按用工单位规定进行核算，如无法测算按北京市当年最低加班费标准予以核算。

田某某称自己每月基础工资均低于北京市最低工资标准，单位计算加班费的基数也以此为标准，因此，单位支付的加班费存在差额，故要求蓝天劳务派遣中心和空港地服公司支付加班费差额。2012年9月28日，田某某申请仲裁，要求：确认与蓝天劳务派遣中心自2007年12月29日至2012年9月25日存在劳动关系；支付2008年1月1日至2012年9月25日未达到最低工资标准差额和超时加班工资差额、法定节假日加班工资差额。空港地服公司和蓝天劳务派遣中心不服仲裁裁决[1]，诉至法院。一审法院判决确认田某某与蓝天劳务派遣中心存在劳动关系；空港地服公司应支付法定节假日加班工资存在的差额。[2] 田某某不服判决，提起上诉。二审判决驳回上诉，维持原判。[3]

【案例评析】

本案涉及航空地服公司的站坪司机与劳务派遣公司的劳动关系问题以及民航规范性文件的适用问题。

---

[1] 京顺劳仲字（2012）第5136号裁决书。
[2] 北京市顺义区人民法院（2013）顺民初字第03034号民事判决书。
[3] 北京市第三中级人民法院（2014）三中民终字第05335号民事判决书。

1. 劳务派遣用工关系是《劳动合同法》的调整对象

《劳动合同法》除规范正常的劳动合同用工外,还对劳务派遣、非全日制用工做了规定。即《劳动合同法》(2012年修订本)第66条规定:"劳动合同用工是我国的企业基本用工形式。劳务派遣用工是补充形式,只能在临时性、辅助性或者替代性的工作岗位上实施。前款规定的临时性工作岗位是指存续时间不超过六个月的岗位;辅助性工作岗位是指为主营业务岗位提供服务的非主营业务岗位;替代性工作岗位是指用工单位的劳动者因脱产学习、休假等原因无法工作的一定期间内,可以由其他劳动者替代工作的岗位。用工单位应当严格控制劳务派遣用工数量,不得超过其用工总量的一定比例,具体比例由国务院劳动行政部门规定。"

空港地服公司作为用工单位,是否具有使用劳务派遣用工的资质?该公司是首都机场集团公司控股的中性地面服务企业,其服务项目包括:旅客值机、飞机配载、特殊旅客服务、贵宾室服务、客票销售代理、行李处理、货物控制及货运文件处理、货物装卸和仓储服务、特种车辆服务、航空器内部清洁、机务(含飞机放行)服务、飞机除冰除霜服务等。空港地服公司的站坪司机,相对于公司的主要服务项目而言,显然是一种辅助性工作岗位,空港地服公司可以使用劳务派遣的用工方式。

北京空港蓝天劳务派遣有限公司(以下简称蓝天劳务派遣有限公司)作为用人单位,是否具有与田某某签订劳动合同的资质?蓝天劳务派遣有限公司成立于2002年8月7日,原名为"北京空港蓝天劳务派遣中心",根据《劳动合同法》(2012年修订本)第57条关于经营劳务派遣业务应当具备的条件要求,经由北京市工商行政管理局顺义分局登记,2014年3月12日更名为北京空港蓝天劳务派遣有限公司,实收资本金200万元,经营范围包括有劳务派遣、接受委托提供劳务服务等。显然,蓝天劳务派遣有限公司具备经营劳务派遣业务的条件,其与田某某签订劳动合同有效,双方存在劳动关系并无争议,劳动争议仲裁委员会和法院均予以确认。

2. 航空地服公司站坪司机的工时符合民航系统实行综合计算工时制的情形

工时制度,即为我国劳动法上的工作时间制度,目前有三种工时制度,即标准工时制、综合计算工时制、不定时工时制。

标准工时制,是指根据《劳动法》《国务院关于职工工作时间的规定》

及其实施办法的相关规定,实行劳动者每日工作 8 小时、每周工作 40 小时。用人单位若安排劳动者在工作日 8 小时以外、休息日、法定节假日工作均属加班,需依法安排调休或支付加班费。

综合计算工时制,是指用人单位因生产特点无法执行标准工时制,而采用的以周、月、季、年等为周期综合计算工作时间的一种工时制度。其平均日工作时间和平均周工作时间应与法定标准工作时间基本相同。

不定时工作制,是指因工作性质特殊,无法按照标准工作时间衡量劳动者的工作时间而采取的一种工时制度。

目前,我国对不定时工作和综合计算工时工作的工种没有统一规定,具体由各地政府、产业部门、企业主管部门自行规定。1995 年 12 月,劳动部作出《劳动部关于民航实行不定时工作制和综合计算工时工作制的批复》(劳部发〔1995〕458 号),同意中国民用航空总局所属企业(包括实行企业化管理的事业单位)部分工作岗位的职工实行不定时工作制和综合计算工时工作制,并规定中国民用航空总局可制定实施办法。根据批复,中国民用航空总局发布《关于印发〈民航实行不定时工作制和综合计算工时工作制暂行办法〉的通知》(民航人发〔1996〕81 号)。其基本内容和要求如图 1-9 所示。

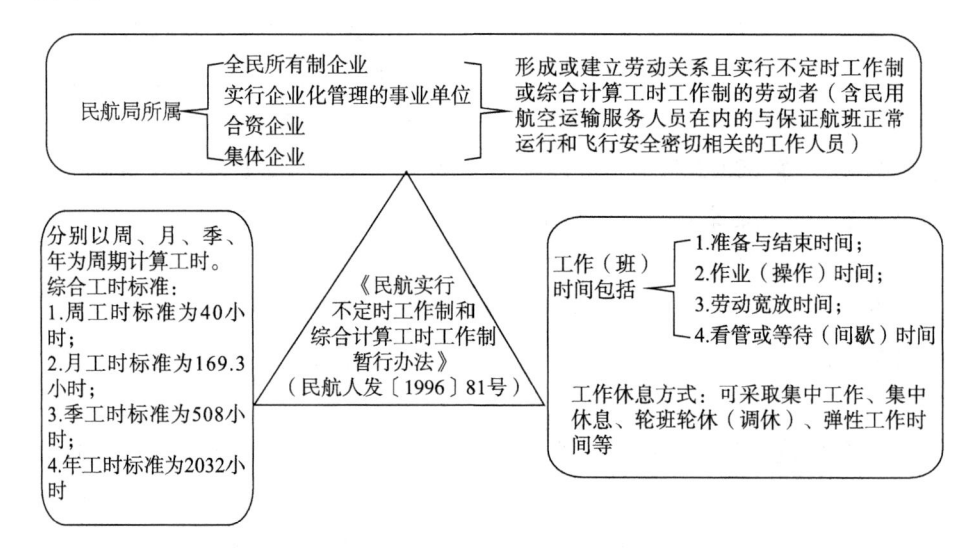

图 1-9 《民航实行不定时工作制和综合计算工时工作制暂行办法》的基本规定和要求

《民航实行不定时工作制和综合计算工时工作制暂行办法》第 6 条和第 7

条分别规定了可以实行不定时工作制和综合计算工时工作制的工作人员范围。

可实行不定时工作制的人员包括：①用人单位的高级管理人员及其专职文秘人员、专职司机；②用人单位的从事类似采购、营销性质的工作人员；③用人单位执行专业任务的空、地勤人员；④用人单位从事长途运输任务的司机和机场、仓库的部分仓储搬运人员；⑤用人单位的外勤人员和部分值守人员；⑥用人单位从事以完成某项工作或任务或因生产（工作）特殊，需机动作业的工作人员；⑦部分航站工作业务量小，年旅客流量在20万人次以下，或年货物吞吐量在2 000吨以下的航站全部工作人员；⑧其他适合实行不定时工作制的工作人员。

可实行综合计算工时工作制的人员包括：①民航运输航空空勤人员；②民用航空器维修人员；③民用航空运输服务人员；④民用航空空中交通管制、航行情报人员；⑤民用航空通信雷达导航人员；⑥民用航空气象人员；⑦民用航空油料人员；⑧民用航空机场旅客服务人员；⑨民用航空机场保障设施人员；⑩其他适合实行综合计算工时工作制的工作人员。

航空地服公司站坪司机作为民用航空运输服务人员，其工作时间符合实行综合计算工时工作制的人员范围。原劳动部、中国民用航空总局根据相关法律规定，针对民航系统的行业特点，对该行业制定了三份规范性文件，即《劳动部关于民航实行不定时工作制和综合计算工时工作制的批复》（劳部发〔1995〕458号）、中国民用航空总局《关于印发民航实行不定时工作制和综合计算工时工作制暂行办法的通知》（民航人发〔1996〕81号）、中国民用航空总局人事科教司《关于首都机场集团公司实行不定时工作制和综合计算工时工作制的批复》（民航人函〔2008〕66号），以保障民航职工合法的休息休假的权利，其中规定关于工时折算的规定以及折算方法。航空地服公司站坪司机工作属于具有等待间歇特点且明显受航班密度影响的岗位，符合综合计算工时制和工作时间折算的相关文件规定，在工作时间内发生的等待时间可以按照50%计算工作时间，在工作班时间外发生的等待时间按照40%进行折算。

《劳动合同法》（2012年修订本）第63条规定："被派遣劳动者享有与用工单位的劳动者同工同酬的权利。用工单位应当按照同工同酬原则，对被派遣劳动者与本单位同类岗位的劳动者实行相同的劳动报酬分配办法。用工单位无同类岗位劳动者的，参照用工单位所在地相同或者相近岗位劳动者的劳动报酬确定。劳务派遣单位与被派遣劳动者订立的劳动合同和与用工单位订立的劳务派遣协议，载明或者约定的向被派遣劳动者支付的劳动报酬应当符合前款规定。"

　　本案中，双方签订的劳动合同明确约定：乙方（田某某）到用工单位（空港地服公司）工作，乙方在用工单位执行综合计算工时制度；月工资不低于北京市最低工资标准，即730元/月执行，或按用工单位相关薪酬标准执行。加班标准按用工单位规定进行核算，如无法测算的按北京市当年最低加班费标准予以核算。因此，法院判决田某某工作时间内发生的等待时间按照50%计算工作时间，符合合同约定和民航文件要求。

第二章

劳动合同的订立、形式、内容和效力

劳动合同是劳动者与用人单位确立劳动关系、明确双方权利和义务的协议。依法订立的劳动合同受国家法律的保护，对合同订立的双方均有约束力，是处理劳动纠纷的直接证据和依据。

第一节　劳动合同的订立

劳动合同的订立，是指劳动者和用人单位就劳动合同条款相互协商一致，确立劳动关系和明确相互权利义务的行为过程。

劳动合同的订立应遵循平等自愿原则、合法原则、公平原则、协商一致原则和诚实信用原则。

劳动合同的订立主体是特定的，即一方是具有用人权利能力和用人行为能力，运用劳动力组织生产劳动，且向劳动者支付工资等劳动报酬的用人单位，一方应是具有劳动权利能力和劳动行为能力的劳动者。

劳动合同的订立双方均负有告知义务，即劳动者在订立劳动合同前，有权了解用人单位相关的规章制度、劳动条件、劳动报酬等情况，用人单位应当如实说明；用人单位在招用劳动者时，有权了解劳动者的健康状况、知识技能和工作经历等情况，劳动者应当如实说明。

一、委托培养的飞行学员不能被强制订立劳动合同

【案例】蔡某某与中国邮政航空有限责任公司合同纠纷案

【案情介绍】

2013年9月9日,中国邮政航空有限责任公司(以下简称邮政航空公司)(甲方)和蔡某某(乙方)经协商一致,就乙方委托培养事宜达成以下协议:①甲方委托中国民用航空飞行学院代培乙方,学习飞行技术专业。②委托培养期间,甲方负责向中国民用航空飞行学院支付乙方的培训费用69.9万元/人,代招费8 500元/人;乙方应服从甲方和中国民用航空飞行学院的管理,遵守学院的规章制度,按期完成委培计划和要求,达到CAAC批准的教学训练大纲规定的技术标准及获得CAAC要求的相关证书;因个人原因未按期完成培训及获取CAAC要求的相关证书,延期培训产生的费用由乙方自理。③乙方毕业后,应服从甲方工作安排(含工作地点),保证到甲方工作,并与甲方签订无固定期限劳动合同;由于乙方原因拒签劳动合同,乙方应按培训费、代招费用总额的1.2倍及30%的违约金向甲方赔付;乙方与甲方签订劳动合同以后提出解除、终止劳动合同而离开甲方,乙方应将培训费、代招费用总额向甲方赔付。④乙方学习期间的学杂费、服装费、食宿费、医疗费及差旅费等费用均由乙方自行承担。⑤乙方在校期间停飞,甲方自停飞之日起停止支付一切培训费用,由乙方自行安排后续学习及毕业后工作问题。

2017年4月24日,蔡某某向北京市西城区劳动人事争议仲裁委员会提起劳动仲裁,"请求裁决解除2013年9月9日签订的《协议书》",被仲裁委员会以"申请人的仲裁请求不属于劳动争议受案范围"为由通知不予受理。蔡某某向法院提起诉讼。一审判决解除蔡某某诉请的《协议书》,二审判决驳回邮政航空公司上诉,维持原判。[①]

【案例评析】

本案争议焦点在于蔡某某与邮政航空公司签订的《协议书》在性质上如何认定以及劳动合同订立是否可以强制执行的问题。

1. 飞行员委托培养协议的性质应是一种培训协议

目前,国内民用航空公司招收飞行学员的主要方式是委托培养,委托培

[①] 北京市西城区人民法院(2017)京0102民初12904号民事判决书;北京市第二中级人民法院(2017)京02民终9985号民事判决书。

养的飞行学员分为两种：养成学员（针对高中生）和大改驾学员（针对大学生）。接受委托培养的高校包括：中国民用航空飞行学院、中国民航大学、南京航空航天大学、北京航空航天大学、滨州学院、沈阳航空航天大学、上海工程技术大学、南昌航空大学、安阳工学院、烟台南山学院、山东交通学院、西安航空学院、北京理工大学珠海学院等院校。

例如，中国民航大学采取的就是为委托培养单位订单式培养，学生在入校前需与委托培养单位签署委托培养协议，如果学生毕业后达到委托培养协议约定的入职条件，由委托培养单位安排从事相应的飞机驾驶岗位工作。但因飞行技术的特殊要求，学生可能因政治条件、身体条件、学习成绩、英语水平以及飞行技术等原因导致被终止飞行技术专业学习；被终止的学生，如转到其他专业的，毕业后是自主择业。大学毕业生飞行学员被终止飞行的后续处理按其签约培养单位的相关政策执行。[1]

飞行员委托培养协议的主要内容基本是关于培训内容、培训费用、培训期限以及学员和委托方未来签订劳动合同的约定等，此类协议性质上是培训合同而非劳动合同，其中关于双方未来签订劳动合同的约定应视为一种预约合同，并非劳动合同本身。

预约，是相对于本约而存在的概念。所谓预约合同，是指约定将来订立一定契约的契约。实践中大量存在的飞行员委托培养协议和飞行员劳动合同即是预约与本约之关系。本案中的蔡某某与邮政航空公司签订的《协议书》约定蔡某某接受邮政航空公司的委托培养，并在毕业后到该公司工作，双方签订无固定期限劳动合同，这仅是一种预约性质的培训协议。

预约合同签订后产生缔约请求权，当事人得请求对方履行缔结本约的义务，当事人违约可产生违约责任。但需特别注意的是，预约仅有请求对方将来缔结本约的效力，通常不会强制缔约，不能据以请求对方实际履行，只能是对合同作解除处理。

2. 劳动合同的订立需遵循自愿原则，不能强制缔约和执行

劳动合同关系是由用人单位招用劳动者为其成员，劳动者在用人单位的管理下提供劳动，用人单位支付劳动报酬的过程中产生的权利义务关系。

本案中，双方既无记载劳动合同内容的书面协议书，也因蔡某某并未实

---

[1] 参见《中国民航大学2020年飞行技术专业招生简章》。

际在邮政航空公司处工作，公司也没有向蔡某某发放工资、薪金，故事实上的劳动关系也不存在。

本案协议书的目的是"签订无固定期限劳动合同"，但这种预约并非劳动合同的订立问题。劳动合同没有订立，就不会产生劳动关系。

本案的蔡某某在庭审中已明确表明其不愿签订劳动合同，签订劳动合同的行为不适用于强制履行，本案的合同目的（即签订无固定期限劳动合同）无法实现，法院只能确认《协议书》解除。当然，根据《最高人民法院关于审理买卖合同纠纷案件适用法律问题的解释》第2条的规定，当事人签订认购书、订购书、预订书、意向书、备忘录等预约合同，约定在将来一定期限内订立买卖合同，一方不履行订立买卖合同的义务，对方请求其承担预约合同违约责任或者要求解除预约合同并主张损害赔偿的，人民法院应予支持。本案的蔡某某显然构成对飞行员委托培养协议的违约，邮政航空公司可向蔡某某另行主张违约责任问题。

二、航空配餐公司员工订立劳动合同时负有如实告知义务

【案例】陶某某诉上海机场国际航空食品有限公司劳动合同纠纷案

【案情介绍】

陶某某于2003年3月25日入职上海机场国际航空食品有限公司（以下简称机场食品公司），担任仓库保管员，双方订立数份合同，最后一份合同为自2011年2月1日起的无固定期限劳动合同。陶某某在入职时应机场食品公司要求，向机场食品公司提交《外调情况证明》，该证明显示陶某某无刑事犯罪记录并加盖上海市公安局宝山分局通河新村派出所印章。机场食品公司《员工手册》（2000版）规定：任何进入生产区域的人员不遵守公司有关个人卫生的规定，未经部门负责人同意，在工作时间内离开工作区域参观其他部门或离开公司范围，将受到包括开除在内的处罚。2015年12月7日，上海市公安局宝山分局通河新村派出所出具证明，陶某某于1994年1月27日因受贿罪被判处有期徒刑3年，缓刑3年。因陶某某在背景调查资料中隐瞒个人犯罪事实的行为、擅离工作岗位的行为、经常在工作区域（仓库）内抽烟的行为，2015年12月10日，机场食品公司出具《关于对陶某某辞退处理决定的通报》，对其辞退即刻生效。2015年12月22日，陶某某向上海市长宁区劳动人事争议仲裁委员会申请仲裁，要求裁决机场食品公司支付违法解除劳动合同赔偿金，未获支持。陶某某诉至法院，一审人民法院判

决驳回诉讼请求，二审判决维持原判。①

【案例评析】

本案涉及航空配餐人员的背景调查和劳动合同订立时双方的告知义务问题。

1. 航空配餐人员背景调查的规定

民用航空背景调查，是指为确定有关人员是否适合从事民用航空相关工作或是否可以单独进入民用机场控制区，而对其身份、经历、社会关系和现实表现等方面进行的调查。

根据《民用航空背景调查规定》（民航发〔2014〕3号）第4条、第9条、第21条的规定，民用航空配餐人员需要进行背景调查。背景调查由所属单位负责，背景调查资料报所在机场公安机关备案，航空配餐人员的背景应当符合的具体要求（详见图2-1）。

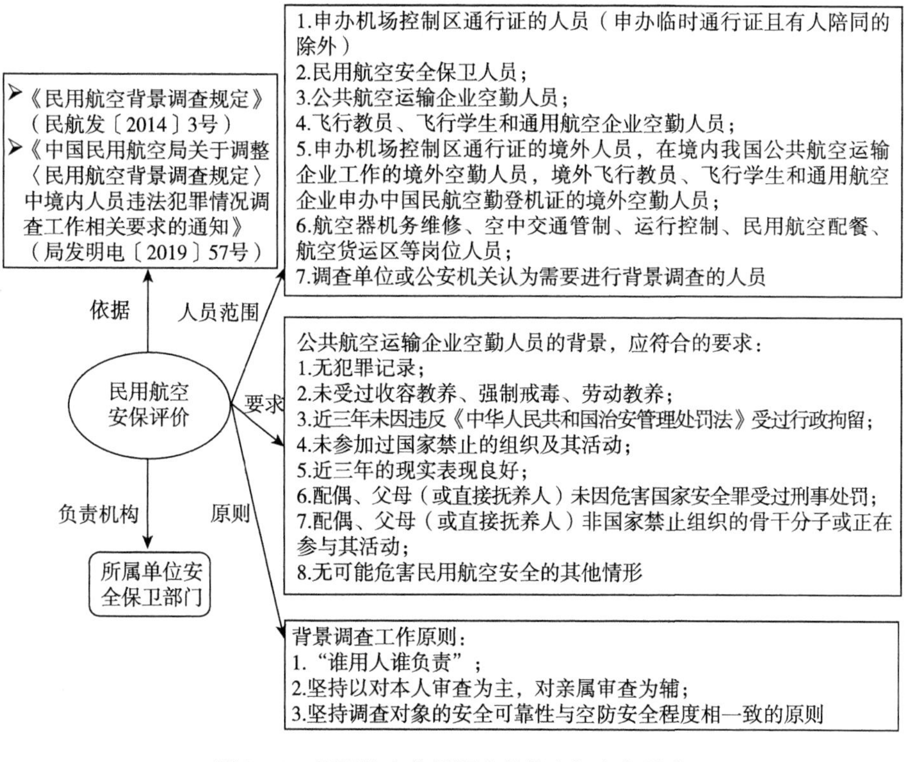

民用航空安保评价

依据：
- 《民用航空背景调查规定》（民航发〔2014〕3号）
- 《中国民用航空局关于调整〈民用航空背景调查规定〉中境内人员违法犯罪情况调查工作相关要求的通知》（局发明电〔2019〕57号）

负责机构：所属单位安全保卫部门

人员范围：
1. 申办机场控制区通行证的人员（申办临时通行证且有人陪同的除外）
2. 民用航空安全保卫人员；
3. 公共航空运输企业空勤人员；
4. 飞行教员、飞行学生和通用航空企业空勤人员；
5. 申办机场控制区通行证的境外人员，在境内我国公共航空运输企业工作的境外空勤人员，境外飞行教员、飞行学生和通用航空企业申办中国民航空勤登机证的境外空勤人员；
6. 航空器机务维修、空中交通管制、运行控制、民用航空配餐、航空货运区等岗位人员；
7. 调查单位或公安机关认为需要进行背景调查的人员

要求：公共航空运输企业空勤人员的背景，应符合的要求：
1. 无犯罪记录；
2. 未受过收容教养、强制戒毒、劳动教养；
3. 近三年未因违反《中华人民共和国治安管理处罚法》受过行政拘留；
4. 未参加过国家禁止的组织及其活动；
5. 近三年的现实表现良好；
6. 配偶、父母（或直接抚养人）未因危害国家安全罪受过刑事处罚；
7. 配偶、父母（或直接抚养人）非国家禁止组织的骨干分子或正在参与其活动；
8. 无可能危害民用航空安全的其他情形

原则：背景调查工作原则：
1. "谁用人谁负责"；
2. 坚持以对本人审查为主，对亲属审查为辅；
3. 坚持调查对象的安全可靠性与空防安全程度相一致的原则

图2-1 民用航空背景调查的基本规定和要求

---

① 上海市长宁区人民法院（2016）沪0105民初7406号民事判决书；上海市第一中级人民法院（2016）沪01民终9898号民事判决书。

2. 劳动合同订立双方的告知义务

根据《劳动合同法》（2012年修订本）第3条、第8条的规定，劳动合同订立双方均应遵循诚实信用原则，负有告知义务。例如，劳动者在订立劳动合同前，有权了解用人单位相关的规章制度、工作内容、工作条件、劳动报酬等情况；用人单位在招用劳动者时，有权了解劳动者与劳动合同直接相关的基本情况，劳动者应当如实说明。

航空配餐公司与航空安全密切相关，根据规定需要进行民用航空背景调查。本案中，根据机场食品公司提供的证据及陶某某的自认，可以证明陶某某在入职时提供了虚假的无刑事犯罪记录证明，陶某某的隐瞒行为明显有违诚实信用原则。机场食品公司通过陶某某签收《员工手册》的方式，已经明确告知其公司规章制度，履行了告知义务。因此，机场食品公司因陶某某隐瞒刑事犯罪记录和违反公司规章制度而解除与陶某某的劳动合同，不违反法律规定，不负有支付违法解除劳动合同赔偿金的法律责任。

三、参加职业培训的飞行员未取得资质不影响订立劳动合同的能力

【案例】张某与贵州红都通用航空有限公司确认劳动关系纠纷案

【案情介绍】

2014年6月22日，贵州红都通用航空有限公司（以下简称红都公司）与张某签订飞行员劳动合同及员工培训协议。《劳动合同》约定："聘用期限为25年，从2014年6月22日至2039年6月22日；聘用期内，红都公司送张某外出培训，培训结束后，张某未回红都公司上班的，赔偿红都公司支付的全部费用，并承担违约责任。"《员工培训协议》约定："张某取得的直升机商用飞行执照的单位为红都公司；张某为培训事宜往返贵阳与培训机构所在地的交通费、住宿费及培训期间的生活费等属于培训费用，由红都公司负担。"2014年7月16日，红都公司就张某的飞行员培训事宜与北京华彬天星通用航空有限公司签订《飞行员培训协议》。张某于2014年4月15日至11月6日期间内向红都公司报销生活用品、餐费、电脑发票、飞机票等各类费用的报销单42份。红都公司工资发放报告载明，2014年5月发放给张某工资2 500元，2014年12月和2015年2—4月每月发放3 000元备注为生活费，2015年1月转账3 000元。2015年6月6日，张某在培训过程中因直升机发生事故导致其意外死亡。2016年3月，张某的父亲向红都公司申请工伤认

定。因红都公司否认其与张某之间存在劳动关系,张父向百里杜鹃劳动人事争议仲裁委员会就张某与红都公司之间是否存在劳动关系申请仲裁。该仲裁委员会裁决确认张某与原告之间于2014年5月至2016年6月6日存在劳动关系。[1] 红都公司不服仲裁决定,向黔西县人民法院提起民事诉讼,主张公司与张某签订的合同是《飞行员劳动合同》,当时张某未取得飞行员资格,不具备签此合同的主体资格,不能为公司提供有效的劳动服务,公司支付给张某的只是培训期间的生活费,不是合同工资,诉请依法确认其与张某之间不存在劳动合同关系,并判决返还公司垫付的11万元费用。2016年12月,法院判决确认红都公司与张某自2014年5月起至2016年6月6日存在劳动关系。[2]

【案例评析】

本案争议焦点在于飞行员资质取得是否为订立《飞行员劳动合同》的前提条件。

1. 劳动合同订立的主体要求

从本案《飞行员劳动合同》及《员工培训协议》的签约主体来看,张某是完全民事行为能力人,红都公司是贵州省首家获得中国民用航空局"运行合格证"的通航公司,注册资金人民币5 000万元,双方均具有签订劳动合同的能力。两份合同均是在合法、公平、平等自愿的前提下协商一致的结果,根据《劳动合同法》(2012年修订本)第16条的规定,劳动合同由用人单位与劳动者协商一致,并经用人单位与劳动者在劳动合同文本上签字或者盖章生效。因此,红都公司和张某依法订立的劳动合同具有法律约束力,双方都应当履行劳动合同约定的义务。

根据《劳动法》(2018年修订本)第68条的规定,用人单位应当建立职业培训制度,按照国家规定提取和使用职业培训经费,根据本单位实际,有计划地对劳动者进行职业培训。从事技术工种的劳动者,上岗前必须经过培训。从双方签订协议内容看,张某的培训属于聘期内的员工专业技术培训,红都公司安排张某进行飞行技术工种的职业培训,并且通过培训之后,约定张某取得的直升机商用飞行执照的单位为红都公司,可见张某是否具有飞行

---

[1] 百劳人仲案字(2016)第0128号仲裁裁决书。
[2] 贵州省黔西县人民法院(2016)黔0522民初4291号民事判决书。

员资质并不影响其签订劳动合同的能力。

《劳动合同法》（2012年修订本）第7条规定，用人单位自用工之日起即与劳动者建立劳动关系。从本案中红都公司给张某的报销费用单据和发放的工资清单来看，红都公司作为用人单位已经将张某列入职工名册，送其进行职业培训即表明已经开始用工，是否取得飞行员执照，并不影响红都公司与张某之间劳动关系的建立。

2. 劳动关系的存在是认定工伤的前提

根据《工伤保险条例》第14条的规定，职工因工外出期间，由于工作原因受到伤害或者发生事故下落不明的，应当认定为工伤。《最高人民法院关于审理工伤保险行政案件若干问题的规定》第4条规定："社会保险行政部门认定下列情形为工伤的，人民法院应予以支持：……（二）职工参加用人单位组织或者受用人单位指派参加其他单位组织的活动受到伤害的；……"张某外出培训因系受公司的安排和指派，其在外出培训期间因发生飞行事故坠入密云水库导致其意外死亡的情形符合上述规定。因此，毕节市人社局依法认定张某培训期间发生意外事故身亡为工伤。[①]

第二节　劳动合同的形式

劳动合同的形式，是指劳动合同当事人意思表示一致的外在表现形式。劳动合同是合同的一种，订立劳动合同的行为是一种民事法律行为。

《民法典》总则第135条规定，民事法律行为可以采用书面形式、口头形式或者其他形式；法律、行政法规规定或者当事人约定采用特定形式的，应当采用特定形式。

《劳动合同法》（2012年修订本）第10条第1款规定，建立劳动关系，应当订立书面劳动合同；第16条第1款规定，劳动合同由用人单位与劳动者协商一致，并经用人单位与劳动者在劳动合同文本上签字或者盖章生效。显然，劳动合同采用书面形式具有法定性，违反法定形式要求的劳动合同主体，

---

① 参见毕节市人社局作出0540201700021号《认定工伤决定书》；此点在后来的行政诉讼中也均予以确认。参见贵州省大方县人民法院（2018）黔0521行初93号行政判决书；贵州省毕节市中级人民法院（2018）黔05行终206号行政判决书。

将会承担不利的法律后果。

符合法定形式的劳动合同，不仅是用人单位与劳动者建立和存续劳动关系的证明，而且对于劳动合同双方主体的权益保障均具有重要意义。对劳动者的权益保护而言：①签订书面形式的劳动合同有助于明确劳动者与用人单位之间的权利义务，避免发生纠纷；②便于发生纠纷时的举证，利于厘清责任。对用人单位的权益保护而言，可以避免被适用罚则，有效规避法律风险。

一、航空技术公司未与员工订立书面劳动合同的法律后果

【案例】贾某某与山东天业航空技术有限公司等劳动争议案

【案情介绍】

山东天业航空技术有限公司（以下简称天业航空公司）注册成立于2015年2月9日。2014年9月15日，贾某某应聘到天业航空公司注册登记前的筹备组从事行政文员工作，2015年2月9日天业航空公司注册成立后，贾某某在该公司从事行政工作，双方未签订书面劳动合同，天业航空公司未为贾某某缴纳社会保险费。2016年4月26日，贾某某因天业航空公司未为其缴纳社会保险费离职。贾某某在天业航空公司离职前12个月的平均工资为每月3 800元。贾某某在天业航空公司工作期间，天业航空公司未安排贾某某休年休假，也未向贾某某支付年休假工资报酬。2016年4月18日，贾某某提起劳动仲裁申请，被济南市历城区劳动人事争议仲裁委员会以申请不属于劳动争议案件的受理范围为由裁定不予受理。贾某某诉至法院，请求确认双方之间存在劳动关系且已建立无固定期限劳动合同关系，补签无固定期限劳动合同；并支付双倍工资及带薪年休假工资。法院裁定对原告的部分请求予以支持。①

【案例评析】

本案涉及争议焦点是对没有书面形式劳动合同的事实劳动关系的效力确认问题。

1. 劳动合同书面形式的立法规定

关于劳动合同书面形式的规定，最初见于《国营企业实行劳动合同制暂行规定》（国发〔1986〕77号，现已失效）第7条的规定。1994年颁布的

---

① 济南市历城区人民法院（2016）鲁0112民初2844号民事裁定书。

《劳动法》第 19 条对劳动合同的形式作了强制性规定，但对违反书面形式的情形没有规定罚则，故非国有企业单位劳动合同的签订率极低。2008 年实施的《劳动合同法》第 10 条规定了签订劳动合同书面形式的要求，并在第 82 条规定了不订立书面劳动合同的法律责任。

2. 书面劳动合同的签订时限

一般情况下，书面劳动合同签订的法定期限是用人单位自用工之日起 1 个月内。特殊情况下，如何处理书面劳动合同的签订时限？实践中，在法定的 1 个月劳动合同签订期内，可能因为各种客观原因，如不可抗力，劳动者发生工伤或患病丧失意思能力或被依法限制人身自由客观上无法订立劳动合同，或因确认劳动关系争议或解除劳动关系是否合法争议申请劳动仲裁或者诉讼尚未结案等，导致用人单位既无法与劳动者订立书面劳动合同，又无法终止双方劳动关系。在此情况下若仍要求用人单位因未签订书面劳动合同支付 2 倍工资，有失公平。故法院有明确规定，因特殊情况导致用人单位无法在 1 个月内与劳动者签订书面劳动合同的，应将特殊情形存续的期限从 1 个月的劳动合同签订期中扣除。[①]

但必须注意如下三点：第一，导致双方无法签订书面劳动合同的客观情况必须发生在法定的 1 个月劳动合同签订期内。如果客观情况超过 1 个月才发生，则不能免除用人单位支付未签订书面劳动合同 2 倍工资的责任；第二，足以导致用人单位无法在法定期限内与劳动者签订书面劳动合同的客观情形，应当根据案件的具体情况进行谨慎地适用；第三，客观情况消除后，1 个月法定期限是继续计算，而不是重新计算。[②]

3. 事实劳动关系的认定与判断

签订书面劳动合同是用人单位与劳动者建立劳动关系时应尽的义务，但签订书面劳动合同并非劳动关系的成立或生效要件。现实中存在大量非书面形式的劳动合同，原因很多，有的是双方不知道建立劳动关系应当签订书面劳动合同，有的则是因劳动期限较短签订书面劳动合同麻烦，有的是因双方熟悉而信任口头"君子协议"。这种符合劳动关系的一般特征又缺少书面形式劳动合同的劳动关系称为"事实劳动关系"。

[①] 参见深圳市中级人民法院关于印发《深圳市中级人民法院关于审理劳动争议案件的裁判指引》的通知（深中法发〔2015〕13 号）。

[②] 参见《深圳市中级人民法院关于审理劳动争议案件的裁判指引》的说明。

在劳动合同纠纷的处理实践中，对无书面劳动合同的劳动争议不受理或认定为无效，是不利于保护劳动者的，由此可能导致许多劳动者失去工作，或影响其工龄连续计算，其劳动保障权益及相关福利无法实现。

为避免将事实劳动关系简单归于无效或不受理的判断模式，更好地保护劳动者合法权利，原劳动和社会保障部曾颁发《关于确立劳动关系有关事项的通知》（劳社部发〔2005〕12号），对事实劳动关系的确认标准进行了明确规定。对事实劳动关系的承认，实际上是对合同意思自治实质的尊重和重视。

根据《关于确立劳动关系有关事项的通知》（劳社部发〔2005〕12号）的规定，事实劳动关系成立的判断标准包括：①用人单位和劳动者符合法律、法规规定的主体资格；②用人单位依法制定的各项劳动规章制度适用于劳动者，劳动者受用人单位的劳动管理，从事用人单位安排的有报酬的劳动；③劳动者提供的劳动是单位业务的组成部分。认定双方存在劳动关系时可参照的凭证有：①工资支付凭证或记录（职工工资发放花名册）、缴纳各项社会保险费的记录；②用人单位向劳动者发放的"工作证""服务证"等能够证明身份的证件；③劳动者填写的用人单位招工招聘"登记表""报名表"等招用记录；④考勤记录；⑤其他劳动者的证言等。其中，①③④项的有关凭证由用人单位负举证责任。

本案中，从用人单位主体资格考察，从2014年9月15日至2015年2月9日，天业航空公司处于成立前的筹备期，尚不具备用人单位主体资格，贾某某和天业航空公司在该期间无法存在劳动关系，因此，法院无法支持贾某某关于确认该期间存在劳动关系的请求。《劳动合同法》第10条规定，已建立劳动关系，未同时订立书面劳动合同的，应当自用工之日起1个月内订立书面劳动合同。用人单位与劳动者在用工前订立劳动合同的，劳动关系自用工之日起建立。天业航空公司登记注册成立于2015年2月9日，该日已经开始用工，双方的劳动关系应当自该日起建立。但双方在天业航空公司成立后依旧未签订劳动合同，因此，2015年2月9日至2016年4月26日，贾某某与天业航空公司之间存在的劳动关系，应该予以确认，双方应依法履行各自的权利和义务。

4. 劳动合同未采用书面形式的法律后果

如果是因用人单位原因未签订书面劳动合同的，根据《劳动合同法》的规定，产生如下法律后果。

（1）支付2倍工资。《劳动合同法》第82条规定，用人单位未依法与劳动者订立书面劳动合同的，应当支付2倍工资①。2倍工资的性质实际是惩罚性赔偿金，是因用人单位未按法律规定与劳动者签订书面劳动合同而承担的法定责任的体现，并非是劳动者提供劳动的对价给付，不属于劳动报酬。关于2倍工资的计算基数和起算点问题，各地法院认定有所不同。例如，有的法院认定，2倍工资的计算基数为约定的月工资，约定不明或者实际月收入高于约定标准的，按照劳动者一定时期内相对稳定的月收入标准确定，但该计算基数不得低于本市月最低工资标准。2倍工资的起算点一般为自建立劳动关系之日起满1个月的次日或劳动合同期满后1个月的次日，但最长不超过11个月。②

在司法实践中，法院经常判决认定2倍工资，例如，在昆山中惠航空精密机械有限公司与刘某某的劳动纠纷案中，法院判决确认用人单位因未签劳动合同向劳动者支付2倍工资。③ 在第72页案例中，天业航空公司在自用工之日起超过1个月不满1年的期间内未与贾某某订立书面劳动合同，依法应当向贾某某每月支付2倍工资。

值得注意的是，根据《劳动合同法实施条例》第6条、第7条的规定，用人单位支付2倍工资后仍有补订劳动合同的义务。换言之，用人单位补订劳动合同后，仍然不能免除支付2倍工资的义务。但是如果劳动者愿意将劳动合同的期间溯及于之前的事实劳动关系期间，应视为其放弃了2倍工资的请求。④

---

① 用人单位依照《劳动合同法》第82条的规定应当向劳动者支付双倍工资的基本情形有：①用人单位自用工之日起超过1个月不满1年未与劳动者签订书面劳动合同；②因劳动者不愿签订书面劳动合同，用人单位未书面通知劳动者终止劳动关系。需注意的是，若用人单位已经与劳动者签订如《入职须知》《入厂职工协议书》等内容的文件，虽未冠以"劳动合同"名称，但经审查上述文件记载的内容已经具备劳动合同的基本事项，或者虽然缺少部分条款，但根据上述书面文件内容可以确定双方之间基本权利义务关系的情形，可以认定双方签订的上述文件是具有建立劳动关系性质的书面协议，应视为双方已经签订书面劳动合同。参见中山市中级人民法院2011年11月1日下发的《关于审理劳动争议案件若干问题的参考意见》第4.6～4.13条。

② 参见泸州市中级人民法院于2015年9月1日发布的《关于审理劳动争议纠纷案件若干疑难问题解答》。

③ 江苏省昆山市人民法院（2016）苏0583民初10582号民事判决书；江苏省苏州市中级人民法院（2016）苏05民终9844号判决书。

④ 参见深圳市中级人民法院《关于审理劳动争议案件的裁判指引》（深中法发〔2015〕13号）的说明。

（2）视为用人单位与劳动者已订立无固定期限劳动合同。至 2016 年 2 月 10 日，贾某某在天业航空公司工作已满 1 年，天业航空公司未与贾某某订立书面劳动合同，依法则视双方已订立无固定期限劳动合同。

（3）劳动者有权解除合同。本案中的贾某某因天业航空公司不为其缴纳社会保险费，于 2016 年 4 月 26 日要求与公司解除劳动合同的行为，符合法律规定。在交通运输部东海第一救助飞行队与黄某某聘用合同纠纷案①中，飞行队一方也曾主张培训协议约定黄某某的服务期限为 15 年，不同意为黄某某办理离职手续，但最终因为飞行队在服务期满后应当与黄某某订立聘用合同而没有订立，法院认定黄某某可随时终止聘用关系。

（4）约定不明的劳动报酬准用集体合同的标准或同工同酬。用人单位未在用工的同时与劳动者订立书面劳动合同，约定的劳动报酬不明确的，新招用的劳动者的劳动报酬按照集体合同规定的标准执行；没有集体合同或者集体合同未规定的，实行同工同酬。②

如果是劳动者拒绝签订书面劳动合同的，该如何处理？根据《劳动合同法实施条例》第 5 条、第 6 条的规定，在用人单位有证据证明是劳动者拒绝签订书面劳动合同的情况下，用人单位应当在一定期限内书面通知劳动者终止劳动关系。如果用人单位未在法定期限内依法书面通知劳动者终止劳动关系，而是继续用工，应视为用人单位放弃了终止劳动关系的权利。此时，劳动者要求未签订书面劳动合同的 2 倍工资，依法应予支持。③

二、机场公司与安检员的无固定期限劳动合同的书面形式

【案例】山西省民航机场集团公司与陈某的劳动期限争议案

【案情介绍】

陈某自 2006 年 10 月起在山西省民航机场集团公司（简称民航机场公司）工作。2010 年 1 月 1 日，民航机场公司（甲方）与陈某（乙方）签订的《劳动合同书》约定：乙方根据甲方工作需要，担任安检护卫部护卫员，该

---

① 上海市浦东新区人民法院（2015）浦民一（民）初字第 19209 号民事判决书；上海市第一中级人民法院（2015）沪一中民三（民）终字第 1590 号民事判决书。
② 参见《劳动合同法》第 11 条、第 14 条、第 82 条。
③ 参见《广东省高级法院、广东省劳动人事争议仲裁委员会关于审理劳动人事争议案件若干问题的座谈会纪要》（粤高法〔2012〕284 号）第 14 条。

合同为固定期限，自2010年1月1日起至2014年12月31日止。陈某在一式两份的劳动合同书上签字后，民航机场公司全部将合同收回，但一直未返还陈某应持的另一份合同。2014年12月，民航机场公司通知陈某参加劳动合同期满续聘考核，后陈某未参加续聘考核。2014年年底，民航机场公司作出不再与陈某续签劳动合同的决定。陈某向山西省劳动人事争议仲裁委员会提起劳动仲裁，要求裁决2010年1月订立的固定期限劳动合同无效；民航机场公司继续履行无固定期限劳动合同。民航机场公司不服裁决，诉至法院，主张陈某不符合与民航机场公司签订无固定期限劳动合同的法定条件和约定条件，要求判决民航机场公司与陈某于2010年1月订立的固定期限劳动合同有效。一审判决认定民航机场公司应与陈某签订无固定期限劳动合同，二审对此予以确认。①

【案例评析】

本案争议的焦点虽是民航机场公司与陈某签订的劳动合同是固定期限还是无固定期限之争，但本质上涉及的是劳动合同订立的环节和形式要求。

1. 劳动合同的要约邀请、要约与承诺

劳动合同是合同的一种，订立劳动合同也需要邀约和承诺。一般而言，用人单位公示其劳动人员需求，附之以劳动条件、岗位薪资等相关条件；或劳动者向用人单位发出对具体内部岗位诉求，均可视为要约邀请行为。劳动合同的要约，是指劳动合同的一方当事人向另一方当事人提出订立劳动合同的意思表示，要约既可以由用人单位向劳动者发出，也可以由劳动者向用人单位发出。对方按照该要约作出同意的意思表示，即为承诺。但在实践中，如果用人单位把签名、盖章或按指印的格式劳动合同交给劳动者填写，用人单位的行为则是要约。如果劳动者填写了格式合同并签字后交还给用人单位，劳动者的行为则是承诺，劳动合同即成立。

劳动合同是意思表示一致的结果，其中劳动合同期限是劳动合同必备的主要条款，用人单位在与劳动者签订劳动合同时，应对劳动合同期限是固定期限还是无固定期限的问题协商一致。固定期限劳动合同，是指用人单位与劳动者约定合同终止时间的劳动合同。无固定期限劳动合同，是指用人单位

---

① 太原市小店区人民法院（2015）小民初字第03714号民事判决书；山西省太原市中级人民法院（2017）晋01民终3113号民事判决书。

与劳动者约定无确定终止时间的劳动合同。

《劳动合同法》（2012年修订本）第16条第1款规定，劳动合同文本由用人单位和劳动者各执一份。本案中，民航机场公司虽然提供有双方在2010年签订的五年期劳动合同，但陈某提出签订劳动合同时，民航机场公司承诺的是签订无固定期限劳动合同，在劳动仲裁过程中有相关证人证言证实，民航机场公司当时提供的是空白劳动合同，陈某签字后的劳动合同被民航机场公司收回签字盖章后，并没有给付陈某。民航机场公司与陈某在劳动合同期限问题上发生争议，未能达成一致意见。机场公司未能提供证据证明陈某签收了五年期劳动合同书，机场公司在违背劳动者真实意思的情况下，使其在填写不完整的劳动合同书上签字，且事后未返还劳动者应持合同，该做法构成了格式合同中免除自己的法定责任、排除劳动者权利的情形。因此，法院根据《劳动合同法》第26条规定，对2010年签订的劳动合同的劳动期限认定为无效，因不影响合同其他部分的效力，故合同其他部分继续有效。根据《劳动合同法》第14条第3款规定，劳动者提出或者同意续订、订立劳动合同的，除劳动者提出订立固定期限劳动合同外，应当订立无固定期限劳动合同；连续订立二次固定期限劳动合同，且劳动者没有《劳动合同法》法定解除劳动合同的情形而续订劳动合同的。

陈某与民航机场公司存在劳动合同关系，且其没有严重违反用人单位的规章制度，或不能胜任工作这种法定解除劳动合同的情形，因此，双方应当签订无固定期限劳动合同。

2. 关于劳动合同书中"签字或盖章""签字盖章"与"签字、盖章"的解读

《劳动合同法》（2012年修订本）第16条第1款规定，劳动合同由用人单位与劳动者协商一致，并经用人单位与劳动者在劳动合同文本上签字或者盖章生效。有学者指出，劳动合同的成立必须是双方都签字或盖章，如果只有一方的签字或盖章，劳动合同不成立[1]。

《民法典》第490条规定，当事人采用合同书形式订立合同的，自当事人均签名、盖章或者按指印时合同成立。在签名、盖章或者按指印之前，当事人一方已经履行主要义务，对方接受时，该合同成立。法律、行政法规规

---

[1] 关怀、林嘉主编：《劳动法》，中国人民大学出版社2012年版，第94页。

定或者当事人约定合同应当采用书面形式订立，当事人未采用书面形式但一方已经履行主要义务，对方接受时，该合同成立。《民法典》第502条第1款规定，依法成立的合同，自成立时生效，但是法律另有规定或者当事人另有约定的除外。

在实践中，一些劳动合同中经常有"本合同自签字盖章之日起生效"或"本合同自签字、盖章之日起生效"的表述条款，那么"签字盖章"与"签字、盖章"究竟是什么意思？是需要同时"签字＋盖章"合同才生效，还是签字或盖章合同都生效？

"签字盖章"与"签字、盖章"是有区别的，并关系到签订的合同是否生效的问题。

（1）"签字盖章"并非是指"签字"＋"盖章"

在劳动合同书中"本合同双方签字盖章后生效"的约定，其生效条件是双方的"签字"和"盖章"必须同时具备吗？对此可参考最高人民法院的判例认定。

最高人民法院认为：《协议书》上盖有公司真实的公章，虽无公司法定代表人或其委托代理人的签字，但足以表明《协议书》是公司的真实意思表示。如果《协议书》上虽只有公司法定代表人签字而没有公司的公章，但公司并不否认《协议书》真实性的，《协议书》即为真实有效。[①]

（2）"签字、盖章"是指"签字"＋"盖章"

关于"本合同自签字、盖章之日起生效"的表述，其中"签字、盖章"之间的顿号应如何理解，即签字与盖章应同时具备还是具备其一即可认定合同生效？

在《民法典》施行之前，最高人民法院曾认为：双方当事人签订的协议中所表述的"签字、盖章"中的顿号，是并列词语之间的停顿，其前面的"签字"与后面的"盖章"系并列词组，它表示签字与盖章是并列关系，只有在签字与盖章均具备条件下，该协议方可生效。[②] 在《民法典》施行之后，依据《民法典》合同编第490条第1款的规定，当事人在合同书上的签名、

[①] 参见北京大有克拉斯家具商城与中国机床总公司、北京牡丹园公寓有限公司进口代理合同纠纷案［（2013）民申字第72号］。

[②] 参见浙江顺风交通集团有限公司与深圳发展银行宁波分行借款合同纠纷案［（2005）民一终字第116号］。

盖章或者按指印，人民法院应当认定其具有同等的法律效力。[1]

（3）无论约定"签字、盖章"或"签字盖章"，有一方履行合同，另一方接受合同履行的，合同都成立。

实践中，主张合同未生效的一方往往是只签字或只盖章，但在一方履行合同、另一方接受合同履行的情形下，无论是约定"签字、盖章"还是"签字盖章"，均可依据《民法典》合同编第490条的规定处理，即：当事人采用合同书形式订立合同的，自当事人均签名、盖章或者按指印时合同成立。在签名、盖章或者按指印之前，当事人一方已经履行主要义务，对方接受时，该合同成立。这表明双方以实际行动表示对合同成立的认可，符合当事人意思表示真实的要求。

三、航空运输销售代理公司与员工的电子劳动合同有效

【案例】王某与某航空运输销售代理公司的电子劳动合同争议案[2]

【案情介绍】

2017年7月28日贾某通过电子邮件向王某发出《入职通知书》，载明：王某已被某航空运输销售代理公司（以下简称航空销售代理公司）录用并进入总经理助理岗位，试用期及转正后薪资均为5 000元/月。王某于2017年8月1日入职公司处。航空销售代理公司于2017年8月1日与王某签订电子劳动合同，双方约定：王某在航空销售代理公司从事总经理助理工作，劳动合同期限从2017年8月1日起至2020年7月31日止，试用期自2017年8月1日至2017年10月31日止。合同约定，王某的月工资由基本工资、浮动工资、补贴等组成。王某的税前基本工资为2 500元/月，试用期工资为税前2 500元/月。工资发放日为每月15日，遇节假日顺延。航空销售代理公司通过案外人乙公司账户，向王某账户转账支付了2017年8月至2017年10月扣除社会保险后的基本工资。对2017年11月至2018年7月的工资，公司因资金流转不畅一直未发。王某申请仲裁，请求航空销售代理公司支付拖欠的工资和补偿未签订劳动合同的2倍工资。仲裁裁决对拖欠的工资予以支持，驳

---

[1] 参见中国审判理论研究会民事审判理论专业委员会编著：《民法典合同编条文理解与司法适用》，法律出版社2020年版，第49页。

[2] 本案例为笔者自编案例。

回其他请求。

【案例评析】

本案争议焦点之一是电子劳动合同是否为书面形式的劳动合同？

本案涉及的拖欠的工资应该予以保护，因此对于仲裁委的裁决，应该没有争议，因为立法有明确规定。例如，《劳动法》第50条规定，工资应当以货币形式按月支付给劳动者本人。不得克扣或者无故拖欠劳动者的工资。《劳动合同法》第30条第1款规定，用人单位应当按照劳动合同约定和国家规定，向劳动者及时足额支付劳动报酬。

1. 未签订书面劳动合同予以双倍工资惩罚的立法目的

本案王某提出仲裁申请，请求航空销售代理公司支付未签订劳动合同双倍工资，显然是不承认2017年8月1日双方签订的电子劳动合同为书面劳动合同，因此才援引《劳动合同法》第82条的罚则，即用人单位未与劳动者订立书面劳动合同的，应当向劳动者每月支付双倍工资的规定。

《劳动合同法》第82条是针对实践中劳动合同签订率低以及《劳动法》第16条仅规定建立劳动关系应当订立劳动合同而没有规定违法后果的立法缺陷，增设了双倍工资的惩罚，该一倍差额的性质并非劳动者的劳动所得而是对用人单位违反法律规定的一种惩戒，立法目的在于提高书面劳动合同签订率、明晰劳动关系中的权利义务，而非劳动者可以从中谋取超出劳动报酬的额外利益。

2. 劳动合同书面形式的内涵

长期以来，《劳动法》《劳动合同法》虽然对劳动合同书面形式做了强制性规定，但并没有明确书面形式的内涵。1999年施行的《合同法》第11条承认电子合同（数据电文形式订立的合同）属于书面合同，但劳动合同的书面形式是否包括电子形式，实践中一直存有争议，[①] 是劳动争议要予以明确的关键问题。

在实践中，劳动合同的书面形式应不限于劳动合同书，还应该包括《民法典》合同编中的数据电文形式和其他有效书面文件。

从判例考察来看，在北京泛太物流有限公司诉单某某劳动争议纠纷案中，

---

① 参见侯进令、陈秀：《书面劳动合同的定义研究》，载《中国人力资源社会保障》2019年第3期，第42—43页。

北京市海淀区人民法院和北京市第一中级人民法院均认为：如用人单位与劳动者未订立书面劳动合同，但双方之间签署的其他有效书面文件的内容已经具备了劳动合同的各项要件，明确了双方的劳动关系和权利义务，具有了书面劳动合同的性质，则该文件应视为双方的书面劳动合同。《员工录用审批表》明确约定了工作部门、工作地点、聘用期限、试用期、工资待遇等，并附有公司法定代表人的签字，该审批表内容就已经具备劳动合同的要件，对于劳动者提出因未订立书面劳动合同而要求双倍工资的诉讼请求不应予以支持。①

在新冠肺炎疫情时期，一些公司受疫情影响一直处于停工停产状态，人力资源和社会保障部办公厅于 2020 年 3 月 4 日对北京市人力资源和社会保障局的《关于在疫情防控期间开展劳动合同管理电子化工作的请示》进行复函，明确书面形式的劳动合同，经用人单位与劳动者协商一致，也可以采用电子形式。采用电子形式订立劳动合同，应当使用符合《中华人民共和国电子签名法》（以下简称《电子签名法》）等法律法规规定的可视为书面形式的数据电文和可靠的电子签名。用人单位应保证电子劳动合同的生成、传递、储存等满足《电子签名法》等法律法规规定的要求，确保其完整、准确、不被篡改。符合《劳动合同法》规定和上述要求的电子劳动合同一经订立即具有法律效力，用人单位与劳动者应当按照电子劳动合同的约定，全面履行各自的义务。

根据该复函并结合《电子签名法》的规定，可知劳动合同采用电子形式，需满足以下要求：①用人单位与劳动者应协商一致，未经协商的，不可擅自采用电子形式订立书面劳动合同；②劳动合同的电子签名，应符合《电子签名法》② 规定或约定的可靠条件。

《电子签名法》确立了数据电文的法律效力，赋予可靠的电子签名与手写签名或盖章等具有同等的法律效力，并明确了电子认证服务的市场准入制度。

"电子签名"，是指数据电文中以电子形式所含、所附用于识别签名人身份并表明签名人认可其中内容的数据。除当事人对电子签名选择使用符

---

① 参见《中华人民共和国最高人民法院公报》2013 年第 12 期。
② 该法于 2005 年 4 月 1 日实施，2015 年第一次修正，2019 年第二次修正。

合其约定的可靠条件外，同时符合下列条件的电子签名，依法视为可靠的电子签名：①电子签名制作数据用于电子签名时，属于电子签名人专有；②签署时电子签名制作数据仅由电子签名人控制；③签署后对电子签名的任何改动能够被发现；④签署后对数据电文内容和形式的任何改动能够被发现。①

数据电文，是指以电子、光学、磁或者类似手段生成、发送、接收或者储存的信息。数据电文既要满足法定的原件形式要求②，又要满足法定的文件保存要求③。

第三节　劳动合同的内容

劳动合同的内容，是指劳动合同包含的所有条款，即通过劳动合同条款反映出来的当事人双方的权利和义务。劳动合同的内容是劳动合同的实质所在，体现双方劳动关系的具体内涵。从《劳动法》和《劳动合同法》的规定来看，劳动合同的内容由法定内容和约定内容两部分组成。法定内容是法律要求的劳动合同必备的条款。约定内容是双方具体协商约定的条款；根据劳动合同订立的合法性原则，约定条款不违反现有法律、法规的规定，否则无效。

一、劳动合同的必备条款

劳动合同的必备条款，是指法律法规规定的劳动合同应当具备之内容。比较《劳动合同法》第17条与《劳动法》第19条关于劳动合同必备条款的

---

① 参见《电子签名法》第2条、第13条、第14条。
② 《电子签名法》第5条规定："符合下列条件的数据电文，视为满足法律、法规规定的原件形式要求：（一）能够有效地表现所载内容并可供随时调取查用；（二）能够可靠地保证自最终形成时起，内容保持完整、未被更改。但是，在数据电文上增加背书以及数据交换、储存和显示过程中发生的形式变化不影响数据电文的完整性。"
③ 《电子签名法》第6条规定："符合下列条件的数据电文，视为满足法律、法规规定的文件保存要求：（一）能够有效地表现所载内容并可供随时调取查用；（二）数据电文的格式与其生成、发送或者接收时的格式相同，或者格式不相同但是能够准确表现原来生成、发送或者接收的内容；（三）能够识别数据电文的发件人、收件人以及发送、接收的时间。"

规定可以发现，《劳动合同法》对劳动合同的必备条款作出了调整：①将用人单位和劳动者的基本信息、工作地点、工作时间和休息休假、社会保险以及职业危害防护等条款增加为必备条款，其中职业危害防护必备条款的增加是为了做好与《中华人民共和国职业病防治法》（以下简称《职业病防治法》）的规定①相互衔接和落实；②取消了劳动纪律条款，因为劳动纪律属于用人单位规章制度，没有必要在劳动合同中由用人单位与劳动者个别约定；③取消了劳动合同终止的条件条款，是为防止用人单位规避劳动合同期限约束，随意终止劳动合同；④取消了违反劳动合同的责任条款，是为防止用人单位滥用违约责任条款。根据《劳动合同法》第25条规定，只有在依法约定的培训服务期以及竞业限制条款中，用人单位才能与劳动者约定违约金。

详细的《劳动合同法》第17条与《劳动法》第19条关于劳动合同必备条款规定的比较见图2-2。

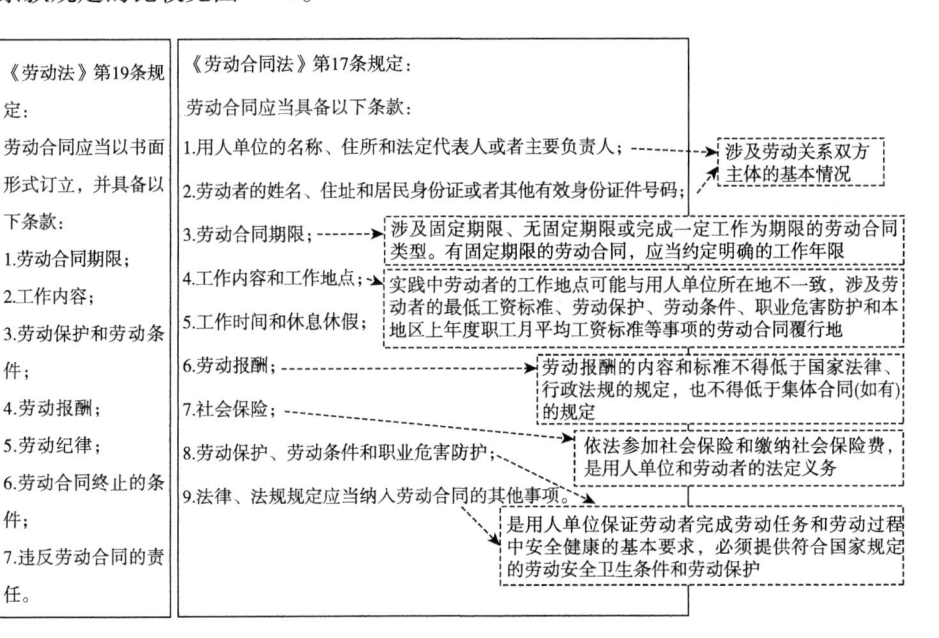

《劳动法》第19条规定：	《劳动合同法》第17条规定：	
劳动合同应当以书面形式订立，并具备以下条款： 1.劳动合同期限； 2.工作内容； 3.劳动保护和劳动条件； 4.劳动报酬； 5.劳动纪律； 6.劳动合同终止的条件； 7.违反劳动合同的责任。	劳动合同应当具备以下条款： 1.用人单位的名称、住所和法定代表人或者主要负责人； 2.劳动者的姓名、住址和居民身份证或者其他有效身份证件号码； 3.劳动合同期限； 4.工作内容和工作地点； 5.工作时间和休息休假； 6.劳动报酬； 7.社会保险； 8.劳动保护、劳动条件和职业危害防护； 9.法律、法规规定应当纳入劳动合同的其他事项。	涉及劳动关系双方主体的基本情况 涉及固定期限、无固定期限或完成一定工作为期限的劳动合同类型。有固定期限的劳动合同，应当约定明确的工作年限 实践中劳动者的工作地点可能与用人单位所在地不一致，涉及劳动者的最低工资标准、劳动保护、劳动条件、职业危害防护和本地区上年度职工月平均工资标准等事项的劳动合同覆行地 劳动报酬的内容和标准不得低于国家法律、行政法规的规定，也不得低于集体合同(如有)的规定 依法参加社会保险和缴纳社会保险费，是用人单位和劳动者的法定义务 是用人单位保证劳动者完成劳动任务和劳动过程中安全健康的基本要求，必须提供符合国家规定的劳动安全卫生条件和劳动保护

图2-2 劳动合同必备条款比较

---

① 《职业病防治法》第33条规定："用人单位与劳动者订立劳动合同（含聘用合同，下同）时，应当将工作过程中可能产生的职业病危害及其后果、职业病防护措施和待遇等如实告知劳动者，并在劳动合同中写明，不得隐瞒或者欺骗。"

（一）航空公司与飞行员约定的劳动内容应明确

【案例】张某某与北京京城国际商务航空有限公司劳动争议案[①]

【案情介绍】

张某某于2014年1月1日入职北京京城国际商务航空有限公司（以下简称京城商务航空公司）。2014年1月2日双方签订固定期限劳动合同约定："乙方同意在甲方工作并服从甲方安排；乙方工作岗位执行综合工作制；乙方同意并认可现有岗位的薪酬标准；认可工资发放日期（次月8日发本考勤周期的工资），并承担薪酬的保密义务；本合同期内的薪酬变动以双方认可的工资变动通知为准。合同期限为2014年1月1日至2018年12月31日。"

2014年1月7日，京城商务航空公司发文宣布，"根据工作需要，经公司董事会研究决定：聘任张某某为运行副总裁；从宣布之日起生效"。2016年5月5日，张某某向京城商务航空公司提交辞呈，希望公司安排人选接替其运行副总裁职务。同年5月29日，公司回复同意张某某辞去运行副总裁职务，但不同意张某某调离其他岗位。2017年4月10日，公司向张某某发告知函，邀其于2017年4月30日前来协商解决劳动合同关系解除等相关问题。2016年6月7日，公司向张某某发放2016年5月的工资后，再未向其发放工资。2017年9月26日，张某某申请仲裁，要求确认双方劳动关系，并要求公司按照原工资标准支付其辞去运行副总裁职务后的工资及出差补贴。密云仲裁委驳回张某某的请求，遂诉至法院。京城商务航空公司认为2016年5月29日已以书面形式同意张某某辞呈，双方劳动关系就此解除。

【案例评析】

虽然本案审理法院总结的争议焦点是张某某与京城商务航空公司的劳动关系是否于2016年5月29日解除以及张某某辞去岗位后的工资如何计算的问题，但争议发生的根本原因在于双方劳动合同中对张某某的劳动工作内容约定不明。

我国《劳动合同法》规定，劳动内容属于书面劳动合同的必备条款，用人单位对劳动者的工作内容有告知义务。在实践中，用人单位违反告知义务的形态分为未完全告知和虚假告知。未完全告知是指用人单位告知不完全、

[①] 参见北京市密云区人民法院（2018）京0118民初295号民事判决书；北京市第三中级人民法院（2018）京03民终5851号民事判决书。

有瑕疵，或者是用人单位的告知不符合法律的要求，但尚未达到欺诈的严重程度。虚假告知主要是指在劳动缔约过程中的欺诈行为，即出于非法的目的进行招聘欺诈。[1]

本案中，京城商务航空公司认为飞行员身份与运行副总裁之间是包含关系，具有飞行员身份是张某某担任运行副总裁职务的必要条件，张某某作为运行副总裁的职责包括在统筹管理公司飞行运行事务的同时，承担一小部分的飞行任务，故主张张某某提出辞去运行副总裁职务即是提出辞职申请。而张某某认为其提出辞呈是辞去运行副总裁的职务，并未提出解除劳动合同，故双方劳动关系在张某某达到法定退休年龄前一直存续。可见，争议双方在劳动合同中劳动内容的意思表示不明确，且事后又未达成一致意见，由此引发纠纷。

京城商务航空公司作为用人单位，应在劳动合同中向劳动者以书面形式明确其工作内容及岗位，但合同并未对飞行员的劳动内容和运行副总裁的岗位职责进行全面、详细的告知，因此，京城商务航空公司违反了用人单位应对劳动工作内容完全告知的义务。

京城商务航空公司是从事公务飞行、航空器代管等业务的公务机公司。2014年取得民用航空华北地区管理局颁发的《航空运营人运行合格证》（CCAR-135部），经营范围包括：甲类的通用航空包机飞行；乙类的航空器代管、货物进出口、技术进出口、代理进出口。航空公司的运营需要大量高水平的专业技术人员及经营管理人员，飞行员和运行副总裁是两个不同岗位，应有不同的岗位职责。飞行员岗位需要经过长时间培训并通过考核，取得驾驶员执照的专业技术人员任职，而航空公司的运行副总裁属于公司经营管理人员。因此，京城商务航空公司将飞行员和运行副总裁的两个岗位视为一体，显然不对。张某某辞呈仅是辞去运行副总裁职务，并不涉及劳动合同的解除。

劳动报酬与劳动岗位具有极强的关联性，不同的劳动岗位对应的薪资标准不同。虽然京城商务航空公司同意张某某辞去了运行副总裁职务，但张某某不能苛求公司仍然按照运行副总裁的职务待遇支付其劳动报酬，这有违公平原则，缺乏法律依据。因此，法院的认定与判决是正确的。

---

[1] 参见杜宁宁：《劳动缔约"明示"义务研究》，吉林大学2012年博士论文，第61页。

(二) 航空公司与飞行员约定的服务期应确定

【案例】宋某某与南航（集团）汕头航空有限公司的劳动合同争议案①

【案情介绍】

2006年12月31日，宋某某入职南航（集团）汕头航空有限公司从事飞行工作。2010年6月8日，宋某某调入中国南方航空股份有限公司（以下简称南航公司）并签订无固定期限劳动合同。劳动合同第27条约定"甲方（南航公司）依法建立培训服务期制度，对于由甲方提供专项培训费用，为乙方（宋某某）进行专业技术培训的，甲方应做好职工教育培训台账管理，并与乙方订立培训服务期协议，约定服务期"。第28条约定"乙方须按甲方有关培训管理的规定和培训服务期协议，履行为甲方服务的义务。如果乙方违反培训服务期协议约定的，应当按照约定向甲方支付违约金"。2013年9月17日，宋某某向南航公司递交《解除劳动合同通知书暨辞职函》，以"个人和家庭原因"提出解除劳动合同。双方就劳动关系的解除、离职手续等问题发生争议，并向广东省劳动人事争议调解仲裁院申请仲裁。双方均不服裁决，分别向法院提起诉讼。宋某某请求法院确认双方劳动关系从2013年10月18日起解除，南航公司为其办理解除劳动合同证明并移交相关人事、技术和飞行等档案；南航公司提出反申请，要求宋某某继续履行原劳动合同，若劳动合同不能继续履行，要求宋某某支付赔偿金549万余元（其中培训费2 024 800元、违约金1 366 198.32元，重新培训或招聘一名飞行员的损失为210万元）。一审法院判决宋某某应赔偿南航公司培训费140万元；南航公司为宋某某出具解除劳动合同的证明书，并办理档案转移手续，驳回双方其他请求。二审判决变更宋某某赔偿南航公司培训费用人民币173万余元。

【案例评析】

1. 飞行员在服务期内能否解除劳动合同

依照《劳动合同法》第38条规定，用人单位有下列情形之一的，劳动者可以解除劳动合同：①未按照劳动合同约定提供劳动保护或者劳动条件的；

---

① 广州市白云区人民法院（2014）穗云法民一初字第151号、第179号民事判决书；广东省广州市中级人民法院（2014）穗中法民一终字第4831号、第4832号民事判决书。

②未及时足额支付劳动报酬的;③未依法为劳动者缴纳社会保险费的;④用人单位的规章制度违反法律、法规的规定,损害劳动者权益的;⑤因本法第26条第1款规定的情形致使劳动合同无效的;⑥法律、行政法规规定劳动者可以解除劳动合同的其他情形。

这意味着用人单位与劳动者即使约定了服务期,劳动者在上述法定情形下依据程序可以解除劳动合同,并不构成对服务期约定的违反。尤其是用人单位以暴力、威胁或者非法限制人身自由的手段强迫劳动者劳动的,或者用人单位违章指挥、强令冒险作业危及劳动者人身安全的,劳动者可以立即解除劳动合同,无须事先告知用人单位。

本案中的宋某某与南航公司签订无固定期限劳动合同,对双方当事人虽然均具有约束力,但并不限制宋某某依法行使劳动合同的解除权和劳动者的择业自主权。宋某某提前30日以书面形式提出解除劳动合同,符合《劳动合同法》第37条的规定,双方的劳动合同应当依法解除。

2. 飞行员在服务期内解除劳动合同是否应负违约金责任

从立法规定考察,对用人单位与劳动者关于解除劳动合同的违约金约定,是有所限制的,目的是加强对劳动者一方利益的保护,除劳动者违反服务期和竞业限制约定的,用人单位不得与劳动者约定由劳动者承担违约金。① 因此,法院必须严格审查是否存在劳动者对用人单位支付违约金的法定条件和事由。

根据《劳动合同法实施条例》第26条规定,用人单位与劳动者解除约定服务期的劳动合同时,劳动者应当按照劳动合同的约定向用人单位支付违约金的情形主要包括五种:①劳动者严重违反用人单位的规章制度的;②劳动者严重失职、营私舞弊,给用人单位造成重大损害的;③劳动者同时与其他用人单位建立劳动关系,对完成本单位的工作任务造成严重影响,或者经用人单位提出,拒不改正的;④劳动者以欺诈、胁迫的手段或者乘人之危,使用人单位在违背真实意思的情况下订立或者变更劳动合同的;⑤劳动者被依法追究刑事责任的。除上述五种情形外,即使劳动者在服务期内与用人单位解除合同,也无须向用人单位支付违约金。

---

① 参见《劳动合同法》第22条、第23条、第25条的规定。

在本案中，南航公司要求宋某某除支付培训费之外，还另需支付服务期内解除劳动合同的违约金。南航公司应举证证明双方存在服务期协议以及存在劳动者应当支付违约金的法定情形，否则南航公司主张违约金的请求难以获得支持。依照《劳动合同法》第 38 条的规定，劳动者在服务期内解除劳动合同的，用人单位不得要求劳动者支付违约金。

本案中，尽管南航公司与宋某某签订的劳动合同涉及培训服务期协议，但实际上，双方并未依其劳动合同所述签订专业技术培训并约定服务期。此外，本案不存有《劳动合同法》第 25 条规定的用人单位与劳动者可约定由劳动者承担违约金的法定情形，亦不存在《劳动合同法实施条例》第 26 条规定的情形，故南航公司上诉主张宋某某违反约定培训服务期应负违约金的请求，没有事实和法律依据。

3. 约定服务期限长于聘用合同期限的应如何处理

由于飞行员培养期限较长、我国航空运输业的快速发展，致各航空公司对飞行员需求较大。实践中，为稳定飞行队伍，航空公司与飞行员在劳动合同中经常会约定较长的服务期。例如，在夏某与汉华公务机航空有限公司的劳动争议案中，劳动合同约定夏某的服务期为 20 年，但在服务 7 年后，因个人家庭原因，夏某通过 EMS 邮政特快专递提出书面辞职，并通知公司自收到辞职书 30 日后解除与公司的劳动合同。尽管大连市仲裁委以"不属于劳动人事争议受理范围"为由不受理夏某的申请，但法院认为，劳动者提前 30 日以书面形式通知用人单位，故判决劳动合同可以解除，用人单位应当在解除劳动合同时出具解除劳动合同的证明，并在 15 日内为劳动者办理档案和社会保险关系转移手续。关于 20 年服务期的约定，如被告认为原告的行为系违约，可另行向原告主张权利。①

服务期是劳动者因接受用人单位给予的特殊待遇而承诺必须为用人单位服务的期限。合同当事人约定的服务期限长于劳动合同期限的，劳动合同期满，用人单位放弃对剩余服务要求的，劳动合同可以终止，但用人单位不得追索劳动者服务期的赔偿责任；劳动合同期满后，用人单位继续提供工作岗位要求劳动者履行服务期的，双方当事人应当续订合同；双方当事人因续订合同的条件不能达成一致的，双方当事人应按原劳动合同确定的条件继续履

---

① 大连市甘井子区人民法院（2018）辽 0211 民初 4114 号民事判决书。

行；继续履行期间，用人单位不提供工作岗位，视为其放弃对剩余服务期的要求，劳动合同终止。

（三）航空设备公司与员工约定的试用期应为劳动合同期限

【案例】 王某某与某航空设备公司的劳动争议案[①]

【案情介绍】

2014年4月8日，王某某入职某航空设备公司，双方签订期限自当日至2014年6月7日的《试用期劳动合同》，该合同仅约定了两个月的试用期。一个月后，即2014年5月9日，某航空设备公司因不满王某某的工作表现，单方解除了与王某某的劳动合同。王某某认为自己没有违反公司的任何规章制度，公司仅以不符合录用标准为由解除劳动合同系违法解除，故要求支付违法解除劳动合同的赔偿金。某航空公司在诉讼中主张，王某某不符合录用条件，公司在试用期内享有单方解除权，故有权依法单方解除劳动合同。

【案例评析】

本案争议焦点是"两个月"的期限应认定为劳动合同期限还是试用期？在《劳动法》和《劳动合同法》中，劳动合同期限与试用期是两个不同概念，两者有一定的区别和联系。

1. 劳动合同期限及其类型

劳动合同期限，是指劳动合同的有效时间，是劳动关系当事人双方享有权利和履行义务的时间，一般始于劳动合同的生效之日，终于劳动合同终止之时。《劳动合同法》第12条将劳动合同分为三类：固定期限劳动合同、无固定期限劳动合同和以完成一定工作任务为期限的劳动合同。

其中无固定期限劳动合同，是指用人单位与劳动者约定无确定终止时间的劳动合同。《劳动合同法》设计的无固定期限劳动合同新规则，可以引导用人单位与劳动者建立较稳定的、长期的劳动关系，保证劳动者职业稳定，保证用人单位的用人规划的预期性和连续性，是一项双赢的法律制度。[②] 无

[①] 北京市西城区人民法院："涉试用期劳动争议典型案例之二"，https：//www.chinacourt.org/chat/chat/2018/04/id/49463.shtml，访问日期：2020年3月23日。

[②] 周贤日：《无固定期限劳动合同制度分析及其价值》，载《中国发展观察》2008年第2期，第59页。

固定期限劳动合同具有一定的强制性，在法律上体现为用人单位非因法定事由不得随意解除劳动合同。在无固定期限劳动合同履行期间，劳动者有法定辞职权，解除合同的自由较大，用人单位受"解雇保护"制度的严格约束，不得随意解雇雇员。[①]

2. 试用期及其限制

试用期是用人单位对新招收的劳动者进行道德品质、劳动态度、工作能力的考察期，也是劳资双方一个相互适应、双向选择的过程。这意味着试用期只适用于新招收、录用的人员，同一用人单位与同一劳动者只能约定一次试用期。

在实践中，有些用人单位为不缴或少缴社会保险费、压低劳动者的报酬（所谓试用期工资）、低成本轮换使用劳动力的目的，经常利用劳动者的弱势地位，与劳动者只签订试用期合同，而不签订劳动合同，该"试用期合同"效力如何？

根据《劳动合同法》第19条规定，试用期包含在劳动合同期限内。劳动合同仅约定试用期的，试用期不成立，该期限为劳动合同期限。这意味着劳动者被用人单位录用后，双方可以在劳动合同中约定试用期，试用期不是劳动合同的法定必备条款，可以约定也可以不约定。如果约定试用期，只能在劳动合同中约定，劳动合同是试用期存在的前提条件。不能只签订试用期合同，而不签订劳动合同，这样签订的"试用期合同"无效，该试用期的期限在法律上被视为劳动合同期限。

在北京市西城区人民法院公布的这个案例中，王某某与某航空设备公司签订的《试用期劳动合同》仅仅约定了试用期。根据《劳动合同法》的规定，王某某与公司之间签订的两个月的《试用期劳动合同》应当认定为双方存在两个月期限的劳动合同，试用期的约定不成立。由此，某航空设备公司无权以试用期不符合录用条件为由与王某某解除劳动合同。在某航空设备公司未能举证证明其解除行为合法的情形下，法院支持了王某某的诉讼请求。某航空设备公司的做法显然违反法律规定。

[①] 立花聪：《〈劳动合同法〉的无固定期限劳动合同制度研究》，华东政法大学2013年博士论文，第29页。

（四）航空食品公司与员工约定的工时和加班费

【案例】 章某某与四川航空汉莎食品有限公司的劳动争议案

【案情介绍】

章某某2001年3月到隶属于四川航空集团公司的四川航空汉莎食品有限公司（以下简称汉莎食品公司）担任航机岗位工作。2009年3月28日双方签订无固定期限劳动合同，约定章某某在公司担任航机岗位工作，月工资1 500元，每月5日前支付，章某某执行综合计算工时工作制度；公司安排章某某加班，安排同等时间补休，无法安排补休的，不定期支付加班费，法定假日加班依法支付加班工资。章某某的工作实行倒班制，即每上班24小时休息24小时，上班过程中包括休息时间。2010年5月4日，章某某由航机队长岗位调整至调度员岗位，担任值班经理一职，月工资1 500元。2010年8月至今，章某某的工作时间为4个月倒班，2个月行政班（一周休息2天）。汉莎食品公司对综合计算工时工作制的员工，按照相应的方法计算其工作时间。2010年9月，汉莎食品公司联合工会对航机员（司机）的工作情况进行了实地跟机调查，该岗位的月平均工作时间为172.5小时。经核算，章某某2010年1月1日至2010年12月31日法定节假日和休息日加班9天（其中法定节假日加班5天）；2011年1月1日至2011年12月31日法定节假日和休息日加班1天；2012年1月1日至2012年1月30日法定节假日加班0天。2010年1月至2012年1月，章某某均在汉莎食品公司不定期领取加班费。2012年1月17日，章某某向双流县劳动争议仲裁委员会提起仲裁申请，要求汉莎食品公司支付2001年3月至2010年6月的超时加班费。仲裁委以仲裁申请超过仲裁时效为由不予受理。章某某不服，遂诉至法院，被驳回诉讼请求，二审和再审法院均驳回诉请，维持原判。①

【案例评析】

1. 汉莎食品公司对章某某执行综合计算工时制是否合法有效

经原劳动部批准同意，原中国民用航空总局在1996年发布《民航实行不定时工作制和综合计算工时工作制暂行办法》（民航人发〔1996〕81号），规定了民用航空运输服务人员可实行综合计算工时制，并对以周、月、季、

---

① 双流县人民法院（2012）双流民初字第997号民事判决书；成都市中级人民法院（2012）成民终字第5406号民事判决书；四川省高级人民法院（2014）川民提字第21号民事判决书。

年为周期计算的工时标准进行确定。

汉莎食品公司隶属于四川航空集团公司，系民用航空运输服务企业，章某某所从事的工作，符合原劳动部及中国民用航空局规定的可执行综合计算工时制的工种范围，这是由其所从事行业的特殊性决定的，在服务性企业内，劳动者进入该单位时便已知道该工作岗位的工作时间情况。即使执行综合计算工时工作制需要报成都市人力资源和社会保障局审批，也是另一法律关系，并不必然导致执行综合计算工时制无效。从2010年后汉莎食品公司经报批仍然对章某某等从事的工作执行综合计算工时制来看，汉莎食品公司对章某某执行综合计算工时制合法有效，并无不当。

2. 不同工时制度下加班费的计算标准

不同工时制度下加班费的计算标准有所不同。

（1）标准工时制加班费的计算。劳动者延长时间的，支付不低于工资150%的工资报酬；休息日安排劳动者工作又不能安排补休的，支付不低于工资200%的工资报酬；法定休假日安排劳动者工作的，支付不低于工资300%的工资报酬。在安排劳动者延长工作时间，在加班时间计算时应以多少小时为基础的问题上，原劳动部在印发的关于《〈国务院关于职工工作时间的规定〉问题解答》（劳部发〔1995〕187号）中明确规定：企业因生产经营需要延长工作时间一律以每周40小时为基础计算。

（2）综合计算工时工作制加班费的计算。这种工时制的工作时间不以天为单位，可以以周、月、季、年为单位。即在综合计算周期内，某一具体日（或周）的实际工作时间可以超过8小时（或40小时），但综合计算周期内的总实际工作时间应当不能超过总定标准工作时间。综合计算工作时间超过法定工作时间的部分，按不低于正常工作时间工资的150%支付加班工资；在法定节假日上班的，按不低于正常工作时间工资的300%支付加班工资；当用人单位与员工终止或解除合同时，其综合计算工时的计算周期尚未结束的，若实际工作时间已超过法定标准工作时间的部分，用人单位应当按200%的标准支付工资。

（3）不定时工作制的加班费问题。国务院规定不定时工作日并非对工作时间毫无限制，基本上应按照标准工作日执行。但是，当一日工作时间超过标准工时，超过部分不算加班加点，不发加班工资，只是给予补假休息。对于实行不定时工作制的劳动者，企业应根据标准工时制度合理确定劳动者的劳动定额或其他考核标准，以便安排劳动者休息。其工资由企业按照本单位的工资制度和工资分配办法，根据劳动者的实际工作时间和完成劳动定额情况计发。对于符合带薪年休假条件的劳动者，企业可以安排其享受带薪年休假。①

根据《工资支付暂行规定》，凡经劳动保障行政部门批准，用人单位实行不定时工作制岗位的劳动者，在明确工作量的前提下，其本人的工作和休息时间可以自主安排。实行不定时工作制的，不受《劳动法》第41条规定的日延长工作时间标准的限制，即不用支付延时加班费。因此，用人单位对实行不定时工作制的劳动者，因工作需要，不论是延长劳动时间、休息日、法定节假日工作，可不支付加班工资。但对于法定节假日是否可支付加班费的问题，实践中各地标准不同，如北京规定不支持法定节假日加班费，而上海、深圳等城市则支持。

本案中，关于章某某所主张的加班事实及加班工资能否成立的问题。根据《工资支付暂行条例》第6条的规定，用人单位必须书面记录支付劳动者工资的数额、时间、领取者的姓名以及签字，并保存两年以上备查。因此，加班事实的举证责任的分配应以两年为限，两年前的加班事实，由劳动者就加班事实承担举证责任。章某某主张自入职起至2009年年底之前的加班费，因其该项主张已经超出了汉莎食品公司应当承担举证责任的时间要求，章某某在本案中提交的证据既不足以证明其在该期间存在加班事实，也不能证明汉莎食品公司未按规定足额支付加班工资。章某某作为航机员，虽然在工作的时间内不能擅自离开，但该要求应属工作需要，并且因为汉莎食品公司航机班对章某某等航机员都按车辆进行分组，在保障航班的情况下，未轮到任务的小组的航机员有时间休息。章某某主张其在单位的24小时都在上班，与不定时工作制的轮班制度不符，亦无证据证明其主张，因此认定航机员存在休息时间。②

关于章某某具体工作的时间，汉莎食品公司提交了2010年该公司与工会共同调查并制作的航机员工作时间数据，作为计算并支付加班工资的依据。汉莎食品公司提供的工作时间跟踪表及统计测算表中，将航机员的准备时间（装车未运送）、作业时间及等待时间（航班保障间隙）三部分计算为工作时间，并对等待时间进行了一定折算，客观地反映了章某某等航机员的实际工

---

① 黎建飞著：《劳动法与社会保障法：原理、材料与案例》，北京大学出版社2015年版，第121页。
② 参见成都市中级人民法院（2012）成民终字第5406号民事判决书。

作状况。工会组织是代表职工对公司实行管理监督的,工会联合汉莎食品公司共同作出的统计测算表,具有证明章某某等航机人员实际工作时间的效力。根据汉莎食品公司统计的工作时间及加班时间,法院裁定汉莎食品公司已经向章某某支付了足额加班工资。①

(五)机场集团下属分公司与员工约定的岗位工资

【案例】黑龙江省机场集团公司与赵某某劳动争议案②

【案情介绍】

赵某某1993年被分配到黑龙江省机场管理集团有限公司(以下简称机场集团公司)下属齐齐哈尔机场分公司。2001年6月1日,赵某某与机场集团公司协商买断工龄,并在2001年9月1日与机场集团公司解除劳动合同。2004年4月,赵某某与机场集团公司协商终止买断工龄,赵某某被重新招聘为全民合同制工人。2004年4月2日,赵某某与机场集团公司下属齐齐哈尔机场分公司签订《协议书》,约定"重新与公司签订劳动合同正式上班并服从公司安排,在买断工龄协议生效期间,公司视为连续工龄"。2005年11月15日,机场集团公司以集团文件形式向其下属公司下发《〈关于修改黑龙江省机场管理集团公司岗位绩效工资制定的方案〉的通知》(黑机场集团发〔2005〕92号),方案规定机场集团公司职工的岗位绩效工资由基础工资、岗位工资、绩效工资、季度奖金和津贴五部分组成。基础工资由基础工资基数和工龄工资两部分构成,基础工资基数为400元,工龄工资按本人累计工龄计算,每年10元。岗位工资是根据职工所在岗位和本企业在岗工作年限而确定的工资单元。岗位工资按职务岗位年限归级。工改后机场集团公司将赵某某的20年军龄计算至基础工资中,具体体现工龄工资为每月320元;岗位工资为1 400元(计算岗位工资时未包含赵某某的军龄20年),如果包含赵某某的军龄,岗位工资应为2 200元。2014年,赵某某申请劳动争议仲裁,请求:机场集团公司对赵某某的工龄计算应按照同等待遇处理,并补发工资差。哈尔滨市劳动人事争议仲裁委员会裁决驳回请求。一审法院支持了赵某某的诉请。机场集团公司不服判决,提起上诉。

---

① 参见四川省高级人民法院(2014)川民提字第21号民事判决书。
② 参见哈尔滨市道里区人民法院(2014)里民一民初字第1366号民事判决书;哈尔滨市中级人民法院(2015)哈民二民终字第342号民事判决书。

【案例评析】

本案争议的焦点是赵某某的岗位工资是否违反了同工同酬原则。

1. 用人单位有权自主确定工资分配方式和工资水平

国家对于企业的工资结构和工资标准并没有强制性的规定,《劳动法》第47条授权用人单位根据本单位的生产经营特点和经济效益,依法自主确定本单位的工资分配方式和工资水平。《劳动合同法》第4条明确了自行制定本单位工资结构和发放标准应履行法定的程序,即用人单位在制定、修改或者决定有关劳动报酬、工作时间、休息休假、劳动安全卫生、保险福利、职工培训、劳动纪律以及劳动定额管理等直接涉及劳动者切身利益的规章制度或者重大事项时,应当经职工代表大会或者全体职工讨论,提出方案和意见,与工会或者职工代表平等协商确定。

本案中,机场集团公司在不违反《劳动法》《劳动合同法》的禁止规定和不低于当地最低工资标准的前提下,制定了《关于修改黑龙江省机场管理集团有限公司岗位绩效工资制定的方案》(黑机场集团发〔2005〕92号),方案经职工代表大会讨论通过并上报了省人力资源和社会保障厅备案,以集团文件形式下发告知所有员工。可见,工资方案内容不违反规定,程序合法,应依法予以保护。因此,法院认定,机场集团公司根据工资不降低原则,保留赵某某原有工资待遇的前提下,综合赵某某买断后重新工作等特殊情况,对其按照生产岗位的第五档1 400元定岗。该岗位工资的制定,符合相关法律规定,依照文件执行,又综合考虑了赵某某的特殊情形和公司人员整体工资构成情况,体现了企业对重新回到工作单位的特殊情况下的职工,行使法律赋予的工资制定自主权和解释权,也是企业工资制定过程中原则性和灵活性的统一。

2. 军龄不应计算为买断工龄后重新工作的在岗年限

虽然根据《中华人民共和国兵役法》(以下简称《兵役法》)第64条和《退役士兵安置条例》第37条的规定,军人服现役年限与所在单位工作年限累计计算工龄,由人民政府安排工作的退役士兵,享受所在单位同等条件人员的工资、福利待遇。但是,赵某某是在买断工龄后重新以招工形式回齐齐哈尔机场公司工作的,属于全民合同制工人身份,岗位也发生调整,由原高职务变为低职务,根据岗位工资是根据职工所在岗位和本企业在岗工作年限而确定的工资单元的内涵,军龄不应计算为买断工龄后重新工作的在岗年限。

因此，根据黑机场集团发〔2005〕92号文件，在计算岗位工资时，赵某某享受所在单位同等条件人员的工资、福利待遇，不存在歧视和差别对待问题，并不违背《兵役法》和《退役士兵安置条例》的规定，符合《劳动法》第46条关于"工资分配应当遵循按劳分配原则，实行同工同酬"的规定。

"同工同酬"，是指用人单位对于技术和劳动熟练程度相同的劳动者在从事同种工作时，不分性别、年龄、民族、残疾、区域等差别，实行相同劳动报酬分配办法。同工同酬意味着在相同考核评价体系下，工作岗位、工作时间、劳动数量和劳动质量都相同。但同工同酬并不是指所获得的工作报酬完全相同，或工资数量绝对相等，也不等于所有待遇相同。

（六）航空公司与飞行员约定的综合计算工时工作制

【案例】王某与深圳航空有限责任公司劳动争议案

【案情介绍】

王某于2005年12月25日入职深圳航空有限责任公司（以下简称深圳航空公司），进行飞行学习和考试，2006年10月18日双方签订无固定期限劳动合同，王某成为一名正式的飞行员，2012年7月25日，王某被任命为机长，实行综合计算工时工作制，该工时制度已经过劳动行政管理部门审批，月工时标准平均为169.3小时，季工时标准为508小时。王某称在实际工作中，深圳航空公司安排的飞行时间违反了《大型飞机公共航空运输承运人运行合格审定规则》中关于飞行员的休息期的规定。为证明自己的主张，其提交一份从2012年3月至2013年6月的飞行经历记录本，其中标注10次休息期不足的飞行经历，深圳航空公司提交了王某的飞行记录，王某以未签名确认为由不予认可。2013年7月5日，王某以深圳航空公司违反规定要求其超时飞行导致其休息期不足为由提出辞职，并于当日离开工作岗位，但深圳航空公司至今未将王某的飞行证照、技术档案等全部档案材料移交深圳航空公司所在地的中国民用航空局地区管理局。2013年7月11日，王某申请仲裁，请求：解除王某与深圳航空公司之间的劳动合同；深圳航空公司支付经济补偿金，并为王某办理飞行执照、技术档案等全部档案和社会保险关系移转手续。

仲裁委员会裁决双方的劳动关系于2013年7月5日起解除；深圳航空公司于裁决书生效之日起15日内将王某的飞行执照、技术档案等全部档案移交深圳航空公司所在地的中国民用航空局地区管理局暂存保管并为王某办理社会保险关系转移手续；驳回王某的其他仲裁请求；王某向深圳航空公司支付违约金人民币200万元。深圳市宝安区人民法院和深圳市中级人民法院判决结果同仲裁裁决。[①]

【案例评析】

本案中，王某主张的经济补偿金是否应予支持，关键是在于其自行解除还是被迫解除劳动合同，其中涉及航空飞行员的作息时间制度。

1. 飞行员的作息时间制度

航空飞行事故调查结果表明，机组疲劳是造成事故的重要原因之一，因此美国联邦航空局、欧洲航空安全局都制定有规范机组值勤期和休息期的相关规章，我国《大型飞机公共航空运输承运人运行合格审定规则》（CCAR-121-R5）对121部P章全面改写，突出飞行疲劳与报到时间和值勤时间等概念，并降低飞行机组的年总飞行时间上限。2021年3月15日修订施行的CCAR-121-R7增加了"疲劳风险管理系统"的定义，并本章对航空承运人疲劳风险管理系统的建立和主要内容作出具体规定，从而将疲劳风险管理系统引入中国民航的运行体系。机组成员飞行值勤期限制、飞行时间限制和累计飞行时间、值勤时间限制如图2-3所示。

飞行机组一个值勤期内的飞行时间限制			非扩编飞行机组运行最大飞行值勤期限制				
非扩编飞行机组执行任务时的飞行时间限制	报到时间	最大飞行时间/小时	报到时间	根据航段数量确定的飞行机组成员最大飞行值勤期/小时			
^	00:00-04:59	8	^	1至4个航段	5个航段	6个航段	7个航段或以上
^	05:00-19:59	9	00:00-04:59	12	11	10	9
^	20:00-23:59	8	05:00-11:59	14	13	12	11
扩编飞行机组执行任务时的飞行时间限制	飞行机组人数	总飞行时间/小时	12:00-23:59	13	12	11	10
^	配备3名驾驶员	13	扩编飞行机组运行最大飞行值勤期限制				
^	配备4名驾驶员	17	报到时间	根据休息设施和飞行员数量确定的最大飞行值勤期/小时			
飞行机组的累积飞行时间、值勤时间限制			^	1级休息设施		2级休息设施		3级休息设施
累积飞行时间	任一日历月，100小时的飞行时间；任一日历年，900小时的飞行时间 || ^	3名飞行员	4名飞行员	3名飞行员	4名飞行员	3名飞行员	4名飞行员
累积飞行值勤期	任何连续7个日历日，60小时的飞行值勤期；任一日历月，210小时的值勤期 || 00:00-23:59	18	20	17	19	16	18

图2-3　机组成员飞行值勤期限制、飞行时间限制和累计飞行时间、值勤时间限制图示

注：根据《大型飞机公共航空运输承运人运行合格审定规则》（CCAR-121-R7）第121.483条、第121.485条、第121.487条规定整理。

[①] 深圳市宝安区人民法院（2013）深宝法劳初字第144号民事判决书；深圳市中级人民法院（2014）深中法劳终字第1107号民事判决书。

根据《大型飞机公共航空运输承运人运行合格审定规则》（CCAR-121-R5）P章有关机组成员值勤期限制、飞行时间限制和休息要求的规定，所谓"飞行值勤期"，是指机组成员接受合格证持有人安排的飞行任务后（包括飞行、调机或转场等），从为完成该次任务而到指定地点报到时刻的开始，到飞机在最后一次飞行后发动机关车且机组成员没有再次移动飞机的意向为止的时间段。一个飞行值勤期还可能包括机组成员在某一航段前或航段之间代表合格证持有人执行的其他任务，但没有必要休息期的情况（如置位、主备份、飞机或模拟机培训发生在某一航段前或航段之间，但没有安排必要的休息期）。在一个值勤期内，如机组成员能在适宜的住宿场所得到休息，则该休息时间可以不计入该飞行值勤期的值勤时间。

所谓"主备份"，是指机组成员根据合格证持有人的要求，在机场或合格证持有人指定的特定地点随时等待可能的任务。

所谓"休息期"，是指从机组成员到达适宜的住宿场所起，到为执行下一次任务离开适宜的住宿场所为止的连续时间段。在该段时间内，合格证持有人不得为机组成员安排任何工作和给予任何打扰。值勤和为完成指派的飞行任务使用交通工具往来于适宜的住宿场所和值勤地点的时间不得计入休息期。

2. 飞行员的综合计算工时制

本案双方当事人在劳动合同中约定王某实行的是综合计算工时制。

综合计算工时制，即是采用以周、月、季、年等为周期综合计算工作时间的一种工时制度，其平均日工作时间和平均周工作时间应与法定标准工作时间基本相同。根据《关于印发民航实行不定时工作制和综合计算工时工作制暂行办法的通知》（民航人发〔1996〕81号）的规定，民航运输航空空勤人员可实行综合计算工时制。该文件规定的综合工时标准是：周工时标准为40小时；月工时标准为169.3小时；季工时标准为508小时；年工时标准为2 032小时。工作休息方式可采取集中工作、集中休息、轮班轮休（调休）、弹性工作时间等。

从本案发生时间看，飞行员休息期的时间规定应适用2006年第三次修订后的CCAR-121-R3。王某作为大型飞机公共航空运输的飞行员，一方面要看其是否符合2006年修订的《大型飞机公共航空运输承运人运行合格审定规则》（CCAR-121-R3）关于飞行人员在一个值勤期内的飞行时间和累积飞行时间的要求，并要考察王某的飞行机组是扩编或非扩编的情况，因两类飞行机组运行的最大飞行值勤期限制不同。从仲裁机构和法院审查王某的飞行经历记录显示，在 2012 年 3 月至 2013 年 6 月期间内，有约 10 次未达到《大型飞机公共航空运输承运人运行合格审定规则》（CCAR-121-R3）关于飞行员休息期的规定时间。

但是，不难发现，10 次未达休息时间要求是发生在 15 个月的时间内，对于实行综合计算工时制的飞行员而言，另外还要重点核算飞行员王某的月工时、季工时和年工时是否违反民航人发〔1996〕81 号文件对工时标准的要求。在其月工时、季工时均未违反相关规定以及年工时远低于法定工时的情况下，因超时加班而被迫解除劳动合同的主张，是无法获得法院支持的。在认定王某自行辞职的前提下，要求深圳航空公司支付解除劳动合同的经济补偿金，也是无法支持的。

（七）航空货运公司与员工无权选择不缴纳社会保险费

【案例】王某与北京某航空货运公司的劳动争议案[①]

【案情介绍】

2011 年 12 月 16 日，王某入职北京某航空货运公司（以下简称航空货运公司）工作，并与公司签订书面劳动合同。王某在职期间，公司未为其缴纳社会保险。2014 年 3 月 18 日，王某以公司未为其缴纳社会保险为由向公司提出解除劳动合同，并申请劳动仲裁，要求航空货运公司支付其养老保险赔偿金、失业保险金、一次性生活补助、医疗费、解除劳动关系经济补偿金等款项。公司答辩提交了经王某签字的"不需要公司为本人缴纳社会保险"的申请，以及经王某签字的社会保险办理通知书（存根），以证明在公司向王某告知不缴社会保险的危害的情形下，王某本人仍未向公司提交相关社保材料，不配合公司缴纳社会保险。仲裁委员会裁决支持了王某部分请求。王某对裁决中公司应支付的款项及其数额等事项存在异议，诉至法院。一审法院判决支持王某诉请。二审法院审理认为，本案公司与王某关于"公司无须为王某缴纳社会保险费"的约定无效，维持一审法院的判决。

【案例评析】

本案争议焦点是航空货运公司应否为其员工缴纳社会保险问题。

---

① 本案例为笔者改编案例。

1. 社会保险的性质和范围

社会保险是国家用以保障公民在特定情形下获得物质帮助而建立的一种缴费性的社会保障制度，是社会保障体系的重要组成部分，其在整个社会保障体系中居于核心地位。社会保险具有强制性、普遍性、福利性、社会公平性、基本保障性和互济性等特征。

根据《劳动法》《社会保险法》《社会保险费征缴暂行条例》《社会保险费申报缴纳管理规定》等规定，社会保险的范围包括基本养老保险、基本医疗保险、失业保险、工伤保险、生育保险。基本养老保险费、基本医疗保险费、失业保险费三项社会保险费实行集中、统一征收。有关社会保险的范围、缴费主体和享受条件，详见表2-1。

表2-1 社会保险的范围及其缴纳主体和享受条件列表

	保险类型	缴纳义务主体	享受保险金条件
社会保险	基本养老保险	由用人单位和职工共同缴纳	达到法定退休年龄时累计缴费满15年的，按月领取。从基本养老保险基金（由用人单位和个人缴费以及政府补贴组成）中支付；达到法定退休年龄时累计缴费不足15年的，可以缴费至满15年，按月领取基本养老金；也可以转入新型农村社会养老保险或者城镇居民社会养老保险，按照国务院规定享受相应的养老保险待遇
	基本医疗保险	由用人单位和职工按照国家规定共同缴纳	符合基本医疗保险药品目录、诊疗项目、医疗服务设施标准以及急诊、抢救的医疗费用，按照国家规定从基本医疗保险基金中支付
	工伤保险	由用人单位缴纳	经工伤认定；从工伤保险基金中支付
	失业保险	由用人单位和职工按照国家规定共同缴纳	失业前用人单位和本人已经缴纳失业保险费满一年的，非因本人意愿中断就业的，已经进行失业登记并有求职要求的失业人员，从失业保险基金中领取
	生育保险	由用人单位按照国家规定缴纳	生育医疗费用和生育津贴资金从生育保险基金中支付

注：依据《社会保险法》（2011年施行、2018年修正）整理。

2. 用人单位缴纳社会保险费是劳动合同必备条款

《劳动法》（2018年修正本）第72条规定，用人单位和劳动者必须依法参加社会保险，缴纳社会保险费；《社会保险法》（2018年修正本）第60条进一步规定，用人单位应当自行申报、按时足额缴纳社会保险费，非因不可抗力等法定事由不得缓缴、减免。据此，依法参加社会保险是用人单位与劳动者的法定义务，该义务具有强制性，是劳动合同的必备条款之一，无须特别约定。

用人单位和劳动者可否协商约定不参加社会保险？我国社会保险制度具有强制性，为劳动者缴纳社会保险是用人单位的法定义务，用人单位与劳动者之间不能以自行协商的方式规避法律的明文规定。故用人单位在劳动合同中约定不为劳动者缴纳社会保险，或劳动者自愿放弃用人单位为其办理社会保险，都属于违反法律强制性规定，约定自始无效。用人单位既不能以该约定作为不参加社会保险的抗辩理由，也无权选择不缴纳社会保险费。劳动者事后反悔，要求用人单位为其补缴社会保险的请求，仍能得到法律的支持。因此，用人单位在实践中应避免与劳动者进行这种约定，依法为劳动者办理社会保险、及时足额地缴纳相关费用，尽可能减少承担未依法缴纳社会保险而承担高额损失赔偿的风险。

3. 用人单位未给劳动者缴纳社会保险费的法律后果

（1）限期缴纳、补足社会保险费或支付滞纳金。

《社会保险法》（2018年修正本）第60条规定，职工应当缴纳的社会保险费由用人单位代扣代缴，用人单位应当按月将缴纳社会保险费的明细情况告知本人。

根据《劳动法》（2018年修正本）第100条、《社会保险费征缴暂行条例》第13条、中华人民共和国人力资源和社会保障部《实施〈中华人民共和国社会保险法〉若干规定》第20条的规定，用人单位无故不缴纳社会保险费或未按规定缴纳和代扣代缴社会保险费的，社会保险费征收机构责令用人单位限期代缴，并自欠缴之日起向用人单位按日加万分之五的滞纳金；用人单位不得要求职工承担滞纳金。

据此，用人单位应按时缴纳并为劳动者代扣代缴社会保险费用，否则将可能面临被社会保险费征收机构责令限期缴纳、补足以及支付滞纳金等法律风险。

（2）劳动者可以解除劳动合同。

《劳动合同法》（2012年修订本）第38条第3项规定，用人单位未依法为劳动者缴纳社会保险费的，劳动者可以随时通知用人单位解除劳动合同。这是用人单位侵犯劳动者合法权益情形下，赋予劳动者的合同解除权。这里的合同解除权与自动离职是有本质区别的。自动离职是指职工终止劳动关系时不履行解除手续，擅自离岗或者解除手续没有办理完毕而离开单位。

（3）应支付解除劳动合同经济补偿金。

根据《劳动合同法》（2012年修订本）第46条的规定，由于用人单位在劳动关系存续期间未为劳动者缴纳社会保险，劳动者以此为由解除劳动合同的，用人单位应当向劳动者支付经济补偿。

需要注意的是，劳动者因用人单位未依法缴纳社会保险费申请经济补偿金的，前提条件必须是申请人行使了劳动合同解除权。如果劳动者没有解除与用人单位的劳动合同关系，则不符合用人单位应当支付经济补偿金的情形。

（4）赔偿损失。

用人单位未及时给劳动者缴纳社会保险，无论是用人单位的原因还是劳动者的过错，用人单位都可能面临损失赔偿责任。即使是因劳动者过错造成用人单位未及时给劳动者缴纳社会保险的，虽然会导致劳动者不能据此解除劳动合同并要求用人单位支付经济补偿，但是在劳动者发生工伤、医疗期、失业等不测情形下，用人单位将承担大额甚至巨额赔偿责任。

例如，《工伤保险条例》（2010年修正本）第62条第2款规定："依照本条例规定应当参加工伤保险而未参加工伤保险的用人单位职工发生工伤的，由该用人单位按照本条例规定的工伤保险待遇项目和标准支付费用。"

再如，《失业保险条例》第14条规定，按照规定参加失业保险，所在单位和本人已按照规定履行缴费义务满1年的、非因本人意愿中断就业的、已办理失业登记并有求职要求的失业人员，可以领取失业保险金。如果用人单位未按照规定参加失业保险，造成失业人员无法领取失业保险金的，可以依据《最高人民法院关于审理劳动争议案件适用法律问题的解释（一）》（法释〔2020〕26号）第1条第5项，要求用人单位赔偿损失，此类诉请，人民法院应予受理。

4. 用人单位规避社会保险相关责任风险的措施

特别值得注意的是，虽然不是所有社会保险争议都属于法院和仲裁机构的受理范围,但根据最高人民法院司法解释,用人单位未为劳动者办理社会保险手续,且社会保险经办机构不能补办导致劳动者无法享受社会保险待遇,或劳动者因为工伤、职业病而请求用人单位依法承担给予工伤保险待遇,或劳动者退休后追索养老金、医疗费、工伤保险待遇和其他社会保险费,发生的劳动者与用人单位的争议,人民法院应予受理。[1] 由此可见,在上述情形下,用人单位面临被诉的法律风险。

为此,用人单位应当积极履行自行申报、按时足额缴纳、代扣代缴社会保险费的法定义务。为避免因劳动者不配合用人单位提供办理社会保险所需材料的情况,用人单位可以通过设计规章制度来填补法律制度的空白,将劳动者的这种行为规定在"严重违反用人单位规章制度"的情形之中,或将其作为试用期录用条件之一,以此规制劳动者的不协作行为。

二、劳动合同的补充条款

《劳动合同法》(2012年修订本)第17条第2款规定:"劳动合同除前款规定的必备条款外,用人单位与劳动者可以约定试用期、培训、保守秘密、补充保险和福利待遇等其他事项。"

(一)航空器材制造公司与销售助理特别约定的"试用期"

【案例】倪某与飞尔德航空器材制造(上海)有限公司劳动合同纠纷案[2]

【案情介绍】

倪某于2014年4月28日至飞尔德航空器材制造(上海)有限公司(以下简称飞尔德公司)处工作,岗位为销售助理,双方签订了期限为2014年4月28日至2016年4月27日的劳动合同,约定试用期自2014年4月28日至6月27日,倪某每月工资为4000元。倪某认为其工作努力、经常主动加班,飞尔德公司却于2014年5月27日无故与其解除劳动合同。2014年6月9日,倪某向上海市浦东新区劳动人事争议仲裁委员会申请仲裁,要求飞尔德公司支付违法解除劳动合同的赔偿金4000元。仲裁委员会裁决:对申请人要求不予支

---

[1] 参见《最高人民法院关于审理劳动争议案件适用法律问题的解释(一)》(法释〔2020〕26号)第1条第5、6、7项。
[2] 上海浦东新区人民法院(2014)浦民一(民)初字第29125号民事判决书。

持。倪某遂诉至法院，诉请同仲裁请求。法院判决驳回诉请。

【案例评析】

本案涉及的焦点是用人单位在劳动合同中与劳动者约定的试用期相关问题。

劳动法上的试用期具有自愿性、非独立性和限制性。即试用期是劳动合同特别约定的合同内容，不是法定内容，需要双方合意；试用期应包含在劳动合同期限之中，不在劳动期外独立计算；试用期有法定的上限，用人单位不能突破最高期限的限制。

约定试用期，是为了给用人单位与劳动者在磨合期内都提供一个更好的双向考察和双向选择的机会。试用期作为劳动合同期限内的一个特殊阶段，对于劳动市场的运转具有一定的特殊价值，可以帮助用人单位以最低成本风险选用劳动者，促进劳动者的风险意识和竞争意识。[1]

1. 试用期的确定

（1）试用期应当包括在劳动合同期限内。

根据《劳动部关于贯彻执行〈中华人民共和国劳动法〉若干问题的意见》第18条和《劳动合同法》（2012年修订本）第19条的规定，双方可以在劳动合同中约定试用期，试用期应包括在劳动合同期限内；劳动合同仅约定试用期的，试用期不成立，该期限为劳动合同期限。

（2）试用期最长不得超过6个月。

根据《劳动合同法》（2012年修订本）第19条的规定，根据劳动合同期限规定试用期期限，具体期限规定如下：①劳动合同期限3个月以上不满1年的，试用期不得超过1个月；②劳动合同期限1年以上不满3年的，试用期不得超过2个月；③3年以上固定期限和无固定期限的劳动合同，试用期不得超过6个月。

需要注意的是，同一用人单位与同一劳动者只能约定一次试用期；以完成一定任务为期限的劳动合同或劳动合同期限不满3个月的不得约定试用期。

（3）试用期应与劳动合同期限相对应。

试用期与劳动合同期限相冲突的，如试用期超过法定期限的，劳动者可以要求变更相应的劳动合同期限，或者要求用人单位对超过的期限，按照非

---

[1] 郭文龙：《劳动合同试用期研究》，载《政治与法律》2002年第2期，第89页。

试用期工资标准支付工资。

2. 试用期的适用对象

根据《劳动部关于〈中华人民共和国劳动法〉若干条文的说明》第21条第2款，试用期适用于初次就业或再次就业时改变工作岗位或工种的劳动者。另根据《劳动部关于实行劳动合同制度若干问题的通知》的规定，用人单位对工作岗位没有发生变化的同一劳动者只能试用一次。在劳动合同续订情形下，用人单位对劳动者不设定试用期。

《劳动合同法》（2012年修订本）第70条规定，非全日制用工双方当事人不得约定试用期。

3. 试用期的工资

根据《劳动部关于贯彻执行〈中华人民共和国劳动法〉若干问题的意见》第40条，用人单位在试用期内以劳动者不符合录用条件为由解除合同的，无须向劳动者给付经济补偿金。但是，用人单位应当按照劳动者实际履行劳动合同的时间，按照约定的日工资标准，向劳动者支付工资报酬。《劳动合同法》（2012年修订本）第20条规定："劳动者在试用期的工资不得低于本单位相同岗位最低档工资或者劳动合同约定工资的百分之八十，并不得低于用人单位所在地的最低工资标准。"

4. 试用期期间的单方解除权

在试用期内，用人单位对不符合录用条件的劳动者、劳动者对用人单位均可单方解除劳动合同。此单方解除权是用人单位及劳动者享有的法定权利，劳动合同因此而解除的，用人单位及劳动者均不承担违约责任及赔偿责任。但是，双方解除的条件和程序不相同。

（1）劳动者在试用期内解除劳动合同的条件和程序。

根据《劳动法》（2009年修正本）第32条的规定①，在试用期内，劳动者可以随时通知用人单位解除劳动合同，不受提前30日以书面形式通知用人单位的限制。

在试用期内劳动者解除劳动合同，用人单位是否能够要求其支付相关的招录费用？根据《关于发布〈违反《劳动法》有关劳动合同规定的赔偿办法〉的通知》（劳部发〔1995〕223号）第4条的规定，劳动者违反规定或

---

① 《劳动法》（2018年修正本）未对第32条进行修改。

劳动合同的约定解除劳动合同，对用人单位造成损失的，劳动者应赔偿用人单位相应损失，其中之一即是用人单位招收录用其所支付的费用。但需由用人单位负责举证证明招录费用确实存在。

（2）用人单位在试用期内解除劳动合同的条件和程序。

根据《劳动合同法》（2012年修订本）第21条的规定，在试用期内，用人单位不得随意解除劳动合同。只有在劳动者有下列情形的，用人单位方可行使解除权：①劳动者在试用期间被证明不符合录用条件的；②劳动者患病或者非因工负伤，在规定的医疗期满后不能从事原工作，也不能从事由用人单位另行安排的工作的；③劳动者不能胜任工作，经过培训或者调整工作岗位，仍不能胜任工作的；④严重违反用人单位的规章制度的；⑤严重失职，营私舞弊，给用人单位造成重大损害的；⑥劳动者同时与其他用人单位建立劳动关系，对完成本单位的工作任务造成严重影响，或者经用人单位提出，拒不改正的；⑦以欺诈、胁迫的手段或者乘人之危，使对方在违背真实意思的情况下订立或者变更劳动合同，而致使劳动合同无效的；⑧被依法追究刑事责任的。

关于用人单位在试用期内的单方解除权行使的期间问题，由于试用期内对劳动者的考察，是用人单位决定解除劳动合同与否的前提，因此，根据《劳动部办公厅〈关于如何确定试用期内不符合录用条件可以解除劳动合同的请示〉的复函》的规定，对试用期内不符合录用条件的劳动者，用人单位必须在试用期内以此为由与之解除劳动合同；超过试用期的，用人单位不得以"劳动者在试用期内不符合录用条件"为由与之解除劳动合同。

在解除程序上，用人单位应当具有用工合规意识，如在试用期内解除劳动合同的，无须提前通知，无须向劳动者给付经济补偿金，但应当向劳动者说明理由。在诉讼中，用人单位应对试用期内解除劳动合同的理由负举证责任。①

本案中，飞尔德公司以倪某在试用期内不符合录用条件为由解除劳动合同，并提供两位证人到庭作证，证人均陈述倪某在试用期内表现不佳，不符合飞尔德公司的录用条件，倪某虽对证人证言不予认可，但未能提供相关证

---

① 《最高人民法院关于审理劳动争议案件适用法律问题的解释（一）》（法释〔2020〕26号）第44条规定，因用人单位作出开除、除名、辞退、解除劳动合同、减少劳动报酬、计算劳动者工作年限等决定而发生劳动争议的，用人单位负举证责任。

据予以反驳。故倪某要求飞尔德公司支付违法解除劳动合同的赔偿金，缺乏法律依据。

综上，用人单位对于在试用期间证明劳动者不符合录用条件，应当注意：①签订劳动合同时应明确试用期的录用条件；②应在试用期结束前对于劳动者进行考核；③对于不符合录用条件的，应当在试用期届满前解除劳动合同。

（二）机场公司与通信导航员可以约定专业技术培训违约金

【案例】郑某与广西河池机场有限公司劳动争议案[①]

【案情介绍】

郑某于2012年7月毕业于中国民航大学通信工程专业。同年7月15日，郑某经广西河池机场有限公司（以下简称河池机场公司）招聘成为其公司职工，同年7月28日，河池机场公司与郑某签订期限自2012年7月28日至2018年7月28日止为期6年的固定期限劳动合同，约定郑某从事通信导航工作，同日，双方还签订《广西河池机场有限公司劳动者培训及相关补充协议》，约定河池机场公司出资送郑某到柳州机场通信队参加技术培训，出资费用项目包括：培训期内的工资、培训费、一次性考试费、往返交通费、食宿费；郑某为河池机场公司服务期限不得低于6年；等等。并约定有关违约金的计算标准为培训费用的7倍。

后郑某如期到柳州机场脱产培训，柳州机场未收取河池机场公司的专项培训费，郑某在参加培训期间，河池机场公司正常发放其工资、充值手机话费、报销差旅费，郑某与公司其他员工一样享受高温津贴以及工地值班补助。培训结束后郑某经考核取得中国民用航空中南地区管理局颁发的资格证书。2013年6月，郑某回公司上班，因当时河池机场尚未正式开通，故郑某暂未进入通导岗工作。2013年9月13日，郑某在未办理任何请假手续的情况下自行离开公司，公司交涉未果，于2014年8月25日对郑某作出除名决定。同年10月，郑某申请仲裁，河池市劳动人事争议仲裁委员会裁决：由郑某支付河池机场公司违约金38 688元。郑某不服裁决，提起诉讼。一审判决由郑某赔偿河池机场公司违约金29 489元，二审驳回郑某上诉，维持原判。

[①] 广西壮族自治区河池市金城江区人民法院（2015）金民初字第230号民事判决书；广西壮族自治区河池市中级人民法院（2015）河市民四终字第90号民事判决书。

【案例评析】

1. 职业培训与专业技术培训的区分

本案争议焦点之一是：郑某在柳州机场接受的通导相关技能培训是河池机场公司对其进行的职业培训还是专业技术培训？职业培训与专业技术培训实质上是有区别的。

职业培训，是用人单位为保证员工能适应单位的生产经营要求，在员工已经具备该岗位所要求的专业技能的情况下，在员工上岗前对其安排的涉及企业文化、规章制度、岗位职责、岗位技能等简单、必要的入职培训，又称岗前培训。《劳动法》（2009年修正本）第68条[①]规定的即是职业培训，即用人单位应当建立职业培训制度，按照国家规定提取和使用职业培训经费，根据本单位实际，有计划地对劳动者进行职业培训。从事技术工种的劳动者，上岗前必须经过培训。

用人单位有责任为职工提供必要的职业培训，以提高劳动者的劳动技能或使劳动者更好地胜任其本职工作，用人单位不能为职业培训与劳动者约定违约金。职业培训是用人单位的义务，劳动者无须为用人单位的培训开支买单，离职后也不存在赔偿问题。

专业技术培训，与一般的职业培训不同，是在职工满足单位的基本要求的情况下，为提高职工技术素质所提供的培训，主要针对特殊岗位和专门岗位的员工，培训内容仅指专业技能及专业知识。其实质上是企业为提升竞争力，对专业性岗位职工提供的专业技术素质提升的更高层次的职业发展培养。

《劳动合同法》未对"专业技术培训"的范畴进行界定，实践中常引发争议。用人单位可以与劳动者订立专业技术培训协议，约定服务期限以及违约责任。判断是否为专业技术培训可以把握以下标准：①行业工作特定性；②技术含量高端性、创新性；③从业技能要求较高；④通过培训需考取从业资质；⑤较长时间的脱产式培训。[②]

本案中，河池机场公司对郑某的培训应为专业技术培训，而非岗前培训。根据《民用航空通信导航监视工作规则》（CCAR－115TM－R2）规定，机场公司作为通信导航监视运行保障单位，应当具有满足通信导航监视服务保障

[①] 《劳动法》（2018年修正本）未对第68条进行修改。
[②] 参见广西壮族自治区河池市中级人民法院（2015）河市民四终字第90号民事判决书。

工作需要的持有有效执照的民用航空电信人员；航空电信人员实行执照管理制度，应当按《民用航空电信人员执照管理规则》要求取得电信人员执照。[①]而根据《民用航空电信人员执照管理规则》（CCAR-65TM-Ⅰ-R3）的规定，民用航空电信人员执照经注册方为有效执照；持有有效电信人员执照的，方可独立从事其执照载明的通信导航监视服务保障工作。民用航空电信人员执照分为通信专业、导航专业和监视专业三类，执照类别和岗位在执照中应以签注标明，电信人员所从事的岗位工作应当与其执照类别和岗位签注相一致。[②]

根据《民用航空电信人员执照管理办法》（AP-65Ⅰ-TM-2015-01-R1）的规定，取得民用航空电信人员执照必须通过理论考试、技能考核、培训经历等严格的办理流程（详见图2-4）。

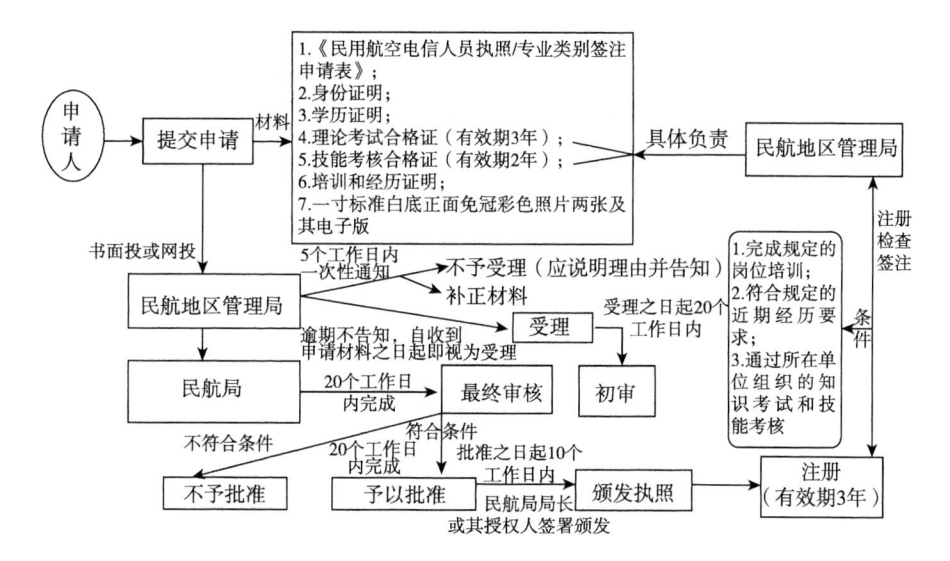

图2-4 民用航空电信人员执照申请、受理、审查、批准、颁发和注册办理流程

郑某虽然是相关专业毕业，具有相应理论知识基础，但其在应聘时本身不具有民用航空电信人员执照（导航专业）。河池机场公司将其送往柳州机场进行较长时间的脱产培训，目的是让其在机场导航专业岗位上得以胜任，其在培训结束后取得了中国民用航空中南地区管理局颁发的执照证书。据此

---

① 《民用航空通信导航监视工作规则》（CCAR-115TM-R2）第9条、第13条、第14条。
② 《民用航空电信人员执照管理规则》（CCAR-65TM-Ⅰ-R3）第3条、第5条。

判断，河池机场公司对郑某的培训应为专业技术培训。

再如，在"张某与海航湾流（北京）技术服务有限公司劳动争议案"[①]中，发生争议的焦点之一也是海航湾流（北京）技术服务有限公司安排张某参加的 G650 机型培训是岗前培训还是专业技术培训。法院则从培训内容和培训对象上分别进行了分析。从培训的内容看，湾流 G650 机型培训具有专业性。张某参加培训的内容为湾流 G650 维修基础课程、实操、电子附加、电子附加实操及试车 5 门课程，系针对湾流 G650 机型专业知识和技能的培训。通过该次培训，张某获取了湾流 G650 机型相关专业知识，提升了专业技能，使张某具备了湾流 G650 机型维修、放行等资格，扩大了其执业范围。张某接受的湾流 G650 机型培训，明显超出了一般劳动者所接受的涉及企业文化、规章制度、岗位职责、岗位技能等简单、必要的职业培训的范畴。从培训的对象看，湾流 G650 机型培训的对象具有专门性。湾流 G650 机型培训并非针对维修部的全体职员，亦非针对所有部门的生产领班，而是针对张某所从事的维修部生产领班等负有对 G650 机型维修、签字、放行等职能的特定岗位人员。因为在航空实践中，特定机型的培训对应的是特定机型的维修放行等，如果不参加相应机型的培训，所持有的执照上将没有该类机型的培训记录，就不具备该类机型的维修、放行等资格。显然，张某所参加的机型培训非岗前培训，而是能够提升其专业技能、扩大其执业范围的专业技术培训。从张某到新工作单位从事的正是与 G650 机型相关的工作来看，更加证明公司为张某提供的培训是能够提升其专业技术能力和职业竞争力的专业技术培训。故法院认定，公司为特殊岗位的需要对张某进行的这种专业知识培训，应属于《劳动合同法》（2012 年修订本）第 22 条规定的专业技术培训范畴。

2. 专业技术培训费范围的认定

《劳动合同法实施条例》第 16 条规定："劳动合同法第二十二条第二款规定的培训费用，包括用人单位为了对劳动者进行专业技术培训而支付的有凭证的培训费用、培训期间的差旅费用以及因培训产生的用于该劳动者的其他直接费用。"

[①] 北京市顺义区人民法院（2018）京 0113 民初 22708 号民事判决书；北京市第三中级人民法院（2019）京 03 民终 2846 号民事判决书。

本案中培训的差旅费为培训费用应无争议，高温津贴、工地值班补助、手机话费等几项费用并非因培训而产生的直接费用，亦无协议约定，故不能认定为培训费用。有争议的是培训期间的工资是否可以计入培训费用。

劳动者在培训期间所得工资是否属于培训费用，目前法律没有明确规定，司法认定也不尽一致。工资的产生主要基于法律的规定和劳动合同的约定，是劳动者向用人单位提供劳动义务的情况下，用人单位以各种形式支付给劳动者的劳动报酬。因此，培训期间所得工资原则上应是劳动者提供劳动义务的报酬，参加单位提供的培训是否属于劳动义务，主要看劳动合同的约定。此外，还应考察劳动者和用人单位签订的服务期协议和培训协议有无明确约定将工资计入培训费。

本案中，郑某与河池机场公司在培训协议中明确约定将工资计入培训费，该约定是双方的真实意思表示，其内容不违反法律法规的强制性规定；现行法律法规并未对培训协议中有关培训费的约定作出限制；培训期间，郑某并未向河池机场公司提供劳动义务，因此，郑某的培训期内工资可视为公司因培训原告产生的其他直接费用。

3. 培训费用是支付服务期违约金数额的基础和限制

根据《劳动合同法》（2012年修订本）第22条第2款的规定："劳动者违反服务期约定的，应当按照约定向用人单位支付违约金。违约金的数额不得超过用人单位提供的培训费用。用人单位要求劳动者支付的违约金不得超过服务期尚未履行部分所应分摊的培训费用。"

本案原告培训结束后，未按双方约定的服务期限为被告公司提供服务，该行为违反了培训协议的服务期约定。原告培训结束后已在被告公司服务近3个月，故原告应支付服务期尚未履行部分所应分摊的培训费用给被告。但培训协议中对违约金的计算标准即以培训费用的7倍赔偿违约金超出了法律规定的限制。

（三）俱乐部与员工劳动合同特别约定的竞业限制及其补偿金

【案例】三边俱乐部有限公司与姜某某的劳动争议案

【案情介绍】

姜某某2013年3月25日入职三边俱乐部有限公司（以下简称三边俱乐部），双方签订有固定期限劳动合同。双方确认约定月工资标准为税前22 000

元。双方另签订有保密与竞业限制协议,约定姜某某于劳动合同解除之日起1年内附有竞业限制业务,三边俱乐部按月支付竞业限制补偿金标准为"工作最后一个月的固定薪酬"。三边俱乐部认为姜某某安排2016年1月16日至2016年1月23日飞行任务过程中协调失误,在三边俱乐部名下的飞机托管协议于2016年1月21日到期的情况下,安排了1月16日至18日和1月21日至23日两次飞行任务,造成三边俱乐部不得不借其他公司飞机完成飞行任务,从而造成损失。2016年2月5日,三边俱乐部向姜某某发出解除劳动合同通知,内容为:"鉴于您的公务机安排严重失职行为已对公司声誉造成极大负面影响,并给公司造成重大损害,以及您的其他严重违反公司规章制度的行为,根据劳动合同法及公司规章制度的规定,经公司研究决定解除与您2013年3月25日签订的《劳动合同》。"姜某某确认于2016年2月5日收到解除劳动合同通知。

三边俱乐部另向姜某某发出竞业限制条款解除通知书,表示三边俱乐部不要求姜某某履行竞业限制义务,双方签订的保密与竞业限制协议中有关竞业限制条款自通知书送达之日起解除,落款日期为2016年2月6日。姜某某称其2016年2月29日收到了竞业限制条款解除通知书。姜某某申请劳动仲裁,北京市朝阳区劳动人事争议仲裁委员会裁决:三边俱乐部支付姜某某违法解除劳动合同赔偿金、2016年2月6日至2016年2月29日竞业限制经济补偿金。三边俱乐部提起诉讼并上诉,法院判决同仲裁裁决。[1]

【案例评析】

本案争议问题有二:一是解除劳动合同是否构成违法解除;二是劳动合同对竞业限制及其补偿标准的特别约定。

本案中,三边俱乐部[2]主张姜某某存在严重失职,给公司造成了重大损失,三边俱乐部应当就该项主张承担举证责任。严重失职,是指劳动者存在某项职责,但劳动者因存在重大过错而没有履行相关职责。根据三边俱乐部的陈述,其所指的失职行为是姜某某未能协调好飞行任务。现有证据显示,姜某某确实负有协调飞行任务的职责,但姜某某已履行了相关协调工作,并

---

[1] 北京市朝阳区人民法院(2016)京0105民初62952号民事判决书;北京市第三中级人民法院(2017)京03民终14192号民事判决书。
[2] 三边俱乐部有限公司登记成立于2011年,公司经营范围包括体育运动项目经营、经济贸易咨询;会议服务;承办展览、展示活动等。

将相关飞行任务安排情况如实汇报并获得了其领导的批准,三边俱乐部提交的考勤日志、未打卡说明书、公出日志说明显示姜某某的未打卡行为、公出行为均获得了领导授权,并无证据表明姜某某在履行工作职责过程中存在重大过错,相关飞行任务未能协调成功系因姜某某以外的因素造成。因此,法院没有采信三边俱乐部关于姜某某存在严重失职的主张,认定三边俱乐部以此为由与姜某某解除劳动合同,缺乏事实依据,构成违法解除。

关于劳动者的竞业限制及其补偿标准问题,主要涉及竞业限制的适用人员、限制期限、补偿金给付标准和竞业限制违反的构成要件判断等。

1. 竞业限制的立法目的和适用人员范围

所谓竞业限制,是指用人单位对高级管理人员、高级技术人员和其他负有保密义务的人员所作出的择业限制。竞业限制的目的是保护用人单位的竞争利益和商业秘密权益。这是立法对用人单位的商业利益与劳动者的劳动自由的一种衡量,允许用人单位与负有保密义务的劳动者约定竞业限制条款,劳动者违反该约定的,需向用人单位支付违约金。

竞业限制义务有法定和约定。《中华人民共和国公司法》(以下简称《公司法》)、《中华人民共和国合伙企业法》规定的公司董事、经理以及合伙人的竞业限制义务属于法定竞业限制义务。《劳动合同法》(2012年修订本)第24条规定,竞业限制的范围、地域、期限由用人单位与劳动者约定,竞业限制的约定不得违反法律、法规的规定。

根据《劳动合同法》(2012年修订本)第24条的规定,竞业限制的人员限于用人单位的以下人员:①高级管理人员,如公司经理、副经理、财务负责人、上市公司董事会秘书和公司章程规定的其他人员;②高级技术人员,如高级研究开发人员、技术人员、关键岗位的技术工人等容易接触到商业秘密的人员;③其他负有保密义务的人员,如市场销售人员、财会人员、秘书等。

在大量的飞行员离职纠纷中,有判例也涉及了飞行员是否属于法定竞业限制的人员范围的问题。例如,在"中国东方航空股份有限公司四川分公司与刘某劳动争议纠纷案"[①] 中,刘某于2005年9月2日与中国东方航空股份

[①] 四川省双流县人民法院(2015)双流民初字第4140号民事判决书;四川省成都市中级人民法院(2016)川01民终2006号民事判决书。

有限公司山西分公司建立劳动关系，在该处从事飞行岗位工作。后经中国东方航空股份有限公司同意，调入该公司下属部门中国东方航空股份有限公司四川分公司（以下简称东航四川公司）工作，并于2012年8月23日与东航四川公司签订了劳动合同书。双方约定：刘某按该公司的工作需要从事飞行驾驶工作，合同履行期限为从2012年8月23日起至法定或约定的解除（终止）合同条件出现时止，必须服务期从2012年8月23日起至2020年8月22日止。合同签订后，刘某入职东航四川公司，后担任飞行员正驾驶。在合同履行期间，东航四川公司多次委托培训机构对其进行训练、复训，并支付相应费用。东航四川公司在2015年2月12日收到刘某于2015年2月11日递交的单方面要求解除劳动合同通知书后，于2015年3月4日通过邮寄送达的方式向刘某送达了不同意解除劳动关系的回函。刘某遂申请劳动争议仲裁，要求裁决解除劳动关系。东航四川公司诉请判决确认双方的劳动关系未解除，公司不应出具解除劳动关系证明、办理劳动人事档案和社会保险关系转移手续；刘某在解除劳动关系之日起3年内不得到与东航四川公司有同业竞争单位从事飞行工作。本案争议焦点之一是飞行员离职是否受竞业限制的制约。法院认定，刘某的工作内容仅为飞行驾驶，东航四川公司未就刘某掌握其商业秘密进行举证，故刘某不属于掌握了商业秘密的"高级管理人员、高级技术人员和其他负有保密义务的人员"。因此，东航四川公司的诉请不予支持。[①]

2. 竞业限制的补偿标准

《最高人民法院关于审理劳动争议案件适用法律若干问题的解释（四）》第6条规定，当事人在劳动合同或者保密协议中约定了竞业限制，但未约定解除或者终止劳动合同后给予劳动者经济补偿，劳动者履行了竞业限制义务，要求用人单位按照劳动者在劳动合同解除或者终止前12个月平均工资的30%按月支付经济补偿的，人民法院应予支持。第7条规定，当事人在劳动合同或者保密协议中约定了竞业限制和经济补偿，当事人解除劳动合同时，除另有约定外，用人单位要求劳动者履行竞业限制义务，或者劳动者履行了竞业限制义务后要求用人单位支付经济补偿的，人民法院应予支持。

实践中，用人单位与劳动者签订的竞业限制协议在限制期限、补偿金等

---

① 四川省双流县人民法院（2015）双流民初字第4140号民事判决书。

方面，缺乏统一的约定标准，易产生纠纷。处理劳动合同的竞业限制补偿金纠纷，应把握的一般原则是：

（1）竞业限制协议对补偿金的标准、支付形式有约定的，从其约定。因用人单位原因不按协议约定支付经济补偿金，经劳动者要求仍不支付的，劳动者可以解除竞业限制协议。

（2）竞业限制协议对经济补偿金的标准、支付形式等未作约定的，劳动者可以要求用人单位支付经济补偿金（即按照司法解释规定的劳动合同解除或者终止前12个月平均工资的30%按月支付），如果月平均工资的30%低于劳动合同履行地最低工资标准的，按照劳动合同履行地最低工资标准支付。

（3）双方当事人因竞业限制或补偿金发生争议的，可按劳动争议处理程序解决。用人单位要求劳动者继续履行竞业限制协议的，应当按劳动争议处理机构确认的标准及双方约定的竞业限制期限支付经济补偿金，劳动者应当继续履行竞业限制义务；用人单位放弃对剩余期限竞业限制要求的，应按劳动争议处理机构确认的标准支付已经履行部分的经济补偿金。

（4）竞业限制协议生效前或者履行期间，用人单位放弃对劳动者竞业限制的要求，应当提前通知劳动者。

（5）在解除或者终止劳动合同后，竞业限制人员到与本单位生产或者经营同类产品、从事同类业务的有竞争关系的其他用人单位，或者自己开业生产或者经营同类产品、从事同类业务的竞业限制期限，不得超过2年。

本案中，三边俱乐部、姜某某双方签订有保密与竞业限制协议，约定有竞业限制和补偿标准。双方劳动关系于2016年2月5日解除，姜某某确认于2016年2月29日收到三边俱乐部发出的竞业限制条款解除通知书，故三边俱乐部应向姜某某支付2016年2月5日至2016年2月29日的竞业限制补偿金。

3. 违反竞业限制的构成要件

劳动者离职后从事相关领域业务的行为是否属于违反竞业限制行为，应当分析其行为是否满足竞业限制的五个构成要件：①存在明确的竞业限制法律规定或合法的竞业限制协议；②原用人单位（权利人）享有可受保护的利益；③行为人违反竞业限制义务的行为具有违法性；④对原用人单位造成了经营损害；⑤行为人具有主观过错。

例如，在"刘某某与安迅物流有限公司劳动争议案"[1]中，刘某某曾于2015年12月31日任职安迅物流有限公司（以下简称安迅公司）的总裁职位。任职时签订《保密与竞业限制协议》约定，未经安迅公司同意，刘某某不得在与安迅公司经营同类或类似产品、从事同类业务的有竞争关系的第三方任职、提供咨询或服务，无论是否有偿；安迅公司有权在刘某某离职时，作出是否要求刘某某承担竞业限制义务及承担竞业限制期限的选择，并书面通知刘某某；如果刘某某离职时需履行竞业限制义务，安迅公司按月支付刘某某竞业限制补偿金，补偿金标准为离职前12个月平均月工资的30%，或在刘某某离职时书面通知补偿金数额。2016年9月29日，刘某某提出离职申请未准的情形下，停止工作。2016年11月4日他从公司离职，当月月底入职北京宅急送快运股份有限公司（以下简称宅急送公司）。安迅公司提起劳动仲裁，裁决：刘某某与安迅公司继续履行竞业限制协议至2018年11月4日，支付安迅公司违约金337余万元。双方均不服，起诉至北京市朝阳区人民法院。经审理，法院认为，刘某某作为安迅公司的总裁，全面负责公司的运营管理，从事的工作关乎行业核心竞争力和顶层战略布局，接触或掌握着安迅公司具有商业秘密性质的技术信息和经营信息，属于负有保密义务的高级管理人员，双方均应依约履行竞业限制协议。关于宅急送公司是否为安迅公司的竞争企业，从经营范围看，两公司的业务范围存在一定的重合；从实际运营看，两公司存在经营同类或类似业务的行为，应属竞争企业。刘某某在两公司均担任总裁，负责两公司的全面运营管理，对于经营同类或类似业务存在竞争风险。刘某某在入职安迅公司不足1年即申请离职，并在从安迅公司离职后不足1月即再次入职与安迅公司存在竞争关系的宅急送公司担任总裁职务，其存在违反竞业限制义务的行为。因此，法院认为刘某某在离职安迅公司后入职该公司的竞争企业宅急送公司，违反了竞业限制约定，应支付安迅公司违约金。

4. 违反竞业限制的违约金约定过高可否核减

《劳动合同法》（2012年修订本）第23条规定，劳动者违反竞业限制约定的，应当按照约定向用人单位支付违约金。竞业限制违约金兼具补偿性及惩罚性，其目的在于预防商业秘密被泄露的可能性，并不以用人单位

---

[1] 北京市朝阳区人民法院（2017）京0105民初68604号民事判决书。

遭受实际损失为前提，其经济赔偿责任范围较一般的违约赔偿范围要大。但根据公平原则和诚实信用原则，竞业限制违约金不能畸高，不能造成劳动者生活陷入困窘，导致双方权利义务的严重失衡。因此，在违约金是否畸高的判断上，需要综合考量劳动者给用人单位造成的损害、劳动者的主观过错程度、劳动者的工资收入水平、劳动者的职务、劳动者的在职时间、违约期间、用人单位应支付的经济补偿数额以及劳动合同争议所在地的经济水平等案件具体情况。

在"刘某某与安迅物流有限公司劳动争议案"[①] 中，安迅公司主张的竞业限制违约金高达340余万元。为平衡用人单位与劳动者的权利，法院根据公平原则和诚实信用原则，行使自由裁量权对竞业限制违约金数额予以酌减，最终确定为双方约定的竞业限制补偿金的2倍。

（四）航空公司与飞行员特别约定的服务期违约金

【案例】马某与中国东方航空股份有限公司云南有限公司劳动争议案

【案情介绍】

2005年10月1日，马某入职中国东方航空股份有限公司云南分公司从事飞机驾驶工作，双方签订无固定期限书面劳动合同，约定：合同期从2005年10月1日起至法定或约定解除（终止）合同条件出现时止，必须服务期从2005年10月1日起至2013年10月1日止；乙方从获得机长资格之日起为甲方工作的必须服务期为8年，若乙方获得机长以上的技术等级，其必须服务期在上述约定的基础上再增加8年；乙方在甲方从事飞行驾驶工作期间每参加一次机型复训或转机型培训，增加1年的必须服务期；所有必须服务期的年限累计计算，不重叠适用，至乙方法定退休年龄为止；乙方在必须服务期内单方提出解除劳动合同，按以下标准承担违约责任：飞行教员：违约金人民币500万元；责任机长：违约金人民币450万元，乙方自获得以上资格起，每增加1公历年，分别在该项违约金标准上追加5%。2010年7月27日，中国东方航空股份有限公司与云南省人民政府国有资产监督管理委员会合作成立东航云南有限公司。2011年8月2日，马某的劳动关系用人单位变更为东航云南有限公司，原用人单位的权利和义务由东航云南有限公司继续

[①] 北京市朝阳区人民法院（2017）京0105民初68604号民事判决书。

履行。2013年1月31日,马某被聘为B737机型机长。2017年1月10日,东航云南有限公司收到马某的书面辞职,并作出不同意辞职的书面决定,且继续发放其工资及为其缴纳社会保险等。马某申请劳动仲裁,仲裁裁决马某向东航云南有限公司支付225万元培训费违约金。[①] 一审判决马某应支付东航云南有限公司违约金225万元。[②] 东航云南有限公司不服提起上诉,认为马某单方解除劳动合同应赔偿的违约金,按合同约定的违约金标准应是在取得相应资格起逐年按5%递增计算为540万元。二审判决认定,马某应支付的违约金为378万元 [450万元－450万元×4年/（8＋17）年],一审判决计算方式遗漏了关于"每参加一次机型复训或转机型培训,增加1年必须服务期"的约定,对此予以更正。[③]

【案例评析】

本案涉及劳动合同中服务期违约金的相关问题。

1. 服务期违约金约定的法律依据

服务期,是劳动合同当事人在劳动合同或者其他补充协议中约定的劳动者应当为用人单位服务的期限,服务期是用人单位和劳动者为建立长期稳定劳动关系而特别约定的条款。

由于服务期涉及劳动者的自由流动和用人单位的利益平衡,《劳动合同法》(2012年修订本)第17条虽然给予了劳资双方任意约定、自由协商的空间,但对服务期违约金还是进行了严格的立法限制。根据《劳动合同法》(2012年修订本)第25条的规定,除在培训和保守商业秘密上可以约定违约金的情形外,用人单位不得与劳动者约定由劳动者承担违约金。

《劳动合同法》(2012年修订本)第22条规定,用人单位为劳动者提供专项培训费用,对其进行专业技术培训的,可以与该劳动者订立协议,约定服务期。劳动者违反服务期约定的,应当按照约定向用人单位支付违约金。据此,服务期违约金应做限缩解释,是专指基于"专项培训"而产生的,即指为提高劳动者特定技能而提供的培训,不包括上岗前的培训和日常业务培训。因根据《劳动法》(2018年修正本)第68条规定,职业培训是用人单位的法定义务,职业培训费用不能转移至劳动者,故不能约定职业培训服务期

---

① 云劳人仲案字（2017）37、85号仲裁裁决书。
② 昆明市官渡区人民法院（2017）云0111民初4330号民事判决书。
③ 云南省昆明市中级人民法院（2018）云01民终6909号民事判决书。

及其违约金，即使双方协商一致，因违反法律的强制性规定而无效。

用人单位对劳动者的专项培训有特殊投入，使劳动者获得利益。允许用人单位对专项培训设置服务期违约金，是用人单位特殊投入的一种对价，并不增加劳动者在劳动关系中的原有义务。因此，用人单位与劳动者约定一定的服务期及其违约金，这种附条件的民事法律行为，不违反法律法规，合法有效，是意思自治原则、公平原则和诚实信用原则在劳动合同领域的集中体现。

2. 服务期违约金的约定主体只能是用人单位和劳动者

根据《劳动合同法》（2012年修订本）第22条的规定，服务期协议的主体应当是用人单位和劳动者，即劳务派遣单位和被派遣劳动者，劳务派遣的用工单位不能与劳动者约定服务期，更不能约定服务期违约金。因此，实践中，用工单位对被派遣劳动者出资进行专项技术培训须谨慎，防止专业技术培训费用的支出无法形成有效对价，用工单位如确实想留住人才，可以对被派遣劳动者转化为直接录用的方式，再对其进行专业技术培训。

3. 服务期违约金的计算与调整

根据《劳动合同法》（2012年修订本）的规定，劳动者违反劳动合同中有关服务期约定的，应当按照约定支付违约金，约定违约金过高的，应当依据《劳动合同法》（2012年修订本）第22条第2款的规定予以调整，即用人单位要求劳动者支付的违约金不得超过服务期尚未履行部分所应分摊的培训费用。

关于服务期违约金的计算，首先尊重合同约定，如果所约定的服务期期限和违约金数额不合理的，法官可以根据《劳动合同法》（2012年修订本）第22条第2款的规定、当事人的具体违约原因、违约程度等酌情调整。例如，本案双方劳动合同约定的违约金标准在取得相应资格起逐年按5%递增的内容，与《劳动合同法》第22条关于违约金不得超过服务期尚未履行部分所应分摊的培训费用的规定不相符，故二审法院对劳动合同关于违约金逐年递增的约定不予采纳。

需要注意的是，在司法实践中，用人单位以劳动者违反劳动合同中有关服务期的约定为由，请求劳动者支付违约金的，应对其已为劳动者提供专项培训及具体费用等相关事实负举证责任。

（五）外航服务公司与空中乘务员特别约定的伙食津贴支付方式

【案例】朱某某与维珍航空公司上海办事处、上海外航境外就业服务有限公司劳动合同纠纷案[①]

【案情介绍】

朱某某与上海外航服务公司人力资源分公司签订《雇员合同》，约定安排朱某某在维珍航空公司从事空中乘务员工作。朱某某的工资收入由基本工资、飞行津贴、语言津贴及免税物品提成组成，由维珍航空公司上海办事处发放。《雇员合同》第5项福利待遇第16条约定，朱某某享有外方提供的上海之外的因公食宿。2014年1月16日，朱某某与上海外航服务公司人力资源分公司、上海外航境外就业服务有限公司、维珍航空公司上海办事处签订协议，约定自2014年1月16日起由上海外航境外就业服务有限公司替代上海外航服务公司人力资源分公司签订的劳动合同中的主体地位，其他条款继续履行。朱某某主要工作内容是为上海至伦敦的往返航线提供空中服务，维珍航空公司根据朱某某因航班飞行任务在英国逗留期间的餐饮消费，按照早、中、晚三餐不同的标准支付伙食（餐饮）津贴，并以英镑形式打入朱某某银行卡内。2015年1月1日起，维珍航空公司取消了伙食津贴的发放，改为向朱某某发放就餐券，朱某某可在酒店内凭券用餐。朱某某认为，根据《国家统计局〈关于工资总额组成的规定〉若干具体范围的解释》，"航行和空勤人员伙食津贴"属于劳动者工资总额的一部分，维珍航空公司取消伙食津贴的发放改为发放就餐券的决定降低了其工资标准，遂向上海市浦东新区劳动人事争议仲裁委员会申请劳动仲裁，要求维珍航空公司上海办事处、上海外航境外就业服务有限公司自2015年1月1日起继续以现金方式支付伙食津贴。朱某某不服仲裁裁决，诉至法院。法院经审理判决不支持朱某某的诉求。

【案例评析】

本案涉及用人单位对劳动者支付的工资组成以及福利待遇支付的合同约定问题。

1. 用人单位职工工资总额的构成

本案中，朱某某根据国家统计局发布的规定主张"航行和空勤人员伙食

[①] 上海市黄浦区人民法院（2015）黄浦民一（民）初字第2282号民事判决书。

124

第二章 劳动合同的订立、形式、内容和效力

津贴"属于劳动者工资总额的一部分。

工资总额是指各单位在一定时期内直接支付给本单位全部职工的劳动报酬总额。根据国家统计局发布的《关于工资总额组成的规定》《国家统计局〈关于工资总额组成的规定〉若干具体范围的解释》《国家统计局在劳动工资统计主要指标解释中对关于工资总额组成的暂行规定的补充规定》，工资总额的计算，原则应以直接支付给职工的全部劳动报酬为根据，各单位支付给职工的劳动报酬以及其他根据有关规定支付的工资，不论是计入成本的还是不计入成本的，不论是按国家规定列入计征奖金税项目的还是未列入计征奖金税项目的，不论是以货币形式支付的还是以实物形式支付的，均应列入工资总额的计算范围。

工资总额组成如图2-5所示。

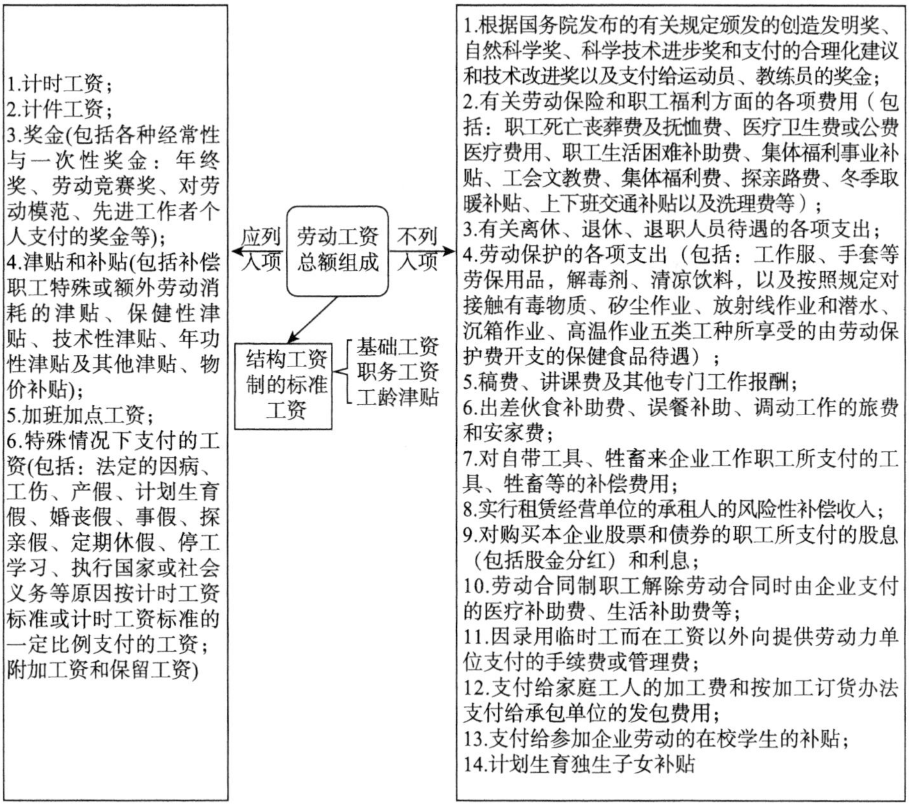

应列入项（劳动工资总额组成）	不列入项
1.计时工资； 2.计件工资； 3.奖金(包括各种经常性与一次性奖金：年终奖、劳动竞赛奖、对劳动模范、先进工作者个人支付的奖金等)； 4.津贴和补贴(包括补偿职工特殊或额外劳动消耗的津贴、保健性津贴、技术性津贴、年功性津贴及其他津贴、物价补贴)； 5.加班加点工资； 6.特殊情况下支付的工资(包括：法定的因病、工伤、产假、计划生育假、婚丧假、事假、探亲假、定期休假、停工学习、执行国家或社会义务等原因按计时工资标准或计时工资标准的一定比例支付的工资；附加工资和保留工资)	1.根据国务院发布的有关规定颁发的创造发明奖、自然科学奖、科学技术进步奖和支付的合理化建议和技术改进奖以及支付给运动员、教练员的奖金； 2.有关劳动保险和职工福利方面的各项费用（包括：职工死亡丧葬费及抚恤费、医疗卫生费或公费医疗费用、职工生活困难补助费、集体福利事业补贴、工会文教费、集体福利费、探亲路费、冬季取暖补贴、上下班交通补贴以及洗理费等）； 3.有关离休、退休、退职人员待遇的各项支出； 4.劳动保护的各项支出（包括：工作服、手套等劳保用品，解毒剂、清凉饮料，以及按照规定对接触有毒物质、矽尘作业、放射线作业和潜水、沉箱作业、高温作业五类工种所享受的由劳动保护费开支的保健食品待遇）； 5.稿费、讲课费及其他专门工作报酬； 6.出差伙食补助费、误餐补助、调动工作的旅费和安家费； 7.对自带工具、牲畜来企业工作职工所支付的工具、牲畜等的补偿费用； 8.实行租赁经营单位的承租人的风险性补偿收入； 9.对购买本企业股票和债券的职工所支付的股息（包括股金分红）和利息； 10.劳动合同制职工解除劳动合同时由企业支付的医疗补助费、生活补助费等； 11.因录用临时工而在工资以外向提供劳动力单位支付的手续费或管理费； 12.支付给家庭工人的加工费和按加工订货办法支付给承包单位的发包费用； 13.支付给参加企业劳动的在校学生的补贴； 14.计划生育独生子女补贴

结构工资制的标准工资：基础工资、职务工资、工龄津贴

图2-5 工资总额组成

2019年1月施行的《中央企业工资总额管理办法》（国务院国有资产监督管理委员会令第39号）明确提出中央企业工资总额实行分类、分级管理，实行工资总额与经济效益挂钩、深化企业内部分配制度，强调工资总额管理的监督检查，明确界定企业的违规责任。该办法明确中央企业职工的劳动报酬总额，包括工资、奖金、津贴、补贴、加班加点工资、特殊情况下支付的工资等。

2. 确定空勤人员伙食津贴支付数额和具体支付方式的依据

国家统计局发布的上述三个规定，其中虽然将伙食津贴列入工资总额的统计范畴，但目的是保证国家对工资进行统一的统计核算和会计核算，方便编制、检查计划和进行工资管理，达到正确的反映职工的工资收入的目的，并不是判断伙食津贴是否需要支付或具体支付方式的法律依据。

朱某某虽然是与上海外航境外就业服务有限公司签订雇员合同建立劳动关系的，但根据雇员合同约定，上海外航境外就业服务有限公司安排朱某某至维珍航空公司担任空中乘务员，劳务报酬由维珍航空公司支付，并且约定，朱某某享有维珍航空公司提供的上海之外的因公食宿的福利待遇。

维珍航空公司发布了关于伙食津贴计算标准以及关于餐饮津贴调整的告知书，公司并不对合同约定的住宿和食宿进行区分，均统一为空乘人员在英国逗留期间提供免费住宿和伙食津贴，满足雇员合同约定的提供员工因公在英国期间的免费用餐的要求，并根据员工实际逗留的期间和用餐的时间作为支付的依据。维珍航空公司根据实际情况采用多种方式向员工提供福利待遇，包括支付伙食津贴或者提供用餐券等。

因此，维珍航空公司是以发放就餐券形式还是以现金方式支付伙食津贴，并不违反雇员合同的特别约定，完全取决于维珍航空公司的决定。

第四节 劳动合同的效力

一、外国航空公司驻华办事处订立的劳动合同无效

【案例】王某某与大韩航空公司天津办事处的劳动争议案

【案情介绍】

王某某于1995年2月至2007年12月31日在大韩航空公司天津办事处

工作。在此期间，双方未签订书面劳动合同，大韩航空公司天津办事处亦未为王某某缴纳社会保险。2015年12月，王某某达到法定退休年龄办理退休手续，开始享受退休待遇。王某某向法院起诉大韩航空公司和大韩航空公司天津办事处，要求其支付王某某2016年1月至3月、2016年4月至7月的社会保险待遇损失，一审法院判决驳回王某某的诉讼请求。① 二审和再审的判决均维持一审判决结果。②

【案例评析】

本案争议焦点主要是王某某与大韩航空公司天津办事处之间的劳动合同是否成立，以及他们之间的关系性质是劳动关系还是雇佣关系。

实践中，用工关系的性质直接影响法律的适用。如用工关系被确定是劳动关系，因劳动关系产生的纠纷则适用劳动法律法规，劳动法律法规对劳动者实行倾斜性保护，劳动关系的部分内容不许用人单位和劳动者自由约定，如最低工资标准、社会保险缴纳、未签订书面劳动合同用人单位双倍工资赔偿、解除劳动合同的理由等。如用工关系不被确认为劳动关系，则按照一般民事关系处理，通常适用《民法典》总则、合同编等民事法律的规定。非劳动关系的民事关系一般没有对劳动者一方的特别权益保障。

1. 劳动关系和雇佣关系的差异

劳动关系的突出特点是劳动者提供的劳动力始终是用人单位的生产要素，并且用人单位须符合法律规定的主体资格，此点不仅和输出劳务产品的劳务关系不同，也与雇佣关系有显著区别（具体详见图2-6）。

2. 外国航空公司驻华代表处的法律地位

《外国航空运输企业常驻代表机构审批管理办法》（CCAR-212-R1）是中国民用航空局2006年颁布、2018年修订的对外国航空运输企业常驻代表机构及人员的管理的规范。根据《外国航空运输企业常驻代表机构审批管理办法》（CCAR-212-R1）的规定，外国航空运输企业在中华人民共和国境内申请设立的代表机构，是外国航空运输企业在中华人民共和国境内设立并从事经营性活动的代表处，应当在中华人民共和国工商行政管理部门办理登记手续，并经中国民用航空局批准；中国民用航空地区管理局负责本辖区内

---

① 天津市和平区人民法院（2016）津0101民初4910号民事判决书。
② 天津市第一中级人民法院（2017）津01民终3718号民事判决书；天津市高级人民法院（2018）津民申939号民事裁定书。

劳动关系	区别	雇佣关系
1. 劳动关系的主体特定：一方只能是达到法定劳动年龄并具有劳动能力的劳动者个人；另一方必须是用人单位，包括中国境内的企业、个体经济组织、民办非企业单位、国家机关、事业单位、社会团体等组织。 2. 劳动关系中的用人单位与劳动者之间除有平等性外，还有管理与被管理的关系。 3. 调整劳动关系的法律规范：主要有劳动法、劳动合同法及其实施条例等。 4. 劳动关系受国家干预较多，劳动者有最低工资、社会保险、劳动时间、劳动保护等法律强制要求。 5. 劳动关系主体间发生劳动争议的，劳动仲裁是提起诉讼的前置程序。 6. 劳动关系的劳动者因工伤事故遭受的人身损害，由用人单位的工伤保险进行赔付。 7. 劳动关系具有长期性、持续性和稳定性		1. 雇佣关系的主体范围广泛：平等主体的自然人之间、自然人与法人之间均可形成雇佣关系。 2. 雇佣关系的劳动者与用人单位之间不存在隶属关系，劳动者不遵从用人单位的考勤、奖惩、晋升和工资晋级管理等要求。 3. 调整雇佣关系的法律规范：主要是民法规范。 4. 雇佣关系遵循契约自由原则，劳动者没有最低保障的法律强制。 5. 雇佣关系主体间发生劳动纠纷的，适用民事争议处理程序，仲裁不是提起诉讼的前置程序。 6. 雇佣关系的劳动者因工伤事故所致损害的，由雇主承担民事赔偿责任。 7. 雇佣关系具有短期性和不稳定性

图 2-6　雇佣关系和劳动关系的区别

代表机构的监督管理。[①]

根据国务院颁发的《外国企业常驻代表机构登记管理条例》[②]第 2 条规定，外国企业在中国境内设立的常驻代表机构，不具有法人资格。

本案中的大韩航空公司是在韩国注册成立的韩国航空运输企业，大韩航空公司天津办事处是经中国民用航空局批准在天津成立的外航在华常驻代表机构。从法律地位上看，大韩航空公司天津办事处仅是外国企业的分支机构，不具备独立法人资格，只有工商登记证，没有工商营业执照。

3. 大韩航空公司天津办事处不具备劳动关系的用工主体资格

1995 年实施的《劳动法》第 2 条规定："在中华人民共和国境内的企业、个体经济组织和与之形成劳动关系的劳动者，适用本法。国家机关、事业组织、社会团体和与之建立劳动合同关系的劳动者，依照本法执行。"

1994 年《劳动部关于〈中华人民共和国劳动法〉若干条文的说明》第 2 条指出，《劳动法》第 2 条规定的"企业"是指从事产品生产、流通或服务性活动等实行独立经济核算的经济单位，包括各种所有制类型的企业，如工

[①] 参见《外国航空运输企业常驻代表机构审批管理办法》（CCAR-212-R1）第 3~5 条。
[②] 该案例于 2011 年 3 月 1 日施行、2013 年和 2018 年两次修正。

厂、农场、公司等。

据此，大韩航空公司天津办事处不是个体经济组织、国家机关、事业组织、社会团体，因无营业执照，也不属于劳动法规定的"企业"。

国务院于1980年发布的《中华人民共和国国务院关于管理外国企业常驻代表机构的暂行规定》第11条规定，常驻代表机构租用房屋、聘请工作人员，应当委托当地外事服务单位或者中国政府指定的其他单位办理。大韩航空公司天津办事处没有直接聘请工作人员的权利，不属于《劳动法》规定的"用人单位"。

综上，大韩航空公司天津办事处作为外航驻华代表机构，一是因为其不具有独立用工主体资质，二是因其未通过涉外就业服务单位直接聘用雇员，违反我国关于用工的强制性规定，属于非法用工，三是因其与王某某未签订书面劳动合同；因此，大韩航空公司天津办事处与王某某之间所建立的并非劳动关系，而是一种雇佣关系，不属于《劳动合同法》调整的范围。王某某依据《劳动合同法》的相关规定主张大韩航空公司天津办事处向其支付未缴纳社会保险给其造成的退休待遇损失，显然不能成立，法院未支持其诉讼请求，并无不当。

二、航空公司的分公司与员工订立劳动合同的效力

【案例】 王某与某航空公司劳动合同争议案[1]

【案情介绍】

王某于2010年5月10日到山东某航空公司工作。该航空公司系某集团公司设立的分支机构，未依法取得营业执照和登记证书。该航空公司根据集团公司的口头授权，直接与王某签订期间为2010年6月1日至2013年6月1日的劳动合同，期满后续签无固定期限劳动合同。劳动合同和续签的劳动合同中的用人单位处均盖了该航空公司印章。王某的人事档案自2010年5月转入集团公司管理，社会保险关系在集团公司处。2018年2月11日，王某因个人原因辞职，并于2018年3月15日停止工作，但此后始终未能获得解除劳动合同证明和办理档案关系转移手续。为此，王某申请仲裁，以集团公司为用人单位，要求为其出具解除劳动合同证明书，并办理档案关系转移手续。集团公司在答辩期满后另行提出仲裁申请，要求王某先返还进修费、进修期

---

[1] 本案例为自编案例。

间的工资、人才培养费等。仲裁委员会支持了王某的请求。

【案例评析】

本案争议焦点是分公司是否具有订立劳动合同的主体资格。

从《劳动合同法》规定看，中华人民共和国境内的航空公司作为用人单位与劳动者建立劳动关系的，因订立、履行、变更、解除或者终止劳动合同，适用《劳动合同法》的有关规定。但对于航空公司的分公司是否属于用人单位，《劳动合同法》没有明确。

1. 分公司的法律地位

《公司法》（2018年修正本）第14条第1款规定，公司可以设立分公司。设立分公司，应当向公司登记机关申请登记，领取营业执照。分公司不具有法人资格，其民事责任由公司承担。

分公司是指在业务、资金、人事等方面附属于总公司的分支机构。首先，分公司在经济上没有独立性，没有自己的独立财产，其实际占有、使用的财产是总公司财产的一部分，列入总公司的资产负债表。其次，分公司在法律上不具有企业法人资格，不独立承担民事责任，而是以总公司的资产对分公司的债务承担民事责任。最后，分公司没有自己的公司章程，没有董事会等公司经营决策机构，名称上必须在总公司名称后加分公司字样，设立程序上只需办理简单的登记和开业手续。

2. 分公司的用工主体资格之区分

《劳动合同法实施条例》第4条规定，劳动合同法规定的用人单位设立的分支机构，依法取得营业执照或者登记证书的，可以作为用人单位与劳动者订立劳动合同；未依法取得营业执照或者登记证书的，受用人单位委托可以与劳动者订立劳动合同。可见，用人单位分支机构的用工主体资格依法分为两类。

第一类是直接用工资质。即依法取得营业执照或者登记证书的分公司，可以作为用人单位，以分支机构的名义依法订立、履行、变更、解除、终止劳动合同，在劳动合同中可以作为一方合同主体。根据《最高人民法院关于适用〈中华人民共和国民事诉讼法〉的解释》（法释〔2015〕5号）第52条第5项规定[①]，法人依法设立并领取营业执照的分支机构，可以作为诉讼主

[①] 《最高人民法院关于修改〈最高人民法院关于人民法院民事调解工作若干问题的规定〉等十九件民事诉讼类司法解释的决定》（法释〔2020〕20号）对此条款没有修订。

体。当然，分支机构不能独立承担全部法律责任的，根据民法和公司法等规定，由设立的用人单位承担。因此，依法取得营业执照或者登记证书的航空公司分公司，虽然可以享有独立用工资格，但航空公司总公司要承担分公司不能独立承担的违法用工责任。

第二类是委托用工资质。即未依法取得营业执照或者登记证书的分公司，受航空公司总公司委托可以与劳动者订立劳动合同。换言之，航空公司分公司不能作为用工主体直接用工，只能受航空公司总公司的委托，以航空公司总公司的名义依法订立、履行、变更、解除、终止劳动合同，在劳动合同中以航空公司总公司作为一方合同主体，由此产生的法律责任，由航空公司总公司承担。

本案中，山东某航空公司系集团公司设立的分支机构，未取得营业执照和登记证书，不具备独立的用工主体资格，其受上级集团公司委托订立的劳动合同应以集团公司为劳动合同的一方主体，不能与劳动者直接建立劳动关系。因此，山东某航空公司以自己名义与王某订立劳动合同的行为是不当的。王某的社会保险关系和档案关系均在集团公司处，王某实际上是与集团公司建立劳动关系，集团公司才是王某的用人单位。依据《劳动争议调解仲裁法》第2条规定，劳动者与用人单位是劳动争议的当事主体，因此，集团公司才具有被申请人的主体资格，仲裁委员会最终裁决集团公司为王某出具解除劳动合同证明书，并办理档案关系转移手续，是正确的。

第三章

劳动合同的履行和变更

劳动合同依法订立后,用人单位和劳动者应当按照劳动合同的约定,全面履行各自的义务,并享有相应的权利,任何一方都不得擅自变更或者解除劳动合同。

全面诚信履行劳动合同,并不意味劳动合同绝对不能够变更,用人单位可以与劳动者协商一致或根据法律规定变更劳动合同的内容或主体,但劳动合同变更需满足条件和程序的要求,否则将导致承担相应法律责任的不利后果。

第一节 劳动合同的履行

劳动合同的履行,是指劳动合同双方当事人履行劳动合同所规定的义务,实现劳动过程的行为。劳动合同的履行是劳动合同制度的核心,订立的劳动合同只有得到履行,劳动合同的订立目的才能得到实现。

《劳动合同法》(2012年修订本)第29条确立了劳动合同履行的全面履行原则,即:用人单位与劳动者应当按照劳动合同的约定,全面履行各自的义务。

劳动合同的全面履行,是指用人单位和劳动者应当按照约定的内容、方式、期限,亲自、正确、全部履行其承担的义务。其不仅包括对劳动合同约定义务的履行,还包括对劳动合同的法定强制性义务的履行。

全面履行原则是对劳动合同履行的总括性要求,它包含劳动合同亲自履行的要求。对用人单位而言，除劳动派遣、合并分立等特殊情形外必须亲自履行报酬给付义务和其他附随义务。对劳动者而言，除非用人单位同意，否则都应由自己亲自履行，不能委托他人代理履行或由他人来承继履行。例如，用人单位应当按照劳动合同的约定为劳动者提供休息和休假、支付工资、缴纳社会保险费用，提供劳动保护、劳动条件和职业危害防护，劳动者应当按照合同约定保守用人单位的商业秘密等。劳动合同双方均必须严格按照合同约定履行各自的义务，任何一方不履行或瑕疵履行都表明劳动合同存在着违约情形。

一、航空科技公司应当依约履行劳动合同承诺的奖金

【案例】黄某与深圳市艾特航空科技股份有限公司追索劳动报酬案[①]

【案情介绍】

黄某起诉深圳市艾特航空科技股份有限公司（以下简称艾特航空科技公司），要求艾特航空科技公司支付其年度骨干奖 5 万元及年度优秀团队奖 100 万元。黄某将艾特航空科技公司董事长微信朋友圈相关颁奖信息进行公证并作为证据提交法庭，用以证明 2017 年 1 月黄某获得了年度骨干奖。艾特航空科技公司对该证据的真实性无异议，但主张该笔奖金兑现有内部分配方案，且黄某不符合奖金兑现的条件。法院认为，艾特航空科技公司并无证据证明曾向员工公示过《奖金激励方案》，且黄某对该证据不予确认，故对《奖金激励方案》不予采信。艾特航空科技公司董事长在微信朋友圈所发布的相关颁奖信息显示年度骨干奖的奖金为 5 万元，并未体现还存在其他兑付条件，故黄某关于年度骨干奖的主张成立。关于优秀团队奖，相关证据显示获奖者为富飞研发团队，而非黄某个人，且黄某确认颁奖时该团队有十几个人。法院认为，黄某仅为获奖团队成员之一，其以个人身份主张团队奖项主体不适格，予以确认。据此，法院判决支持黄某年度骨干奖人民币 5 万元的诉讼请求，但驳回其年度优秀团队奖 100 万元的诉讼请求。

【案例评析】

本案争议涉及的问题是奖金是否属于用人单位应支付给劳动者的劳动报酬范围。

[①] 广东省深圳市中级人民法院（2018）粤 03 民终 18060 号民事判决书。

1. 奖金与工资的关系

根据国家统计局颁布的《关于工资总额组成的规定》第7条的规定，奖金是指支付给职工的超额劳动报酬和增收节支的劳动报酬，包括生产奖、节约奖、劳动竞赛奖、机关、事业单位的奖励工资、其他奖金。《国家统计局〈关于工资总额组成的规定〉若干具体范围的解释》第2条第1项规定，进一步明确关于奖金的范围：生产（业务）奖包括超产奖、质量奖、安全（无事故）奖、考核各项经济指标的综合奖、提前竣工奖、外轮速遣奖、年终奖（劳动分红）等。

根据《关于工资总额组成的规定》第4条的规定，工资总额由六个部分组成：计时工资、计件工资、奖金、津贴和补贴、加班加点工资、特殊情况下支付的工资。

奖金是否可以纳入劳动报酬的范围，实践中并不能一概而论。以年终奖为例，年终奖属于奖励范畴，国家并不强制用人单位必须给员工发放年终奖，因此，年终奖的发放一般应当依劳动合同、集体合同的约定或者规章制度的规定而定。在劳动合同已有约定，或单位已有规章制度规定的情况下，用人单位和劳动者均应当按照劳动合同或规章制度执行。总体而言，年终奖的发放属于用人单位自主管理范畴，用人单位有权自主决定年终奖发放的条件、数额、时间等具体事宜。如果用人单位在规章制度等文件中明确规定年终奖属于特殊福利，是否发放以及发放额度需要考虑公司当年效益及个人表现，不纳入员工工资的范围，并规定在年终奖发放前员工离职不得享受单位上年度年终奖的，那么，用人单位不支付离职员工年终奖，一般可以获得仲裁机构及人民法院的支持。但是，有的奖金无论是月度、季度、半年度还是年度，用人单位在发放过程中已经成为常态，若用人单位以少发或不发的方式用于对离职员工的约束，很大概率上会被认定为工资的组成部分而被裁决或判决发放。

2. 年度骨干奖和优秀团队奖是否属于奖金

本案中，年度骨干奖和优秀团队奖均应属于奖金，具体可归属于其他奖金的范畴。首先，就年度骨干奖而言，本案争议的焦点不是该年度骨干奖发放是否常态，即使在非常态的情况下，亦可以从合同法的角度去解决该问题。艾特航空科技公司已经对该奖项的支付做出了非常明确的承诺，且该承诺并没有附加任何的条件，就应当履行该承诺，向黄某支付年度骨干奖。其次，对于优秀团队奖，主要涉及主张权利主体的问题。优秀团队奖，应是艾特航空科技公司对一个整体的团队进行的奖励，团队是否主张以及团队内部的分配，均系另一法律问题。在本案中，黄某无法代表团队主张权利，因此，法院驳回该项的诉请是正确的。

二、航空公司因乘务员涉嫌违法犯罪中止劳动合同

【案例】 单某与中国国际航空股份有限公司劳动合同纠纷案[①]

【案情介绍】

单某为中国国际航空股份有限公司客舱服务部乘务长，2012年10月25日，在执行CA908国际航班飞行任务过程中，隐瞒携带应申报的商品入境，逃避海关监管，走私爱马仕等品牌皮包、服饰等货物、物品共计27件，入境时被北京海关当场查获。单某因涉嫌犯走私普通货物、物品罪于2013年3月8日被羁押，同年4月12日被逮捕。后北京市人民检察院第三分院向法院提起公诉，指控单某犯走私普通货物、物品罪。2014年9月，法院认定指控的罪名成立，判处单某有期徒刑一年六个月，并处罚金人民币40万元。[②] 单某被羁押后，中国国际航空股份有限公司对其停发工资和停止缴纳社会保险费，并单方解除与单某的劳动合同关系。单某对公司处理决定不服，申请仲裁，后对裁决不服，提起诉讼，法院判决驳回诉请。

【案例评析】

本案涉及了劳动合同履行过程中的中止制度。

劳动合同中止，是指劳动合同履行过程中因法定事由或约定事由的出现致使劳动合同暂时无法履行，待该原因消失后双方当事人再恢复履行的制度。

劳动合同中止制度的核心意义在于劳动合同是暂时无法履行，仍有继续履行的条件和可能。因此，劳动合同中止不是劳动合同变更，更不是劳动合同的解除和终止。

1. 劳动合同中止制度的立法情况

劳动合同中止，作为劳动合同履行过程中的一种特殊制度，在《劳动法》中没有规定，《劳动合同法》《劳动合同法实施条例》也未涉及劳

[①] 本劳动争议案为笔者根据真实刑事判例改编而成。
[②] 参见北京市第三中级人民法院（2014）三中刑初字第00315号刑事判决书。

动合同中止问题，只规定了劳动合同解除和终止制度。原劳动部印发的《关于贯彻执行〈中华人民共和国劳动法〉若干问题的意见》（劳部发〔1995〕309号）第28条规定："劳动者涉嫌违法犯罪被有关机关收容审查、拘留或逮捕的，用人单位在劳动者被限制人身自由期间，可与其暂时停止劳动合同的履行。暂时停止履行劳动合同期间，用人单位不承担劳动合同规定的相应义务。劳动者经证明被错误限制人身自由的，暂时停止履行劳动合同期间劳动者的损失，可由其依据《国家赔偿法》要求有关部门赔偿。"该意见虽无劳动合同中止的概念，但实际上已有中止制度的规定。从地方立法看，《上海市劳动合同条例》是较早规定劳动合同中止制度的地方性法规。

2. 劳动合同中止事由

关于劳动合同中止的事由，《劳动法》《劳动合同法》和司法解释等并没有统一明确的规定，原劳动部印发的《关于贯彻执行〈中华人民共和国劳动法〉若干问题的意见》（劳部发〔1995〕309号）仅规定一种事由，其他事由更多散见于一些地方性法规规章等。例如，《上海市劳动合同条例》《江苏省劳动合同条例》《山东省劳动合同条例》《山西省劳动合同条例》《马鞍山市劳动人事争议仲裁委员会关于审理劳动人事争议案件若干问题的意见》（马劳人仲〔2016〕1号）、《关于印发天津市贯彻落实〈劳动合同法〉若干问题规定的通知》（津人社局发〔2013〕24号）等。因此，实务中涉及试用期遇上医疗期或其他假期、劳动者因涉嫌违法犯罪被限制自由、因不可抗力致使劳动合同暂时不能履行等情形，需结合地方规定确定劳动合同中止事由。

概括而言，各地规定的劳动合同中止事由包括：①用人单位与劳动者协商一致中止的[1]；②劳动者因涉嫌违法犯罪被限制人身自由的[2]；③劳动合同

---

[1] 参见《江苏省劳动合同条例》第30条第1款第1项、《山西省劳动合同条例》第23条第1款、《山东省劳动合同条例》第26条第1款的规定。例如，用人单位与劳动者签订停薪留职协议的，停薪留职期间发生劳动合同中止。

[2] 参见原劳动部印发的《关于贯彻执行〈中华人民共和国劳动法〉若干问题的意见》（劳部发〔1995〕309号）第28条、《江苏省劳动合同条例》第30条第2款、《山东省劳动合同条例》第26条第2款的规定。

因不可抗力暂时不能履行的①；④被强制戒毒期间的②；⑤劳动者应征入伍或履行国家规定的其他法定义务的③。

3. 劳动合同中止期间双方权利义务暂停履行

在劳动合同中止期间，因为劳动者不能付出实际劳动，无法履行劳动合同义务，根据对等原则，用人单位也应暂停履行劳动合同义务。因此，一些地方法院和仲裁机构明确规定，劳动合同中止履行的，劳动合同约定的权利义务暂停履行。④用人单位暂停履行劳动合同义务，包括：①用人单位可以停止缴纳社会保险费；②用人单位可以停发工资；③中止履行劳动合同的期间不计入劳动者在用人单位的工作年限。但是，劳动者在中止履行劳动合同期间，不得再与其他用人单位建立劳动关系。

4. 劳动合同中止事由消失后的结果

实践中，劳动合同中止事由消失后，根据相关规定，可能出现以下结果：

（1）继续履行合同。如《山西省劳动合同条例》第24条第3款规定，中止履行劳动合同的情形消失，除劳动合同已经无法履行外，劳动合同应当恢复履行。

（2）解除或终止劳动合同。如《关于实施〈上海市劳动合同条例〉若干问题的通知》第12条规定，劳动合同中止期间，合同期满的，劳动合同终止。《关于印发天津市贯彻落实〈劳动合同法〉若干问题规定的通知》（津人社局发〔2013〕24号）第14条规定："劳动合同暂时停止履行情形消失，劳动合同应当恢复履行。劳动合同订立时所依据的客观情况发生重大变化，致使无法恢复履行的，经用人单位与劳动者协商，未能就变更劳动合同内容达成协议，用人单位可以解除劳动合同，并依照《劳动合同法》第四十七条规

---

① 参见《上海市劳动合同条例》第26条第2款、《江苏省劳动合同条例》第30条第3款、《山东省劳动合同条例》第26条第3款的规定。

② 参见《关于印发天津市贯彻落实〈劳动合同法〉若干问题规定的通知》（津人社局发〔2013〕24号）第12条第2项规定。

③ 参见《上海市劳动合同条例》第26条第1款、人力资源与社会保障部《关于贯彻实施〈中华人民共和国劳动合同法〉若干规定（征求意见稿）》第50条的规定。

④ 参见《关于印发天津市贯彻落实〈劳动合同法〉若干问题规定的通知》（津人社局发〔2013〕24号）第13条；《关于实施〈上海市劳动合同条例〉若干问题的通知》（沪劳保关发〔2002〕13号）第12条；《马鞍山市劳动人事争议仲裁委员会关于审理劳动人事争议案件若干问题的意见》（马劳人仲〔2016〕1号）第31条；《北京市高级人民法院关于劳动争议案件法律适用问题研讨会纪要》（2009年8月17日发布）第14条。

定向劳动者支付经济补偿。"

需要注意的是，如果劳动者因涉嫌犯罪被采取了限制人身自由的强制措施致使其不能正常工作，用人单位无权仅以劳动者涉嫌犯罪为由解除劳动合同，只能中止履行劳动合同，可以停止发放工资。在劳动者在被实际追究刑事责任的情形下，用人单位是否有权单方解除劳动合同，需根据用人单位内部规章制度和员工违纪举证情况决定。本案中，单某被判处有期徒刑，因被羁押无法再正常履职，故航空公司对其停发工资和停止缴纳社会保险费并无不当。并解除与单某的劳动合同。

（3）由用人单位补缴社会保险费和赔偿错误中止合同的损失。用人单位对不符合中止条件的劳动者办理社会保险账户暂停结算（封存）手续的，应按规定为其补缴社会保险费用；给劳动者造成损失的，用人单位应当承担赔偿责任。

（4）由有关部门赔偿暂停工资损失，用人单位可以不予补发。根据原劳动部印发的《关于贯彻执行〈中华人民共和国劳动法〉若干问题的意见》（劳部发〔1995〕309号）第28条第2款的规定，"劳动者经证明被错误限制人身自由的，暂时停止履行劳动合同期间劳动者的损失，可由其依据《国家赔偿法》要求有关部门赔偿"。

三、民航快递公司应按约定履行对派遣员工的工资支付义务

【案例】民航快递有限责任公司西安分公司与罗某劳动争议[①]

【案情介绍】

1996年8月，罗某应聘到民航快递有限责任公司成都分公司（以下简称民航快递成都公司，其他省份分公司简称以此类推）工作。2008年4月，罗某因工受伤，伤情鉴定为伤残十级，领取了工伤保险待遇拨付款。同年12月，罗某从民航快递成都公司辞职。2009年1月，罗某进入民航快递西安公司工作，社保关系仍在民航快递成都公司，民航快递西安公司委托民航快递成都公司代为缴纳罗某的社会保险费，民航快递西安公司将保险金电汇给民航快递成都公司。罗某与民航快递西安公司签订书面劳动合同，约定：合同期从2009年5月1日至2011年4月30日；工作地点为西安；工资按民航快

---

① 西安市莲湖区人民法院（2013）莲民二初字第00523号民事判决书。

递西安公司相关核定现金形式支付。2010年6月,民航快递西安公司派遣罗某至民航快递甘肃公司工作,工作期间由民航快递甘肃公司代发工资,社保金由民航快递甘肃公司汇至民航快递成都公司代缴。2010年6月10日,民航快递有限责任公司人力资源部下发《关于罗某工作调动的批复》,同意罗某由民航快递西安公司调入民航快递甘肃公司。2011年5月31日,民航快递西安公司、民航快递甘肃公司出具《劳动合同解除通知书》,表明:劳动合同于2011年4月30日到期终止,公司多次电话通知办理合同续签手续,至今仍未办理,公司决定从2011年5月31日起解除劳动合同,工资发放至2011年5月31日,社会保险缴纳至2011年5月31日。罗某以民航快递西安公司为被申请人申请仲裁,请求支付拖欠的工资及赔偿金等。仲裁裁决支持该请求。民航快递西安公司与罗某均不服裁决,诉至法院。法院判决:确认民航快递西安公司给付罗某拖欠工资及赔偿金、未订立书面劳动合同的2倍工资及解除劳动合同的经济补偿金,但驳回了罗某要求第三人民航快递有限公司及其成都公司、甘肃公司承担共同给付义务的诉请。

【案例评析】

在实践中,劳动合同的履行主体往往与劳动合同履行地相关联,由此,确定劳动合同履行地具有重要意义。

1. 劳动合同履行地的意义

劳动合同履行地(包括劳动者的工作地点和用人单位的工资支付地点)一般是劳动合同的必备条款。《劳动合同法》(2012年修订本)第29条规定,用人单位与劳动者应当按照劳动合同的约定,全面履行各自的义务。用人单位应当按照劳动合同约定为劳动者提供相应的工作条件,双方应当在约定的地点履行劳动合同。在实践中,劳动合同履行地与仲裁和诉讼管辖、劳动者的最低工资标准、劳动保护、劳动条件等事项息息相关。

(1) 影响劳动者的劳动待遇或劳动条件等权益。《劳动合同法实施条例》第14条规定,劳动合同履行地与用人单位注册地不一致的,有关劳动者的最低工资标准、劳动保护、劳动条件、职业危害防护和本地区上年度职工月平均工资标准等事项,按照劳动合同履行地的有关规定执行。

(2) 影响劳动合同争议的管辖。《劳动争议调解仲裁法》第21条规定,劳动争议仲裁委员会负责管辖本区域内发生的劳动争议。劳动争议由劳动合同履行地或者用人单位所在地的劳动争议仲裁委员会管辖。双方当事人分别向劳动合同履行地和用人单位所在地的劳动争议仲裁委员会申请仲裁的，由劳动合同履行地的劳动争议仲裁委员会管辖。《最高人民法院关于审理劳动争议案件适用法律问题的解释（一）》（法释〔2020〕26号）第3条规定，劳动争议案件由用人单位所在地或者劳动合同履行地的基层人民法院管辖。劳动合同履行地不明确的，由用人单位所在地的基层人民法院管辖。法律另有规定的，依照其规定。据此，劳动争议的仲裁和诉讼管辖原则是以劳动合同履行地为主、用人单位所在地为辅。

2. 劳动合同履行地的确定原则

《劳动人事争议仲裁办案规则》第8条第1款规定，劳动合同履行地为劳动者实际工作场所地，用人单位所在地为用人单位注册、登记地或者主要办事机构所在地。用人单位未经注册、登记的，其出资人、开办单位或者主管部门所在地为用人单位所在地。

在实践中，劳动合同履行地一般是与用人单位注册地保持一致，但有时会出现劳动合同履行地与用人单位注册地不一致的情况，由此在劳动待遇或劳动条件等方面会发生异议。在此情形下如何确定劳动合同履行地？《劳动合同法实施条例》第14条对此明确规定，劳动合同履行地与用人单位注册地不一致的，有关劳动者的最低工资标准、劳动保护、劳动条件、职业危害防护和本地区上年度职工月平均工资标准等事项，按照劳动合同履行地的有关规定执行；用人单位注册地的有关标准高于劳动合同履行地的有关标准，且用人单位与劳动者约定按照用人单位注册地的有关规定执行的，从其约定。

上述规定表明，劳动合同履行地一般是指劳动者实际工作场所地，但合同双方另有约定的从其约定，并同时兼顾劳动者利益保护原则。

3. 给付罗某拖欠工资及赔偿金的履行主体之约定

本案中，罗某被民航快递西安公司派遣至民航快递甘肃公司工作后，罗某在新工作岗位继续履行与民航快递西安公司签订的劳动合同，但罗某与民航快递西安公司2009年6月1日签订的劳动合同约定工资按民航快递西安公司相关核定现金形式支付。由此，该劳动合同的实际工作地在民航快递甘肃公司，与合同约定地和用人单位民航快递西安公司注册地均不一致。由民航快递西安公司支付罗某劳动报酬的合同约定，不违反法律的强制性规定，是双方意思表示一致的结果，合法有效，民航快递西安公司应及时足额支付罗某的工资，未及时支付的，依据劳动合同法的规定，按应付金额50%~

100%的比例向劳动者加付赔偿金。故罗某要求民航快递西安公司支付拖欠工资及赔偿金的请求,获得法院支持。

本案中,罗某依据民航快递有限责任公司下发的《关于罗某工作调动的批复》,要求民航快递有限责任公司、民航快递成都公司、民航快递甘肃公司承担共同给付义务的诉讼请求,无法律依据,法院未予认可。民航快递有限责任公司各地方公司均享有独立的用人权、经营权、独立财务核算权。罗某在民航快递甘肃公司工作系民航快递西安公司派遣,劳动合同关系是与民航快递西安公司建立的,故给付罗某拖欠工资及赔偿金的合同义务,用人单位民航快递西安公司是适格履行主体。

四、通航公司应及时履行对员工工伤保险的申报义务

【案例】杭州一通航空货运有限公司诉上海市长宁区劳动和社会保障局纠纷案[①]

【案情介绍】

2006年12月20日,孙某某在杭州一通航空货运有限公司(以下简称一通公司)修理输送带时,右手卷进轴轮里致伤。当日经复旦大学附属华山医院诊治,诊断结论为:右手背第2~5指背皮肤撕脱、小指MP关节脱位。上海市长宁区劳动和社会保障局(以下简称长宁区劳动局)认为,孙某某在工作时间、工作场所受到的伤害系工作原因所致。长宁区劳动局依照《工伤保险条例》(2004年版)第14条第1项的规定,认定孙某某所受伤害属于工伤。一通公司不服,向上海市劳动和社会保障局(以下简称上海市劳动局)申请行政复议。上海市劳动局作出沪劳保复决字〔2008〕第50号行政复议决定,维持长宁区劳动局作出的上述工伤认定行政行为。一通公司仍不服,诉至法院,请求撤销长宁区劳动局作出的长劳认结〔2007〕字第0731号工伤认定行政行为。一审法院判决维持长宁区劳动局工伤认定的具体行政行为。一通公司不服判决,提起上诉,二审判决驳回上诉,维持原判。

---

① 上海市长宁区人民法院(2008)长行初字第58号行政判决书;上海市第一中级人民法院(2008)沪一中行终字第291号行政判决书。

【案例评析】

本案涉及社会保险争议的类型及其社会保险行政争议的解决方式问题。

1. 社会保险争议的类型

社会保险争议是指用人单位、劳动者、社会保险经办机构、工伤认定机构、工伤鉴定机构及职业病诊断机构等，就社会保险的参保登记、缴费基数、保险待遇、工伤认定、伤残鉴定、职业病诊断等发生的纠纷。主要分为社会保险劳动争议、社会保险行政争议和其他相关争议。具体内容如图3-1所示。

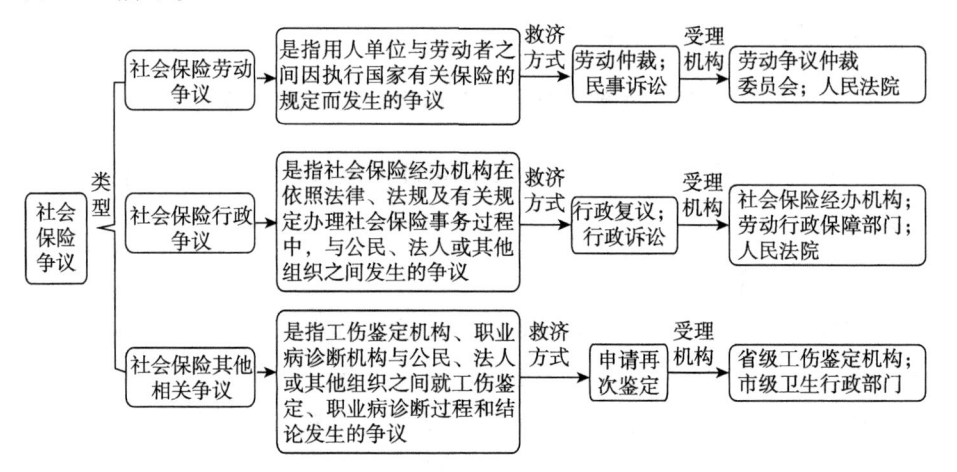

类型	定义	救济方式	受理机构
社会保险劳动争议	是指用人单位与劳动者之间因执行国家有关保险的规定而发生的争议	劳动仲裁；民事诉讼	劳动争议仲裁委员会；人民法院
社会保险行政争议	是指社会保险经办机构在依照法律、法规及有关规定办理社会保险事务过程中，与公民、法人或其他组织之间发生的争议	行政复议；行政诉讼	社会保险经办机构；劳动行政保障部门；人民法院
社会保险其他相关争议	是指工伤鉴定机构、职业病诊断机构与公民、法人或其他组织之间就工伤鉴定、职业病诊断过程和结论发生的争议	申请再次鉴定	省级工伤鉴定机构；市级卫生行政部门

图3-1 社会保险争议的类型及其相应救济方式和受理机构

2. 工伤的认定机构与认定标准

根据《工伤保险条例》（2010年修正本）第17条规定，职工发生事故伤害，所在单位应当自事故伤害发生之日起30日内，向统筹地区社会保险行政部门提出工伤认定申请；遇有特殊情况，经报社会保险行政部门同意，申请时限可以适当延长；用人单位未在规定时限内提交工伤认定申请，在此期间发生符合该条例规定的工伤待遇等有关费用由单位负担。根据《工伤保险条例》（2010年修正本）第14条至第16条和《社会保险法》（2018年修正本）第37条的规定，工伤认定的情形分为3类，如图3-2所示。

本案中，孙某某提交的工伤认定申请表、证人证言、诊断报告、劳动合同、上下班打卡记录、考勤记录、情况说明等证据可以形成证据链，能够证明孙某某于2006年12月20日在工作时间和工作场所内，因工作原因受到事故伤害的事实，因此，孙某某所受伤害应当被认定为工伤。

应当认定为工伤的情形
1. 在工作时间和工作场所内,因工作原因受到事故伤害的;
2. 工作时间前后在工作场所内,从事与工作有关的预备性或者收尾性工作受到事故伤害的;
3. 在工作时间和工作场所内,因履行工作职责受到暴力等意外伤害的;
4. 患职业病的;
5. 因工外出期间,由于工作原因受到伤害或者发生事故下落不明的;
6. 在上下班途中,受到非本人主要责任的交通事故或者城市轨道交通、客运轮渡、火车事故伤害的;
7. 法律、行政法规规定应当认定为工伤的其他情形

视同工伤的情形
1. 在工作时间和工作岗位,突发疾病死亡或者在48小时之内经抢救无效死亡的;
2. 在抢险救灾等维护国家利益、公共利益活动中受到伤害的;
3. 职工原在军队服役,因战、因公负伤致残,已取得革命伤残军人证,到用人单位后旧伤复发的

不得认定为工伤或者视同工伤的情形
1. 故意犯罪的;
2. 醉酒或者吸毒的;
3. 自残或者自杀的;
4. 法律、行政法规规定的其他情形

图 3-2 工伤认定的具体情形

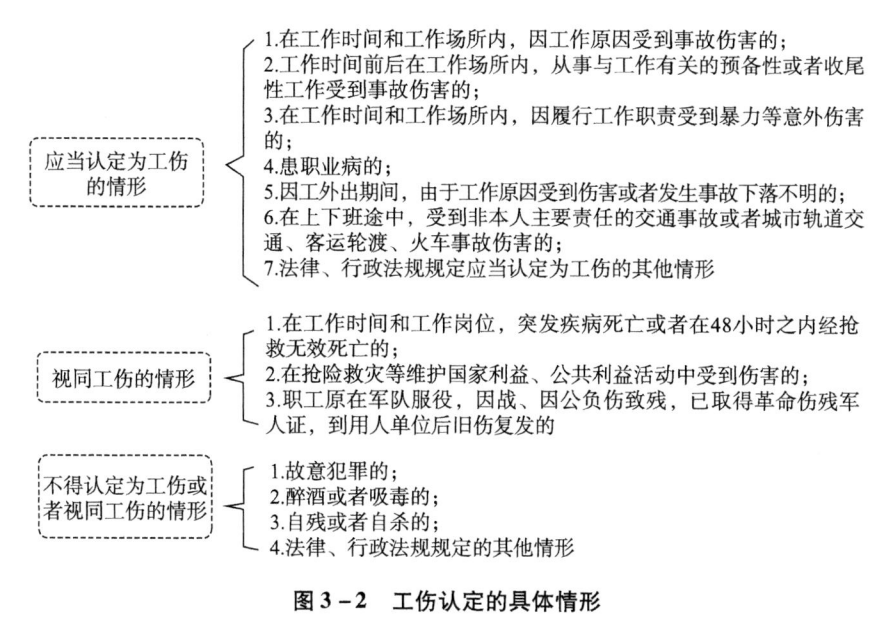

3. 用人单位有及时申报工伤认定的法定义务

《工伤保险条例》(2012年修正本)第17条规定,职工发生事故伤害或者按照职业病防治法规定被诊断、鉴定为职业病,所在单位应当自事故伤害发生之日或者被诊断、鉴定为职业病之日起30日内,向统筹地区社会保险行政部门提出工伤认定申请。遇有特殊情况,经报社会保险行政部门同意,申请时限可以适当延长。用人单位未按前款规定提出工伤认定申请的,工伤职工或者其近亲属、工会组织在事故伤害发生之日或者被诊断、鉴定为职业病之日起1年内,可以直接向用人单位所在地统筹地区社会保险行政部门提出工伤认定申请。职工或者其直系亲属认为是工伤,用人单位不认为是工伤的,根据《工伤保险条例》(2012年修正本)第19条第2款规定,由用人单位承担举证责任。

因用人单位的原因,导致劳动者超过工伤认定申请时效无法认定为工伤的,劳动者或者其近亲属向人民法院起诉要求用人单位赔偿的,人民法院应予受理。人民法院经审理后,能够认定劳动者符合工伤构成要件的,应当判令用人单位按照《工伤保险条例》规定的工伤保险待遇项目和标准给予赔偿。[①]

---

① 参见江苏省高级人民法院于2009年3月3日印发的《关于在当前宏观经济形势下妥善审理劳动争议案件的指导意见》。

4. 工伤认定和社会保险待遇支付标准争议的解决方式

工伤认定、社会保险待遇支付是否符合法定的标准等争议，属于社会保险行政争议。根据2001年《社会保险行政争议处理办法》第5条和第9条的规定，当事人可以按照行政复议的规定，向社会保险经办机构或劳动行政保障部门申诉，社会保险经办机构和劳动行政保障部门分别采用复查和行政复议的方式进行处理；也可以向人民法院提起行政诉讼。

五、民航高校教师晋升教授后应否履行服务期协议的约定

【案例】郑某与中国民航某高校人事争议案[①]

【案情介绍】

2006年12月，郑某为中国民航某高校教师。2017年5月10日，郑某因评聘教授专业技术职务，与学校签订《教授评聘者履行服务期协议书》，约定：乙方（郑某）自被评聘为教授专业技术职务之日起，须在甲方（中国民航某高校）服务满5年，并按规定履行岗位职责；乙方如未满服务期而要求调离甲方或与甲方解除关系，须按服务期未满年度基本工资、基础性绩效工资、业绩津贴和特殊津贴4项之和（4项均按离开甲方当年的标准计算）的2倍向甲方支付违约金；甲方兑现给乙方的购房补贴、科研启动资金等，乙方须全额返还。同日，郑某签署书面承诺书："本人参加2017年度教授专业技术职务任职资格评审，若取得任职资格后被学校聘用，自愿承诺在服务期（5年）内不向学校提出申请调动辞职，否则按照学校教授评聘者履行服务期协议违约处理。"2017年12月29日郑某被聘任担任教授职务，聘期为2017年12月至2022年11月。2018年9月，郑某以照顾家庭为由提出辞职申请，学校不同意。2019年4月2日，郑某申请人事争议仲裁，仲裁裁决：郑某自2019年4月2日解除与学校的人事聘用关系；学校为郑某出具解除人事聘用关系证明，并协助办理档案转移手续。学校不服仲裁裁决，诉至法院。法院判决支持学校诉请。

【案例评析】

本案争议涉及的是事业单位聘用合同争议的法律适用问题。

[①] 本案例由笔者根据判例改编。

1. 人民法院对人事争议的受案范围

根据《最高人民法院关于人民法院审理事业单位人事争议若干问题的规定》（法释〔2003〕13号）第2条、第3条的规定，仲裁机构和人民法院受理的人事争议，是指事业单位与其工作人员之间因辞职、辞退及履行聘用合同所发生的争议。

需要特别注意的是，关于事业单位工作人员对涉及本人的考核结果、处分决定等不服的，可以按照国家有关规定申请复核、提出申诉。如果对此提请仲裁或诉讼，不会被受理。例如，在"刘某某与中国航空工业集团公司沈阳发动机设计研究所人事争议案"中，中国航空工业集团公司沈阳发动机设计研究所为事业单位，刘某某于1964年到研究所工作，1986年开始在保卫处经警中队担任门卫，1995年研究所将刘某某定级为中级技工，2001年12月，其按中级技工退休。2010年，刘某某向辽宁省人事争议仲裁委员会申请仲裁，要求恢复高级工待遇、补发工资，仲裁委员会以不属于人事争议仲裁受理范围为由作出不予受理通知书。后刘某某诉至法院并上诉，均被法院以诉讼请求不属于人民法院处理人事争议纠纷范围为由，裁定驳回。[①] 法院认为，该案涉及的是事业单位工人技术等级确定纠纷，不属于人民法院审理的范围，该纠纷应由事业单位依照国家对机关、事业单位人事管理相关政策规定，在单位内部予以处理。

在本案中，中国民航某高校是中国民用航空局直属事业单位，郑某与该单位之间因辞职及履行聘用合同发生的争议，为人事争议，属于仲裁机构和人民法院的受案范围。

2. 事业单位聘用合同的法律适用

关于事业单位聘用合同的解除问题，是依据《劳动合同法》还是《事业单位人事管理条例》的规定予以解决？二者的适用规则有所不同。《劳动合同法》（2012年修订本）第37条规定，劳动者提前30日以书面形式通知用人单位，可以解除劳动合同。劳动者在试用期内提前3日通知用人单位，可以解除劳动合同。2014年实施的《事业单位人事管理条例》第17条规定，事业单位工作人员提前30日书面通知事业单位，可以解除聘用合同。但是，双方对解除聘用

[①] 参见沈河区人民法院于2010年4月23日作出（2010）沈河民一初字第216号民事裁定书；沈阳市中级人民法院（2010）沈民五终字第298号民事裁定书。

合同另有约定的除外。显然，二者虽然都有提前30天书面通知的要求，但劳动者依据《劳动合同法》即可解除劳动合同，无论用人单位同意与否；而事业单位工作人员则受制于聘用合同的约定，无法单方解除聘用合同。

《劳动合同法》（2012年修订本）第96条规定："事业单位与实行聘用制的工作人员订立、履行、变更、解除或者终止劳动合同，法律、行政法规或者国务院另有规定的，依照其规定；未作规定的，依照本法有关规定执行。"据此，对于事业单位的聘用合同解除，《事业单位人事管理条例》优先于《劳动合同法》而适用。

3. 事业单位工作人员在聘用合同服务期内辞职的法律后果

事业单位聘用合同自双方协商一致并签字盖章后成立、生效，并产生法律约束力，任何一方未经对方同意，不得擅自解除聘用合同，否则构成违约，应承担违约责任。本案中，根据中国民航某高校《教授评聘者履行服务期协议书》的约定，郑某自被评聘为教授专业技术职务之日起，须在学校服务满5年，在服务期5年内不向学校提出调动辞职。双方对服务期的约定属于《事业单位人事管理条例》第17条规定的除外情形。郑某曾向学校作出书面承诺，现郑某提出辞职，学校不同意辞职，双方未能协商一致，故郑某辞职构成违约，因学校要求继续履行聘用合同，故法院判决支持学校请求，并无不当。

但是，如果依据中国民航某高校《教授评聘者履行服务期协议书》的约定，郑某按服务期未满年度基本工资、基础性绩效工资、业绩津贴和特殊津贴4项之和（4项均按离开学校当年的标准计算）的2倍向学校支付违约金，并全额返还学校兑现给其的购房补贴、科研启动资金等，乙方在服务期内，也可以调离学校或与学校解除人事关系。

六、外籍飞行员劳动合同履行中的情势变更

【案例】石家庄飞机工业有限责任公司与菲利普·爱斯南特劳动争议案[①]

【案情介绍】

石家庄飞机工业有限责任公司（以下简称石飞公司）与菲利普·爱斯

[①] 河北省石家庄市新华区人民法院（2017）冀0105民初1083号民事判决书；河北省石家庄市中级人民法院（2017）冀01民终10904号民事判决书。

南特（以下简称菲利普）签订了2013年11月1日至2018年10月31日的劳动合同，约定"根据石飞公司安排菲利普在公司试飞中心部门从事飞行工作，工资待遇3万元/月，飞行小时补助按公司的相关规定执行"。劳动合同签订后，菲利普2013年11月1日开始工作。2013年12月1日施行的《通用航空飞行任务审批与管理规定》和《中航工业通飞外籍飞行员国内飞行管理细则（试行）》对外籍飞行员本人及其执行国内飞行任务规定严格的审批流程。石飞公司则以"外籍飞行员执行飞行任务的手续需逐级上报、层层审批，时间长且受有效期限制，致使劳动合同中约定的飞行任务难以执行，且合同没有变更的可能性"为由，主张"情势变更"使劳动合同已无法继续履行，要求解除劳动合同。菲利普申请仲裁，石飞公司提出反仲裁申请。仲裁委员会裁决：石飞公司一次性支付菲利普2016年9月工资，2016年10月至2017年1月生活费，标准均为劳动合同约定的工资标准，一次性支付菲利普在石飞公司以外的飞行公司进行恢复训练和执照年检费，一次性支付菲利普车补，夏季防暑降温和冬季采暖等福利费，补缴2013年11月至2017年1月的养老、医疗、失业三项社会保险费；驳回菲利普的其他仲裁请求和石飞公司的反申请仲裁请求。[1] 石飞公司诉至法院，法院判决：石飞公司继续履行与菲利普之间的劳动合同、支付菲利普未工作期间的生活费、飞行执照年检费用和体检费用、交通补贴、取暖补贴和防暑降温补贴。二审维持原判。

【案例评析】

本案争议涉及的是外籍飞行员在我国境内的飞行管理审批制度及其能否构成劳动合同履行中的情势变更问题。

1. 我国特定通用航空飞行任务的申请和审批

根据中国人民解放军总参谋部、中国民用航空总局2013年印发的《通用航空飞行任务审批与管理规定》（参作〔2013〕737号）、《通用航空经营许可管理规定》（CCAR-290-R3部）、《关于调整特殊通用航空飞行活动任务审批事项的通知》（民航发〔2018〕59号）等规定，特殊通用航空飞行任务需要办理申请和审批手续。具体需要报批的飞行任务情形、审批流程和审批机构，如图3-3所示。

---

[1] 参见河北省劳动人事争议调解仲裁委员会作出的冀劳人仲案（2016）289号、295号仲裁裁决书。

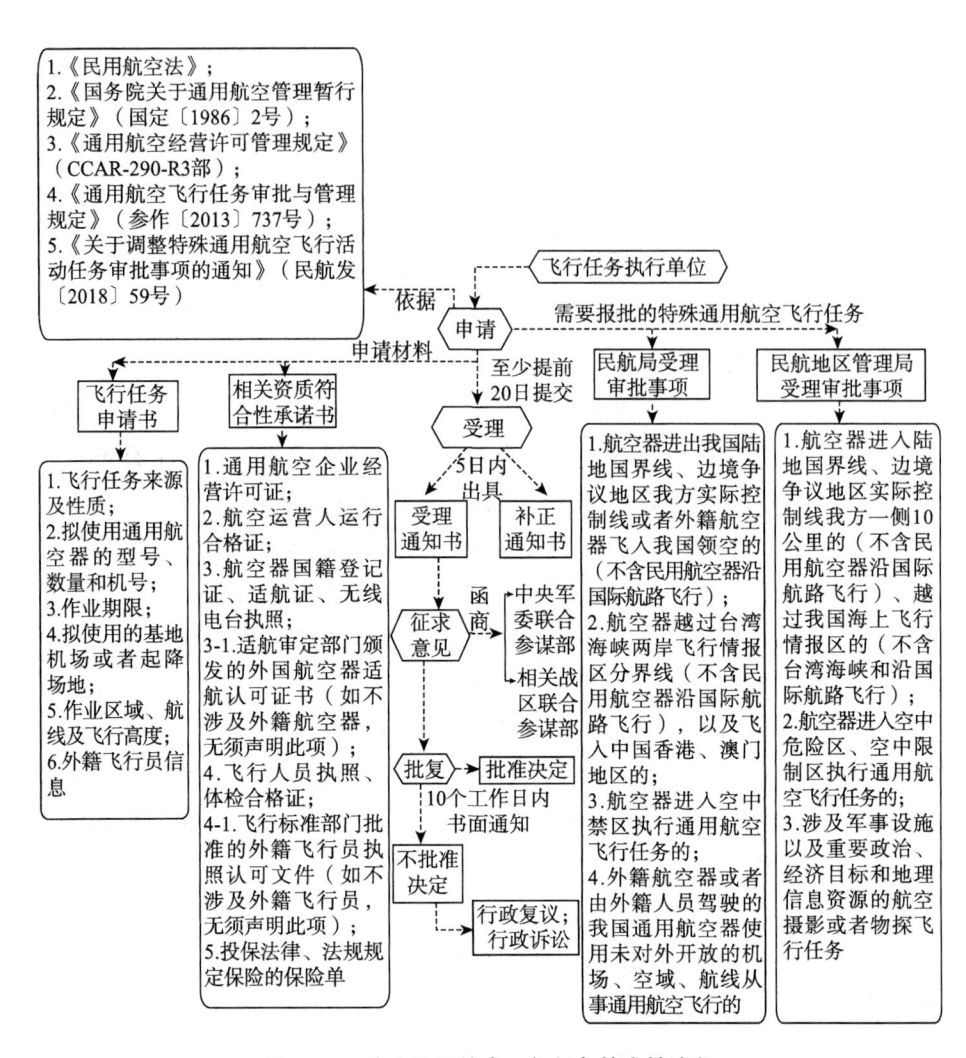

[图3-3 特殊通用航空飞行任务的审批流程的流程图，包含以下要素：

依据：
1. 《民用航空法》；
2. 《国务院关于通用航空管理暂行规定》（国定〔1986〕2号）；
3. 《通用航空经营许可管理规定》（CCAR-290-R3部）；
4. 《通用航空飞行任务审批与管理规定》（参作〔2013〕737号）；
5. 《关于调整特殊通用航空飞行活动任务审批事项的通知》（民航发〔2018〕59号）

飞行任务执行单位：需要报批的特殊通用航空飞行任务，申请，至少提前20日提交

申请材料：

飞行任务申请书：
1. 飞行任务来源及性质；
2. 拟使用通用航空器的型号、数量和机号；
3. 作业期限；
4. 拟使用的基地机场或者起降场地；
5. 作业区域、航线及飞行高度；
6. 外籍飞行员信息

相关资质符合性承诺书：
1. 通用航空企业经营许可证；
2. 航空运营人运行合格证；
3. 航空器国籍登记证、适航证、无线电台执照；
3-1. 适航审定部门颁发的外国航空器适航认可证书（如不涉及外籍航空器，无须声明此项）；
4. 飞行人员执照、体检合格证；
4-1. 飞行标准部门批准的外籍飞行员执照认可文件（如不涉及外籍飞行员，无须声明此项）；
5. 投保法律、法规规定保险的保险单

受理：5日内出具受理通知书或补正通知书；征求意见（函商中央军委联合参谋部、相关战区联合参谋部）；批复10个工作日内书面通知：批准决定或不批准决定；行政复议/行政诉讼

民航局受理审批事项：
1. 航空器进出我国陆地国界线、边境争议地区我方实际控制线或者外籍航空器飞入我国领空的（不含民用航空器沿国际航路飞行）；
2. 航空器越过台湾海峡两岸飞行情报区分界线（不含航空器沿国际航路飞行），以及飞入中国香港、澳门地区的；
3. 航空器进入空中禁区执行通用航空飞行任务的；
4. 外籍航空器或者由外籍人员驾驶的我国通用航空器使用未对外开放的机场、空域、航线从事通用航空飞行的

民航地区管理局受理审批事项：
1. 航空器进入陆地国界线、边境争议地区实际控制线我方一侧10公里的（不含民用航空器沿国际航路飞行）、越过我国海上飞行情报区的（不含台湾海峡和沿国际航路飞行）；
2. 航空器进入空中危险区、空中限制区执行通用航空飞行任务的；
3. 涉及军事设施以及重要政治、经济目标和地理信息资源的航空摄影或者物探飞行任务]

图3-3 特殊通用航空飞行任务的审批流程

2. 外籍飞行员在中国境内就业的相关管理规定

随着中国民航的快速发展，2002年以来，我国国内的航空公司开始招聘引进外籍飞行员。根据民航局飞行标准司发布的《中国民航驾驶员发展年度报告（2019年版）》，截至2019年12月31日，持有中国民用航空局颁发的有效驾驶员执照的外籍驾驶员共计4 310人。

有关外籍飞行员管理的文件主要有《关于外籍民用航空器驾驶员参加我国飞行运行的意见》（民航发〔2012〕60号）、《关于外籍飞行员执照转换过程有关问题的说明》（AC-61FS-01R3）、《民航西南地区外籍飞行员引进

及相关管理规定》（2017 年）等规章标准，分别从引进外籍飞行员的运输公司主体资质、外籍飞行员的准入条件、入职资质管理、运行管理及资质保持、体检合格证管理、安保要求等方面，对外籍飞行员的执照转换、执照确认函、理论考试、英语考试、执照升级等明确了标准和要求。例如，我国飞行运行机构雇用的外籍驾驶员申请在我国飞行运行的，外籍驾驶员执照持有人申请颁发的驾驶员执照认可函以及有效的体检合格证明，在行使相应权利时应随身携带。

此外，根据《外国人在中国就业管理规定》第 5 条、第 17 条、第 25 条的规定，用人单位聘用外国人须为该外国人申请就业许可，经获准并取得《中华人民共和国外国人就业许可证书》后方可聘用；用人单位与被聘用的外国人应依法订立劳动合同。劳动合同的期限最长不得超过 5 年。劳动合同期限届满即行终止，但按该规定第 19 条履行审批手续后可以续订。用人单位与被聘用的外国人发生劳动争议，应按照《劳动法》和《中华人民共和国劳动争议调解仲裁法》处理。

本案中，石飞公司因生产赛斯纳凯旋 208B 系列飞机所需招聘菲利普从事飞行员试飞工作，菲利普本人具备飞行员资质并已取得相应外国人入境就业许可证，双方签订有 2013 年 11 月 1 日至 2018 年 10 月 31 日为期 5 年的劳动合同，且在签订该合同时向河北省人力资源和社会保障厅提交申请函，认为菲利普能够胜任工作，法院对此确认符合相关法律规定。

3. 外籍飞行员在我国境内的飞行限制

根据《通用航空飞行任务审批与管理规定》（参作〔2013〕737 号）第 4 条、第 5 条第 7 款的规定，外籍人员单独驾驶我国航空器，不允许在我国境内从事航空摄影、遥感测绘、矿产资源勘查等重要专业领域的通用航空飞行；外籍人员驾驶的我国航空器使用未对外开放的机场、空域、航线从事通用航空飞行，由民用航空局商总参谋部审批。

中国航空工业集团有限公司下发《中航工业通飞外籍飞行员国内飞行管理细则（试行）》，对外籍飞行员本人及其执行国内飞行任务也规定有严格的审批流程，要由公司提出申请，逐级报至集团总公司，再由集团总公司报至总参谋部及中国民用航空局审查批准，每次批准有效期不等，且国家对外籍飞行员飞行有特殊要求，即仅能驾驶特定机型、固定机号的飞机，仅能在特定空域、航线中飞行，有飞行任务需要，必须办理飞行手续审批。

4. 外籍飞行员飞行任务的审批不属于劳动合同的"情势变更"

根据《劳动法》（2018 年修正本）第 26 条第 3 项及《劳动合同法》（2012 年修订本）第 40 条第 3 项的规定，劳动合同订立时所依据的客观情况发生重大变化，致使劳动合同无法履行，经用人单位与劳动者协商，未能就变更劳动合同内容达成协议的，用人单位提前 30 日以书面形式通知劳动者本人或者额外支付劳动者 1 个月工资后，可以解除劳动合同。此谓合同法上的情势变更原则在劳动合同领域的应用。

但是，何为"客观情况发生重大变化"？原劳动部办公厅《关于印发〈关于劳动法若干条文的说明〉的通知》（劳办发〔1994〕289 号）第 26 条将"客观情况"解释为"发生不可抗力或出现致使劳动合同全部或部分条款无法履行的其他情况，如企业迁移、被兼并、企业资产转移等，并且排除本法第二十六条所列的客观情况"。《劳动部关于企业实施股份制和股份合作制改革中履行劳动合同问题的通知》（劳部发〔1998〕34 号）第 2 条规定，在企业实施股份制或股份合作制改革过程中，与职工经协商确定不能就变更劳动合同达到一致意见的，可以按照《劳动法》第 26 条第 3 款规定办理。

据此，发生不可抗力、企业迁移、企业被兼并、企业资产转移、企业实施股份制或股份合作制改革的五种情形，视为法定的"情势变更"。除此之外，哪些情况属于"客观情况发生重大变化"，并无统一标准，在司法实践中，需要仲裁机构或法院根据案件具体情况自由裁量。自由裁量可参考以下要素：①情势的重大变化确实存在；②情势变化是订立合同时当事人不可预见的；③情势变化的出现不可归责于双方当事人；④情势变更已导致劳动合同全部或部分无法履行。客观情况发生重大变化，会造成劳动合同主体的利益失衡。如果继续按原合同履行义务，会显失公平，不利于构建和谐稳定的劳动关系，因此，允许双方协商变更劳动合同，协商不成的，用人单位可以根据《劳动合同法》（2012 年修订本）第 40 条第 3 项解除劳动合同。

本案中，石飞公司以"外籍飞行员执行飞行任务的手续需逐级上报、层层审批，时间长且受有效期限制，致使劳动合同中约定的飞行任务难以执行，且合同没有变更的可能性"为由，要求解除其与被告菲利普之间的劳动合同，主张劳动合同发生"情势变更"。对此，法院和仲裁机构均未予支持。

显然，关于外籍飞行员的管理和相关飞行限制和审批，并不属于劳动合同的"客观情况发生重大变化"之情形。虽然申请、审批手续繁杂，但并非出现劳动合同履行不能的结果，相关管理文件的发布是为了更好地对外籍飞行员进行管理和保障国家安全。因此，石飞公司虽通知菲利普解除劳动关系并向其出具解除劳动合同证明，但菲利普不同意解除劳动合同并要求继续履行，则石飞公司应当继续履行双方所签订的劳动合同。

七、航空公司应支付乘务员工伤停工留薪期的工资

【案例】 王某与中国东方航空股份有限公司山西分公司劳动争议案[①]

【案情介绍】

王某系中国东方航空股份有限公司山西分公司（以下简称东航山西分公司）空中乘务员，2010年11月18日在上班途中发生车祸，造成多处骨折并截瘫，太原市人力资源和社会保障局认定王某为工伤，确认王某停工留薪期为12个月，期满后确认延长停工留薪期12个月。太原市劳动能力鉴定委员会鉴定其为伤残二级，完全丧失劳动能力。停薪留职期间，王某认为东航山西分公司支付工资减少，要求补发。东航山西分公司认为，王某停工留薪期间工资减少的部分属于飞行小时费，依据中国东方航空股份有限公司乘务、空保人员岗位薪酬管理规定，该费用只有执行飞行任务时享有，属计时奖励性工资，不属于原工资待遇范畴，王某受伤后不履行职责，故不享有该费用。法院认为，王某受伤前12个月内，东航山西分公司发给王某的工资中包含基薪、飞行小时费、车补及奖金等，故飞行小时费应属于王某的原工资组成部分，东航山西分公司不支付该费用的理由不成立。二审法院维持原判，驳回东航山西分公司的上诉请求。

【案例评析】

本案涉及工伤保险中的停工留薪期制度。

1. *停工留薪期的含义*

停工留薪期，是指职工因工负伤或者患职业病停止工作接受治疗并享受有关待遇的期限，包括住院治疗和出院后休养期间。停工留薪期一般不超过12个月，伤情严重或者情况特殊，经劳动能力鉴定委员会确认可以延长，但

[①] 山西省太原市中级人民法院（2013）并民终字第1193号民事判决书。

延长期限不得超过12个月。

停工留薪期制度是《工伤保险条例》对工伤职工在特殊时期的一种保护性制度。为加强和规范工伤职工停工留薪期管理，一些地方都制定了工伤职工停工留薪期管理办法，如《云南省工伤职工停工留薪期管理办法（试行）》（2018年实施）、《天津市工伤职工停工留薪期管理办法》（津人社局发〔2019〕32号）等。

2. 停工留薪期的待遇

根据《社会保险法》《工伤保险条例》以及各地相关规定，在停工留薪期内，工伤职工可以享受以下待遇：

（1）原工资待遇不变。根据《工伤保险条例》第33条的规定，工伤人员在停工留薪期内，原工资福利待遇不变，由所在单位按月支付。但对"原工资福利待遇"的标准，《工伤保险条例》未给予界定，各地计算标准一般为工伤人员负伤前12个月的平均工资收入，不包括加班费。[①]

"原工资福利待遇"应理解为职工在因工作遭受事故伤害或者患职业病前正常出勤情况下，应享受的工资福利待遇。停工留薪期工资待遇性质上属于劳动者提供正常劳动所获得的报酬，但停工留薪期工资不应包括加班费，因为加班费是劳动者提供额外劳动获得的收入，不属于正常工作时间工资的范畴，在停工留薪期内，工伤人员不可能发生加班的事实。

（2）带薪年休假福利不变。《企业职工带薪年休假实施办法》第6条规定，因工伤停工留薪期间不计入年休假的假期。即在停工留薪期内，企业不可以安排工伤员工休年假。

（3）工伤护理不变。生活不能自理的工伤职工在停工留薪期需要护理的，由所在单位负责。关于护理费标准，各地规定不一。例如，《广东省工伤保险条例》（2019年修正本）第25条第4款规定，所在单位未派人护理的，应当参照当地护工从事同等级别护理的劳务报酬标准向工伤职工支付护理费。河南省则规定，生活不能自理的工伤职工在停工留薪期需要护理的，经收治的医疗机构出具证明，由所在单位派人陪护或者按照统筹地区上年度

[①] 参见河南省人力资源和社会保障厅2012年印发的《关于工伤保险若干问题的意见》《江苏省工伤保险条例》《广东省工伤保险条例》《浙江省高级人民法院民一庭关于审理劳动争议纠纷案件若干疑难问题的解答》。

职工月平均工资40%的标准按月发给陪护费。①

（4）停工留薪期内，企业不可以解除、终止劳动关系。在劳动能力鉴定结论尚未作出前，用人单位不得与其解除或者终止劳动关系。即使员工构成严重违纪，用人单位也必须在停工留薪期满后解除劳动关系，不得影响员工享受工伤待遇。②

（5）工伤职工在停工留薪期满后仍需治疗的，继续享受工伤医疗待遇。即劳动者如享受完24个月的停工留薪期后仍需继续治疗、无法提供正常劳动的，用人单位应按病假工资标准发放劳动者病假待遇。

（6）职工工伤复发的可以享受停工留薪期待遇。根据《工伤保险条例》第38条的规定，工伤职工工伤复发，确认需要治疗的，享受工伤医疗费用、停工留薪期及辅助器具三项待遇。即工伤复发的停工留薪期可以重新计算，并同样可以适用停工留薪期的延长规定。但是如何确定"工伤复发，确认需要治疗"，司法实践中一般要求提供医疗机构的诊断证明和病假单。

本案中，争议焦点是"原工资待遇"的确定，即基数的问题。实践中，有的用人单位为减少支出，出现尽量减少基数的情况。对于基数判定的问题，主要看是否常规性发放，而非偶发性发放。对于常规性的发放，应当计入基数范围之中。对于乘务员而言，执行飞行任务属于常规性的工作，该项劳动报酬并非偶发性和奖励性的。关于空乘人员的飞行小时费，是王某在工伤事故前享有的待遇，应当属于《关于工资总额组成的规定》中的计时工资，是工资的组成部分，而非奖励性的劳动报酬，因此，法院按照王某受伤前的工作待遇确定停工留薪期工资并无不当。

第二节　劳动合同的变更

劳动合同的变更是对劳动合同确定的权利和义务的改变，这种改变可能会超出用人单位和劳动者原有的预期，对于用人单位和员工至关重要，故劳动合同的变更依法应当采用书面形式。

---

① 参见《转发劳动和社会保障部〈关于实施工伤保险条例若干问题的意见〉的通知》（豫劳社工伤〔2005〕4号）。

② 参见2004年《关于实施〈上海市工伤保险实施办法〉若干问题的通知》。

劳动合同的变更分为协议变更和法定变更。协议变更是指双方当事人协商一致，达成协议，对企业劳动合同进行变更，同时这种变更也必须符合法律的规定。协商一致是劳动合同变更的基本原则，例外情形是用人单位依据法定的理由单方变更劳动合同。法定变更是指在法律规定的原因出现时，经过当事人一方提出，可以变更企业劳动合同。例如，劳动者因患病或非因工负伤，在规定的医疗期满后不能从事原工作时，用人单位有权单方决定为劳动者另行安排工作；劳动者不能胜任工作时，用人单位有权单方决定为劳动者调整工作岗位或安排培训。

劳动合同的变更纠纷较多的是涉及单方变更劳动合同和变更书面形式，其中涉及有工作内容变更、劳动报酬变更、履行主体变更以及擅自变更劳动合同的损失赔偿等。在实践中，变更劳动合同的合法性和合理性往往是司法审查和认定的重点。

一、通航公司变更劳动合同内容未采用书面形式的效力

【案例】阎某某与山东通用航空服务股份有限公司劳动合同纠纷案[①]

【案情介绍】

2016年3月7日，阎某某（乙方）与山东通用航空服务股份有限公司（以下简称山东通航公司）（甲方）订立劳动合同，约定：固定期限从2016年3月7日至2019年5月6日；工作地点及工作内容为济南市、东营市的法务工作；甲方对乙方实行基本工资和绩效工资相结合的内部工资分配方法：乙方的基本工资确定为每月6 140元，以后根据内部工资分配方法调整其工资；绩效工资根据乙方的工作业绩、劳动成果和实际贡献按照内部分配办法考核确定；等等。劳动合同签订后，阎某某入职山东通航公司工作。2018年2月2日，山东通航公司召开总经理办公会议，根据山东通航公司2018年1月29日周工作例会安排，山东通航公司决定自2018年1月起推行绩效考核，决定"公司其他人员，执行合同工资的80%按月发放，20%作为绩效薪酬另行核算发放"。2018年1月30日、2月7日、4月10日，山东通航公司综合管理部召开三次部门会议，传达山东通航公司推行绩效工资的决定，阎

[①] 济南市槐荫区人民法院（2019）鲁0104民初5895号民事判决书；山东省济南市中级人民法院（2020）鲁01民终769号民事判决书。

某某作为综合管理部的工作人员参加了三次会议，会议纪要有阎某某的签字。2018年5月28日，阎某某陈述以书面离职信的方式通知山东通航公司离职，2019年5月27日，阎某某申请劳动仲裁，后提起诉讼，以"岗位工资按80%比例发放"未采用书面形式为由主张劳动合同变更无效，要求公司补发拖欠的绩效工资及利息。

【案例评析】

用人单位与劳动者建立劳动关系后，用人单位根据企业生产经营的需要、市场环境的变化及劳动者的工作情况，可对劳动合同的内容予以变更，但由于劳动合同变更直接涉及劳动者的切身利益，因而，《劳动合同法》要求劳动合同变更需要双方协商一致，并必须采用书面形式。司法审查需对劳动者合法权益和用人单位自主权进行平衡，重点对劳动合同变更进行合法性审查和合理性审查。

1. 劳动合同变更形式的法律要求

根据《劳动法》（2018年修正本）第17条、《劳动合同法》（2012年修订本）第35条的规定，用人单位与劳动者变更劳动合同应当协商一致。用人单位变更劳动合同，应当采用书面形式，变更后的劳动合同文本由用人单位和劳动者各执一份。

用人单位有权依据其劳动规章制度或双方的书面约定调整劳动者的工作内容和工资报酬，发生争议的，用人单位应当对调整劳动者工作内容和工资报酬的合法性和合理性承担举证责任。

2. 变更劳动合同未采用书面形式的效力认定

立法虽然明确规定变更劳动合同应当以书面形式，但在实际操作中，依然存在未采用书面形式的情形，其效力如何？对此，《最高人民法院关于审理劳动争议案件适用法律问题的解释（一）》（法释〔2020〕26号）第34条明确规定，用人单位与劳动者协商一致变更劳动合同，虽未采用书面形式，但已经实际履行了口头变更的劳动合同超过一个月，变更后的劳动合同内容不违反法律、行政法规且不违背公序良俗，当事人以未采用书面形式为由主张劳动合同变更无效的，人民法院不予支持。根据该司法解释，只要用人单位能够充分举证证明双方默认并实际履行了新的劳动合同内容，也可以认定为双方对合同变更已经达成一致，合同变更结果有效。

本案中，阎某某与山东通航公司所签订的劳动合同明确了工资由基本工资和绩效工资组成，只是合同签订时没有明确绩效工资的具体情况。2018年1月，山东通航公司根据上级单位的要求，将阎某某基本工资中的20%变更为绩效工资，阎某某知道此变更，且在2018年1—5月的工资发放中明确体现出"岗位工资发放比例80%"，阎某某对此没有提出异议。2018年4月10日，阎某某所在的综合管理部部门会议，明确要求综合管理部加强离职工资结算工作，对于不办理任何交接和离职审批的，暂无法办理工资结算。这个纪要既是对综合管理部的一项工作要求，也是对合同内容的一项变更，阎某某知道此变更后一直未提出异议。由此，法院依据原《最高人民法院关于审理劳动争议案件适用法律若干问题的解释（四）》（法释〔2013〕4号）第11条规定，对山东通航公司对阎某某工资构成、发放方式的变更，予以确认，驳回阎某某主张绩效工资的发放请求。

3. 用人单位单方变更劳动合同内容的风险

实践中，用人单位单方变更劳动合同内容引发争议的情形，主要是涉及对劳动者进行调岗调薪的情况。所谓调岗调薪，是指用人单位在劳动合同履行过程中，根据法定或约定的情形，通过与员工协商达成合议或以单方的意思表示对劳动者的工作岗位和薪酬标准及职务级别等劳动合同内容进行变更。其中调岗的法定事由，根据《劳动合同法》（2012年修订本）第40条的规定，主要包括劳动者患病或非因工负伤的调岗和劳动者不能胜任工作的调岗两种情形。无法定事由的单方调岗，是指用人单位根据业务需要单方调整员工的岗位。

工作岗位和劳动报酬涉及劳动者的切身利益，也是劳动合同约定的重点内容，调岗调薪是对劳动合同内容的变更，应与劳动者协商一致。如果用人单位未与劳动者协商而单方面进行调岗调薪，则面临如下风险：①如用人单位在不符合法定情况下擅自调整员工的工作岗位，降低员工的报酬，则属于未按照劳动合同的约定提供劳动条件，未及时足额地支付工资报酬，因此员工有权解除劳动合同；②如果因为员工不服从用人单位未经协商单方面的调岗调薪，用人单位因此与员工解除劳动合同的，用人单位属于违法解除劳动合同，员工有权要求用人单位支付双倍的赔偿金；③用人单位被劳动行政部门责令限期支付劳动报酬、加班费或者经济补偿，逾期不支付的，用人单位则需按应付金额50%以上100%以下的标准向员工加付赔偿金。

在实践中，用人单位可能因自主经营的需要，对员工进行调岗，如何避免调岗给自己带来不利风险，是值得重视的问题。例如，在调岗中出现员工不服从调岗或以调岗不合理为由拒绝到新岗位报到的，用人单位如果以"旷工"为由对员工进行纪律处分或以"严重违纪"为由解除劳动合同，需要确保两个要件：一是要保证调岗本身具有合法性与合理性；二是举证证明员工的缺勤不存在其他正当理由。

4. 用人单位单方对劳动者调岗调薪的合理性与合法性审查

单方调岗调薪的行为是司法实务中最为常见的争议形态，法院在审理此种案件时，需要对用人单位单方调岗调薪的合理性与合法性予以审查，这也是劳动合同争议的焦点。

单方调岗调薪涉及用人单位自主用工权与劳动者权益的平衡问题，有关法律法规对此并未明确，其中对单方调岗调薪的合法性易判断，但对单方调岗调薪的合理性认定，需要综合多要素予以考量，例如：①调岗调薪是否为企业经营所必需；②调岗调薪是否符合劳动者的工作技能；③调岗调薪是否违反劳动合同约定和法定要求，如调岗调薪应符合劳动合同变更的书面形式要求；④调岗调薪的幅度是否明显不合理；⑤用人单位对调岗调薪的员工进行的考试考核是否具有一定的普适性和常规性。

二、航空公司的合并对劳动合同履行主体的变更

【案例】于某某与中国南方航空股份有限公司及其吉林分公司劳动争议案[①]

【案情介绍】

1996年10月25日，于某某与中国民用航空吉林省管理局签订固定期限的劳动合同书，合同期从1996年10月25日起至2001年10月25日止。1997年1月21日，因业务需要，中国民用航空吉林省管理局职工过渡到中国北方航空公司吉林分公司工作，于某某被安排到中国北方航空公司吉林分公司货运部工作，于某某怀孕未到公司上班。1999年5月1日，怀孕7个月时，北方航空公司吉林分公司停发于某某的工资和各项福利待遇，一直未给其安排工作岗位。2000年5月，于某某要求公司为其安排职位，公司称其违反计划生育政策未为其安排。2005年，根据中国民用航空总局作出民航运函〔2005〕151号关于注销中国北方航空公司、新疆航空公司经营许可证并成立

---

① 长春市九台区人民法院（2017）吉0113民初2042号民事判决书。

相关分公司的批复，中国北方航空公司、新疆航空公司注销，原两家公司的航空客货运输业务、经营范围、航线航班经营权、运输主业的债权债务由中国南方航空股份有限公司承继。2017年3月8日，于某某申请仲裁，后诉至法院，要求确认中国南方航空股份有限公司与其之间的劳动关系，为其安排劳动岗位和补交相关社会保险。中国南方航空股份有限公司辩称其与于某某从未建立劳动关系。法院判决确认双方存在劳动关系。

【案例评析】

本案争议焦点是用人单位发生合并后原劳动合同关系如何处理问题。

1. 用人单位合并对劳动合同履行主体的影响

《劳动合同法》（2012年修订本）第33条、34条规定，用人单位变更名称、法定代表人、主要负责人或者投资人等事项，不影响劳动合同的履行。用人单位发生合并或者分立等情况，原劳动合同继续有效，劳动合同由承继其权利和义务的用人单位继续履行。

根据上述规定，用人单位合并或者分立，并不影响劳动者与原用人单位依法订立的劳动合同的有效性，原用人单位在劳动合同中的法律地位一并转移给新用人单位。即是说用人单位名称的变更并不导致劳动合同的权利义务条款发生变化，原劳动合同仍是有效的。合同任何一方仅以用人单位名称变更为由拒绝履行合同义务都是没有依据的。

本案中，中国北方航空公司、新疆航空公司的经营许可证经注销，该两家航空运输主营业务注入中国南方航空股份有限公司，两家航空公司的航空客货运输业务、经营范围、航线航班经营权由中国南方航空股份有限公司承继，运输主业的债权债务由中国南方航空股份有限公司承担。这是公司合并后原公司债权债务的法定概括承受。据此，中国北方航空公司与职工的劳动关系也应依法由吸收合并后的中国南方航空股份有限公司承受。于某某与中国南方航空股份有限公司分公司的劳动合同，由中国南方航空股份有限公司继续履行。

2. 用人单位变更不影响对劳动者工作年限的累计

《最高人民法院关于审理劳动争议案件适用法律问题的解释（一）》（法释〔2020〕26号）第46条规定，劳动者非因本人原因从原用人单位被安排到新用人单位工作，原用人单位未支付经济补偿，劳动者依照《劳动合同法》第38条规定与新用人单位解除劳动合同，或者新用人单位向劳动者提出解除、终止劳动合同，在计算支付经济补偿或赔偿金的工作年限时，劳动者请求把在原用人单位的工作年限合并计算为新用人单位工作年限的，人民法院应予支持。用人单位符合下列情形之一的，应当认定属于"劳动者非因本人原因从原用人单位被安排到新用人单位"：①劳动者仍在原工作场所、工作岗位工作，劳动合同主体由原用人单位变更为新用人单位；②用人单位以组织委派或任命形式对劳动者进行工作调动；③因用人单位合并、分立等原因导致劳动者工作调动；④用人单位及其关联企业与劳动者轮流订立劳动合同；⑤其他合理情形。

例如，在"范某某与海航航空地面服务有限公司海口分公司劳动争议案"[①] 中，范某某于2008年3月25日入职海口美兰国际机场有限责任公司，在汽车服务中心从事驾驶员工作，双方签订劳动合同。因企业改革，2017年8月1日，范某某与飞航航空地面服务有限公司海口分公司及海口美兰国际机场有限责任公司三方签订《劳动合同变更协议书》，用人单位主体变更为"飞航航空地面服务有限公司海口分公司"，工龄连续计算，待遇不变。2019年3月15日，飞航航空地面服务有限公司海口分公司主体名称变更为"海航航空地面服务有限公司海口分公司"。2019年7月5日，公司以"严重违反公司考勤管理规定及劳动纪律原因"为由，解除与范某某的劳动合同。范某某申请劳动仲裁并提前诉讼，要求确认自己与海航航空地面服务有限公司海口分公司自2017年8月1日至2019年6月24日期间存在劳动关系。仲裁机构和法院根据原《最高人民法院关于审理劳动争议案件适用法律若干问题的解释（四）》（法释〔2013〕4号）第5条（现为法释〔2020〕26号第46条）规定，确认了范某自2008年3月25日起至2019年6月24日与被告海航航空地面服务有限公司海口分公司之间存在劳动关系。

三、航空公司未与劳动者协商一致变更劳动合同主体的效力

【案例】中国国际航空股份有限公司与罗某某劳动合同纠纷案[②]

【案情介绍】

1997年，中国国际航空股份有限公司（以下简称国航公司）与罗某某建

---

① 海南省海口市秀英区人民法院（2019）琼0105民初6149号民事判决书。
② 成都市双流区人民法院（2018）川0161民终13485号民事判决书；四川省成都市中级人民法院（2019）川01民终6700号民事判决书。

立劳动关系。2005年,双方签订劳动合同,2006年,续订固定期限劳动合同,2009年,罗某某与国航公司再次续订无固定期限劳动合同。罗某某在国航公司工程技术分公司生产支援部从事后勤工作,其岗位性质为地勤岗位。2014年11月,国航公司将罗某某所在的国航工程技术分公司的所有业务、资产转让给其控股的子公司北京飞机维修工程有限公司(以下简称北京飞机维修公司)用于增资扩股,该转让项目分别经过了中国民用航空局和商务部的同意。2015年5月,国航公司职工代表大会审议通过《国航机务资源整合项目报告》并形成《会议纪要》,载明了在资产转移中如何处理原国航工程技术分公司人员劳动关系的方式。同年6月1日,增资扩股后的北京飞机维修公司正式挂牌运行。同年6月10日,国航公司人力资源部发布《关于工程技术分公司人员划转相关事宜的批复》(国航股份人资发〔2015〕454号),授权国航工程技术分公司代表国航公司与员工协商变更劳动合同,与北京飞机维修公司建立劳动关系。北京飞机维修公司对所涉员工(包括罗某某)进行了《员工劳动合同变更方案》的相关培训和宣讲。自2015年10月29日至2018年2月2日,罗某某在关于变更劳动合同的数次谈话中均拒绝与增资后的北京飞机维修公司签订劳动合同。2018年3月22日,国航公司向罗某某发出《协商变更劳动合同意向书》,称罗某某的岗位为国航工程技术分公司成都维修基地生产支援部综合库房管理员,因国航工程技术分公司资产已全部转让,其所在岗位已不存在,双方签订劳动合同时所依据的客观情况发生重大变化,致使劳动合同无法履行,故公司拟与罗某某协商变更劳动合同,罗某某可选岗位为:①北京飞机维修公司成都分公司生产支援部综合库房管理员岗位;②北京飞机维修公司成都分公司飞机大修产品部现场管理员岗位,并附有两个岗位的薪酬标准、工作地点、工作时间等。国航公司在该意向书中告知罗某某,如接受变更,应于2018年3月28日前书面告知公司,并签订书面劳动合同;如逾期未书面告知、告知不明、告知明确拒绝签订劳动合同或不接受任何变更的,均视为就劳动合同变更未能达成协议,国航公司将依据《劳动合同法》(2012年修订本)第40条第3项的规定解除劳动合同。2018年3月26日,国航公司在公证处就邮寄《协商变更劳动合同意向书》进行了证据保全公证。2018年4月4日,国航公司向公司工会发出《关于单方解除宋某某等四人劳动合同的通知书》,将拟解除罗某某等人劳动合同的理由通知工会。经工会、人力资源部和公司相关领导签阅,国航公司决定解除与罗某某的劳动合同。2018年5月9日，国航公司作出《解除劳动合同通知书》并公证邮寄送达。2018年5月31日，国航公司通过银行以转账方式向罗某某支付代通知金及经济补偿金。罗某某申请仲裁，要求确认国航公司违法解除并继续履行双方劳动合同。国航公司不服仲裁裁决诉至法院，法院支持罗某某的请求，驳回国航公司诉请。

【案例评析】

本案争议涉及了劳动合同的主体变更问题。

劳动合同的变更有广义和狭义之分。狭义的合同变更是指劳动合同的主体不变，仅是在原合同基础上对劳动合同内容作部分修改、补充或者删减，不是签订新的劳动合同。广义的变更包括劳动合同的内容变更和主体变更。依法变更的劳动合同，对双方当事人都有约束力。

1. 劳动合同主体变更的方式

实践中，劳动合同主体变更的原因一般有两类：一是企业发生合并、分立；二是用人单位将员工转至关联企业或其他公司。在劳动合同主体变更的不同情形下，劳动合同权利义务的转移有所不同。

在企业发生合并、分立的情形下，劳动合同主体发生法定变更。《劳动合同法》（2012年修订本）第34条规定，用人单位发生合并或者分立等情况，原劳动合同继续有效，劳动合同由承继其权利和义务的用人单位继续履行。

在用人单位将员工转至关联企业或其他公司的情形下，劳动合同主体变更只能通过协商进行，协商一致的，需与新用人单位重新签订劳动合同；未能协商一致的，劳动合同主体不能变更。

本案中，罗某某于1997年开始与国航公司建立劳动关系，且现已是无固定期限劳动合同。在双方劳动合同履行过程中，罗某某实际在国航工程技术分公司生产支援部从事后勤工作。国航公司基于战略发展规划及机务资源整合需要，将国航工程技术分公司的所有业务、资产转让给其控股的子公司北京飞机维修公司。北京飞机维修公司和国航公司是两个独立的法人单位，因此，国航公司若将与其有劳动合同关系的罗某某转至北京飞机维修公司，则必须与罗某某进行协商一致，方可变更劳动合同的主体，且应与北京飞机维修公司签订新的劳动合同。国航公司因其公司发生资产转移的变化，而要求本公司员工变更劳动合同主体，缺乏法律依据，罗某某有权予以拒绝变更。

2. 劳动合同主体变更协商不成的处理方式

在用人单位与劳动者就劳动合同主体变更未能协商一致的情形下，用人单位能否依据《劳动合同法》（2012年修订本）第40条第3项规定，按照出现客观情况发生重大变化致使原劳动合同无法继续履行的情形享有法定解除权？答案应该是否定的。

本案中，在罗某某拒绝与北京飞机维修公司签订劳动合同，国航公司多次与其协商不能达成一致后，依据《劳动合同法》（2012年修订本）第40条第3项，以"劳动合同订立时所依据的客观情况发生重大变化，致使劳动合同无法履行"为由，解除了与罗某某的劳动合同。

《劳动合同法》（2012年修订本）第40条规定："有下列情形之一的，用人单位提前三十日以书面形式通知劳动者本人或者额外支付劳动者一个月工资后，可以解除劳动合同……（三）劳动合同订立时所依据的客观情况发生重大变化，致使劳动合同无法履行，经用人单位与劳动者协商，未能就变更劳动合同内容达成协议的。"值得特别注意的是，本条规定将"协商"作为用人单位行使法定解除权的前置条件，但协商的内容主要是指对于工作地点、工作岗位、工资报酬、劳动保障等劳动合同主要条款的变更，并不包括对主体变更的协商。

本案中，国航公司因与罗某某变更劳动合同主体协商不成，依据《劳动合同法》（2012年修订本）第40条的规定解除与罗某某的劳动合同，显然是法律适用错误，混淆了劳动合同主体变更与劳动合同解除的适用条件。即使是用人单位单方解除劳动合同能够适用的"客观情况发生重大变化"，也有严格的限定条件。一是"客观情况"应是订立劳动合同时双方无法预见、主观意志外的原因产生的情况。本案中国航公司基于企业自身发展需要进行资产转移，属于国航公司自主调整，不是签订劳动合同时不可预期的客观情况。二是"出现导致劳动合同全部或部分条款无法履行"。本案的国航公司系具有相当规模的企业，罗某某从事的后勤保障类岗位，非专属性岗位，国航公司未能举证在公司业务范围内不可调配，罗某某表示服从国航公司合理调配的情形下，双方的劳动合同并未失去履行的条件，即使出现资产转移，未出现不能履行的后果。故法院认定国航公司解除与罗某某的劳动合同的行为不符合《劳动合同法》（2012年修订本）第40条的规定，构成违法解除。

3. 用人单位未经劳动者同意不能通过支付赔偿金方式解除劳动合同

根据《劳动合同法》(2012年修订本)第48条规定:"用人单位违反本法规定解除或者终止劳动合同,劳动者要求继续履行劳动合同的,用人单位应当继续履行;劳动者不要求继续履行劳动合同或者劳动合同已经不能继续履行的,用人单位应当依照本法第八十七条规定支付赔偿金。"本案中的罗某某要求继续履行与国航公司的无固定期限劳动合同,故法院判定双方劳动合同继续履行。

第四章

劳动合同的解除与终止

在司法实践中,由于劳动合同解除与终止引起的纠纷在劳动争议中占据相当大的比例。因此,劳动合同解除与终止也是劳动合同法规范的重要环节。劳动合同的解除与终止的相关制度设计,意在突出保护劳动者利益的同时,平衡用人单位与劳动者的利益关系,解决因此产生的相关劳动争议,保障社会劳动秩序的健康有序发展。

第一节　劳动合同的解除

劳动合同的解除,是指劳动合同订立后,尚未全部履行以前,由于某种原因导致劳动合同一方或双方当事人提前终止劳动合同的法律效力,解除双方的权利义务关系。

根据《劳动合同法》(2012年修订本)的规定,劳动合同解除情形分为:意定解除(《劳动合同法》第36条)和单方解除。其中意定解除情形因有用人单位和劳动者的双方合意,故发生劳动争议的较少,更多劳动合同解除争议主要集中在单方解除的情形。单方解除分为劳动者的单方解除和用人单位的单方解除,各自类型和适用情形有所不同(详见表4-1)。

需要特别注意的是,最高人民法院2020年4月16日下发《关于依法妥善审理涉新冠肺炎疫情民事案件若干问题的指导意见(一)》(法发〔2020〕12号),强调人民法院"审理涉疫情劳动争议案件时,要准确适用《中华人民共和国劳动法》第二十六条、《中华人民共和国劳动合同法》第四十条等规定。用人单位仅以劳动者是新冠肺炎确诊患者、疑似新冠肺炎患者、无症状感染者、被依法隔离人员或者劳动者来自疫情相对严重的地区为由主张解除劳动关系的，人民法院不予支持。就相关劳动争议案件的处理，应当正确理解和参照适用国务院有关行政主管部门以及省级人民政府等制定的在疫情防控期间妥善处理劳动关系的政策文件"。

表4-1 用人单位和劳动者单方解除劳动合同的类型及其适用的情形

劳动者单方解除劳动合同的情形与依据		用人单位单方解除劳动合同的情形与依据	
1. 劳动者的即时解除权	依据	1. 用人单位的即时解除权	依据
(1) 需事先告知用人单位的情形： ①未按照劳动合同约定提供劳动保护或者劳动条件的； ②未及时足额支付劳动报酬的； ③未依法为劳动者缴纳社会保险费的； ④用人单位的规章制度违反法律、法规的规定，损害劳动者权益的； ⑤因《劳动合同法》第26条第1款规定的情形致使劳动合同无效的； ⑥法律、行政法规规定劳动者可以解除劳动合同的其他情形。 (2) 不需事先告知用人单位的情形： ①用人单位以暴力、威胁或者非法限制人身自由的手段强迫劳动者劳动的； ②用人单位违章指挥、强令冒险作业危及劳动者人身安全的。	《劳动合同法》第38条	劳动者有下列情形之一的，用人单位可以解除劳动合同： ①在试用期间被证明不符合录用条件的； ②严重违反用人单位的规章制度的； ③严重失职，营私舞弊，给用人单位造成重大损害的； ④劳动者同时与其他用人单位建立劳动关系，对完成本单位的工作任务造成严重影响，或者经用人单位提出，拒不改正的； ⑤因《劳动合同法》第26条第1款第1项规定的情形致使劳动合同无效的； ⑥被依法追究刑事责任的。	《劳动合同法》第39条

续表

劳动者单方解除劳动合同的情形与依据		用人单位单方解除劳动合同的情形与依据	
2. 劳动者的预告解除权	依据	2. 用人单位的预告解除权（又称无过失性辞退）	依据
①劳动者提前30日以书面形式通知用人单位，可以解除劳动合同； ②劳动者在试用期内提前3日通知用人单位，可以解除劳动合同。	《劳动合同法》第37条	有下列情形之一的，用人单位提前30日以书面形式通知劳动者本人或者额外支付劳动者1个月工资后，可以解除劳动合同： ①劳动者患病或者非因工负伤，在规定的医疗期满后不能从事原工作，也不能从事由用人单位另行安排的工作的； ②劳动者不能胜任工作，经过培训或者调整工作岗位，仍不能胜任工作的； ③劳动合同订立时所依据的客观情况发生重大变化，致使劳动合同无法履行，经用人单位与劳动者协商，未能就变更劳动合同内容达成协议的。	《劳动合同法》第40条

一、用人单位单方解除劳动合同

（一）航空公司因经济性裁员解除劳动合同

【案例】张某某与北京外企航空服务有限公司劳动争议纠纷案①

【案情介绍】

张某某2004年入职北京外企航空服务有限公司（以下简称外企航空公司）。由于外企航空公司生产经营发生困难，2012年度至2016年度利润总额均为负值。外企航空公司于2017年2月24日召开全体职工大会通报了拟进行经济性裁员的情况，2017年3月16日将裁减人员方案等向劳动行政部门进行了报告，提前30天通知与张某某解除劳动合同。张某某认为，外企航空

---

① 北京市第三中级人民法院（2018）京03民终6716号民事判决书。

公司无法证明其生产经营发生严重困难，与其解除劳动合同属于违法解除，应当支付经济赔偿金。法院审理认为，外企航空公司提供的鉴证报告、企业所得税汇算清缴鉴证报告书等材料，可以证明其连年亏损，生产经营发生严重困难，符合上述经济性裁员的适用情形；同时，外企航空公司履行了提前30日向全体职工说明情况以及将裁员方案向劳动行政部门报告等程序性要求。依据相关规定，外企航空公司进行经济性裁员，需向张某某支付经济补偿金。张某某主张公司系违法解除劳动关系，并要求支付违法解除劳动合同赔偿金的请求，无事实及法律依据，不予支持。

【案例评析】

本案涉及的是用人单位经济性裁员引发的劳动纠纷。

经济性裁员，是指用人单位一次性辞退部分劳动者，以此作为改善生产经营状况的一种手段，其目的是保护自己在市场经济中的竞争和生存能力，渡过暂时的难关。

在市场经济中，用人单位直接面对的是市场竞争，为更好地适应市场需求，使企业保持一定的活力，用人单位必须在用人方面形成"能上能下""能进能出"的体制。为此，劳动法和劳动合同法均规定，在满足一定条件下，用人单位可以单方解除还未到期的固定期限劳动合同以及无固定期限劳动合同。

1. 经济性裁员的适用条件

经济性裁员的实质是用人单位出于经营方面的考虑单方解除劳动合同的一种方式，但由于经济性裁员直接影响被辞退劳动者的生活，增加社会失业人数，关系社会秩序稳定，因此，立法明确规定了经济性裁员的适用情形、法定程序以及劳动行政部门的监督检查等制度。

根据《劳动法》（2018年修正本）第27条和《劳动合同法》（2012年修订本）第41条、第42条的规定，适用经济性裁员制度需满足以下条件：

（1）适用主体的限制。经济性裁员只适用于企业，不适用于《劳动合同法》的其他用人单位。

（2）符合最低裁员人数的限制。即需要裁减人员20人以上或者裁减不足20人但占企业职工总数10%以上的，达不到最低人数的，不属于经济性裁员。换言之，经济性裁员必须要一次性解除上述法定数量的劳动合同。

（3）需出现下列情形之一：①依照企业破产法规定进行重整的；②生产

经营发生严重困难的；③企业转产、重大技术革新或者经营方式调整，经变更劳动合同后，仍需裁减人员的；④其他因劳动合同订立时所依据的客观经济情况发生重大变化，致使劳动合同无法履行的。

（4）应当优先留用下列人员：①与本单位订立较长期限的固定期限劳动合同的人员；②与本单位订立无固定期限劳动合同的人员；③家庭无其他就业人员，有需要扶养的老人或者未成年人的人员。

（5）不得裁减下列人员：①从事接触职业病危害作业的劳动者未进行离岗前职业健康检查，或者疑似职业病病人在诊断或者医学观察期间的；②在本单位患职业病或者因工负伤并被确认丧失或者部分丧失劳动能力的；③患病或者非因工负伤，在规定的医疗期内的；④女职工在孕期、产期、哺乳期的；⑤在本单位连续工作满15年，且距法定退休年龄不足5年的；⑥法律、行政法规规定的其他情形。

2. 经济性裁员的基本程序

根据《劳动法》（2018年修正本）第27条和《劳动合同法》（2012年修订本）第41条的规定，适用经济性裁员需经过以下程序：

（1）应当提前30日向工会或者全体职工说明情况，提供有关生产经营状况的资料，听取工会或者职工的意见。

（2）提出裁减人员方案，内容包括：被裁减人员名单、裁减人员的时间及实施步骤，符合法律、行政法规规定和集体合同约定的被裁减人员的经济补偿办法。

（3）向工会或者全体职工征求裁减人员方案的意见，对方案进行修缮。

（4）向当地劳动行政部门报告裁减人员方案及工会或者全体职工的意见，听取其意见。

（5）正式公布裁减人员方案，与被裁减人员办理解除劳动合同手续，出具裁减人员证明书。

（6）按照方案向被裁减人员本人支付经济补偿金。

3. 经济性裁员的法律后果

（1）支付经济补偿

根据《劳动合同法》（2012年修订本）第46条、第47条、第48条的规定，实施经济性裁员的用人单位应当向劳动者支付经济补偿；经济补偿按劳动者在本单位工作的年限，每满1年支付1个月工资的标准向劳动者支付。6

个月以上不满 1 年的，按 1 年计算；不满 6 个月的，向劳动者支付半个月工资的经济补偿；劳动者月工资高于用人单位所在直辖市、设区的市级人民政府公布的本地区上年度职工月平均工资 3 倍的，向其支付经济补偿的标准按职工月平均工资 3 倍的数额支付，向其支付经济补偿的年限最高不超过 12 年。

（2）支付违法裁员的赔偿金

用人单位违法进行经济性裁员而解除或者终止劳动合同的，用人单位应当依照《劳动合同法》（2012 年修订本）第 47 条规定的经济补偿标准的 2 倍向劳动者支付赔偿金。

（3）被裁减人员应当被重新招用

用人单位如果在 6 个月内重新招用人员的，应当通知被裁减的人员，并在同等条件下优先招用被裁减的人员。

本案中，外企航空公司已经提交证据证明公司在 2012 年度至 2016 年度期间利润总额均为负值，处于连年亏损的状态，其生产经营发生困难，该情形符合《劳动合同法》（2012 年修订本）规定的"生产经营发生严重困难"。外企航空公司在作出裁员前，已履行提前 30 日向全体职工说明情况以及将裁员方案向劳动行政部门报告等法定程序，因此，法院判决外企航空公司并非违法解除劳动合同，无须支付赔偿金。

（二）航空服务公司因客观情况发生重大变化解除劳动合同

【案例】张某与上海某航空服务公司劳动合同纠纷案[①]

【案情介绍】

2008 年 10 月 8 日，上海某航空服务公司与张某签订劳动合同，约定张某至上海某航空服务公司上海办事处从事客服工作；期限为 2008 年 10 月 8 日至 2010 年 10 月 7 日；劳动合同订立时所依据的客观情况发生重大变化，致使劳动合同无法履行，经双方协商，未能就变更劳动合同内容达成协议的，单位提前 30 日以书面形式通知或者额外支付 1 个月工资后，可以解除劳动合同。2009 年 2 月 26 日，公司上海办事处将岗位变更协议送交张某并要求对转岗作出同意或不同意选择，协议内容为：鉴于上海办事处因受中国台湾地区直

---

① 上海市浦东新区人民法院（2009）浦民一（民）初字第 13157 号民事判决书。

航的影响，货运航班停飞，客运航班也相应减少，致使原劳动合同无法继续履行；鉴于公司现有杭州、成都、厦门、深圳站的职位空缺，公司可为张某安排相应职位，薪资和福利按该站的有关规定办理。张某在该协议上写明："违反劳动合同法规定，不存在致使劳动合同无法履行的情形。"2月27日，上海办事处通知张某解除劳动合同，最后用工日期为2009年2月28日。2009年3月19日，张某申请仲裁，上海浦东新区劳动争议仲裁委员会裁决上海某航空服务公司支付张某违法解除劳动合同双倍赔偿金差额，上海办事处承担连带责任。上海某航空服务公司及其上海办事处不服裁决，该案诉至法院。法院判决服务公司及其办事处不支付张某违法解除劳动合同的赔偿金差额。

【案例评析】

本案涉及劳动合同订立时的客观情况发生重大变化情形下用人单位无过失性辞退制度。

无过失性辞退制度，是指劳动者、用人单位在劳动合同履行过程中均不存在过错，但鉴于合同履行过程出现的客观情况致使劳动合同无法继续履行，从而需要对现有劳动合同关系进行调整，在调整不能时解除劳动合同的制度。

1. 无过失性辞退适用的条件

无过失性辞退是用人单位单方解除劳动合同的方式之一，其适用需要满足下列条件和程序：

（1）存在无过失性辞退的法定情形。

根据《劳动合同法》（2007年版）第40条的规定[1]，无过失性辞退适用于三种情形：①劳动者患病或者非因工负伤，在规定的医疗期满后不能从事原工作，也不能从事由用人单位另行安排的工作的；②劳动者不能胜任工作，经过培训或者调整工作岗位，仍不能胜任工作的；③劳动合同订立时所依据的客观情况发生重大变化，致使劳动合同无法履行，经用人单位与劳动者协商，未能就变更劳动合同内容达成协议的。

所谓"客观情况"，根据《劳动部关于〈中华人民共和国劳动法〉若干条文的说明》第26条规定，是指发生不可抗力或出现致使劳动合同全部或部分条款无法履行的其他情况。客观情况可以是用人单位的原因，如用人单位经营困难、亏损或业务紧缩，企业迁移，被兼并，企业资产转移，因市场条

---

[1] 《劳动合同法》（2012年修订本）未对第40条进行修改。

件、国际竞争、技术革新等导致劳动者需求数量下降等。客观情况也可以是劳动者自身的原因，如劳动者不能胜任用人单位新生产技术、因身体原因不能胜任等。

（2）提前30日书面通知或额外支付劳动者1个月工资。

根据《劳动合同法》（2007年版）第40条的规定，劳动合同订立时所依据的客观情况发生重大变化，致使劳动合同无法履行，经用人单位与劳动者协商，未能就变更劳动合同内容达成协议的，用人单位提前30日以书面形式通知劳动者本人或者额外支付劳动者1个月工资后，可以解除劳动合同。

换言之，在发生客观情况重大变化造成劳动合同目的落空时，如果用人单位与劳动者对变更合同协商不成，可以解除劳动合同，但代价是要么提前30日以书面形式通知劳动者本人，要么额外支付劳动者1个月工资。这充分体现了立法对劳动者权益的倾向性保护。

（3）建立了工会组织的用人单位应按规定事先通知工会。

根据《最高人民法院关于审理劳动争议案件适用法律问题的解释（一）》（法释〔2020〕26号）第47条的规定，建立了工会组织的用人单位解除劳动合同符合《劳动合同法》第39条、第40条规定，但未按照劳动合同法第43条规定事先通知工会，劳动者以用人单位违法解除劳动合同为由请求用人单位支付赔偿金的，人民法院应予支持，但起诉前用人单位已经补正有关程序的除外。

2. 无过失性辞退适用的后果

用人单位依据法定事由和法定程序解除劳动合同的，用人单位与劳动者的劳动关系终止，双方的权利义务消灭。但是，用人单位在无过失性辞退制度，违反法定事由或法定程序的，将视为违法解除劳动合同，需向劳动者支付赔偿金，赔偿金的支付标准，按经济补偿金的2倍计付。

在本案中，上海某航空服务公司上海办事处由于受到中国台湾地区直航的影响，导致其在上海起降的客运航班出现明显减少，不需要保持原有的客服人员数量。因此，上海办事处提出的客观情况发生重大变化之主张，法院予以认同。上海办事处在解除劳动关系前与张某某就劳动合同内容变更进行协商，但张某某未同意，因此单位解除与从事客服工作的张某某的劳动关系，符合法律规定。故法院判决支持上海某航空服务公司不支付违法解除劳动合同赔偿金的诉请。

（三）航空公司解除票务员劳动合同经济补偿金的计算标准

【案例】 殳某某与美国联合航空公司上海代表处、上海外航服务公司人力资源分公司经济补偿金纠纷案[①]

【案情介绍】

殳某某于1998年与上海外航服务公司人力资源分公司建立劳动关系，双方订立2008年8月24日起的无固定期限劳动合同，殳某某被派遣至美国联合航空公司上海代表处工作，工作岗位为票务预订代表，工资标准按照用工单位依法制定的工资制度执行。2013年3月29日，联合航空公司上海办事处向殳某某发出解除聘用关系通知书，写明于2013年3月31日解除与殳某某的聘用关系，公司会向上海外航服务公司人力资源分公司支付140 946.10元（税前）作为补偿，其中包括法定经济补偿和额外补偿，在2013年4月1日至2014年3月31日，享受公司给予的机票福利。同日，上海外航服务公司人力资源分公司作出通知，并与前述通知书一并交与殳某某，该通知写明："美国联合航空公司上海办事处因全球性战略调整，其票务预订部门于2013年3月31日关闭……我司最终与您未能就协商解除劳动合同关系达成一致……我司决定于2013年3月31日与您解除双方之间订立的劳动合同……"2014年1月15日，殳某某向上海市浦东新区劳动人事争议仲裁委员会申请仲裁，提出231万余元的补偿标准，理由是公司每年15张的免费机票的福利应视为员工收入，应计入经济补偿金的基数。仲裁委员会作出浦劳人仲〔2013〕办字第523号裁决书，裁令上海外航服务公司人力资源分公司支付申请人解除劳动合同的经济补偿金及额外补偿合计140 946.10元（税前），美国联合航空公司上海代表处承担连带责任。殳某某不服裁决，诉至法院，诉请同仲裁。法院判决维持仲裁结果。

【案例评析】

本案争议焦点在于航空公司提供的家庭电子旅行套票中的机票价值是否应折算到作为经济补偿金计算基数的月工资中。

1. 用人单位支付经济补偿金的法定义务

目前，根据《劳动合同法》（2012年修订本）第46条的规定，用人单位

[①] 上海市浦东新区人民法院（2014）浦民一（民）初字第9053号民事判决书。

在法定情形下与劳动者解除劳动合同或者终止劳动合同时，应当向劳动者支付经济补偿金。《劳动合同法》（2012年修订本）第50条规定，用人单位依照有关规定应当向劳动者支付经济补偿的，在办结工作交接时支付。

可见，支付经济补偿金是用人单位特定情形下解除劳动合同的法定义务。法定的经济补偿金包括：解除劳动合同的经济补偿金和终止劳动合同的经济补偿金。

2. 解除劳动合同经济补偿金的计算标准

根据《劳动合同法》（2012年修订本）第47条的规定，经济补偿金按照劳动者在本单位工作的年限，每满1年支付1个月工资的标准向劳动者支付；6个月以上不满1年的，按1年计算；不满6个月的，向劳动者支付半个月工资的经济补偿。

《劳动合同法实施条例》第27条规定，经济补偿的月工资按照劳动者应得工资计算，包括计时工资或者计件工资以及奖金、津贴和补贴等货币性收入。

简言之，经济补偿金的计算标准应为劳动合同解除前12个月的平均工资乘以本单位工作年限。经济补偿金的计算基数是劳动者的"月工资"（指月平均工资），即指企业在正常的生产情况下，劳动者被解除劳动合同前12个月的平均工资。劳动者的月平均工资具体计算标准为：①如果劳动者月工资高于用人单位所在直辖市、设区的市级人民政府公布的本地区上年度职工月平均工资3倍的，向其支付经济补偿的标准按职工月平均工资3倍的数额支付，向其支付经济补偿的年限最高不超过12年；②如果劳动者月平均工资低于当地最低工资标准的，按照当地最低工资标准计算；③劳动者平均月工资收入难以确认的，由双方当事人参照用人单位或所在上一年度职工月平均工资协商确定。[①]

3. 计算经济补偿金的工资范围和基数

经济补偿金的数额与劳动者的工资有很大关系。依据《劳动部关于贯彻执行〈中华人民共和国劳动法〉若干问题的意见》第53条的规定，劳动法中的"工资"是指用人单位依据国家有关规定或劳动合同的约定，以货币形

[①] 参见上海市劳动和社会保障局《关于实施〈上海市劳动合同条例〉若干问题的通知》第23条规定。

式直接支付给本单位劳动者的劳动报酬,一般包括计时工资、计件工资、奖金、津贴和补贴、延长工作时间的工资报酬以及特殊情况下支付的工资等。

根据国家统计局《关于工资总额组成的规定》第4条、第8条的规定,工资中包括的津贴和补贴,仅是指补偿职工特殊或额外劳动消耗的津贴、保健性津贴、技术性津贴、年功性津贴及其他津贴、物价补贴。根据《国家统计局〈关于工资总额组成的规定〉若干具体范围的解释》第3条的定义,"年功性津贴具体有工龄津贴、教龄津贴和护士工龄津贴等。"年功性津贴属于用人单位根据员工在本单位的服务年限支付的工龄工资,工龄津贴属于工资组成的一部分,每年金额固定,随在本单位服务年限稳定递增。

根据《劳动法》(2018年修正本)第50条明确规定,工资应当以货币形式按月支付给劳动者本人。即工资应当以法定货币支付,不得以实物及有价证券替代货币支付。国务院2019年12月30日公布的《保障农民工工资支付条例》(2020年5月1日施行)进一步明确禁止以实物或者有价证券等代替货币支付工资。这就意味着工资总额并不包括用人单位给职工的各种票券等福利方面的各项收益,这些不作为解除或者终止劳动合同的经济补偿的计发基数。

本案中,机票福利是公司给予内部员工的福利,员工在单位连续服务满6个月后有权利享受该福利。福利机票的使用是有条件的:①机票福利不具有固定性,仅在飞机有空位情况下才可享受,如客满则员工无法搭乘,并非确定可享受;②只有在员工购买机票时方能享受该优惠,并不代表实际享受;③福利机票在5年有效期内不享受的,自动失效,不能折现,并不给予任何补偿;④根据家庭电子旅行套票计划和公司的相应制度,该福利是员工和家属以及退休员工均可以享有的;⑤福利机票不能交易,只有在员工购买机票时方能享受该福利。因此,机票福利不属于工资组成部分,美联航上海代表处给予殳某某的家庭电子旅行套票中的机票使用权及其价值是员工的一项福利,但该福利并非货币性收入,不应折算到月工资中,更不能计入经济补偿金内。

(四)航空公司因机长失职造成空难解除劳动合同

【案例】齐某某与深圳航空有限责任公司的劳动合同纠纷案

【案情介绍】

齐某某于2003年6月加入深圳航空有限责任公司,工作岗位为飞行员。

2010年8月24日,河南航空E190机型B3130号飞机在执行哈尔滨至伊春的客运航班任务的着陆过程中失事,造成机上44人死亡、52人受伤的飞行事故,齐某某是该次航班的当班机长。2012年6月28日,齐某某因该次事故被刑事拘留。2012年6月29日,《河南航空有限公司黑龙江伊春"8·24"特别重大飞机坠毁事故调查报告》经国务院批复结案,该调查报告认为该次事故是一起责任事故,机长齐某某"作为事故当班机长,未履行《民用航空法》关于机长法定职责的有关规定,违规操纵飞机低于最低运行标准失事进近……飞机撞地后,没有组织指挥旅客撤离,没有救助受伤人员,而是擅自撤离",对该次事故的发生负有直接责任。2012年7月10日,深圳航空有限责任公司作出一份《关于对齐某某行政开除处分的决定》,认为齐某某严重失职,根据《劳动合同法》的相关规定,对其作出开除处分,即日生效。齐某某确认深圳航空有限责任公司于2012年7月10日以传真方式委托伊春市公安局向齐某某送达上述开除决定。

2013年6月20日,齐某某申请劳动仲裁,请求:确认深圳航空有限责任公司作出的关于对齐某某的开除处分决定无效;深圳航空有限责任公司支付齐某某2012年7月1日至2013年5月31日的工资;支付齐某某经济补偿金和违法解除劳动关系的25%赔偿金。仲裁裁决驳回其全部仲裁请求。齐某某不服提起诉讼,一审法院判决驳回齐某某的全部诉请。[1] 齐某某提起上诉,二审判决驳回上诉,维持原判。[2] 齐某某不服申请再审,被裁定驳回再审申请。[3]

伊春空难后,伊春区人民检察院指控齐某某犯重大飞行事故罪提起公诉,2014年,伊春区人民法院审理认为,齐某某作为客运航班当班机长,违反航空运输管理的有关规定,违规操纵飞机实施进近并着陆,致使飞机坠毁,造成机上44人死亡、52人受伤,直接经济损失人民币30 891万元的严重后果,其行为已构成重大飞行事故罪,判处有期徒刑3年。[4] 宣判后,齐某某不服,提起上诉,伊春市中级人民法院裁定驳回上诉,维持原判。[5]

---

[1] 深圳市宝安区人民法院(2013)深宝法劳初字第135号民事判决书。
[2] 深圳市中级人民法院(2014)深中法劳终字第1473号民事判决书。
[3] 广东省高级人民法院作出(2015)粤高法民申字第72号民事裁定书。
[4] 黑龙江省伊春市伊春区人民法院审理(2014)伊刑初字第17号刑事判决书。
[5] 黑龙江省伊春市中级人民法院(2015)伊中刑一终字第2号刑事裁定书。

2016年11月28日，齐某某申请劳动仲裁，请求深圳航空有限责任公司支付其因空难事故于2010年8月至2012年7月受伤住院期间的工资和一次性伤残就业补助金等。深圳市宝安区劳动人事争议仲裁委员会以"申请人未能在劳动争议发生之日起1年内向劳动人事争议仲裁委员会提出仲裁申请，申请仲裁时效已过"为由，对于仲裁申请不予受理。① 齐某某由此提起诉讼，深圳市宝安区人民法院审理后判决驳回齐某某的全部诉讼请求。②

【案例评析】

本案涉及机长和航空公司的多起劳动合同争议，其中机长主张的空难受伤住院期间工资、一次性伤残就业补助金、经济补偿金、赔偿金等诸项请求，争议焦点均在于航空公司在空难事故后单方解除与机长的劳动合同是否违法的问题。

1. 深圳航空有限责任公司行使单方解除权适用的法定事由

用人单位的单方解除权，又称法定解除，即用人单位在具备法定事由、遵循法定程序情形下可以解除劳动合同，且无须支付任何经济补偿金。用人单位的单方解除权是一种权利，可以行使，也可以不行使。

根据《劳动法》（2009年修正本）第25条③和《劳动合同法》（2012年修订本）第39条的规定，用人单位可以即时解除劳动合同的情形有：①劳动者在试用期间被证明不符合录用条件的；②劳动者严重违反劳动纪律或用人单位的规章制度的；③劳动者严重失职，营私舞弊，给用人单位造成重大损害的；④劳动者同时与其他单位建立劳动关系，对完成本单位工作任务造成严重影响，或经用人单位提出，拒不改正的；⑤劳动者因以欺诈、胁迫的手段或乘人之危，使对方在违背真实意思情况下订立或者变更劳动合同致使劳动合同无效的；⑥劳动者被依法追究刑事责任的。

本案中，深圳航空有限责任公司于2012年7月10日作出《关于对齐某某行政开除处分的决定》并送达齐某某本人。尽管齐某某对公司适用开除的决定存有争议，但开除实质上就是用人单位单方解除劳动合同的一种方式，是用人单位对具有严重违反劳动纪律和企业规章制度，造成重大经济损失或（和）其他违法乱纪行为的职工，依法强制解除劳动关系的一种最高处分。

---

① 深宝劳人仲不（2016）14号《不予受理案件通知书》。
② 深圳市宝安区人民法院（2016）粤0306民初29074号民事判决书。
③ 《劳动法》（2018年修正本）未对第25条进行修改。

深圳航空有限责任公司行使单方解除权适用的法定事由是什么？应该仅能适用两项法定事由：一是严重违反劳动纪律和用人单位的规章制度；二是严重失职，给用人单位造成重大损害。

当然，在司法实践中，用人单位应对适用的法定事由进行举证。失职一般是指劳动者没有履行自己的工作职责或者利用自己的工作职权谋取私利，给用人单位造成重大损失，这里的"严重"及"重大"程度，实践中，往往由用人单位在内部规章制度中给予明确限定。

本案中，深圳航空有限责任公司根据经国务院批复结案的《河南航空有限公司黑龙江伊春"8·24"特别重大飞机坠毁事故调查报告》中确认的内容，足以证明齐某某明显存在"严重违反用人单位的规章制度"以及"严重失职给用人单位造成重大损害"的情形。作为机长，齐某某没有履行《民用航空法》规定的法定职责，违规操纵飞机，在发生事故后未救助伤员并擅离飞机，直接造成机上44人死亡、52人受伤、直接经济损失30 891万元人民币的严重后果。故深圳航空公司据此解除与齐某某的劳动合同，符合法律规定。

2. 深圳航空有限责任公司不是基于"被依法追究刑事责任"的法定事由行使单方解除权

值得注意的是，在前述判例中，深圳航空有限责任公司行使单方解除权适用的法定事由并不包括齐某某被依法追究刑事责任的事由。理由在于：深圳航空有限责任公司解除劳动合同的时间是2012年7月10日，而齐某某是在2014年才被判刑的。这里涉及对"被依法追究刑事责任"法定事由的内涵理解。

根据《劳动法》（2009年修正本）第25条、《劳动合同法》（2012年修订本）第39条的规定，劳动者存在被依法追究刑事责任的情形，用人单位可以单方解除劳动合同。何为"被依法追究刑事责任"的情形，《劳动法》和《劳动合同法》未进一步明确，实践中，需要结合《关于贯彻执行〈中华人民共和国劳动法〉若干问题的意见》、《劳动部关于〈中华人民共和国劳动法〉若干条文的说明》、《中华人民共和国刑法》（以下简称《刑法》）、《中华人民共和国刑事诉讼法》（以下简称《刑事诉讼法》）等规定，进行体系化理解。

被依法追究刑事责任，主要包括以下几种情形：

(1) 劳动者被判处刑罚的情形。根据《刑法》相关规定，刑罚分为主刑和附加刑。其中主刑包括管制、拘役、有期徒刑、无期徒刑和死刑；附加刑包括罚金、剥夺政治权利、没收财产；对外国人可以独立适用或者附加适用的驱逐出境。

(2) 劳动者被判处刑罚缓期执行的情形。由于缓刑虽然不是刑罚种类之一，但缓刑考验期内仍具有刑罚惩罚性，仅是一种有条件的不实际执行刑罚的制度，故《关于贯彻执行〈中华人民共和国劳动法〉若干问题的意见》（劳部发〔1995〕309号）明确规定，劳动者被人民法院判处拘役、3年以下有期徒刑缓刑的，用人单位有权单方解除劳动合同。

(3) 人民法院免予刑事处罚的情形。因1979年《刑法》第32条使用的是"免予刑事处分"，故《关于贯彻执行〈中华人民共和国劳动法〉若干问题的意见》和《劳动部关于〈中华人民共和国劳动法〉若干条文的说明》均使用"免予刑事处分"，1997年《刑法》第37条开始用"免予刑事处罚"取代"免予刑事处分"一词。

不属于"被依法追究刑事责任"的情形，主要包括以下情形：

(1) 人民检察院免予起诉的情形。在《关于贯彻执行〈中华人民共和国劳动法〉若干问题的意见》和《劳动部关于〈中华人民共和国劳动法〉若干条文的说明》中"被依法追究刑事责任"均包括"被人民检察院免予起诉"的情形。但1996年《刑事诉讼法》修改后不再有免予起诉的规定，因此，实践中本条不再适用。

(2) 人民检察院不起诉的情形。现行《刑事诉讼法》取消了1979年《刑事诉讼法》关于"免予起诉"的规定，现行检察院不予起诉决定包括法定不起诉、酌定不起诉、证据不足不起诉3种情形。《劳动和社会保障部办公厅关于职工被人民检察院作出不予起诉决定用人单位能否据此解除劳动合同问题的复函》（劳社厅函〔2003〕367号）已经明确规定人民检察院作出不起诉决定的，不属于《劳动法》规定的被依法追究刑事责任的情形。

(3) 劳动者被采取刑事强制措施的情形。刑事强制措施并非刑事处罚，不具有追究刑事责任的含义，用人单位不得以劳动者被采取刑事强制措施为由，解除劳动合同。因劳动者在逮捕、拘留等被限制人身自由期间无法继续履行劳动合同，用人单位可依据《关于贯彻执行〈中华人民共和国劳动法〉若干问题的意见》（劳部发〔1995〕309号）第28条的规定，暂时停止履行劳动合同,如劳动者被限制人身自由经证明是错误的,暂时停止履行劳动合同造成劳动者的损失,可由其依据《中华人民共和国国家赔偿法》要求有关部门赔偿。

（五）公务航空公司解除飞行员劳动合同后相关离职证明和档案关系移转的办理

【案例】 东方公务航空服务有限公司诉杨某某劳动合同纠纷案[①]

【案情介绍】

杨某某系东方公务航空服务有限公司（以下简称东方公务航空公司）关联企业中国 A 股份有限公司出资培训的飞行员,2000 年 9 月进入该公司担任飞行驾驶员。2013 年 4 月 1 日,杨某某经集团调动至东方公务航空公司工作,双方签订无固定期限劳动合同,约定杨某某服务期至法定退休日。2015 年 1 月 21 日,杨某某向东方公务航空公司书面提出辞职申请,东方公务航空公司未同意,一个月后,杨某某正式离职,东方公务航空公司仍按本市职工最低工资标准支付杨某某工资,并缴纳社会保险费,至今未为杨某某办理退工手续。2015 年 3 月 18 日,杨某某提出劳动仲裁,要求东方公务航空公司为其办理退工手续。仲裁委员会裁决支持杨某某的请求。东方公务航空公司不服裁决,诉至法院,请求不承担为杨某某办理退工手续义务。法院判决东方公务航空公司应及时为杨某某开具解除劳动关系证明并办理人事档案转移等退工手续。二审维持原判。

【案例评析】

本案争议涉及用人单位在解除劳动合同后是否有义务为劳动者办理离职手续的问题。

1. 用人单位在解除劳动合同后的法定义务

《劳动合同法》（2012 年修订本）第 50 条第 1 款规定:"用人单位应当在解除或者终止劳动合同时出具解除或者终止劳动合同的证明,并在十五日内为劳动者办理档案和社会保险关系转移手续。"该条规定明确了劳动关系解除或终止后用人单位的后合同义务。

[①] 上海市长宁区人民法院（2015）长民四（民）初字第 1773 号民事判决书;上海市第一中级人民法院（2016）沪 01 民终 2871 号民事判决书。

实践中，劳动者为何需要原用人单位出具《解除劳动关系证明》（即离职证明）？根据《劳动合同法》（2012年修订本）第91条的规定，用人单位招用与其他用人单位尚未解除或者终止劳动合同的劳动者，给其他用人单位造成损失的，应当承担连带赔偿责任。因此，用人单位在招用新雇员时应当调查应聘人员是否已与前一用人单位解除或终止劳动关系。要求新雇员提供前一用人单位出具的解除劳动关系证明，既是了解并核实劳动者基本情况的需要，也是防范由此带来赔偿法律风险的需要。

本案中，杨某某于2015年1月21日以书面形式提出解除劳动合同，并送达到东方公务航空公司。东方公务航空公司收到辞职申请后仍然支付杨某某最低工资，并缴纳社会保险费的行为，虽表明东方公务航空公司不同意解除双方劳动合同的意思表示，但双方并未达成继续建立劳动关系的合意，根据《劳动合同法》（2012年修订本）第37条的规定，劳动者提前30日以书面形式通知用人单位，可以解除劳动合同，故双方的劳动关系应于2015年2月21日依法解除。东方公务航空公司在劳动关系依法解除后，根据《劳动合同法》（2012年修订本）第50条第1款的规定，有法定义务为劳动者办理离职手续。

2. 飞行员离职手续办理的复杂性和变动性

飞行员与航空公司解除劳动合同后，不仅需要用人单位出具解除劳动合同证明，还需要办理执照、档案关系等转移手续，其中涉及转出环节和转入环节的相关单位，实践中出现争议的主体已不局限在原用人单位与飞行员之间，还涉及办理执照转出手续的民航管理单位。

例如，在"毕某某与中国民用航空西南地区管理局的行政诉讼案"[①]中，毕某某原系成都航空公司的飞行员，于2014年2月与成都航空公司解除劳动合同，于2016年向成都航空公司支付了培训费及退还的工资、社会保险金、公积金。2018年，毕某某与华北一家通用航空公司（该公司并未与毕某某原公司成都航空公司进行协商）签订劳动合同，该公司向民航华北管理局提出执照关系转移申请，民航华北管理局则向民航西南管理局提出调转毕某某执照关系，被民航西南管理局拒绝，原因是毕某某入职的新公司并未与其原公司进行协商。后毕某某提起诉讼，请求判令民航西南管理局依法为其办理飞

---

① 成都市龙泉驿区人民法院（2019）川0112行初122号行政判决书。

行员执照关系转出手续。

该案中，民航西南管理局认为其与民航华北管理局之间办理执照转移的内部协作属于过程性行为，不属于行政诉讼受案范围。法院认为，根据《中华人民共和国行政诉讼法》（2017年修正本）第12条第1款的规定："人民法院受理公民、法人或者其他组织提起的下列诉讼……（十二）认为行政机关侵犯其他人身权、财产权等合法权益的。"民航西南管理局明确拒绝办理毕某某的飞行员执照关系转出手续行为，直接决定了毕某某是否可以参与新航空公司CCAR121部商业运行，与毕某某的权利义务具有利害关系，属于行政诉讼受案范围。

（1）民航地区管理局办理飞行员执照关系转移的法定职权。

民航地区管理局的法定职权来源于《民用航空法》和《民用航空器驾驶员合格审定规则》的授权。根据《民用航空法》（2021年版）第3条的规定，国务院民用航空主管部门对全国民用航空活动实施统一监督管理；根据法律和国务院的决定，在本部门的权限内，发布有关民用航空活动的规定、决定。国务院民用航空主管部门设立的地区民用航空管理机构依照国务院民用航空主管部门的授权，监督管理各该地区的民用航空活动。

《民用航空器驾驶员合格审定规则》（CCAR-61-R5）第61.5条规定："（a）民航局飞行标准职能部门统一管理民用航空器驾驶员合格审定工作，负责全国民用航空器驾驶员的执照和等级的颁发与管理工作。（b）地区管理局及其派出机构的飞行标准职能部门根据民航局飞行标准职能部门的规定，具体负责本地区民用航空器驾驶员执照和等级的颁发与管理工作。"

故该案被告民航西南管理局具有办理本地区航空器驾驶员执照关系转移的法定职权。

（2）民航地区管理局办理飞行员执照关系转移手续的文件变动与沿革。

从2005年至2017年，飞行员辞职需要向原单位支付补偿金标准从建议参照的70万~120万元最终被取消，相关证照档案办理手续由需要双方协商一致方可办理到飞行员本人持有电子副本进行办理的转变，表明飞行员流动逐步呈现出自由化、市场化和电子化的发展趋势（详见图4-1）。

```
┌─────────────────────────────────────────────────────────────────────────────┐
│ 中国民用航                                                                   │
│ 空总局《关于                                                                 │
│ 规范飞行人员                                                                 │
│ 流动管理                              《关于印发〈关于进一步                  │
│ 保证飞行安全的通知》                  加强民航飞行队伍管理       2017年1月4日中国民用航│
│ (民航人发〔2004〕187号)                的意见〉)的通知》         空局《关于取消〈关于规范飞行人员│
│                    中国民用航空总局《关于               (民航发〔2006〕109号)      流动管理保证民航飞行队│
│ 辞职飞行员的飞行执               规范通用航空飞行人员流                          伍稳定的意见〉中支付费│
│ 照、技术档案交用人               动管理有关问题的通知》                           用参照标准的通知》│
│ 单位所在地的民航地              (民航人发〔2005〕199号)                         (民航发〔2017〕10号)│
│ 区管理局暂存保管;                                      新公司仍须与辞职飞行员                       │
│ 飞行记录本和航空人              需协商一致方可办           原单位主动协商,未经协      原五部委104号文件中支│
│ 员健康记录本由用人              理有关手续:按照            商私自流动的飞行人员,    付费用的参照标准予以取│
│ 单位封存保管6个月               50万~110万元标准           各地区管理局不得办理其     消;其他内容继续有效│
│ 后交所在地的民航地              补偿                        在新公司的注签手续         │
│ 区管理局暂存保管                                                                         │
│                                                                                          │
│                    2005年          2006年         2017年                │
│                                                                         │
│       2005年               2005年          2014年         2021年                │
│                                                                         │
│ 飞行执照、技术档案等需协       参照70万~120      新雇主应要求雇佣的飞行人员      飞行技术档案,由│
│ 商一致方可办理有关手续;       万元补偿标准       提供前雇主建立和保存的每一      原公司向飞行员本│
│ 按照70万~120万元标准补偿       判定               机组成员的技术档案(包括飞      人提供复印件,飞│
│                                                   行记录簿,各种训练和检查的      行经历记录本和飞│
│ 中国民用航空总局、人事部、劳动   《最高人民法院关于      记录,事故、事故征候结论,      行执照由飞行员│
│ 和社会保障部、国务院国有资产监   转发中国民用航空         奖励和惩罚记录等)内容的副     本人向新公司出示│
│ 督管理委员会、国务院法制办公室   总局等〈关于规范        本,并进行评估,将结果报局                         │
│ 联合下发的《关于规范飞行人员流   飞行人员流动管理        方审核且在局方的系统注册成      2021年3月15日施行的│
│ 动管理保证民航飞行队伍稳定的意   保证民航飞行队           功后方可实施运行。前雇主应      《大型飞机公共航空│
│ 见》(民航人发〔2005〕104号)     伍稳定的意见〉          向飞行员人提供,并不得收       运输承运人运行│
│                                  的通知》(法发           取费用                         合格审定规则》│
│                                  〔2005〕13号)                                           (CCAR-121-R7)│
│                                                                                          第121.691条│
│                                                     《运输飞行员注册、记录和运行管理》                │
│                                                       (AC-121-FS-2014-48)                           │
└─────────────────────────────────────────────────────────────────────────────┘
```

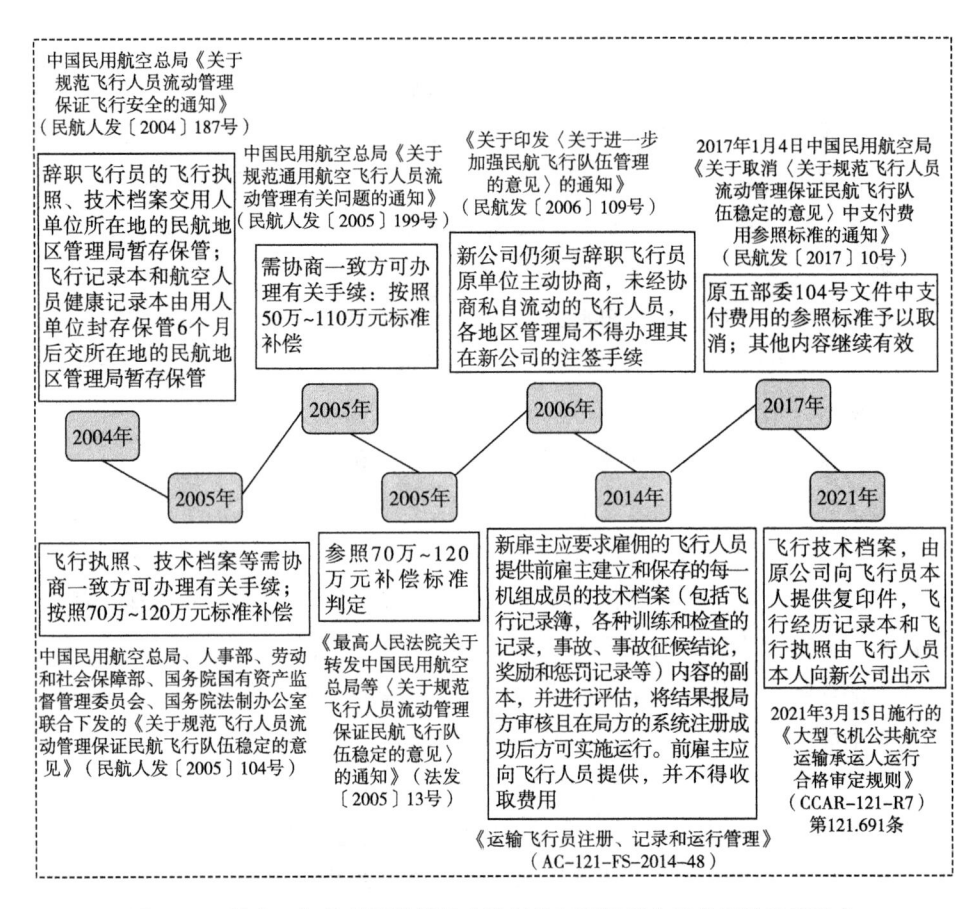

图 4－1　航空飞行员辞职补偿标准及相关证照档案办理依据的发展演变

　　在该案中,法院依据 2017 年中国民用航空局下发的《关于取消〈关于规范飞行人员流动管理保证民航飞行队伍稳定的意见〉中支付费用参照标准的通知》(民航发〔2017〕10 号),认为涉及飞行人员执照关系转移问题,依然应适用民航局《关于印发〈关于进一步加强民航飞行队伍管理的意见〉的通知》(民航发〔2006〕109 号)的规定,即"飞行人员辞职后到新公司复飞,新公司与辞职飞行员原单位应主动协商,对没有经过协商而私自流动的飞行人员,各地区管理局不得办理其在新公司的注签手续,不准其参加新公司的运行飞行",这实际上是法院适用文件存在错误。

　　2006 年以前下发的所有民航飞行员执照关系转移管理的规定与《运输飞行员注册、记录和运行管理》(AC－121－FS－2014－48)的规定相悖。根据《运输飞行员注册、记录和运行管理》(AC－121－FS－2014－48) 4.4 和 4.5

的规定,新雇主应要求雇佣的飞行人员提供前雇主建立和保存的每一机组成员的技术档案(包括飞行记录簿,各种训练和检查的记录,事故、事故征候结论,奖励和惩罚记录等)内容的副本(所述副本包括原件的复印件、影印件、扫描件等复制品,非指证件的副本),并进行评估,将结果报局方审核且在局方的系统注册成功后方可实施运行。前雇主应向飞行人员提供技术档案内容的副本,以满足其参与新雇主运行的安全记录要求,并不得收取费用。①

《大型飞机公共航空运输承运人运行合格审定规则》(CCAR-121-R5)第121.691条进一步规定,飞行技术档案(包括飞行记录簿),由原公司向飞行人员本人提供复印件,飞行经历记录本和飞行执照由飞行人员本人向新公司出示。

中国民用航空局2015年6月2日向广东省深圳市中级人民法院的复函,进一步明确《大型飞机公共航空运输承运人运行合格审定规则》颁布实施后,《关于进一步加强民航飞行队伍管理的意见》的相关规定不再执行,移交副本的规范具体请参见《运输飞行员注册、记录和运行管理》。

因此,不论是在职飞行员或是离职飞行员,要将执照关系转入到新航空公司,新航空公司无须再与飞行员原公司进行协商,由飞行员本人向新公司提供。在飞行员与原公司解除劳动合同并已经支付违约金和赔偿金的情形下,执照转出和转入的地区管理局应该为流动飞行员办理执照关系转移手续。故该案法院以"毕某某入职的新公司未与其原公司进行协商"为由,判决毕某某要求民航西南管理区为其办理飞行员执照关系转出手续的诉讼请求不成立是错误的。

3. 用人单位拒绝出具解除劳动合同证明的法律风险

实践中,用人单位因与劳动者之间存在纠纷,在劳动关系解除后不给劳动者办理离职手续,包括不开具离职证明、不转移社会保险和档案,会面临以下法律风险:

(1) 受到劳动保障行政部门行政处罚的风险。

2005年《关于实施〈劳动保障监察条例〉若干规定》第12条规定,劳动者对用人单位违反劳动保障法律、侵犯其合法权益的行为,有权向劳动保

---

① 参见《运输飞行员注册、记录和运行管理》(AC-121-FS-2014-48)第4条"运营人记录要求"。

障行政部门投诉。《劳动合同法》（2012年修订本）第89条规定："用人单位违反本法规定未向劳动者出具解除或者终止劳动合同的书面证明，由劳动行政部门责令改正。"

因此，劳动者有权就用人单位不予开具离职证明的行为向劳动保障行政部门投诉，一经投诉并经调查属实的，劳动保障行政部门将责令用人单位改正。根据《劳动保障监察条例》第30条的规定，经劳动保障行政部门责令改正拒不改正，或者拒不履行劳动保障行政部门的行政处理决定的，处2 000元以上2万元以下的罚款。

（2）对劳动者造成再就业损失的赔偿风险。

《劳动合同法》（2012年修订本）第50条规定："用人单位应当在解除或者终止劳动合同时出具解除或者终止劳动合同的证明，在十五日内为劳动者办理档案和社会保险关系转移手续。"第89条规定："用人单位违反本法规定未向劳动者出具解除或者终止劳动合同的书面证明，由劳动行政部门责令改正。给劳动者造成损害的，应当承担赔偿责任。"《劳动保障监察条例》第21条规定，用人单位违反劳动保障法律、法规或者规章，对劳动者造成损害的，依法承担赔偿责任。劳动者与用人单位就赔偿发生争议的，应当依照国家有关劳动争议处理的规定处理。

因为离职证明主要用于劳动者再就业或者享受失业保险待遇，所以用人单位拒开离职证明给劳动者造成损失的，损害赔偿的范围主要包括因影响劳动者重新就业而造成的再就业损失，以及因不能领取失业保险待遇而受到的损失。

实践中，要求用人单位承担赔偿责任应同时满足三个条件：第一，用人单位确有未向劳动者出具解除劳动合同的证明之行为；第二，劳动者的损害实际发生；第三，用人单位的行为与劳动者的损害之间存在直接的因果关系。这三个条件缺一不可，同时，劳动者对其存在损失以及损失金额、损失与原单位不开具离职证明之间的因果关系应承担举证责任。如有证据表明劳动者与用人单位解除劳动合同时，用人单位未给其开具解除劳动关系证明，导致其原拟定入职其他单位最终未能被该单位录用，并能证明其损失标准的，应当予以支持；如确实造成经济损失，但无法确定经济损失具体数额的，可以按照劳动者在解除或终止劳动合同前12个月平均工资确定；如果劳动者不能证明其未能入职新单位与原单位未开具离职证明之间存在因果关系的，一般不会支持其未能再就业的（工资）损失，因为劳动者未能入职新单位可能存在多种原因。①

例如，在"中国邮政航空有限责任公司与张某建的劳动合同纠纷一案"②中，张某建在解除劳动合同的过程中没有向邮政航空公司表明离职理由是另寻就业，也未就其损害的发生、数额以及与邮政航空公司迟延履行出具解除劳动关系证明等附随义务之间存在因果关系提供初步证据，故法院对其要求邮政航空公司赔偿损失的请求不予支持。

再如，在"田某涛与四川航空公司劳动争议案"③中，田某涛就损失赔偿的请求，仲裁委员会和两审法院均未予以支持。审理法院认为，四川航空公司确实存在延迟出具解除劳动合同证明和迟延办理社保关系、人事档案转移手续的行为；根据田某涛提交的银行流水明细，其在2015年11月5日后至入职西藏航空有限公司期间内收入确实减少，但未提交其曾选择到其他行业和岗位就业不能而导致损失的证据；田某涛流转至其他航空公司继续担任飞行员，不仅需要解除劳动关系证明，还需按民航行政主管部门的规定，办理飞行技术档案等系列材料，而在田某涛主张损失的期间，其相关飞行技术档案并未发生流转，即使田某涛当时取得解除劳动关系证明也无法继续进入其他航空公司从事飞行员岗位，四川航空公司延迟出具解除劳动合同的证明与田某涛主张的15个月未能就业的损失之间缺乏直接的、必然的因果关系，且田某涛从未就解除劳动关系证明事宜，申请人民法院强制执行。可见，用人单位不及时出具解除劳动合同证明和办理相关离职手续，劳动者要求赔偿的，必须举证证明用人单位的行为严重影响了新用人单位对劳动者的工作态度和职业能力的判断，从而造成劳动者不能顺利再就业的损失。

（3）对劳动者造成失业保险损失的赔偿风险。

《社会保险法》（2018年修正本）第50条规定："用人单位应当及时为失业人员出具终止或者解除劳动关系的证明，并将失业人员的名单自终止或者解除劳动关系之日起十五日内告知社会保险经办机构。失业人员应当持本单位为其出具的终止或者解除劳动关系的证明，及时到指定的公共就业服务机构办理

---

① 参见北京市高级人民法院、北京市劳动争议仲裁委员会《关于劳动争议案件法律适用问题研讨会会议纪要（二）》。

② 参见南京市江宁区人民法院（2014）江宁民初字第3706号民事判决书；江苏省南京市中级人民法院（2015）宁民终字第891号民事判决书。

③ 成都市双流区人民法院（2016）川0122民初650号民事判决书；成都市中级人民法院（2019）川01民终5835号民事判决书。

失业登记。失业人员凭失业登记证明和个人身份证明,到社会保险经办机构办理领取失业保险金的手续。失业保险金领取期限自办理失业登记之日起计算。"

据此,用人单位出具的终止或解除劳动关系的证明是劳动者进行失业登记的必备条件,没有离职证明,劳动者可能无法享有失业登记。因此,如果劳动者不能证明其未能入职新单位与原单位未开具离职证明之间存在因果关系的,虽然未能再就业的(工资)损失一般不会得到支持,但劳动者主张未能享受失业保险待遇的,可以得到支持。①

(4) 被法院强制执行或被限制消费行为的风险。

在司法实践中,已有相关案例显示航空公司不积极履行飞行员离职档案和证照等转移手续被强制执行的情形。例如,2018年年底,奥凯航空有限公司飞行员彭某某、余某某因离职问题与公司发生纠纷,法院判决都要求奥凯航空有限公司协助彭某某、余某办理现实表现材料(安保评价)、飞行技术档案(包括飞行记录簿)复印件、飞行执照关系、空勤登机证、体检鉴定档案(健康记录本)、民用航空人员体检合格证关系的转移手续,但奥凯航空有限公司并未为二人办理相关手续,故2019年11月,彭某某、余某某申请法院强制执行。但因奥凯航空有限公司未按执行通知书指定期间履行生效法律文书确定的给付义务,2019年12月,北京市顺义区人民法院相继发出两次限制消费令,限制奥凯航空有限公司法定代表人、主要负责人、影响债务履行的直接责任人员、实际控制人李某不得实施高消费及非生活和工作必需的消费行为。②

二、劳动者单方解除劳动合同

(一) 劳动者因用人单位未依法缴纳社会保险费解除劳动合同

【案例】李某某与辽宁飞翔通用航空有限公司劳动争议案③

【案情介绍】

李某某与辽宁飞翔通用航空有限公司(以下简称通航公司)先后签订2

---

① 参见张靓与国网汇通金财(北京)信息科技有限公司劳动争议案[(2019)京01民终10337号]。
② 《奥凯法定代表人被限制坐飞机》,载民航资源网,http://news.carnoc.com/list/516/516497.html,访问日期:2019年12月20日。
③ 沈阳市浑南区人民法院(2018)辽0112民初9458号民事判决书。

份聘用协议，第一份约定：通航公司聘用李某某为飞行员，期限为2014年3月1日起至2016年3月1日止，第二份协议约定：聘期为2016年1月1日起至2016年12月31日止，基础工资为（税前）每月8 000元（含各种保险费用），按月发放，公司代扣代缴个人所得税。在李某某任职期间，公司存在延付工资的情形，李某某在沈阳市有社会保险账户，公司没有给其缴纳2014年3月至2017年2月的社会保险。2017年3月1日，李某某向公司邮寄"被迫解除劳动合同通知书"，后经劳动仲裁和一审、二审诉讼，判决解除了双方之间的劳动关系。但对于李某某要求公司为其补缴自2014年3月至2017年2月的社会保险费的请求，仲裁委员会和法院均以不属于受理范围为由驳回。

【案例评析】

本案涉及因用人单位未依法缴纳社会保险费与劳动者发生的纠纷问题

1. 社会保险费的征收机构

根据《社会保险法》（2018年修正本），社会保险费实行统一征收，实施步骤和具体办法由国务院规定，但没有明确规定统一征收机构。国务院1999年实施的《社会保险费征缴暂行条例》（2019年修订）明确，社会保险费征收机构由省、自治区、直辖市人民政府规定，可以由税务机关征收，也可以由劳动保障行政部门按照国务院规定设立的社会保险经办机构征收。人力资源社会保障部2013年颁发的《社会保险费申报缴纳管理规定》规定，社会保险费由社会保险经办机构负责统一征收。中共中央办公厅、国务院办公厅印发《国税地税征管体制改革方案》，明确从2019年1月1日起，社会保险费由税务部门统一征收。

2. 职工对社会保险费缴纳情况的知情权

根据《社会保险法》（2018年修正本）第61条、《社会保险费申报缴纳管理规定》第31条的规定，社会保险费征收机构应当依法按时足额征收社会保险费，并将缴费情况定期告知用人单位和个人；用人单位未按月将代扣代缴社会保险费明细情况告知职工本人，或者未按照规定通报、公布本单位全年社会保险费缴纳情况的，职工有权向社会保险行政部门举报、投诉。

3. 社会保险费缴纳争议不属于法院受理范围的依据和原因

不是所有社会保险争议都属于法院和仲裁机构受理的劳动争议，最高人民法院的司法解释分别明确了应予受理和不予受理的劳动争议情形。

根据《最高人民法院关于审理劳动争议案件适用法律问题的解释（一）》（法释〔2020〕26号）第1条第4项至第7项的规定，属于劳动争议，法院应予受理的社会保险争议包括四种情形：①劳动者与用人单位解除或者终止劳动关系后，请求用人单位办理劳动者的人事档案、社会保险关系等移转手续发生的纠纷；②用人单位未为劳动者办理社会保险手续，且社会保险经办机构不能补办导致劳动者无法享受社会保险待遇，要求用人单位赔偿损失而发生的纠纷；③劳动者因为工伤、职业病，请求用人单位依法承担给予工伤保险待遇而发生的纠纷；④劳动者退休后，与尚未参加社会保险统筹的原用人单位因追索养老金、医疗费、工伤保险待遇和其他社会保险费而发生的纠纷。

不作为劳动争议处理的社会保险争议，包括：①劳动者请求社会保险经办机构发放社会保险金的纠纷[1]；②对于劳动者与用人单位之间因办理社会保险登记、补缴社会保险费、补足社会保险缴费基数、增加社会保险险种、变更参保地而发生的争议，以及劳动者自行缴纳社会保险费后，向用人单位追偿其已缴纳的保险费而发生的争议[2]。

需要特别注意的是，仲裁机构与人民法院对社会保险争议有不同受理标准。劳动争议仲裁机构仅有权对劳动争议案件进行仲裁审理。但是，劳动争议仲裁机构以当事人申请仲裁的事项不属于劳动争议为由，作出不予受理的书面裁决、决定或者通知，当事人不服依法提起诉讼的，人民法院应当分情况予以处理：①属于劳动争议案件的，应当受理；②虽不属于劳动争议案件，但属于人民法院主管的其他案件，应当依法受理。[3]

其中，社会保险费缴纳争议不属于法院受理的劳动争议范围，主要原因在于：根据《社会保险法》《社会保险费征缴暂行条例》和《劳动保障监察条例》等法律法规，社会保险经办机构或劳动行政部门对用人单位和劳动者就社会保险费的欠费、发放、补缴纠纷问题，劳动者可以向社会保险经办机构或劳动行政部门通过行政途径解决，对此具有专属管理权、监察权和处罚

---

[1] 参见《最高人民法院关于审理劳动争议案件适用法律问题的解释（一）》（法释〔2020〕26号）第2条第1项的规定。

[2] 参见《江苏省人力资源和社会保障厅、江苏省高级人民法院转发〈人力资源社会保障部、最高人民法院关于加强劳动人事争议仲裁与诉讼衔接机制建设意见〉的通知》（苏人社发〔2018〕32号）。

[3] 《最高人民法院关于审理劳动争议案件适用法律问题的解释（一）》（法释〔2020〕26号）第6条。

权。例如：

（1）有权对用人单位申办的社会保险予以登记与核定。《社会保险法》（2018年修正本）第58条规定，用人单位应当自用工之日起30日内为其职工向社会保险经办机构申请办理社会保险登记。未办理社会保险登记的，由社会保险经办机构核定其应当缴纳的社会保险费。

（2）有权通知和责令用人单位限期补缴。根据《社会保险法》（2018年修正本）第86条、2013年《社会保险费申报缴纳管理规定》第16条、《社会保险费征缴暂行条例》（2019年修正本）第13条的规定，缴费单位未按规定缴纳和代扣代缴社会保险费的，由劳动保障行政部门或者税务机关责令限期缴纳。

（3）有权对逾期不缴纳的用人单位征收滞纳金和罚款。根据《社会保险法》（2018年修正本）第86条的规定，自欠缴之日起，按日加收万分之五的滞纳金；逾期仍不缴纳的，由有关行政部门处欠缴数额一倍以上三倍以下的罚款。《社会保险费征缴暂行条例》（2019年修正本）第13条规定，逾期仍不缴纳的，除补缴欠缴数额外，从欠缴之日起，按日加收千分之二的滞纳金；滞纳金并入社会保险基金。

（4）有权依法强制征缴或强制划拨。《社会保险法》（2018年修正本）第63条规定，用人单位未按时足额缴纳社会保险费的，由社会保险费征收机构责令其限期缴纳或者补足。用人单位逾期仍未缴纳或者补足社会保险费的，社会保险费征收机构可以向银行和其他金融机构查询其存款账户；并可以申请县级以上有关行政部门作出划拨社会保险费的决定，书面通知其开户银行或者其他金融机构划拨社会保险费。《社会保险费征缴暂行条例》（2019年修正本）第26条规定，缴费单位逾期拒不缴纳社会保险费、滞纳金的，由劳动保障行政部门或者税务机关申请人民法院依法强制征缴。

（5）有权申请法院扣押、查封、拍卖用人单位的财产以抵缴社会保险费。《社会保险法》（2018年修正本）第63条规定，用人单位未足额缴纳社会保险费且未提供担保的，社会保险费征收机构可以申请人民法院扣押、查封、拍卖其价值相当于应当缴纳社会保险费的财产，以拍卖所得抵缴社会保险费。

本案中，李某某主张通航公司补缴拖欠社会保险费的诉讼请求，显然不是人民法院和仲裁机构的受理范围，因此，法院对李某某的该项诉请未予以支持，仲裁机构也对李某某下达不予受理通知书。但是，通航公司未给李某某购买失业保险，无法移交失业保险手续，导致其无法领取失业保险金，对此损失应予赔偿，有关损失赔偿的争议，法院应予受理。

（二）飞行员提前30日书面通知航空公司可无理由解除劳动合同

【案例】中国邮政航空有限责任公司与张某的劳动合同纠纷案[①]

【案情介绍】

2009年5月25日，中国货运邮政航空有限责任公司与张某签订无固定期限劳动合同，约定在通航站点从事飞行驾驶工作，双方解除、终止、续订劳动合同应当依照《劳动合同法》和国家及北京市有关规定执行。同日，双方签订《专项协议书（空勤人员）》，对工资福利、保险待遇等事项进行了约定，作为劳动合同附件。嗣后，张某被派往南京工作。2009年9月14日，中国货运邮政航空有限责任公司更名为"中国邮政航空有限责任公司"。2014年5月9日，张某向邮政航空公司邮寄发出《解除劳动关系通知书》，以个人原因提前30日解除劳动关系，并要求邮政航空公司出具证明文书、办理转移接续。当日起，张某停止向邮政航空公司提供劳动。2014年5月12日，邮政航空公司收悉辞职信。2014年9月22日，张某申请劳动仲裁，请求裁决：确认双方劳动合同于2014年6月12日解除，邮政航空公司向其出具解除劳动关系证明、安全评估证明、办理人事档案、社会保险关系转移手续，并将其飞行技术履历档案、空勤人员体检档案移交中国民用航空华北地区管理局暂时保管，并按照每月50 000元标准赔偿迟延办理上述手续造成的损失。仲裁委员会决定不予受理后，张某提起诉讼，其诉讼请求同仲裁申请。一审法院判决：确认张某与邮政航空公司之间的劳动合同于2013年6月12日解除；邮政航空公司为张某办理档案和社会保险关系转移手续；驳回张某的其他诉请。二审法院判决：驳回上诉，维持原判。

【案例评析】

本案涉及的问题是飞行员的预告解除权行使问题。

1. 飞行员辞职理由的常见情形

纵观飞行员与航空公司的劳动争议实践，飞行员主动辞职、航空公司不放人的情形比较普遍，已是民航业的热点难题。此类劳动争议案件，在诉讼

[①] 南京市江宁区人民法院（2014）江宁民初字第3706号民事判决书；江苏省南京市中级人民法院（2015）宁民终字第891号民事判决书。

层面反映了飞行员作为劳动者的预告解除权和航空公司利益保护之间平衡的问题,在社会层面反映了航空企业在经营发展过程中对飞行人才这一稀缺专业人才的需求和争夺。由于飞行员的培养往往须航空公司花费大量的成本和费用,所以航空公司往往通过服务期条款来维护自身权益。如何公平、公正地解决好飞行员与航空公司在劳动关系中的利益平衡与权益保护,具有重要的法律意义。

总体而言,飞行员辞职的理由常有以下几种情形:一是以个人原因(如压力大、家中有事、身体不适等)提出辞职;二是以单位原因(如不提供劳动条件、劳动保障差等)提出辞职;三是辞职时没有明确其辞职理由;四是不告而别,没有向单位提出辞职,更未明确其离职的具体原因。

2. 飞行员辞职的常见形式——预告解除劳动合同

劳动者享有择业自由权,有权自主决定与什么用人单位签订劳动合同,也有权决定与用人单位单方解除劳动合同(即辞职)。根据《劳动法》(2009年修正本)第31条、《劳动合同法》(2012年修订本)第37条的规定,劳动者提前30日(在试用期内提前3日)或者按照劳动合同约定的提前通知期,以书面形式通知用人单位,可以解除劳动合同,其辞职行为即发生法律效力,此为劳动者的预告解除权。

劳动者的预告解除权的行使有以下几个要求:①提前30日通知;②以书面形式通知;③通知需送达用人单位;④劳动者辞职无须特定的理由;⑤在劳动合同服务期内提出;⑥预告解除权不得以特别约定进行排除或限制。

劳动者依法律规定的条件、程序与用人单位解除劳动合同,无须承担赔偿责任,自用人单位接到其辞职通知之日起满30日的,双方之间的劳动合同即行解除,用人单位无须向劳动者支付经济补偿金。据此,飞行员在实践中行使预告解除权的,通常可以采用通过邮寄辞职信方式向用人单位提出,在诉讼中应提供邮寄单据、航空公司签收等证据予以佐证。

本案中,张某向邮政航空公司邮寄发出《解除劳动关系通知书》,以个人原因提前30日解除劳动关系,预告解除劳动合同的行为符合法律要求,故法院确认双方劳动合同关系于邮政航空公司收悉辞职信1个月后的2014年6月12日解除,张某无须再继续履行劳动合同。

3. 预告解除权不当行使的法律后果

劳动者行使预告解除权不当会产生不利后果：

（1）无法办理解除手续。劳动者未提前30日或者按照劳动合同约定的提前通知期通知用人单位的，用人单位可以不予办理解除劳动合同手续。

（2）辞职不生效。劳动者未向用人单位书面说明辞职的情况，其辞职行为不发生法律效力。

（3）支付约定违约金。为防止用人单位滥用违约金条款，保护劳动者的自主择业权，根据《劳动合同法》（2012年修订本）第25条的规定，只有两种情形用人单位可以与劳动者约定由劳动者承担的违约金：①劳动者违反服务期约定的；②劳动者违反竞业限制约定的。除上述情形之外，用人单位不得与劳动者约定由劳动者承担违约金。对于约定由用人单位承担的违约金，《劳动合同法》（2012年修订本）没有作出禁止性规定。

关于违约金的数额，《劳动合同法》（2012年修订本）仅明确了服务期违约金的上限，即第22条规定，用人单位为劳动者提供专项培训费用，对其进行专业技术培训的，约定服务期违约金的数额不得超过用人单位提供的培训费用。用人单位要求劳动者支付的违约金不得超过服务期尚未履行部分所应分摊的培训费用。《劳动合同法》（2012年修订本）对其他违约情形的违约金数额没有具体规定，但是，违约金数额应当遵循公平、合理的原则约定；双方当事人约定的违约金数额高于因劳动者违约给用人单位造成实际损失的，劳动者应当按双方约定承担违约金；约定的违约金数额低于实际损失，用人单位请求赔偿的，劳动者应按实际损失赔偿；约定的违约金数额畸高的，当事人可以要求适当减少。

（4）支付经济补偿或赔偿金。《劳动合同法》（2012年修订本）第90条规定："劳动者违反本法规定解除劳动合同，或者违反劳动合同中约定的保密义务或者竞业限制，给用人单位造成损失的，应当承担赔偿责任。"《最高人民法院关于审理劳动争议案件适用法律若干问题的解释（一）》（法释〔2020〕26号）第35条规定："劳动者与用人单位就解除或者终止劳动合同办理相关手续、支付工资报酬、加班费、经济补偿或者赔偿金等达成的协议，不违反法律、行政法规的强制性规定，且不存在欺诈、胁迫或者乘人之危情形的，应当认定有效。前款协议存在重大误解或者显失公平情形，当事人请求撤销的，人民法院应予支持。"因此，劳动者在履行劳动合同过程中造成用人单位损失，用人单位在解除劳动合同时要求劳动者一次性赔偿的，应予支持，但赔偿数额由人民法院根据劳动者的过错程度、造成损失的大小等具体情况酌情进行确定。

(5) 特殊待遇的返还。用人单位向劳动者支付报酬，劳动者付出相应的劳动，是劳动合同双方当事人的基本合同义务。用人单位给予劳动者价值较高的财物，如汽车、房屋或住房补贴等特殊待遇的，属于预付性质。劳动者未按照约定期限付出劳动的，属于不完全履行合同，根据合同履行的对等原则，对劳动者未履行的部分，用人单位可以拒绝给付；已经给付的，也可以要求相应返还。因此，用人单位以劳动者未完全履行劳动合同为由，要求劳动者按照相应比例返还的，可以支持。①

（三）飞行员因航空公司不提供劳动条件解除劳动合同的认定

【案例】张某某与联合航空公司的劳动争议案②

【案情介绍】

2008年3月18日，联合航空公司（甲方）与张某某（乙方）签订无固定期限劳动合同，约定"乙方提前解除劳动合同的，应根据法律法规和行业规定，经甲方同意并补偿相关培训费用后方可办理离职手续"。2013年9月23日，公司聘任张某某为机长，聘期自2013年9月23日至2014年3月31日。2010年3月1日，公司与张某某签订《飞行员安家补贴费协议书》，约定公司给予飞行员张某某一次性安家补贴费15万元，飞行员因飞行技术停飞并离开公司、飞行员违反法律法规或公司规章制度等主观原因致使无法担任飞行员一职，或飞行员在15年服务期内申请或自行到其他公司工作，应一次性全部返还15万元安家补贴费。同日，公司与张某某签订《飞行员购房免息贷款协议书》，约定公司给予张某某15万元购房免息贷款，张某某自领取贷款次月起每月至少偿还3 000元。后张某某签领安家补贴费和购房免息贷款各15万元。

2014年8月6日，张某某未将车辆停放在停车区域内，并与保安发生争执。2014年8月14日，张某某向联合航空公司邮寄《解除劳动合同通知

---

① 参见上海市高级人民法院《关于适用〈劳动合同法〉若干问题的意见》第7条。
② 北京市丰台区人民法院（2015）丰民初字第04913号民事判决书；北京市第二中级人民法院（2016）京02民终1212号民事判决书。

书》，主张飞行部在没有对事情调查核实的情况下擅自取消其后续四天航班，公司的这种做法属于不提供劳动条件的违法行为，严重侵害其合法劳动权益，故通知公司从即日起解除劳动合同。联合航空公司对其主张不认可。2014年8月18日，张某某申请仲裁，要求联合航空公司支付解除劳动合同经济补偿金、出具解除劳动关系的证明并办理档案和社会保险关系等转移手续。2014年8月26日公司作出《关于对张某某同志进行处理的通知》，以张某某不听门卫人员劝解将车辆堵在公司大门口、严重影响正常工作秩序为由，给予张某某警告处分。

2014年10月28日，联合航空公司申请仲裁，要求张某某支付培训费3 235 643元、补偿费210万元及返还安家补贴费15万元、购房免息贷款3万元。北京市丰台区劳动争议仲裁委员会裁决：联合航空公司为张某某出具解除劳动关系的证明并办理人事档案、社会保险关系转移手续；张某某支付联合航空公司培训费170万元；张某某返还联合航空公司安家补贴费15万元；张某某偿还联合航空公司购房免息贷款3万元；驳回张某某与联合航空公司的其他仲裁请求。[①] 张某某、联合航空公司均对仲裁裁决不服，分别诉至法院。一审法院判决，联合航空公司应当为张某某出具解除劳动合同证明，并为其办理社会保险关系及相关离职和档案转移手续。张某某向联合航空公司支付招收录用培训费170万元、安家补贴费15万元及购房免息贷款3万元；驳回张某某其他诉讼请求。二审判决维持原判。

【案例评析】

本案争议涉及航空公司不提供劳动条件致解除劳动合同的认定及相关问题。

《劳动合同法》（2012年修订本）第38条规定了劳动者因用人单位的原因可以解除劳动合同的情形，此条款赋予了劳动者的即时解除权，又称为劳动者被迫解除劳动合同。

1. 劳动者即时解除权的行使条件与程序

根据《劳动合同法》第38条的规定，劳动者的即时解除权在行使程序上分为两类。

第一类为事先告知类，用人单位存在未按照劳动合同约定提供劳动保护

---

① 京丰劳仲字（2014）第2471号和京丰劳仲字（2015）第24号裁决书。

或者劳动条件的、未及时足额支付劳动报酬的、未依法为劳动者缴纳社会保险费的、用人单位的规章制度违反法律法规的规定损害劳动者权益的、因以欺诈或胁迫的手段或乘人之危使对方在违背真实意思的情况下订立或者变更劳动合同或用人单位免除自己的法定责任、排除劳动者权利，或违反法律、行政法规强制性规定致使劳动合同无效的情形，劳动者可以解除劳动合同，但需要事先告知用人单位。

第二类为不需事先告知类，即用人单位以暴力、威胁或者非法限制人身自由的手段强迫劳动者劳动的，或者用人单位违章指挥、强令冒险作业危及劳动者人身安全的，劳动者可以立即解除劳动合同，不需事先告知用人单位。本规定是对处于危险状态劳动者的一种保护。

本案中，张某某主张联合航空公司存在不提供劳动条件的违法行为而提出解除劳动合同的主张是否成立？

所谓"用人单位提供劳动条件"，是指满足法律法规规定的安全生产条件以及劳动合同约定的劳动条件。即使双方的约定条件高于法定的安全生产条件，用人单位也不得以其提供的条件已经合格为由拒绝履行其约定义务，否则劳动者有权随时通知用人单位解除劳动合同。用人单位未按劳动合同约定提供履行劳动义务所必需的生产条件和安全卫生条件的，也构成对劳动者合法权益的侵犯。如发生这种情况，用人单位除应当按照劳动合同约定提供劳动条件外，还应当按照劳动合同的约定承担违约责任。

本案争议焦点是用人单位所属部门决定终止飞行员未来4天的飞行任务，是否属于《劳动合同法》中用人单位未按照劳动合同约定提供劳动条件的情形。"未按照劳动合同约定提供劳动条件"的情形应当综合考量规范用人单位提供劳动条件的相关标准、用人单位的主观目的和客观行为程度等相关因素进行认定。飞行员是特殊职业劳动者，其工作内容具有高风险性且涉及公共利益，关乎人民群众的生命和财产安全。联合航空公司担心飞行员情绪不稳定，进而存在影响飞行安全可能性的考虑确有依据。联合航空公司为防止张某某的情绪影响飞行安全，停止其后续的飞行任务的做法，不属于法律规定的不提供劳动条件的情形，因此张某某要求联合航空公司支付解除劳动合同经济补偿金的请求，法院未予支持。

2. 劳动者被迫解除劳动合同的经济补偿金之认定

根据《劳动合同法》（2012年修订本）第46条的规定，劳动者依照该法

第38条规定解除劳动合同的,用人单位应当向劳动者支付经济补偿。因此,实践中,经常会遇到劳动者离职是基于个人原因或未明确提出是基于用人单位原因,但在离职后申请劳动仲裁或诉讼,又主张是被迫解除劳动合同,从而要求用人单位支付经济补偿的情况。

如果劳动者的主张是基于《劳动合同法》(2012年修订本)第38条第1款的情形而被迫解除劳动合同,应当在离职时就通知用人单位,并明确其解除劳动合同的具体事由。如果劳动者在离职时没有通知用人单位,或者没有明确其是基于《劳动合同法》(2012年修订本)第38条第1款情形提出解除劳动合同,之后再通过申请劳动仲裁或其他方式主张是被迫解除,一般不予支持。但实践中,可能存在劳动者在离职时因用人单位或客观原因无法明确主张其离职的具体原因,如果劳动者之后能提供充分有效的证据证明,其当时离职原因确实是因为存在《劳动合同法》(2012年修订本)第38条第1款情形的,可以作为例外予以支持,但适用时必须严格把握,不能仅以用人单位存在《劳动合同法》第38条第1款情形或劳动者离职后在信访、劳动仲裁阶段主张被迫解除的事实,就认为劳动者是被迫解除劳动合同,还应要求劳动者对其离职时真实的辞职事由提供其他证据予以印证。[1]

(四)飞行员单方解除劳动合同的违约金、培训费和赔偿金不能并存

【案例】中国国际航空股份有限公司西南分公司、李某某劳动合同纠纷案[2]

【案情介绍】

2006年,中国国际航空股份有限公司(甲方)与李某某(乙方)签订无固定期限劳动合同,之后李某某一直在中国国际航空股份有限公司西南分公司(以下简称国航西南分公司)处从事飞行工作。合同约定:"本合同为无固定期限劳动合同,合同期限从2006年7月25日起至法定或约定的终止合同条件出现时止;乙方同意按甲方的工作需要从事飞行(岗位)工作;乙方要求解除本合同,除有下列情况之一的,可以随时解除外,其他情形应提前三十日以书面形式通知甲方,在乙方赔偿完毕给甲方造成的经济损失和

---

[1] 参见《深圳市中级人民法院关于审理劳动争议案件的裁判指引》的说明。
[2] 成都市双流区人民法院(2018)川0116民终6429号民事判决书;四川省成都市中级人民法院(2018)川01民终16349号民事判决书。

按照劳动合同约定承担违约责任后，方可以办理解除劳动合同手续；本合同经甲乙双方协议同意，可以解除。"双方未对服务期限作出约定。李某某是国航西南分公司自主培养的飞行员，李某某的所有培训费用都由国航西南分公司支付。2014年12月23日国航西南分公司下发《关于聘任王某等飞行技术职务的通知》（国航股份西南发〔2014〕400号），确认李某某为A330机型A类教员。2017年4月16日，李某某通过邮寄方式向国航西南分公司提交辞职信，并经判决确认双方劳动合同关系已解除。2018年4月8日，国航西南分公司申请劳动仲裁，请求李某某向公司支付培训服务期违约金人民币380万元，并赔偿公司损失人民币380万元。仲裁委员会裁决驳回全部仲裁请求。国航西南分公司不服裁决，向法院提起诉讼。二审判决维持原判。

【案例评析】

1. 违约金和返还培训费、赔偿金可否并存适用

（1）法定违约金和赔偿金可以并存适用。《劳动合同法》（2012年修订本）第37条规定，劳动者提前30日以书面形式通知用人单位，可以解除劳动合同。《劳动合同法》（2012年修订本）第22条规定，用人单位为劳动者提供了专项培训费用并对劳动者进行了专业技术培训，可以约定服务期，如果劳动者违反服务期的约定，应当按照约定向用人单位支付违约金；违约金的数额不得超过用人单位提供的培训费用，用人单位要求劳动者支付的违约金不得超过服务期尚未履行部分所应分摊的培训费用。根据《劳动合同法》（2012年修订本）第25条的规定，除劳动者违反专项培训服务期和竞业限制约定外，用人单位不得与劳动者约定由劳动者承担违约金。据此，劳动者的法定违约金和赔偿金是可以并存适用的。

但是，本案中，国航西南分公司与李某某建立劳动关系期间，双方并未约定最低服务年限，而李某某要求解除劳动合同并提前30日向国航西南分公司递交辞职报告，其相应程序并不违反法律规定和合同约定，因此，李某某无须支付提前解除劳动合同违约金，国航西南分公司的诉请不应予支持。

（2）返还培训费和赔偿金不能并存。返还培训费即是对用人单位损失的赔偿，故劳动者无须再另行支付赔偿金，二者实质上起到的是同一作用。《劳动部关于贯彻执行〈中华人民共和国劳动法〉若干问题的意见》第23条

规定,用人单位用于劳动者职业技能培训费用的支付和劳动者违约时培训费的赔偿可以在劳动合同中约定,但约定劳动者违约时负担的培训费和赔偿金的标准不得违反劳动部有关规定。故用人单位为劳动者提供专项培训费用,劳动者提前解除劳动合同,不再服务用人单位,劳动者应支付用人单位相应的培训费。

本案中,关于李某某应否向国航西南分公司赔偿损失的问题。法院认为,飞行员工作作为一项专业性较高的特殊职业,从业人员若要胜任该项工作,需经大量的、不间断的专业培训及专业教育等。李某某入职国航西南分公司从事飞行工作期间,公司为对其委托培养或持续的职业培训等方式支付了相应的培训费用,李某某在双方劳动关系存续期间提前解除劳动合同,必然会给国航西南分公司造成相应损失,李某某应当予以赔偿。根据2017年1月1日开始参照执行的《中国国际航空股份有限公司飞行员流动管理办法》(国航股份发〔2017〕4号),参照行业内飞行员有序流动补偿费用标准确定的有序流动补偿费用税后标准为:机长(含以上)不低于人民币380万元(55岁以上每年递减10万元),飞行经历时间1 900~3 500小时的副驾驶不低于人民币250万元,其余飞行经历时间外的副驾驶不低于人民币150万元。故一审法院综合本案实际以及市场因素并参考中国民用航空局相关规定等,酌情认定李某某应当向国航西南分公司赔偿损失380万元,二审对此予以支持。

2. 劳动者与用人单位支付的违约金之比较

违约金具有担保债务履行的功能,作为一种违约责任形式,对一方违约以后,及时补偿受害人的损失、制裁违约行为人具有重要作用。违约金作为预防和救济违约的一种重要责任形式,为一般民事合同所确立,后被借鉴到劳动合同中。《劳动法》对劳动合同中的违约金问题没有作出具体的规定,司法实践常出现"同案不同判"情形。《劳动合同法》出于对劳动者的特别保护,明确规定劳动者承担违约金的情形,仅限劳动者违反服务期约定或者劳动者违反竞业限制约定两种情形;但是,对用人单位违反劳动合同是否应向劳动者支付违约金以及支付多少违约金并未作出禁止性规定。用人单位违约金与劳动者违约金的适用是有不同规则的,详见表4-2。

表 4-2　劳动者违约金与用人单位违约金比较

比较项	劳动者违约金	用人单位违约金
违约金性质	法定违约金：补偿性	约定违约金：惩罚性或补偿性
立法目的	倾斜保护劳动者	惩罚用人单位
适用情形	1. 违反服务期； 2. 劳动者违反竞业限制（用人单位在竞业限制期限内按月给予劳动者经济补偿）	没有特别限制
约定数额	违约金的数额不超过用人单位支付的培训费用；劳动者履行一定服务期的，支付的违约金不得超过服务期尚未履行部分所应分摊的培训费用	任意约定
适用法律	《劳动合同法》（2012年修订本）第22条、第23条、第25条	《民法典》第585条
可否调整	不可调整	约定的违约金低于或高于造成的损失，可以请求仲裁机构或者人民法院依据《民法典》予以适当减少或增加
争议案由	劳动合同纠纷	普通民事合同纠纷

3. 劳动合同中违约金、经济补偿金和赔偿金的区别与竞合

违约金是当事人在合同中预先约定的，在一方当事人不履行或者不完全履行合同时，向对方当事人支付的一定数额的金钱。

经济补偿金是在劳动合同解除或终止后，用人单位依法一次性支付给劳动者的经济补助，又称离职补贴，具有劳动贡献补偿和社会保障补偿双重功能，带有一定的伦理色彩。

赔偿金是指用人单位或者员工因违反法律规定或者合同约定，造成对方经济损失而向对方支付的赔偿。

违约金、经济补偿金和赔偿金是劳动合同争议中经常出现的焦点问题，三种制度的性质、功能、适用条件和支付标准不同，出现竞合时的处理规则也不同（详见表4-3）。

表4-3 劳动合同的违约金制度、经济补偿金制度和赔偿金制度比较

比较项	违约金	经济补偿金	赔偿金
性质	限制性；约定性	法定性为主、约定性为辅；一次支付性	补偿性；法定性
功能	违约责任形式	劳动贡献补偿和社会保障补偿	填补损失
适用对象	用人单位和劳动者	只适用于用人单位向劳动者支付	适用于用人单位和劳动者
适用条件	劳动者（法定）：竞业限制违约金；服务期违约金。单位：约定	单位解约型经济补偿金（《劳动合同法》第40条、第41条）；员工解约型经济补偿金（劳动合同法第38条、第46条）；协商解约型经济补偿金（《劳动合同法》第36条、第46条）；劳动合同终止型经济补偿金（《劳动合同法》第44条、第46条）；竞业限制型经济补偿金（《劳动合同法》第23条）	违约或违法 发生实际损失 责任方存在过错 有因果关系
标准	合同约定	约定：单位支付竞业限制经济补偿金（《劳动合同法》第23条）；法定：按劳动合同解除或终止前12个月的平均工资×工作年限（最高不超过12年）支付（《劳动合同法》第47条）	单位违法解除或终止劳动合同：经济补偿金二倍支付（《劳动合同法》第87条）；逾期不支付劳动报酬：应付金额50%以上100%以下标准加付（《劳动合同法》第85条）
竞合处理	1. 违约金与经济补偿金不能彼此代替，也不相互冲抵，可以并存；2. 劳动者违反服务期约定应支付违约金的数额不得超过用人单位提供的培训费用，用人单位要求劳动者支付的违约金不得超过服务期尚未履行部分所应分摊的培训费用（《劳动合同法》第22条）；3. 依照《劳动合同法》第87条规定支付赔偿金的，不再支付经济补偿；赔偿金的计算年限自用工之日起计算（《劳动合同法实施条例》第25条）		

需要特别注意的是，在司法实践中，劳动者依据《劳动合同法》（2012年修订本）第85条的规定请求用人单位支付赔偿金的，应提供劳动行政部门责令用人单位限期支付劳动报酬、加班费、经济补偿或低于最低工资标准的差额部分的限期整改指令书和用人单位逾期未履行该指令书的证据。劳动者直接主张加付赔偿金的，人民法院不予支持。①

劳动者以用人单位违法解除或终止劳动合同为由要求用人单位支付赔偿金，经审理认为理由不成立，但解除或终止劳动合同符合用人单位应当支付经济补偿的情形，仲裁委员会和法院在审理中可以告知劳动者赔偿金和经济补偿的区别，询问如对其赔偿金的请求不能支持，是否要求用人单位向其支付经济补偿。经释明后，劳动者仍坚持只要求用人单位支付赔偿金的，不能径行裁判由用人单位支付经济补偿。②

《最高人民法院关于审理劳动争议案件适用法律问题的解释（一）》（法释〔2020〕26号）第53条第2款规定："对于追索……经济补偿金、培训费及其他相关费用等案件，给付数额不当的，人民法院可以予以变更。"

（五）通航公司机务员因公司拖欠工资而解除劳动合同

【案例】 朱某某与北京潞州通用航空有限公司等劳动争议案③

【案情介绍】

2015年5月13日，朱某某入职北京潞州通用航空有限公司（以下简称潞州公司）处工作。2016年3月10日，双方签订书面劳动合同，约定：朱某某担任机务岗位，工资为10 000元；潞州公司应当在解除或者终止合同时为朱某某出具解除或者终止劳动合同的证明；合同期限自2016年3月10日起至2021年3月10日止。2017年7月1日，朱某某向潞州公司提出辞职报告，以潞州公司未足额支付报酬为由离职。经核实，潞州公司支付工资至2017年5月。

朱某某向北京市通州区劳动人事争议仲裁委员会（以下简称仲裁委）申请仲裁，要求潞州公司支付解除劳动关系经济补偿金、休息日及法定节假日

---

① 参见《四川省高级人民法院民事审判第一庭关于印发〈关于审理劳动争议案件若干疑难问题的解答〉的通知》（川高法民一〔2016〕1号）。
② 参见《浙江省高级人民法院民事审判第一庭、浙江省劳动人事争议仲裁院关于印发〈关于审理劳动争议案件若干问题的解答（三）〉的通知》（浙高法民一〔2015〕9号）。
③ 北京市通州区人民法院（2017）京0112民初41448号民事判决书。

加班工资、未休年休假工资、工资差额、出具解除劳动关系证明书。仲裁委裁决潞州公司支付朱某某2016年11月1日至2017年7月1日期间工资差额93 600元，驳回其他仲裁请求。双方均不服裁决，分别向法院提起诉讼。法院判决：潞州公司支付朱某某2016年11月至2017年6月期间工资63 149元、解除劳动合同经济补偿金30 000元、2016年6月至2017年6月期间未休年休假工资6 897元、为朱某某出具解除劳动合同证明；驳回双方其他诉讼请求。

【案例评析】

劳动者因未及时足额获得劳动报酬是劳动合同履行纠纷常见类型之一。

1. 用人单位支付劳动报酬的基本法律要求

劳动报酬涉及劳动者的重大经济利益，因此，劳动报酬（包括工资）是最重要的劳动合同必备条款，用人单位按时足额支付劳动报酬是履行劳动合同的首要义务。

《劳动合同法》（2012年修订本）第30条、《劳动法》（2018年修正本）第50条规定，用人单位应当按照劳动合同约定和国家规定，向劳动者及时足额支付劳动报酬；工资应当以货币形式按月支付给劳动者本人。不得克扣或者无故拖欠劳动者的工资。

根据《劳动法》（2018年修正本）及《工资支付暂行规定》的规定，用人单位应当以法定货币（人民币）形式支付，不得以实物及有价证券替代货币支付；用人单位应将工资支付给劳动者本人或者于本人因故不能领取工资时，由其亲属或委托他人代领；用人单位可直接支付工资，也可委托银行代发工资；工资必须在用人单位与劳动者约定的日期支付，如遇节假日或休息日，应提前在最近的工作日支付；工资至少每月支付一次，实行周、日、小时工资制的可按周、日、小时支付工资；对完成一次性临时劳动或某项具体工作的劳动者，用人单位应按有关协议或合同规定在其完成劳动任务后即支付工资；劳动关系双方依法解除或终止劳动合同时，用人单位应在解除或终止劳动合同时一次付清劳动者工资。

需要注意的是，拖欠劳动报酬与克扣工资不同，拖欠劳动报酬是指用人单位无正当理由超过规定和约定的付薪时间未支付劳动者工资报酬，用人单位与劳动者双方对劳动者应获得的劳动报酬的具体数额并无异议，只是未按规定和约定及时支付工资。克扣工资是指用人单位无正当理由扣减劳动者应得的工资，双方对工资发放的数额存有异议。

2. 用人单位未及时足额支付劳动报酬的后果

（1）劳动者有权解除劳动合同。《劳动合同法》（2012年修订本）第38条第2项规定，用人单位未及时足额支付劳动报酬的，劳动者有权单方解除劳动合同，不需事先告知用人单位。因此，在劳动者已经履行劳动义务的情况下，用人单位应按劳动合同约定的数额、日期或方式支付劳动报酬，否则劳动者可以通知用人单位解除劳动合同。

（2）用人单位需加付赔偿金。根据《劳动合同法》（2012年修订本）第85条的规定，用人单位有下列情形之一的，由劳动行政部门责令限期支付劳动报酬、加班费或经济补偿；劳动报酬低于当地最低工资标准的，应当支付其差额部分；逾期不支付的，责令用人单位按应付金额50%以上100%以下的标准向劳动者加付赔偿金：①未按照劳动合同的约定或者国家规定及时足额支付劳动者劳动报酬的；②低于当地最低工资标准支付劳动者工资的；③安排加班不支付加班费的；④解除或者终止劳动合同，未按照本法规定向劳动者支付经济补偿的。

（3）劳动者可以申请支付令。《劳动合同法》（2012年修订本）第30条赋予了劳动者在遇到欠薪时可以使用支付令制度进行救济。即用人单位应当按照劳动合同约定和国家规定，向劳动者及时足额支付劳动报酬；用人单位拖欠或者未足额支付劳动报酬的，劳动者可以依法向当地人民法院申请支付令，人民法院应当依法发出支付令。

（4）用人单位需支付经济补偿金根据《劳动合同法》（2012年修订本）第46条、第47条的规定，劳动者因用人单位未足额支付劳动报酬而解除劳动合同的，用人单位应当向劳动者支付经济补偿；经济补偿按劳动者在本单位工作的年限，每满1年支付1个月工资的标准向劳动者支付。6个月以上不满1年的，按1年计算；不满6个月的，向劳动者支付半个月工资的经济补偿。

及时足额支付劳动者的工资是用人单位的一项法定义务，用人单位无故拖欠劳动者工资的，劳动者除了可以要求补发拖欠的工资报酬之外，还有权要求加发经济补偿金。例如，在"白云通用航空有限公司与唐某劳动争议案"[①] 中，由于白云通航有限公司拖欠唐某6个月的工资，唐某向公司提交离职申请，

---

① 参见广州市劳动人事争议仲裁委员会作出穗劳人仲案（2018）3613号仲裁裁决书；广东省阳江市阳东区人民法院（2018）粤1704民初1805号民事判决书。

请求白云通航有限公司支付拖欠工资并给予经济补偿，获得劳动人事争议仲裁委员会和法院的支持。

本案中，潞州公司未足额支付朱某某工资，朱某某因此离职符合应支付经济补偿金的法定情形，故对朱某某要求潞州公司支付解除劳动合同经济补偿金的诉请，法院应予支持。

3. 劳动者可否与用人单位约定"不按时支付劳动报酬双倍支付"

用人单位对劳动者的双倍工资/补偿支付责任是一种法定责任，《劳动合同法》规定双倍工资/补偿的情形主要有：①用人单位自用工之日起超过1个月不满1年未与劳动者订立书面劳动合同的，应当向劳动者每月支付2倍的工资；②用人单位违反《劳动合同法》（2012年修订本）规定不与劳动者订立无固定期限劳动合同的，自应当订立无固定期限劳动合同之日起向劳动者每月支付2倍的工资；③用人单位违反《劳动合同法》（2012年修订本）规定解除或者终止劳动合同的，应当依照《劳动合同法》（2012年修订本）第47条规定的经济补偿标准的2倍向劳动者支付赔偿金。对于超出上述情形的约定，显然会过分加重用人单位的责任，因此这种约定无效。例如，在"刘某与云南英安航空有限公司劳动争议纠纷案"[①]中，双方签订的《总经理聘用合同》约定"甲方不按时支付劳动报酬、奖励及约定分红的，甲方应按双倍支付乙方工资"。该条款被法院判决认定无效，法院驳回了刘某要求公司支付2倍工资的诉讼请求。

4. 拖欠劳动报酬争议的特别处理

（1）被责令限期支付。《劳动合同法》（2012年修订本）第85条第1款规定，用人单位未按照劳动合同的约定或者国家规定及时足额支付劳动者劳动报酬的，由劳动行政部门责令限期支付劳动报酬、加班费或者经济补偿。

（2）特定情形下可被法院按照普通民事纠纷受理。《最高人民法院关于审理劳动争议案件适用法律问题的解释（一）》（法释〔2020〕26号）第15条规定，劳动者以用人单位的工资欠条为证据直接向人民法院起诉，诉讼请求不涉及劳动关系其他争议的，视为拖欠劳动报酬争议，按照普通民事纠纷受理。第51条规定，当事人在调解仲裁法第10条规定的调解组织主持下仅就劳动报酬争议达成调解协议，用人单位不履行调解协议确定的给付义务，

---

① 云南省昆明市西山区人民法院（2015）西法民初字第4593号民事判决书。

劳动者直接向人民法院起诉的，人民法院可以按照普通民事纠纷受理。

5. "未及时足额支付劳动报酬"的认定标准与举证责任

用人单位依法向劳动者支付劳动报酬，是用人单位的基本义务。但是，在实际操作中，劳动报酬的计算比较复杂。法律规制的目的是促使劳动合同双方当事人在行使权利和履行义务时都遵循诚实信用原则。因此，对"未及时足额支付劳动报酬"的认定标准，主要应考察用人单位是否存在有悖诚信，无故拖延支付或拒绝支付的情况。

如果用人单位因主观恶意，无正当理由在规定时间内故意不"及时、足额"支付劳动报酬的，可以作为劳动者解除合同的理由。但对确因客观原因导致用人单位未能"及时、足额"支付劳动报酬的，例如，用人单位遇有非人力能所抗拒的自然灾害、战争等原因，无法按时支付工资，或确因生产经营困难、资金周转受到影响，在征得本单位工会同意后，可暂时过期支付劳动者工资，不能作为劳动者解除合同的依据。

在司法实践中，认定是否构成"未及时足额支付劳动报酬"的重要判断标准，除了看用人单位的主观恶意外，还应看客观上是否有"正当理由"，对此，用人单位负有举证责任。

依据民事诉讼的举证规则，当事人对自己的主张，有责任提供证据予以证明，未提供证据或者所提供的证据不能证实自己主张，应承担举证不能的法律后果。劳动者主张用人单位拖欠工资的，应当侧重于对存在劳动关系的证明。用人单位对拖欠工资否认的，用人单位应当就劳动者已领取工资的情况、延期支付工资的原因、工资标准等情况承担举证责任。

本案中，朱某某主张2016年6月起工资调整为15 000元，其提交的招商银行、民生银行交易记录记载2016年6月至9月期间工资实发总额均在14 700元左右，二者能够相互印证、吻合，已形成完整证据链，应予以采信。依照上述交易记录及朱某某工资标准，潞州公司未足额支付朱某某2016年11月至2017年6月期间工资，其应予以补足。

6. 用人单位规避拖欠劳动报酬责任风险的措施

工资是劳动报酬的重要组成部分。工资是指用人单位依据国家有关规定或劳动合同的约定，以货币形式直接支付给本单位劳动者的劳动报酬。劳动报酬除工资外，还包括劳务费、佣金、稿酬等。在没有有关"正当理由"的情形下扣发、少发劳动者工资，有可能被认定为克扣、拖欠工资的行为，要求用人单位承担相应的法律责任。

劳动者获得劳动报酬的权利是为用人单位提供劳动的对价，劳动报酬是劳动者积极投身于劳动活动的重要激励因素，也是劳动者维持个人生存和全面发展的必要条件。因此，如果用人单位确有原因需要延期支付或降低劳动报酬的，应当与劳动者协商一致，并通过书面协议的方式确定，以避免发生争议和纠纷。

第二节　劳动合同的终止

劳动合同的终止，是指劳动合同所确立的劳动关系因期限届满或法律规定的其他终止条件的出现而终结，劳动者与用人单位之间原有的权利和义务不复存在。

依据《劳动合同法》（2012年修订本）第44条的规定，终止劳动合同的情形是法定的。用人单位与劳动者非法终止劳动合同的，应当向劳动者支付经济补偿金。但是，用人单位在劳动者终止劳动关系时可以与劳动者就支付工资报酬、加班费、经济补偿或者赔偿金等达成协议，对此法律并无禁止规定。《最高人民法院关于审理劳动争议案件适用法律问题的解释（一）》（法释〔2020〕26号）第35条明确规定，劳动者与用人单位就解除或者终止劳动合同办理相关手续、支付工资报酬、加班费、经济补偿或者赔偿金等达成的协议，不违反法律、行政法规的强制性规定，且不存在欺诈、胁迫或者乘人之危情形的，应当认定有效。前款协议存在重大误解或者显失公平情形，当事人请求撤销的，人民法院应予支持。

一、飞机维修公司终止发动机清洁工的劳动合同不合法定退休年龄要求

【案例】广州飞机维修工程有限公司诉蔡某某的劳动争议案[①]

【案情介绍】

蔡某某于1966年2月出生，于1996年10月15日入职广州飞机维修工

[①] 广东省广州市花都区人民法院（2017）粤0114民初3577号民事判决书；广东省广州市中级人民法院（2017）粤01民终22935号民事判决书。

程有限公司（以下简称飞机维修公司），2012年12月1日双方签订劳动合同约定，"……合同期：无固定期限，从2013年1月1日起至法定终止条件出现时止……工作部门为A检车间，岗位为生产操作岗位，工种为发动机清洁工……"飞机维修公司自1996年10月至2016年2月为蔡某某缴纳社会保险。2016年2月25日起，飞机维修公司以蔡某某已达法定退休年龄（50岁）为由拟终止劳动合同，并在2016年2月25日至2月29日期间与蔡某某办理了退休交接手续后终止劳动合同。后蔡某某向广东省社会保险基金管理局申请办理退休及领取养老保险待遇，被告知"根据国家和省有关规定，参加基本养老保险的个人，达到法定退休年龄时累计缴费满15年的，按月领取基本养老金。对法定退休年龄的有关规定是：①男年满60周岁，女干部年满55周岁，女工人年满50周岁；②农民合同制女职工年满55周岁……经审核，你的出生年月为1966年2月，根据上述第②条有关规定，你未满足按月领取基本养老金的年龄条件。"蔡某某向广东省人力资源和社会保障厅提起行政复议，该厅作出《行政复议决定书》："维持广东省社会保险基金管理局作出的《办理结果告知书》。"蔡某某收到该决定书后未就此提起行政诉讼，其向广州市劳动人事争议仲裁委员会申请仲裁，请求：飞机维修公司自2016年2月29日起继续履行双方劳动合同。仲裁裁决支持了蔡某某的请求。飞机维修公司不服裁决结果，诉至法院。一审判决结果与仲裁裁决相同。二审判决撤销了一审判决，并判决双方劳动关系于2016年2月28日依法终止，双方无须继续履行合同。

【案例评析】

本案争议主要焦点在于蔡某某是否符合劳动合同终止的法定情形问题。

1. 劳动合同终止的法定情形

根据《劳动合同法》（2012年修订本）第44条、《劳动合同法实施条例》第17条、第21条的规定，劳动合同终止的法定情形如图4-2所示。

需要注意的是《劳动合同法实施条例》第21条规定的"劳动者达到法定退休年龄的，劳动合同终止"条款，填补了《劳动合同法》（2012年修订本）第44条关于"劳动者开始依法享受基本养老保险待遇的劳动合同终止"的法律漏洞。因为根据国家有关规定，只有连续缴纳养老保险费15年以上的，劳动者才可能享受基本养老保险待遇，而实践中有的用人单位没有参加社会保险，根据我国的法定退休年龄规定，社保机构一般不再接受超过法定

```
┌─────────────────────────────────┐     ┌─────────────────────────────────┐
│ 1.劳动合同期满的;                │     │ 1.劳动者达到法定退休年龄的;      │
│ 2.劳动者开始依法享受基本养老保险 │     │ 2.劳动合同期满而服务期尚未到期   │
│   待遇的;                        │     │   的,劳动合同应当续延至服务期   │
│ 3.劳动者死亡,或者被人民法院宣告 │     │   满;双方另有约定的,从其约定   │
│   死亡或者宣告失踪的;            │     │                                 │
│ 4.用人单位被依法宣告破产的;      │     │                                 │
│ 5.用人单位被吊销营业执照、责令关 │     │                                 │
│   闭、撤销或者用人单位决定提前解 │     │                                 │
│   散的;                          │     │                                 │
│ 6.法律、行政法规规定的其他情形   │     │                                 │
└─────────────────────────────────┘     └─────────────────────────────────┘
《劳动合同法》（2012年修订本）规定的终止情形    《劳动合同法实施条例》规定的终止情形
```

图4-2 劳动合同终止的法定事由

退休年龄的劳动者缴纳养老保险费，由此造成无法享受基本养老保险待遇的劳动者，就无法终止劳动合同的尴尬局面。

本案中，蔡某某只要符合《劳动合同法》（2012年修订本）第44条规定的劳动者开始依法享受基本养老保险待遇的情形，或符合《劳动合同法实施条例》第21条规定的劳动者达到法定退休年龄的，飞机维修公司都可以终止与蔡某某之间的劳动合同。

本案中，一审和二审法院的判决结果截然相反，其原因主要在于适用法律错误。《劳动合同法实施条例》第21条规定，劳动者达到法定退休年龄的，劳动合同终止。根据《国务院关于工人退休、退职的暂行办法》第1条以及《劳动和社会保障部关于制止和纠正违反国家规定办理企业职工提前退休有关问题的通知》（劳社部发〔1999〕8号）第1条的规定，国家法定的企业职工退休年龄是男年满60周岁，女工人年满50周岁，女干部年满55周岁。

一审法院判决适用的法律依据是《劳动和社会保障部关于完善城镇职工基本养老保险政策有关问题的通知》（劳社部发〔2001〕20号）第4条的规定"农民合同制职工在男年满60周岁、女年满55周岁时，累计缴费年限满15年以上的，可按规定领取基本养老金；累计缴费年限不满15年的，其个人帐户全部储存额一次性支付给本人"。但是，该规定明确的是参加养老保险的农民合同制职工申请养老保险金的年龄，而非变更国务院规定的退休年龄。

根据本案双方所签订的劳动合同，蔡某某为工人岗位，故其年满50周岁已达法定退休年龄，双方的劳动关系依法终止。故，一审法院判定蔡某某与广州飞机维修公司之间的劳动合同尚未终止不当，二审法院依法进行了纠正。

2. 劳动合同的终止条件不能约定

《劳动合同法》和《劳动合同法实施条例》调整了《劳动法》关于劳动合同终止的规定，即劳动合同只能因法定情形出现而终止，取消了劳动合同的约定终止，如《劳动合同法实施条例》第13条再次特别申明"用人单位与劳动者不得在劳动合同法第四十四条规定的劳动合同终止情形之外约定其他的劳动合同终止条件"。这意味着劳动合同当事人不得约定劳动合同终止条件，约定也无效。

《最高人民法院关于审理劳动争议案件适用法律问题的解释（一）》（法释〔2020〕26号）第34条规定，劳动合同期满后，劳动者仍在原用人单位工作，原用人单位未表示异议的，视为双方同意以原条件继续履行劳动合同。一方提出终止劳动关系的，人民法院应予支持。

终止劳动合同还有一定的限制情形，如《劳动合同法实施条例》第17条规定，劳动合同期满而服务期尚未到期的，劳动合同应当续延至服务期满；双方另有约定的，从其约定。

二、机场集团公司司机在工伤治疗期后被依法终止劳动合同

【案例】刘某与吉林省民航机场集团公司劳动争议案[①]

【案情介绍】

刘某为吉林省民航机场集团公司（以下简称民航机场公司）的机场大巴司机，双方签订劳动合同的期限为2005年8月25日至2009年8月25日。2007年7月3日、2008年12月22日刘某在工作中两次受伤，2008年12月26日至2009年3月10日入院治疗，出院小结载明"建议手术治疗，但患者因欠费未能手术"。2009年3月12日至2009年9月26日刘某在长春骨伤医院入院治疗，共住院679天，二级护理73天，其余均为三级护理，住院费用均由民航机场公司支付。2010年11月16日，长春市人力资源和社会保障局出具《工伤认定决定书》，认定刘某受伤属于工伤。2009年8月29日民航机场公司以双方劳动合同到期为由，终止与刘某的劳动合同。刘某以民航机场公司终止劳动合同违法为由，要求恢复劳动关系。2013年10月29日经吉林省劳动能力鉴定委员会对

[①] 九台市人民法院（2015）九民初字第84号民事判决书；吉林省长春市中级人民法院（2016）吉01民终2036号民事判决书。

刘某伤残等级进行鉴定，评为伤残十级。2013年5月民航机场公司给刘某安排了大巴车调度一职，岗位月工资均为2 717.00元。2013年12月28日民航机场公司向刘某送达《终止劳动合同通知书》，终止与刘某的劳动合同关系，并附《支付的经济补偿金及工伤待遇明细》，承诺支付刘某一次性伤残补助金、一次性工伤医疗补助金和一次性伤残就业补助金元、住院期间的伙食补助费、未领取的工资福利待遇等。刘某拒收，民航机场公司2014年1月7日在报纸上公告与刘某终止劳动合同。刘某诉至法院，请求判令民航机场公司单方终止劳动合同无效，恢复双方的劳动关系。一审判决驳回刘某诉请，二审判决维持原判。

【案例评析】

本案涉及工伤的认定标准的判断及其对劳动关系和工伤保险待遇的影响问题。

1. 应当认定为工伤情形的具体判断与把握

（1）在工作时间和工作场所内，因工作原因受到事故伤害。职工受到的事故伤害需要具备时间、地点、原因三要素方能当认定为工伤。"工作时间"是指法律规定的或者用人单位要求职工工作的时间。职工因工作需要而加班加点的时间、因工作需要的必要工间休息时间，也应视同为"工作时间"[1]。"工作场所"是指职工日常工作所在场地及单位指派其从事工作的场所；"因工作原因"是指职工遇到的事故是在职工为用人单位工作的过程中发生的；"事故伤害"是指职工在事故中受到了人身伤害。

（2）工作时间前后在工作场所内，从事与工作有关的预备性或者收尾性工作受到事故伤害。"预备性工作"应理解为在工作前的一段合理时间内，从事与工作有关的准备工作。"收尾性工作"应理解为在工作结束后的一段合理时间内，从事与工作有关的收尾工作。[2]

（3）在工作时间和工作场所内，因履行工作职责受到暴力等意外伤害。"因履行工作职责受到暴力等意外伤害"主要指两种情况：①职工因履行工作职责而受到的人为的暴力伤害；②职工在工作时间、工作场所正常履行工作职责，受到意外或不可抗力事件而引发的人身伤害。

（4）患职业病的。根据《职业病防治法》（2018年修正本）第2条的规

---

[1] 参见《关于印发〈北京市工伤认定办法〉的通知》（京人社工发〔2011〕378号）第4条。
[2] 参见《关于印发〈北京市工伤认定办法〉的通知》（京人社工发〔2011〕378号）第5条。

定，职业病，是指企业、事业单位和个体经济组织等用人单位的劳动者在职业活动中，因接触粉尘、放射性物质和其他有毒、有害因素而引起的疾病。"职业病"应由具有诊断资格的专门医疗机构进行诊断，且经诊断为"职业病"的疾病符合国家规定的职业病目录。

（5）因工外出期间，由于工作原因受到伤害或者发生事故下落不明的。"因工外出期间"是指职工不在本单位的工作场所内，根据单位的生产经营等工作需要或接受本单位负责人的安排或指派在本单位以外从事工作；"发生事故下落不明"是指职工因工外出期间因安全事故、意外事故以及自然灾害等各种形式的事故而下落不明。《人力资源社会保障部关于执行〈工伤保险条例〉若干问题的意见》（人社部发〔2013〕34号）进一步明确，"因工外出期间"的认定，应当考虑职工外出是否属于用人单位指派的因工作外出，遭受的事故伤害是否因工作原因所致。《最高人民法院关于审理工伤保险行政案件若干问题的规定》（法释〔2014〕9号）第5条明确指出："社会保险行政部门认定下列情形为'因工外出期间'的，人民法院应予支持：（一）职工受用人单位指派或者因工作需要在工作场所以外从事与工作职责有关的活动期间；（二）职工受用人单位指派外出学习或者开会期间；（三）职工因工作需要的其他外出活动期间。职工因工外出期间从事与工作或者受用人单位指派外出学习、开会无关的个人活动受到伤害，社会保险行政部门不认定为工伤的，人民法院应予支持。"

（6）在上下班途中，受到非本人主要责任的交通事故或者城市轨道交通、客运轮渡、火车事故伤害的。"上下班途中"是指职工在上班或下班的合理路线、合理时间内的途中；受到的事故伤害是指非本人主要责任的交通事故或者城市轨道交通、客运轮渡、火车事故造成的。只要同时具备这两个要素，不论事故责任方是谁，均应认定为职工的工伤。"非本人主要责任"的认定，应当以有关机关出具的法律文书或者人民法院的生效裁决为依据。《最高人民法院关于审理工伤保险行政案件若干问题的规定》（法释〔2014〕9号）第6条对于"上下班途中"做了进一步的细化：①在合理时间内往返于工作地与住所地、经常居住地、单位宿舍的合理路线的上下班途中；②在合理时间内往返于工作地与配偶、父母、子女居住地的合理路线的上下班途中；③从事属于日常工作生活所需要的活动，且在合理时间和合理路线的上下班途中；④在合理时间内其他合理路线的上下班途中。

(7) 法律、行政法规规定应当认定为工伤的其他情形。对于"其他情形"目前没有明确规定，而是为某些上述情形之外的实际情况留出了一定空间。

2. 视同工伤情形的判断

(1) 在工作时间和工作岗位，突发疾病死亡或者在48小时之内经抢救无效死亡的。虽然这种死亡情况由职工员工的疾病所致，但是此类职工是在工作时间和工作岗位上死亡的，将其列为视同工伤的情形是符合情理的。48小时应当按照劳动和社会保障部《关于实施〈工伤保险条例〉若干问题的意见》（劳社部函〔2004〕256号）的规定，以医疗机构的初次诊断的时间作为突发疾病的起算时间，医疗机构的初次诊断包括在急救车中的急救记录[①]。此种情形下，职工所在用人单位原则上应自职工死亡之日起5个工作日内向用人单位所在统筹地区社会保险行政部门报告。

(2) 在抢险救灾等维护国家利益、公共利益活动中受到伤害的。

(3) 职工原在军队服役，因战、因公负伤致残，已取得革命伤残军人证，到用人单位后旧伤复发的。

3. 不得认定为工伤情形的理解

根据《工伤保险条例》（2010年修正本）第16条和《社会保险法》（2018年修正本）第37条的规定，不得认定为工伤的情形有4种：①故意犯罪的；②醉酒或者吸毒的；③自残或者自杀的；④法律、行政法规规定的其他情形。

其中，"故意犯罪"的认定，应当以司法机关的生效法律文书或者结论性意见为依据。"醉酒或者吸毒"的认定，应当以有关机关出具的法律文书或者人民法院的生效裁决为依据。无法获得上述证据的，可以结合相关证据认定。[②] 关于"醉酒"的认定，如果《交通事故责任认定书》中注明驾车司机酒精含量达到醉酒或者有其他有效证明注明职工体内酒精含量达到醉酒的，应不予认定工伤。[③]

4. 被认定为工伤后可以享有的待遇

工伤的确认是职工享受工伤保险待遇的基本前提。根据《工伤保险条

---

① 参见《关于印发〈北京市工伤认定办法〉的通知》（京人社工发〔2011〕378号）第11条。
② 参见《人力资源社会保障部关于执行〈工伤保险条例〉若干问题的意见》（人社部发〔2013〕34号）。
③ 参见《关于工伤保险工作若干问题的处理意见》（京劳社工发〔2008〕86号）。

例》（2010年修正本）第30条、第31条、第33条、第37条、第39条和《劳动合同法》（2012年修订本）第42条的规定，可以享受的工伤待遇主要包括以下几种：

（1）用人单位需要根据员工具体伤情及医疗诊断证明为其确定停工留薪期，在停工留薪期内，原工资福利待遇不变，由用人单位按月支付。工伤医疗的停工留薪期一般不超过12个月；伤情严重或者情况特殊，可以适当延长，但延长不得超过12个月，即法定医疗期最长不超过24个月。

（2）工伤保险基金承担的费用一般包括：医疗费、生活护理费、住院伙食补助费、交通费、外省市就医食宿费、康复治疗费、辅助器具费等。

（3）若员工因工死亡，其近亲属可以从工伤保险基金领取丧葬补助金、供养亲属抚恤金、一次性工亡补助金。

（4）职工因工致残被鉴定为七级至十级伤残的，劳动、聘用合同期满终止或者职工本人提出解除劳动、聘用合同的，由工伤保险基金支付一次性工伤医疗补助金，由用人单位支付一次性伤残就业补助金。

（5）在法定的医疗期内，用人单位不得解除劳动合同。

需要特别注意的是，工伤保险待遇与人身损害赔偿的一些项目在本质上是相同的，详见表4-4。

表4-4 工伤保险待遇与人身损害赔偿项目对照表

工伤保险待遇项目	人身损害赔偿项目
住院伙食补助费	住院伙食补助费
停工留薪期工资	误工费
一次性伤残补助金、伤残津贴	残疾赔偿金
丧葬补助金	丧葬费
供养亲属抚恤金	被扶养人生活费
一次性工亡补助金	死亡赔偿金

本案中，民航机场公司与刘某的双方劳动合同期限是2005年8月25日至2009年8月25日，民航机场公司于2009年8月29日以双方劳动合同到期为由，终止与刘某的劳动合同，但由于刘某在工作中受伤，并认定为工伤，故民航机场公司2009年8月29日解除劳动合同无效，应当恢复刘某与民航机场公司的劳动关系。但刘某从2008年受伤到2014年，受伤长达6年多，

早已超过 24 个月的规定，故刘某现在治疗的工伤，并不属于法定医疗期内不得解除终止劳动合同情形。故法院认定民航机场公司可以终止与刘某的劳动关系。在民航机场公司电话通知刘某办理终止劳动关系事宜无果后，民航机场公司经过人事部、党群工作部和法律工作部研究决定，先后通过邮寄、公告、留置三种方式向刘某送达解除劳动合同通知书，解除劳动合同的程序合法。

三、乘务员与航空公司终止劳动合同经济补偿金的计算年限

【案例】中国国际航空股份有限公司西南分公司与王某劳动合同纠纷案①

【案情介绍】

2004 年 7 月 1 日，王某与四川金鹰人才咨询服务有限公司签订劳动合同，约定以劳务输出形式将王某派往国航西南分公司从事乘务员工作。后双方又两次签订《劳动合同续订书》，合同期限至 2012 年 6 月 30 日。其间，四川金鹰人才咨询服务有限公司更名为四川金凤凰人才咨询服务有限公司（以下简称金凤凰公司）。2012 年 7 月 1 日，王某与金凤凰公司签订劳动合同书，期限从 2012 年 7 月 1 日至 2016 年 6 月 30 日，继续被派往国航西南分公司从事乘务员工作。王某于 2014 年 3 月 31 日向金凤凰公司提出自愿离职并签订《解除劳动合同协议书》，并于同日签收《派遣制用工劳动关系转换情况告知书》，又于次日向国航西南分公司提交申请，表明自愿选择参加派遣制用工劳动关系转换并申请与该公司建立劳动关系，并承诺与其他单位无劳动合同关系等，且于该次日与国航西南分公司签订劳动合同而建立劳动关系，约定合同期限至 2017 年 3 月 31 日止。2016 年 4 月 4 日，王某产假到期未到岗上班。后国航西南分公司两次向王某发出《客舱服务部警示单》，王某在该警示单签字确认。2017 年 3 月 25 日，国航西南分公司作出《关于王某劳动合同终止不再续签的通知》。2017 年 6 月 6 日，国航西南分公司作出《终止劳动合同通知书》并向王某邮寄送达并被签收。王某诉请：国航西南分公司支付王某终止劳动合同的经济补偿金 116 808.9 元。一审判决国航西南分公司

---

① 成都市双流区人民法院（2018）川 0116 民初 6213 号民事判决书；四川省成都市中级人民法院（2018）川 01 民终 16346 号民事判决书。

支付王某经济补偿 55 932.01 元。二审驳回国航西南分公司的上诉；维持原判。

【案例评析】

本案涉及终止劳动合同经济补偿金计算。争议焦点是：计算支付王某经济补偿金的工作年限时，应否把王某在金凤凰公司的工作年限合并计算为国航西南分公司工作年限。

目前，根据《劳动合同法》和《劳动法》，经济补偿金包括解除劳动合同经济补偿金和终止劳动合同经济补偿金。

根据《劳动合同法》（2012 年修订本）第 44 条第 1 款规定，劳动合同期满的，劳动合同终止。故国航西南分公司以王某某与公司签订的劳动合同到期，决定终止劳动关系，符合法律规定。根据《劳动合同法》（2012 年修订本）第 46 条第 5 项规定，劳动合同到期终止的，国航西南分公司应当向王某某支付经济补偿金。补偿标准为：经济补偿按劳动者在本单位工作的年限，每满 1 年支付 1 个月工资的标准向劳动者支付。6 个月以上不满 1 年的，按 1 年计算；不满 6 个月的，向劳动者支付半个月工资的经济补偿①。

国航西南分公司主张王某系因自愿提出与金凤凰公司解除劳动合同后又主动申请到国航西南分公司工作，则计算支付王某经济补偿金的工作年限时，不应包括其在金凤凰公司的工作年限，且即使应当包括该工作年限，相应经济补偿金也应当由金凤凰公司予以支付，但王某未在法定期间内向金凤凰公司主张经济补偿，则其该相应主张亦不应当得到支持。

王某主张，案涉所谓用工劳动关系转换工作，均系应国航西南分公司要求进行，并非其自身能够决定的，故计算支付经济补偿金工作年限时，应当包括其在金凤凰公司的工作年限。

1. 经济补偿金工作年限认定的司法依据

根据《最高人民法院关于审理劳动争议案件适用法律问题的解释（一）》（法释〔2020〕26 号）第 46 条的规定："劳动者非因本人原因从原用人单位被安排到新用人单位工作，原用人单位未支付经济补偿，劳动者依照劳动合同法第三十八条规定与新用人单位解除劳动合同，或者新用人单位向劳动者提出解除、终止劳动合同，在计算支付经济补偿或赔偿金的工作年限时，劳

---

① 参见《劳动合同法》（2012 年修订本）第 47 条。

动者请求把在原用人单位的工作年限合并计算为新用人单位工作年限的，人民法院应予支持。用人单位符合下列情形之一的，应当认定属于'劳动者非因本人原因从原用人单位被安排到新用人单位工作'：（一）劳动者仍在原工作场所、工作岗位工作，劳动合同主体由原用人单位变更为新用人单位；（二）用人单位以组织委派或任命形式对劳动者进行工作调动；（三）因用人单位合并、分离等原因导致劳动者工作调动；（四）用人单位及其关联企业与劳动者轮流订立劳动合同；（五）其他合理情形。"

2. 王某在原用人单位的工作年限合并计算为新用人单位工作年限的理由分析

法院认为，王某与金凤凰公司建立劳动关系多年，并自2004年7月1日起一直被派遣至国航西南分公司从事乘务员工作，后与金凤凰公司签订《解除劳动合同协议书》和同日签收的《派遣制用工劳动关系转换情况告知书》以及向国航西南分公司提交自愿选择参加派遣制用工劳动关系转换的申请和签订劳动合同，王某在上述一系列用工劳动关系转换工作程序中，所进行的书写或签署申请、承诺或申明等多项手续均在两日内完成，且相应手续行文内容多具有格式性质。而在劳动关系中，用人单位与劳动者之间本身就存在管理与被管理的关系，且金凤凰公司与国航西南分公司作为中国国际航空股份有限公司全资子公司设立的全资公司或分公司，其本身已属关联企业。结合该用工劳动关系转换具体实施等客观情形，很难让法院确认或信服金凤凰公司与国航西南分公司未利用两者关联企业身份的影响力，对本次用工劳动关系转换进行相应安排或管理。王某在明知于案涉用工劳动关系转换前后，其工作场所、工作岗位、工作内容均不变情况下，仍然会基于个人原因而主动申请与原用人单位金凤凰公司解除劳动合同，又主动申请与新用人单位国航西南分公司建立劳动关系，并得到上述二公司准许等情况，亦与常理不符。因此，应当认定王某属于非因本人原因从原用人单位被安排到新用人单位工作的情形。

对国航西南分公司应当支付给王某的经济补偿金年限问题，因王某自2004年7月1日起，一直在国航西南分公司处从事乘务员工作，虽然在2014年3月31日前系与四川金鹰人才咨询服务有限公司签订劳动合同，以派遣方式在国航西南分公司工作，但是，王某的工作地点、工作岗位、工作内容均未发生任何变化，王某请求把在原用人单位的工作年限合并计算为新用人单位工作年限的主张,应予以支持。

四、航空高校终止编制人员到期聘用合同应否支付经济补偿金

【案例】 王某与某航空大学聘用合同争议案[①]

【案情介绍】

王某于2007年7月进入某航空大学(系中国民用航空局举办的教育事业单位)图书馆工作,属于事业编制工作人员,双方签订了聘用合同,聘用合同于2013年7月31日期满。该航空大学因王某聘期考核不合格,通知王某聘用合同到期终止,并为王某办理了聘用合同终止手续。王某主张单位应支付终止聘用合同经济补偿金,因协商不成王某于2014年4月提出仲裁,申请要求单位支付经济补偿金。仲裁委员会认为,事业单位人员包括编制内与编制外两种,对于编制内人员要求支付终止聘用合同经济补偿金的,目前并无相应的法律法规支持。故裁决对申请人要求支付终止聘用合同经济补偿金的请求不予支持。

【案例评析】

本案争议焦点是终止事业单位编制人员到期聘用合同的,是否需要支付经济补偿金。

事业单位系经国家机构编制部门批准使用事业编制,进行事业单位法人登记的单位,由于国家编制管理体制,以及事业单位工作人员的分级分类管理,所以事业单位用工存在编制内和编制外用工的差异,二者的法律适用有所不同。

1. 事业单位编制内人员的人事争议适用特别法

属于机构编制部门核定编制范围内的工作人员与事业单位建立的是人事关系,双方之间发生的争议为人事争议。

《劳动合同法》(2012年修订本)第96条规定:"事业单位与实行聘用制的工作人员订立、履行、变更、解除或终止劳动合同的,法律、行政法规或者国务院另有规定的,依照其规定;未作规定的,依照本法有关规定执行。"在目前国家并未对《劳动合同法》(2012年修订本)第96条规定适用作出明确规定和解释的情况下,不宜作扩大解释,事业单位编制内人员不适

---

① 本案例由笔者根据类似案例改编而成。

用《劳动合同法》的规定。

事业单位编制内人员的人事争议在实体法上应适用《事业单位人事管理条例》《关于在事业单位试行人员聘用制度的意见的通知》（国办发〔2002〕35号）等法规及其配套规章政策规定。

本案中，申请人王某系事业单位编制内工作人员，与单位签订聘用合同。在目前国家有关聘用合同相关的法规、规章、政策中规定需要支付经济补偿金的，均不包括事业单位终止聘用合同的情形，故对申请人的经济补偿金请求不予支持。

2. 事业单位编制外人员的劳动争议适用《劳动合同法》

《劳动合同法》（2012年修订本）第96条规定："事业单位与实行聘用制的工作人员订立、履行、变更、解除或终止劳动合同的，法律、行政法规或者国务院另有规定的，依照其规定；未作规定的，依照本法有关规定执行。"事业单位编制外人员的劳动争议没有其他相关规定，所以适用《劳动合同法》。

3. 事业单位人员劳动人事争议适用的程序规则

2014年实施的《事业单位人事管理条例》第37条规定："事业单位工作人员与所在单位发生人事争议的，依照《中华人民共和国劳动争议调解仲裁法》等有关规定处理。"第38条规定："事业单位工作人员对涉及本人的考核结果、处分决定等不服的，可以按照国家有关规定申请复核、提出申诉。"

事业单位与其建立人事关系的工作人员之间因终止人事关系以及履行聘用合同发生的争议的仲裁办案程序，适用2017年7月1日起施行的《劳动人事争议仲裁办案规则》。

第五章
用人单位内部规章制度

　　用人单位内部规章制度是用人单位依法制定的、在本企业内部实施的、关于组织劳动过程和进行劳动管理的规则和制度，是用人单位和劳动者在劳动过程中的行为准则和内部劳动规则。用人单位依法制定内部规章制度是用人单位依法行使自主管理权的重要表现，对于维护用人单位及劳动者的合法权益有着重要作用，用人单位及劳动者均应当严格遵守。

　　用人单位的内部规章制度不仅是用人单位规范内部管理的文件，同时也是用人单位据以作出扣减工资、解除劳动合同等用工管理决定的重要依据，直接涉及劳动者的切身利益。因此，根据《劳动法》《劳动合同法》和最高人民法院的司法解释等规定，用人单位的规章制度必须合法、民主、公示、告知才能够合法有效，才可以作为人民法院审理劳动争议案件的依据。

　　劳动实践中，用人单位应高度重视涉及薪资（包括绩效工资）、岗位、考勤、奖惩、假期等方面规章制度的建立与完善，对具体用工管理事务作出明确的规定。如用人单位已设立工会，应将规章制度通过工会提交职工大会或职工代表大会讨论，并留存会议记录；如用人单位尚未设立工会，未组织过职工大会或职工代表大会，用人单位至少应将规章制度交由全体员工以书面方式传签确认，有单位网站的，可将规章制度提前在网站上发布，供员工讨论。用人单位在与员工签订或续订劳动合同时，可将规章制度列为劳动附件，由员工进行确认，以便在争议发生时，作为用人单位已履行公示或告知义务的证明。

一、乘务员严重违反航空公司内部规章制度被解除劳动合同

【案例】 韩某与中国东方航空股份有限公司劳动争议案[①]

【案情介绍】

韩某于2004年9月至中国东方航空股份有限公司（以下简称东航股份公司）担任乘务员，最后劳动合同期限为2013年1月1日至2015年12月31日。自2011年7月起，韩某因怀孕未再上班，2012年12月25日起请病假直至2013年9月22日。后东航股份公司发现韩某在2013年6月28日至7月3日身处中国香港地区，但其向公司提交的病假材料中包含了2013年7月1日其在上海市浦东新区公利医院门诊治疗腰痛的病史记录及病情证明单（医生建议休息两周）。2013年9月22日，东航股份公司以韩某弄虚作假、提供虚假病假单构成严重违反公司规章制度为由解除劳动合同。东航股份公司《客舱服务部空勤人员绩效考核办法》第2.2.13.7条规定，乘务员具有弄虚作假（含假病假）的行为，由各相关乘务部或各相关部门提出，经客舱服务部空勤人员绩效管理委员会讨论通过，可对其处以解除劳动合同的处理。韩某于2012年12月19日签字确认已学习该文件内容。一审法院认为，韩某提交虚假病假单、存在弄虚作假的行为，东航股份公司有权依法解除劳动合同，并无须向韩某支付违法解除劳动合同的赔偿金。二审判决驳回上诉，维持原判。

【案例评析】

纵观《劳动合同法》全文，不难看出具体制度是倾斜保护劳动者的，然而对劳动者的倾斜保护，是通过限制用人单位的生产经营自由实现的，如果过于保护劳动者，则可能造成过度牺牲用人单位的利益，不利于实现劳动者和用人单位的实质公平，不利于促进和保障社会劳动秩序的稳定。因此，我国劳动法律法规明确赋予了用人单位用工自主权、经营管理权、规章制度制定权，同时也规定了劳动者应当遵守企业规章制度和劳动纪律、完成用人单位交付的劳动任务等义务，否则用人单位有权依据法律规定单方解除劳动合同。

1. 用人单位建立内部劳动规章制度的立法依据

随着《劳动合同法》的实施，建立与完善内部规章制度已经成为用人单

[①] 上海市浦东新区人民法院（2014）浦民一（民）初字第13716号民事判决书；上海市第一中级人民法院（2014）沪一中民三（民）终字第1760号民事判决书。

位的一项法律要求。例如,《劳动合同法》(2012年修订本) 第4条第1款规定,用人单位应当依法建立和完善劳动规章制度,保障劳动者享有劳动权利、履行劳动义务。

内部劳动规章制度,是用人单位为了有效地组织生产经营活动,激励员工工作而规定的员工应当享有的权利,应当遵守的各项义务以及违反义务时的处罚措施。

需要注意的是,并非用人单位所有的规章制度都是内部劳动规章制度,只有与用人单位劳动人事或者人力资源管理相关联的规章制度才是内部劳动规章制度。这是用人单位的用工自主权的体现,对于企业内部规章制度的外部审查,如劳动保障部门的行政审查和发生争议后仲裁或法院的司法审查,都需有相应的法律依据和法理支撑。

劳动保障行政部门对于用人单位规章制度审查的法律依据有:《劳动法》(2018年修正本) 第89条规定,用人单位制定的劳动规章制度违反法律、法规规定的,由劳动行政部门给予警告,责令改正,对劳动者造成损害的,应当承担赔偿责任;《劳动保障监察条例》第11条规定,劳动保障行政部门可以对用人单位制定内部劳动保障规章制度的情况实施劳动保障监察;《劳动合同法》(2012年修订本) 第74条规定,县级以上地方人民政府劳动行政部门依法对用人单位制定的直接涉及劳动者切身利益的规章制度及其执行的情况进行监督检查。

目前,仲裁机构和法院审查审判用人单位规章制度的主要依据是《最高人民法院关于审理劳动争议案件适用法律问题的解释(一)》(法释〔2020〕26号)。即第50条规定,"用人单位根据《劳动合同法》第四条规定,通过民主程序制定的规章制度,不违反国家法律、行政法规及政策规定,并已向劳动者公示的,可以作为确定双方权利义务的依据。用人单位制定的内部规章制度与集体合同或者劳动合同约定的内容不一致,劳动者请求优先适用合同约定的,人民法院应予支持。"在各地司法实践中,用人单位内部规章制度适用的前提也要求必须合理、合法。[①]

[①] 例如,河北省高级人民法院《关于我省劳动争议案件若干疑难问题处理的参考意见》,浙江省高级人民法院《关于审理劳动争议案件若干问题的意见(试行)》,广东省高级人民法院、广东省劳动争议仲裁委员会《关于适用〈劳动争议仲裁法〉〈劳动合同法〉若干问题的指导意见》。

2. 用人单位以"违反内部规章制度"为由单方解除劳动合同的条件

用人单位的劳动规章制度是用人单位内部的"法律",其有效依据是两个前提,一是程序上需要民主和公示,二是实体上不违反国家法律、行政法规以及政策规定。

(1) 用人单位制定的内部劳动规章制度内容合法,并履行了民主程序、公示程序。

《最高人民法院关于审理劳动争议案件适用法律问题的解释(一)》(法释〔2020〕26号)第50条规定是目前我国关于内部劳动规则法律效力的最权威的司法解释。

《劳动合同法》(2012年修订本)第4条第2款规定,用人单位在制定、修改或者决定有关劳动报酬、工作时间、休息休假、劳动安全卫生、保险福利、职工培训、劳动纪律以及劳动定额管理等直接涉及劳动者切身利益的规章制度或者重大事项时,应当经职工代表大会或者全体职工讨论,提出方案和意见,与工会或者职工代表平等协商确定。这意味着用人单位制定、修改直接涉及劳动者切身利益的规章制度或者重大事项,未经过规定的民主程序,原则上不能作为用人单位用工管理的依据。但是,规章制度或者重大事项的内容如果违反法律、行政法规及政策规定,存在明显不合理的情形,即使向劳动者公示或告知后劳动者没有异议,也无法作为劳动仲裁和人民法院裁判的依据。

本案中,东航股份公司制定的《客舱服务部空勤人员绩效考核办法》,是对空勤人员考核的内部劳动制度,第2.2.13.7条明确规定,乘务员具有弄虚作假(含假病假)的行为,由各相关乘务部或各相关部门提出,经客舱服务部空勤人员绩效管理委员会讨论通过,可对其处以解除劳动合同的处理。通过相关证据可以证明,韩某对于公司的该项规章制度是完全知悉的。韩某弄虚作假、提供虚假病假单,严重违反了公司的规章制度,东航股份公司经由规定程序解除与韩某的劳动合同,可以认定公司是合法地行使单方解除劳动合同的权利。

(2) 劳动者违反规章制度须达到"严重程度",并属于规章制度中应当解除的事由。

根据《劳动合同法》(2012年修订本)第39条的规定,劳动者违反用人单位的规章制度,并不必然构成用人单位单方解除劳动合同的理由。用人单位须在规章制度中明确"应当解除劳动合同"的情形,只有达到劳动者"严重违反规章制度"的程度时,用人单位才能据此行使单方解除权。实践中,用人单位常采用列举方式明确"严重违反内部规章制度"的具体行为,因此,航空公司最好将"提供虚假病例"作为严重违反规章制度的情形在规章制度之中予以明确,从而在发生相应情形时,航空公司有权解除劳动合同。

实践中,仲裁和法院对用人单位内部规章制度进行合理性审查的主要依据是《劳动合同法》(2012年修订本)第39条第2项规定的"严重违反"的表述,但是对"严重"的认定标准没有明确的立法界定,由此造成司法实践中呈现出不同的认定标准。其实,仲裁和法院对用人单位内部规章制度及其适用的合理性审查,不应是单一维度的考量,通常应是多个维度综合判断的结果。例如,要考量规章制度是否超越劳动管理范畴、是否过度减损劳动者利益、是否影响正常管理秩序、是否超出常人可承受范围以及行业特点和与管理程序的结合等。

例如,在"全球国际货运代理(中国)有限公司诉陈某劳动合同纠纷案"[1]中,双方协商解除劳动合同后,全球国际货运代理(中国)有限公司又以陈某在职期间严重违反内部规章制度为由不支付解除劳动合同经济补偿金[2]。公司虽然提供了证明陈某有多次缺勤记录的考勤表,但未能获得法院认定为陈某有严重违纪行为的充分证据,因为劳动合同约定公司对陈某实行不定时工作制,不需要对陈某上下班进行严格的考勤,陈某每次进出公司处的门禁刷卡仅是作为全球国际货运代理(中国)有限公司的安全需要。

二、航空技术公司要求违纪员工赔偿产品质量不合格的经济损失

【案例】成都联科航空技术有限公司与王某劳动争议案[3]

【案情介绍】

王某于2013年3月20日至成都联科航空技术有限公司(以下简称联科

---

[1] 上海市浦东新区人民法院(2015)浦民一(民)初字第45784号民事判决书;上海市第一中级人民法院(2016)沪01民终3159号民事判决书。
[2] 需要特别注意的是,在已经解除劳动合同的情形下,用人单位再以劳动者存在严重违纪行为为由追究责任,已不能产生相应法律效力,即用人单位不支付解除劳动合同经济补偿金的主张必须在协商解除劳动合同前提出。
[3] 成都高新技术产业开发区人民法院(2014)高新民初字第782号民事判决书。

航空）处工作。同日双方签订期限自 2013 年 3 月 20 日起至 2014 年 3 月 19 日止的书面劳动合同。2013 年 8 月 19 日，联科航空对王某生产的 8 件不合格锥套进行评审处置，确定因超差需要返修。2013 年 9 月 4 日，联科航空向王某出具《辞退人员通知单》，辞退原因为：王某在工作期间频繁离开工作岗位同别人闲聊，影响其他岗位同事工作；工作期间加工产品返修率高，其中由王某加工制作的 8 件锥套返修数次后仍不合格导致产品报废，造成公司经济损失，同时造成公司质量信誉受损；生产进度跟不上，工作状态散漫。9 月 5 日，联科航空向王某出具《说明》一份，载明："该员工加工产品返修频繁，耽误生产任务完成，产品报废造成公司经济损失，同时造成公司质量信誉受损……该员工上班时间频繁串岗，到其他岗位同别人闲聊，影响其他岗位同事工作。公司开会多次提醒大家上班时间不准串岗、闲谈、玩手机等，做与工作无关事宜，其屡次不改，公司将开除员工并不负担责任。"王某在该《说明》中签署了"以上同意"的意见并署名。自 2013 年 9 月 5 日起，王某未到联科航空上班。联科航空要求王某赔偿未果，诉至法院，认为王某在职期间加工的 8 件锥套产品质量不合格，经两次返修后仍不合格而报废，请求法院判令：王某赔偿其在工作中造成的损失 43 609.73 元。

【案例评析】

本案争议焦点是王某作为劳动者是否应当承担其生产工作中造成的产品质量损失。

1. 用人单位能否在劳动合同解除后要求有过错的劳动者承担赔偿责任

劳动者在劳动关系存续期间因故意或重大过失造成用人单位直接经济损失，用人单位在双方劳动合同解除后要求劳动者一次性赔偿的，予以支持。劳动者应承担的赔偿数额根据劳动者的过错程度等具体情况酌情确定，且不得把属于用人单位应承担的经营风险扩大由劳动者承担。[①]

2. 劳动者应向用人单位承担赔偿责任的法定范围

劳动者因过错造成用人单位损失的赔偿责任，应当在劳动法律规定的范围内予以认定。《劳动合同法》（2012 年修订本）第 90 条规定："劳动者违反本法规定解除劳动合同，或者违反劳动合同中约定的保密义务或者竞业限

---

① 参见 2017 年 7 月 19 日发布的《广东省高级人民法院关于审理劳动争议案件疑难问题的解答》。

制，给用人单位造成损失的，应当承担赔偿责任。"

可见，劳动者向用人单位承担损失赔偿责任的范围仅限于违法解除劳动合同、违反劳动合同约定的保密义务或竞业限制三种情形。

3. 劳动者不应赔偿用人单位的生产经营风险损失

在劳动关系存续期间，用人单位是生产经营的管理者和监督者。劳动者的劳动行为是为了实现用人单位的生产经营利益。根据风险利益一致原则，生产经营风险应当由利益的享有者即用人单位承担。这种生产经营风险包括产品质量不合格的风险，故劳动者生产的产品质量损失属于生产经营风险的范畴。

劳动者劳动过程中造成的产品质量损失无法由劳动者赔偿，因为用人单位支付给劳动者的劳动报酬与劳动者创造的劳动成果具有不对等性。如果将生产经营风险施加于劳动者，必然加重劳动者的责任，用工单位只享有利益而不承担风险，有失公平。

本案中，王某在与联科航空劳动关系存续期间并无上述三种情形，联科航空向劳动者所主张的赔偿金额 43 609.73 元含联科航空的业务合作单位对联科航空的罚款 3 万元，该罚款金额系基于联科航空与对外业务单位的合作关系或约定受到的罚款，而非劳资双方之间的合同约定。故法院认定，联科航空作为用人单位，无论是让劳动者承担其业务往来单位对其的罚款金额，还是要求劳动者承担产品质量赔偿责任，都于法无据。

4. 用人单位对过失劳动者的劳动合同有法定解除权

对于王某作为劳动者，在生产活动中的过失行为，联科航空作为用人单位可以行使单方解除劳动合同的法定权利，将王某辞退并不支付解除劳动合同经济补偿金。

三、机场安保人员因严重违纪被解除劳动合同无权要求赔偿金

【案例】王某与北京首都机场航空安保有限公司劳动争议案[①]

【案情介绍】

王某于 2000 年入职北京首都国际机场股份有限公司，2006 年 10 月 10

[①] 北京市顺义区人民法院（2013）顺民初字第 9942 号民事判决书；北京市第三中级人民法院（2014）三中民终字第 00926 号民事判决书。

日，北京首都机场航空安保有限公司（以下简称首都机场安保公司）成立，王某即入职该公司，并签订书面劳动合同。2013年3月26日，王某对旅客进行开包检查后，没有将旅客自弃的Zippo打火机上交给首都机场安保公司，并在旅客返还索要后主动交还旅客。后首都机场安保公司东区安检部行检科出具了《关于东区安检部行检科员工私拿旅客自弃物品的处理情况报告》，认为按照《北京首都机场航空安保有限公司奖惩规定》第4.2.3.3.10项规定，私拿旅客暂存、自弃、丢失在工作现场物品的属于重度违纪行为。2013年3月29日，首都机场安保公司东区安检部作出员工违纪行为认定书，认定王某行为属于重度违纪行为，并建议给予王某解除劳动合同处罚。2013年4月3日，首都机场安保公司通过了对王某解除劳动合同的审批，并向王某出具《解除劳动合同或者工作关系的证明书》。双方就此发生争议。王某申请劳动仲裁，要求确认与首都机场安保公司自2000年6月26日至2013年4月3日存在劳动关系，要求首都机场安保公司支付违法解除劳动合同赔偿金。北京市顺义区劳动人事争议仲裁委员会裁定王某与首都机场安保公司自2004年11月1日至2013年4月3日存在劳动关系，驳回其他申请请求。[1] 王某不服裁决，诉至法院。王某主张首都机场安保公司与北京首都国际机场股份有限公司之间具有关联性，要求确认其与首都机场安保公司自2000年6月26日存在劳动关系，并要求其支付违法解除劳动合同的赔偿金。一审判决双方自2006年10月10日至2013年4月3日存在劳动关系，驳回王某的其他诉请。二审维持原判。

【案例评析】

本案涉及首都机场安保公司解除王某的劳动合同是否违法的问题。

1. 用人单位解除劳动合同的合法性认定

根据《劳动合同法》（2012年修订本）第39条第2项的规定，劳动者有"严重违反用人单位的规章制度"情形的，用人单位可以解除劳动合同。解除劳动合同的行为是否成立，用人单位须负责举证证明满足三个条件：

（1）严重违反用人单位规章制度的事实清楚。用人单位以"严重违反规章制度"解除劳动合同的，首先，应提供单位的规章制度，且该规章制度制

---

[1] 京顺劳仲字（2013）第5182号裁决书。

定必须合法,包括内容合法、程序合法、经过公示、员工知悉,并在规章制度中明确界定"严重违反规章制度"的情形。其次,必须有员工严重违反规章制度的充分证据,如违纪员工本人签字的检讨书、违纪情况说明书、处罚通知书、有关员工违纪所涉及的物证或视频资料、政府有关部门的处理意见、处理记录等。

本案中,王某作为首都机场安保公司员工,理应遵守公司的工作纪律和作为一名安检的职业道德。关于其在工作过程中私拿旅客自弃物品并在旅客索要后主动交还,王某对此事实予以认可。

(2)解除依据准确。王某所在公司的《北京首都机场航空安保有限公司奖惩规定》规定,私拿旅客暂存、自弃、丢失在工作现场物品的属于重度违纪行为;对重度违纪行为,公司可给予解除劳动合同、留用察看、解聘等处分。

(3)解除劳动合同的程序合法。用人单位以劳动者严重违法违纪为由与之单方解除劳动合同的主要程序包括:

第一,调查取证。用人单位应本着实事求是的原则对劳动者的违规违纪行为进行调查,做到事实清楚、证据确凿、充分。

第二,征求工会意见。《劳动合同法》(2012年修订本)第43条规定,用人单位单方解除劳动合同,应当事先将理由通知工会。用人单位违反法律、行政法规规定或者劳动合同约定的,工会有权要求用人单位纠正。用人单位应当研究工会的意见,并将处理结果书面通知工会。《中华人民共和国工会法》(以下简称《工会法》)(2009年修正本)第21条第2款也规定,企业单方面解除职工劳动合同时,应当事先将理由通知工会,工会认为企业违反法律、法规和有关合同,要求重新研究处理时,企业应当研究工会的意见,并将处理结果书面通知工会。

第三,送达。用人单位作出解除合同决定后,应当及时向员工送达解除劳动合同书面通知;解除劳动合同通知于劳动者接收时生效;未向劳动者送达通知的,该通知不发生法律效力,劳动者与用人单位之间的劳动合同关系依然存续。

本案中,先由首都机场安保公司东区安检部行检科出具了《关于东区安检部行检科员工私拿旅客自弃物品的处理情况报告》,再由首都机场安保公司东区安检部作出了王某违纪行为认定书,最后由首都机场安保公司对王某解除劳动合同进行了审批,并向王某出具《解除劳动合同或者工作关系的证明书》。可见,王某的行为确实构成对首都机场安保公司规章制度的严重违反,首都机场安保公司对王某作出解除劳动合同的决定,依据的《北京首都机场航空安保有限公司奖惩规定》并不违反《劳动合同法》的规定。

2. 用人单位违法解除劳动合同的赔偿

如果用人单位解除劳动合同的事实不清,或依据不准确,或程序不合法,那么其解除行为将被认定为违法解除,劳动者有权按照《劳动合同法》(2012年修订本)第48条的规定要求继续履行劳动合同;劳动者不要求继续履行劳动合同或劳动合同已经无法继续履行的,劳动者也可选择要求用人单位支付违法解除的赔偿金。

《劳动合同法》(2012年修订本)第87条规定:"用人单位违反本法规定解除或者终止劳动合同的,应当依照本法第四十七条规定的经济补偿标准的二倍向劳动者支付赔偿金。"

在实践中,用人单位单方解除劳动合同是否支付赔偿金,关键在于用人单位能否举证证明解除行为合法。本案中,首都机场安保公司解除王某劳动合同的行为有充分证据证明是合法的,故王某要求支付解除劳动合同赔偿金的请求无法律依据。如果用人单位举证不能,则面临支付赔偿金的风险。

例如,在"三边俱乐部有限公司与姜某劳动争议案"[①] 中,三边俱乐部主张姜某存在违反考勤制度,但三边俱乐部提交的考勤日志、未打卡说明书、公出日志说明显示姜某的未打卡行为、公出行为均获得了领导授权或批准,故法院认为三边俱乐部所举证据不足以证明其解除事实明确、理由合法,认定三边俱乐部违法解除与姜某的劳动合同,三边俱乐部应支付违法解除劳动合同赔偿金。

再如,郑某于2006年3月13日入职某公司杭州分公司,工作岗位为客户代表。工作期间,郑某向公司进行多笔费用报销。2012年10月12日,公司向郑某发送《解除劳动合同通知书》,理由是郑某在费用报销中的违规行为严重违反公司的《业务行为准则》相关规定。公司主张郑某存在弄虚作假

[①] 北京市朝阳区人民法院(2016)京0105民初62952号民事判决书。

和欺诈的行为,严重违反其规章制度,无事实依据。另因公司主张郑某的所谓违规报销行为发生于 2009 年至 2011 年,在报销后时隔数年,才主张郑某违规报销并以此为由单方解除劳动合同,依据不足。故法院认定公司单方解除郑某劳动合同的行为违法。①

值得注意的是,用人单位的员工提供虚假发票、进行虚假报销等行为,在司法认定的实践中,应由用人单位就违规报销承担举证责任,但举证难度很大。原因在于:第一,对员工的报销申请及所附单据,用人单位是有必要的财务审查义务的,如经各方签字审核后予以报销的,一般会被认为合规;第二,如果发票上没有员工签字,用人单位难以证明问题发票确实是员工当初提交的发票,且发票是否有问题应由有权机关鉴别真伪后出具意见,网上查询真伪的结果不具有证明力;第三,用人单位对员工的违纪处分,应当自违纪事实发生之日起的合理期间内作出,逾期处分的,会被认定为依据不足。

四、航空服务公司依据内部规章制度要求离职员工赔偿培训费损失

【案例】张某与海航湾流(北京)技术服务有限公司劳动争议案②

【案情介绍】

张某原系海航湾流(北京)技术服务有限公司(以下简称海航湾流公司)职工,双方签有 2013 年 11 月 4 日至 2016 年 11 月 4 日的劳动合同,约定张某为生产维修部门工程师;乙方参加甲方出资培训的,甲乙双方需按照甲方培训管理制度的要求另行签订培训协议,乙方应严格遵守甲方培训管理制度,履行培训协议的约定,否则,乙方应按照培训协议约定向甲方支付违约金,给甲方造成损失的,承担赔偿责任。2014 年 7 月 2 日,张某与公司签订《劳动合同变更协议书》,职位由工程师变更为生产领班。2014 年 9 月至 2014 年 10 月,公司安排张某参加在美国萨凡纳的 G650 机型培训并顺利结业。2014 年 11 月 4 日,张某与公司签订培训确认单,对张某参加实际培训情况予以确认,写明培训费用以实际发生为准。2016 年 10 月,张某与公司

---

① 杭州市西湖区人民法院(2013)杭西民初字第 789 号民事判决书。
② 北京市顺义区人民法院(2018)京 0113 民初 22708 号民事判决书;北京市第三中级人民法院(2019)京 03 民终 2846 号民事判决书。

续签劳动合同，期限为2016年11月5日至2021年11月4日。2017年4月27日，张某因个人原因主动提出辞职，双方于2017年5月22日解除劳动关系。2018年5月15日，海航湾流公司申请仲裁，要求张某赔偿培训费损失561 258.6元。顺义仲裁委裁决：张某支付海航湾流公司培训费损失327 401元。张某与公司均不服仲裁裁决，诉至法院。一审判决张某支付公司培训费损失339 094元，驳回双方其他诉请。二审维持原判。

【案例评析】

本案争议焦点是关于张某是否应赔偿海航湾流公司培训费用损失。

海航湾流公司主张双方之间存在关于服务期及培训费赔偿的约定，其向张某主张培训费损失存在合同依据和制度依据。张某则主张双方未对服务期年限及违约金做过任何约定，故海航湾流公司要求其赔偿培训费损失缺乏合同依据。

1. 用人单位内部规章制度作为法院审理劳动争议的依据

根据《最高人民法院关于审理劳动争议案件适用法律问题的解释（一）》（法释〔2020〕26号）第50条之规定，"用人单位根据劳动合同法第四条规定，通过民主程序制定的规章制度，不违反国家法律、行政法规及政策规定，并已向劳动者公示的，可以作为确定双方权利义务的依据。用人单位制定的内部规章制度与集体合同或者劳动合同约定的内容不一致，劳动者请求优先适用合同约定的，人民法院应予支持。"

本案中，根据新员工培训签到表及海航湾流公司2013年11月13日向张某发送的电子邮件，以及张某入职后参加的公司人事规章制度培训，可以认定已告知了张某公司相关规章制度，包括《公司管理手册》中"培训费偿还"部分的相关内容。《公司管理手册》规定单人单次实际发生培训费用70万元以上的，服务期为20年。但《人力资源政策手册》规定的服务年限为5年。上述公司规章制度关于服务期的规定，并不违反我国劳动法律法规的相关规定，应属合法有效。本着对劳动者有利的解释，张某参加湾流G650机型专业技术培训后的服务期应按5年计算。

根据《公司管理手册》的规定，若员工离开公司，则自每次培训结束之日起，按工作时间长短以及培训费用的多少进行培训补偿费的折算，逐月递减，直至折完相应的服务期。根据《人力资源政策手册》的规定，员工在服务年限第1年离职，按100%偿还培训费用；第2年离职，按90%偿还培训费用；第3年离职，按80%偿还培训费用；第4年离职，按60%偿还培训费用；第5年离职，按50%偿还培训费用；第6年离职，则无须偿还。《公司管理手册》和《人力资源政策手册》的上述规定，明确了劳动者未履行服务期义务应支付培训费用的数额。

因此，海航湾流公司依据内部规章制度要求离职员工对培训费损失予以赔偿，应该予以支持。

2. 培训费赔偿额的确定

《劳动合同法》（2012年修订本）第22条第1款和第2款规定："用人单位为劳动者提供专项培训费用，对其进行专业技术培训的，可以与该劳动者订立协议，约定服务期。劳动者违反服务期约定的，应当按照约定向用人单位支付违约金。违约金的数额不得超过用人单位提供的培训费用。用人单位要求劳动者支付的违约金不得超过服务期尚未履行部分所应分摊的培训费用。"

《劳动合同法实施条例》第16条规定："劳动合同法第二十二条第二款规定的培训费用，包括用人单位为了对劳动者进行专业技术培训而支付的有凭证的培训费用、培训期间的差旅费用以及因培训产生的用于该劳动者的其他直接费用。"

可见，《劳动合同法》（2012年修订本）没有规定提供专项培训费用所包含的具体内容，《劳动合同法实施条例》明确了培训费的具体范围，从而使培训费赔偿额的确定具有了更强的操作性。但需注意的是，培训费用一般不应当包括培训期间向劳动者支付的工资。对于培训费用赔偿额，应当按照劳动合同约定的计算方式确定；如劳动合同未约定的，按应为企业服务年限逐年递减的原则进行确定。[①]

本案中，海航湾流要求张某按照《人力资源政策手册》的规定赔偿培训费损失，实质也是要求张某承担支付违约金的责任。但是，《人力资源政策手册》关于劳动者违反服务期约定应支付培训费用数额的规定，违反了《劳动合同法》（2012年修订本）第22条"用人单位要求劳动者支付的违约金不得超过服务期尚未履行部分所应分摊的培训费用"之规定，超过部分应属无

[①] 参见《上海市劳动和社会保障局关于实施〈上海市劳动合同条例〉若干问题的通知》第25条。

效，按照法定比例偿还培训费用即可。

五、航空货运公司依据内部规章制度对员工进行处罚

【案例】 关某某与中国国际货运航空有限公司劳动争议案[①]

【案情介绍】

关某某为中国国际货运航空有限公司（以下简称国货航公司）职工。2012年7月国货航公司作出《关于关某某违纪情况的通报》（国货航北京发〔2012〕84号），内容为：关某某按业务班制上下班，夜班上班时间为首日16：00，下班时间为次日8：00。4月3日关某某上夜班，在23：00左右离开工作岗位回家，直到下班时间也未回到岗位上。集控室值班人员反映此问题后，集控室经理找其谈话，要求严格按班制规定时间出勤，但其早退行为仍没有改善，此后连续6个夜班均发生23：00左右离岗情况。根据公司考勤管理规定，当日累计缺勤4个小时以上按旷工处理，关某某4月累计旷工56小时，记7个工作日旷工。关某某的上述行为严重违反了《中国国际货运航空有限公司职工奖惩规定》和《北京运营基地奖惩规定》。根据《中国国际货运航空有限公司职工奖惩规定》第11条，给予关某某记过处分，计入本人档案，根据《北京运营基地奖惩规定》第2.8.2条，扣罚关某某12个月月度绩效考核分数。关某某向北京市顺义区劳动人事争议仲裁委员会提起仲裁，要求国货航公司撤销通报，并补偿因该通报被国货航公司扣罚的月绩效工资、年终绩效工资及未晋档减少的工资。仲裁裁决驳回关某某的请求[②]。关某某不服诉至法院。一审判决结果同仲裁结果。二审维持原判。

【案例评析】

本案争议焦点在于用人单位以通报形式对其员工进行处罚，是否为单位内部经营管理活动，是否属于人民法院劳动争议受案范围。

[①] 北京市顺义区人民法院（2017）京0113民初8787号民事判决书；北京市第三中级人民法院（2018）京03民终420号民事判决书。

[②] 京顺劳人仲字（2017）第1450号仲裁裁决书。

1. 用人单位对劳动者的处罚权之依据

《劳动法》对用人单位的处罚权,仅有简单的原则性规定,有关用人单位行使处罚权的条件、程序、形式等重要内容,则存在空白。《劳动合同法》规定"用人单位应当建立和完善劳动规章制度"。这里的"劳动规章制度"包括劳动纪律(处罚事由)和处罚措施。

在实践中,用人单位对劳动者进行处罚主要依据的是单位内部规章制度。用人单位对违反其内部规章制度或劳动纪律的劳动者行使处罚权,是单位自主经营管理权的体现,是谋求企业生存、提高生产经营效率和维持企业生产经营秩序的重要手段。

在实践中,用人单位行使处罚权的依据主要包括现行有效的劳动法律法规、地方性法规、部门规章及其他规范性文件,集体合同,劳动合同,用人单位依法制定的内部劳动规章制度。

2. 用人单位行使处罚权的原则和要求

用人单位处罚权的行使对劳动者的利益有重要影响,因此,用人单位行使处罚权应当遵循一定的原则和要求。

处罚权行使的原则包括:①处罚适当原则,即用人单位应当只对违反内部劳动规则或劳动纪律的员工进行处罚,且处罚应当与劳动者过失的性质及轻重程度相适应;②不重复处罚原则,即对员工的违纪行为已依法给予处罚的,就同一事由不再处罚;③过时不罚原则,即员工的违纪行为应在实施后或者被查明后的合理期限给予处罚的;④处罚制度化原则,即用人单位只能依据行为发生时的内部规章制度作为处罚依据。

处罚权行使的具体要求包括:①有充分确凿的劳动者违纪证据。劳动者在劳动关系履行过程中违反用人单位内部劳动规则或劳动纪律,且存有过错(包括故意或过失),是用人单位实施处罚权的前提,用人单位对劳动者的违规违纪事实负有举证责任[①]。②正确适用法律规则。行使处罚权要依据合法,适用正确。③程序合法。根据《劳动合同法》的规定,企业在制定有关企业职工奖惩办法等与职工切身利益相关的重要规章制度或重大事项时,均应当经过民主程序,并向企业职工告知。④处罚通知要送达。用人单位应当将处

---

① 根据《最高人民法院关于审理劳动争议案件适用法律问题的解释(一)》(法释〔2020〕26号)第44条的规定,因用人单位作出的开除、除名、辞退、解除劳动合同、减少劳动报酬、计算劳动者工作年限等决定而发生的劳动争议,用人单位负举证责任。

罚决定通知劳动者本人，如未送达，处罚不发生法律效力。

对于处罚决定的送达方式，目前法律尚无专门规定，实践中，劳动争议仲裁机构及人民法院往往要求用人单位参照《劳动部办公厅关于通过新闻媒介通知职工回单位并对逾期不归者按自动离职处理问题的复函》（劳办发〔1995〕179号）的相关规定执行。即：用人单位应当将解除劳动合同通知以书面形式直接送达员工本人；本人不在的，交其同住成年亲属签收。直接送达有困难的可以邮寄送达，以挂号查询回执上注明的收件日期为送达日期。只有在受送达职工下落不明，或者用上述送达方式无法送达的情况下，方可公告送达，即张贴公告或通过新闻媒介通知。自发出公告之日起，经过30日，即视为送达。能用直接送达或邮寄送达而未用，直接采用公告方式送达，视为无效。解除劳动合同通知书只有依照上述程序送达劳动者后，用人单位作出的解除劳动合同的决定才对劳动者发生法律效力。

3. 用人单位的处罚形式

通常情况下，用人单位的处罚形式主要包括：警告、通报批评、记过、降职降级、停职反省、赔偿经济损失和解除劳动合同。

需要注意的是，有的用人单位以内部规章制度为依据对员工予以罚款处罚，是错误的。在我国，作为企业罚款的法律渊源是1982年国务院发布的《企业职工奖惩条例》，但该条例2008年被《劳动法》和《劳动合同法》代替和废止。罚款实质是一方对另一方经济资源的单方剥夺，这种剥夺必须要有严格的法律依据。根据《立法法》和《行政处罚法》规定，对财产的处罚只能由法律、法规和规章设定。劳动者和用人单位之间并非完全意义上的平等主体，双方关系应当由劳动法调整，用人单位无权制定罚款内容的内部规章。用人单位应当依法建立和完善的规章制度，意在保障劳动者享有劳动权利和履行劳动义务。劳动者如有一般性违纪，应主要通过批评教育的方式来解决。对于劳动者的严重违纪行为，用人单位可以解除合同，或者采取复合工资制度，以提成工资、绩效工资、各种奖金等对员工进行激励，或不发"全勤奖"，采取扣分、记过、警告等方式，达到管理效果。

4. 对本案的分析

本案中，根据查明的事实，关某某确实存在无故离岗并未请假的情况，已经构成旷工。国货航公司对关某某作出《关于关某某违纪情况的通报》、记过处分、扣罚月度绩效考核分数等处罚措施，依据的是《中国国际货运航空有限公司考勤管理规定》、《中国国际货运航空有限公司奖惩规定》（及附件）、《北京运营基地奖惩规定》。关某某对国货航公司的这些内部规章制度的真实性认可，并表明其有条件在公司内网查看并知晓各项规章制度，也了解旷工会扣除月绩效和年绩效工资的规定。因此，国货航公司依据内部规章制度对关某某作出的处罚，并依据表现未对其工资进行晋档，是用人单位行使自主经营管理权的表现，并无不当。

另需要注意的是，根据《最高人民法院关于审理劳动争议案件适用法律问题的解释（一）》（法释〔2020〕26号）第53条的规定，用人单位对劳动者作出的开除、除名、辞退等处理，或者因其他原因解除劳动合同确有错误的，人民法院可以依法判决予以撤销。对于劳动者追索劳动报酬、养老金、医疗费以及工伤保险待遇、经济补偿金、培训费及其他相关费用等案件，用人单位给付数额不当的，人民法院可以予以变更。

本案中，国货航公司对关某某作出的《关于关某某违纪情况的通报》，属于具体管理行为，涉及企业内部管理，不属于劳动争议的审查范围，因此，关某某要求撤销通报的诉请，被法院以"不属于人民法院受理劳动争议案件范围"为由驳回，是正确的。

第六章

劳务派遣

劳务派遣，又称为劳动力派遣、劳动派遣、人力派遣，是指依法设立的劳务派遣机构（派遣单位）与接受派遣的单位（用工单位）订立劳务派遣协议，约定由派遣单位根据用工单位的用人需求招聘劳动者，并把劳动者派到用工单位去劳动的一种用工方式。①

劳务派遣是一种招聘人与使用人相分离的劳动力经营模式。根据《劳动合同法》的规定，在劳务派遣的用工形式中，"用人单位"是指与劳动者签订劳动合同的劳务派遣单位；"用工单位"是指接受以劳务派遣形式用工的单位，劳动者实际为其提供劳动。劳务派遣是不同于传统用工形式的一种特殊雇佣劳动形态。

劳务派遣可以分为雇佣型劳务派遣和登录型劳务派遣。雇佣型劳务派遣，又称常雇型劳务派遣，是指派遣单位与劳动者签订较长期限或无固定期限劳动合同，劳动者在等待派遣期间、两次派遣间断期间、派遣单位撤回或用工单位退回劳动者期间，即便劳动者没有提供实际劳动，派遣单位与劳动者之间劳动关系依然有效，派遣单位有义务继续支付工资。登录型劳务派遣，是指劳动者在派遣单位预先登记，按照用工单位用工所需的实际用工期间和内容与派遣单位签订劳动合同，劳动者在用工单位工作期间届满或被退回，派遣单位与劳动者的劳动合同随之终止。② 目前，我国多以登录型劳务派遣为主，雇佣型派遣发育不足。③

---

① 关怀、林嘉主编：《劳动法》，中国人民大学出版社2012年版，第112页。
② 参见卢修敏：《我国劳务派遣法律结构分析》，载《华东政法大学学报》2010年第2期。
③ 王全兴主编：《劳动法学》，高等教育出版社2008年版，第208页。

劳务派遣具有用工灵活，高效优质的专业化服务，减少用工单位在招聘、培训和日常管理等方面的管理成本，简化劳动者和用工单位的权利义务关系等优势，越来越多的企业开始使用劳务派遣形式聘用劳务人员。但劳务派遣作为非典型的用工方式，存在劳动关系不稳定、不利于用工单位对劳动者进行管理和激励、劳动者不易融入用工单位的企业文化以及在劳动者与劳务派遣单位的劳动纠纷中使用工单位作为共同被告被卷入仲裁或诉讼的风险等问题。

2007年《劳动合同法》用11个条文专门规定劳务派遣制度，2008年《劳动合同法实施条例》对此进行了解释和补充，2012年修正的《劳动合同法》对劳务派遣制度进行了全面完善。[1] 2013年7月1日施行的《劳务派遣行政许可实施办法》和2014年3月1日施行的《劳务派遣暂行规定》，对劳务派遣规范进一步细化，具体明确了劳务派遣单位、用工单位和劳动者三方之间的权利义务，使劳务派遣回归到用工补充形式。[2]

目前，典型的劳务派遣常见于外国企业常驻代表机构（如外国航空公司驻华代表机构）中，原因是外国企业的常驻代表机构不能直接雇用中国公民作为员工，须委托当地外事服务单位或者中国政府指定的其他单位办理，因此对于驻华代表机构来说，通过劳务派遣单位招聘员工是用人的唯一途径。我国民航领域的劳务派遣用工形式比较广泛，涉及空乘人员、机务维修人员、航空安全员和地勤人员等，其中劳务派遣用工最集中的是地勤人员，如票务、客服、引导、值机、安检和行李等部门的服务人员。

一、劳务派遣的航空乘务员违规携带行李被航空公司解除用工

【案例】郁某与北京外航服务公司、芬兰航空公司北京办事处劳务派遣合同纠纷案[3]

【案情介绍】

郁某是北京外航服务公司员工，双方签有不定期书面劳动合同，约定北

---

[1] 参见《全国人民代表大会常务委员会关于修改〈中华人民共和国劳动合同法〉的决定》，2012年12月28日发布，2013年7月1日实施。
[2] 谢德成主编：《劳动法与社会保障法》，中国政法大学出版社2017年版，第103页。
[3] 上海市浦东新区人民法院（2017）沪0115民初89748号判决书；上海市第一中级人民法院（2018）沪01民终4956号民事判决书。

京外航服务公司将郁某派遣至芬兰航空公司担任空勤乘务员，工作地点在北京、上海等地。北京外航服务公司与芬兰航空公司北京办事处签有《聘用中国空勤乘务员合同》。芬兰航空公司《客舱安全手册》规定"乘务员不得捎带陌生人、同事或熟人的任何物品，包括信和信封"。郁某多次参加芬兰航空公司安排的《客舱安全手册》培训。郁某在2016年执行上海飞往芬兰赫尔辛基的航班任务时，为他人捎带了行李。芬兰航空公司飞行主管向郁某发出不能继续担任乘务员的通知。芬兰航空公司向北京外航服务公司发出解除与郁某用工关系的《解除用工通知书》，北京外航服务公司向工会委员会发出关于与郁某解除劳动合同的通知函，工会作出"同意解除"复函，并向郁某发出《解除劳动合同通知书》，决定2016年10月31日解除双方的劳动合同。郁某申请劳动仲裁，要求北京外航服务公司、北京外航服务公司上海分公司、芬兰航空公司上海办事处共同支付违法解除劳动关系赔偿金。仲裁委裁决对郁某的请求不予支持，郁某提起诉讼。一审判决同仲裁裁决，二审驳回上诉，维持原判。

【案例评析】

本案涉及劳务派遣单位、用工单位与劳动者的劳务派遣法律关系纠纷。本案中，郁某接受北京外航服务公司派遣，在芬兰航空公司担任空勤乘务员，属于典型的劳务派遣劳动者，北京外航服务公司是派遣单位，芬兰航空公司是用工单位。

1. 用工单位（实际用人单位）的权利义务

在劳务派遣法律关系中，实际用人单位即实际组织员工在该单位进行劳动的用人主体，根据《劳动合同法》的规定，实际用人单位是指接受派遣单位，被称为用工单位。

用工单位通过劳务派遣协议从劳务派遣单位引进劳动者进行工作，被派遣劳动者虽然是在用工单位场所内并在其管理下为其工作，但双方不存在劳动关系，用工单位与被派遣劳动者之间只是合同法上的劳务关系，根据双方之间的聘用合同或劳务合同享受权利和承担义务，无须承担劳动法和劳动合同的义务。

根据《劳动合同法》（2012年修订本）第62条、《劳动合同法实施条例》第29条、第35条的规定，用工单位应当维护被派遣劳动者的合法权益，履行的义务有：①执行国家劳动标准，提供相应的劳动条件和劳动保护；

②告知被派遣劳动者的工作要求和劳动报酬；③支付加班费、绩效奖金，提供与工作岗位相关的福利待遇；④对在岗被派遣劳动者进行工作岗位所必需的培训；⑤连续用工的，实行正常的工资调整机制；⑥用工单位应当按照劳务派遣协议使用被派遣劳动者，不得将被派遣劳动者再派遣到其他用人单位。如果用工单位违反劳动合同法有关劳务派遣规定的，劳动行政部门和其他有关主管部门有权责令改正和处以罚款；给被派遣劳动者造成损害的，劳务派遣单位和用工单位承担连带赔偿责任。

《劳动合同法》（2012年修订本）第65条第2款规定，被派遣劳动者有以下情形的，用工单位可以将劳动者退回劳务派遣单位，劳务派遣单位依照规定，可以与劳动者解除劳动合同：①在试用期间被证明不符合录用条件的；②严重违反用人单位的规章制度的；③严重失职，营私舞弊，给用人单位造成重大损害的；④劳动者同时与其他用人单位建立劳动关系，对完成工作任务造成严重影响，或者经用人单位提出，拒不改正的；⑤以欺诈、胁迫的手段或者乘人之危，使对方在违背真实意思的情况下订立或者变更劳动合同，致使劳动合同无效的；⑥被依法追究刑事责任的；⑦劳动者患病或者非因工负伤，在规定的医疗期满后不能从事原工作，也不能从事由用人单位另行安排的工作的；⑧劳动者不能胜任工作，经过培训或者调整工作岗位，仍不能胜任工作的。

本案中，郁某在执行机组任务时为他人捎带行李的行为既违反了芬兰航空公司《客舱安全手册》，也违反了我国法律规定，例如，《中华人民共和国民用航空安全保卫条例》第24条规定："禁止下列扰乱民用航空营运秩序的行为：……（三）利用客票交运或者捎带非旅客本人的行李物品；……"《中华人民共和国海关进出境运输工具监管办法》第37条第2款规定，运输工具、工作人员不得为其他人员托带物品进境或者出境。由此构成《劳动合同法》（2012年修订本）第39条规定的"严重违反用人单位规章制度"的情形。故芬兰航空公司将郁某退回派遣单位，并无不当。

2. 劳务派遣单位（用人单位）的权利义务

在劳务派遣三方法律关系下，劳务派遣单位虽然没有实际指挥被派遣劳动者进行劳动，但是，由于劳务派遣单位实际与被派遣劳动者签订有劳动合同，建立了劳动关系，所以劳务派遣单位就是与被派遣劳动者相对的用人单位一方，并须依照劳动法和劳动合同的规定对被派遣劳动者承担义务。

根据《劳动合同法》（2012 年修订本）第 60 条、《劳动合同法实施条例》第 30 条、《劳务派遣暂行规定》第 8 条等规定，劳务派遣单位应当对被派遣劳动者履行下列义务：①如实告知被派遣劳动者用工单位劳动者的工作内容、工作条件、工作地点、职业危害、安全生产状况、劳动报酬等事项，应遵守的规章制度以及劳务派遣协议的内容；②建立培训制度，对被派遣劳动者进行上岗知识、安全教育培训；③按照国家规定和劳务派遣协议约定，依法支付被派遣劳动者的劳动报酬和相关待遇，不得克扣用工单位按照劳务派遣协议支付给被派遣劳动者的劳动报酬；④按照国家规定和劳务派遣协议约定，依法为被派遣劳动者缴纳社会保险费，并办理社会保险相关手续；⑤督促用工单位依法为被派遣劳动者提供劳动保护和劳动安全卫生条件；⑥依法出具解除或者终止劳动合同的证明；⑦协助处理被派遣劳动者与用工单位的纠纷；⑧应当与被派遣劳动者订立 2 年以上的固定期限劳动合同；⑨不得向被派遣劳动者收取费用；⑩与同一被派遣劳动者只能约定一次试用期；⑪不得以非全日制用工形式招用被派遣劳动者。

本案中，北京外航服务公司作为派遣单位，在正式解除其与郁某的劳动合同之前，向其工会委员会发出通知函，并获得该工会组织"同意解除"的复函。解除劳动合同的程序合法，解除事由是作为航空乘务员的郁某违规携带行李，严重违反航空公司规章制度被解除用工退回，故北京外航服务公司作为派遣单位，解除劳动合同具有合法性和正当性，无须支付解除劳动关系赔偿金。

3. 劳务派遣单位与用工单位之间的纠纷处理

关于劳务派遣单位与用工单位之间基于劳务派遣协议产生的纠纷，在性质上不属于劳动合同纠纷，应是委托合同等其他类型合同纠纷，故不作为劳动争议案件处理。

二、国际航协无正当理由退回被派遣劳动者的法律后果

【案例】国际航空运输协会北京办事处、中国国际人才开发中心与封某劳动争议案[①]

【案情介绍】

封某于 2006 年 8 月到国际航空运输协会北京办事处（以下简称国际航协

---

① 北京市第二中级人民法院（2017）京 02 民终 4793 号判决书。

北京办事处）工作，任北亚地区人力资源部经理。2008年1月1日，国际航协北京办事处与中国国际人才开发中心（以下简称国际人才中心）签订《劳务派遣协议》。2008年11月1日，国际人才中心与封某签订当日起至2010年10月31日止的劳动合同，约定：封某同意被国际人才中心派遣至国际航协北京办事处工作，派遣期限为2008年11月1日至2010年10月31日。国际人才中心确认封某工作岗位为人力资源副总监，工作内容为管理人力资源部门，工时实行定时工作制，工资9 966元/月由国际航协北京办事处发放。2010年11月1日，国际人才中心与封某签订劳动合同续订书，劳动合同续签至2012年10月31日。2012年8月22日，国际航协北京办事处向封某发出终止聘用通知。国际人才中心以封某在工作期间严重违反用工单位的规章制度为由，对封某送达解除劳动合同通知书。封某申请劳动仲裁，请求撤销解除劳动合同通知书，恢复劳动关系，继续履行原劳动合同，并恢复与国际航协北京办事处的工作关系。后西城区劳动争议仲裁委员会、北京市西城区人民法院、北京市第一中级人民法院均支持了封某的请求。[①]

2014年8月28日，国际人才中心致函国际航协北京办事处，提出封某与国际人才中心连续订立两次固定期限劳动合同，国际人才中心应与封某签订无固定期限劳动合同，并继续将其派遣至国际航协北京办事处工作。国际航协北京办事处回函提出异议，并表明不会承担与此相关的任何责任。封某申请劳动仲裁，要求国际人才中心补发争议期间工资，并确认封某与国际人才中心自2012年11月1日起具有无固定期限劳动关系。后西城区劳动争议仲裁委、北京市西城区人民法院、北京市第二中级人民法院均支持了封某的请求。[②]

2015年8月24日，国际人才中心与封某签订劳动合同续订书，将原签订的劳动合同续签为无固定期限劳动合同。国际人才中心和封某多次致函国际航协北京办事处，请其尽快安排封某工作。国际航协北京办事处认为，法院判决均只判决国际人才中心与封某恢复并存在无固定期限劳动关系，未判

[①] 京西劳仲字（2012）第3456号裁决书；北京市西城区人民法院（2013）西民初字第4341号民事判决书；北京市第一中级人民法院（2013）一中民中字第09395号民事裁定书；北京市西城区人民法院（2013）西民初字第22790号民事判决书。

[②] 京西劳仲字（2014）第2979号裁决书；北京市西城区人民法院（2015）西民初字第02174号民事判决书；北京市第二中级人民法院（2015）二中民终字第05809号民事判决书。

决恢复国际航协北京办事处与封某之间的劳务派遣用工关系,鉴于原工作岗位已安排他人,只同意对封某另行安排其他岗位。封某最终在国际航协北京办事处规定的期限内(2016年2月16日)未同意新岗位并到岗工作。2016年3月21日,国际航协北京办事处致函国际人才中心,称由于封某未在规定期限内到岗,自此不再承担封某的任何人力资源成本和费用。2016年3月30日,国际人才中心向封某说明国际航协北京办事处的函件内容,表示保留与封某解除劳动合同的权利,并对封某的工作做了新的安排,且将按最低工资标准向封某发放工资待遇。2016年4月26日,封某致函国际人才中心表示接受国际航协北京办事处提供的岗位。国际人才中心当日向国际航协北京办事处致沟通函,转达封某意愿。2016年5月12日,国际航协北京办事处致函国际人才中心,表示对封某提供的新岗位聘用条件已于2016年2月16日失效。封某申请仲裁,要求国际航协北京办事处补发2016年2月17日至2016年6月30日的工资,国际人才中心对此承担连带责任。西城区劳动人事争议仲裁委员会和一审法院均支持了封某的请求。北京市第二中级人民法院认为国际人才中心和封某对2016年2月17日至2016年6月30日的工资损失均有过错,对应当由国际人才中心补发的数额进行重新计算,要求国际人才中心和国际航协北京办事处承担连带责任。[①]

【案例评析】

本案历经多次仲裁和诉讼,反映出航空领域劳务派遣实务中许多法律问题。

1. 劳务派遣法律关系中的争议类型及其区别对待和解决

(1) 劳务派遣单位与用工单位之间的争议。劳务派遣单位与用工单位之间签订劳务派遣协议,双方是一种合同关系,双方争议性质是合同争议,争议解决适用合同法,争议解决程序可以选择约定的仲裁,或无约定的直接诉讼。特别需要注意的是,劳务派遣单位和用工单位签订的劳务派遣协议约定了商事仲裁条款,双方因相关劳动争议案件产生的权利义务关系将依然受到劳动争议仲裁委员会和法院的管辖,如果劳动裁决和法院判决明确了双方的权利义务,其效力一般高于商事仲裁裁决,如果劳动裁决和法院判决未明确

[①] 京西劳人仲字(2016)第2113号裁决书;北京市第二中级人民法院(2017)京02民终4793号民事判决书。

双方的权利义务分配方式,则双方权利义务关系可以按照商事仲裁裁决予以解决。

(2) 用工单位与被派遣劳动者之间的争议。有的用工单位与被派遣劳动者之间签订聘用协议(或称聘任合同、聘用合同、劳务合同),但聘用协议是用工单位与被派遣劳动者之间签订的以明确双方劳务和管理关系的合同,其性质不是劳动合同,而是被派遣劳动者执行派遣协议而签署的从合同。聘用协议受合同法的规制,双方只是一般的合同关系,而非劳动关系,通常该聘用协议被当作劳务派遣协议的附件。用工单位只根据聘用协议约定的条款承担对被派遣劳动者的义务,而无须承担劳动法上的义务,被派遣劳动者也不能向用工单位主张劳动法上的权利。因此,用工单位与被派遣劳动者之间产生的争议实质上是派遣协议争议。由于劳动者是由劳务派遣单位派遣到用工单位的,所以就劳动问题产生争议,劳动者应以劳务派遣单位为被申请人,以用工单位为共同被申请人直接向劳动争议仲裁委员会提起仲裁。

(3) 劳务派遣单位与被派遣劳动者之间的争议。劳务派遣单位与被派遣劳动者之间签订的是劳动合同,因此双方的关系是劳动关系,劳动关系受劳动法的调整。与劳务关系相比,被派遣劳动者在劳动关系中得到更多的保护,比如合同的订立程序、用人单位的义务、工作条件、劳动保护、最低工资、合同的解除等,劳动法都作了特别规定。劳务派遣单位在劳动关系中,也相应承担劳动法上用人单位的义务。劳动争议与劳务合同争议的处理程序不同,根据《劳动法》(2018年修正本)第79条的规定,劳动争议必须经仲裁前置程序,才能进入司法程序,争议适用的是劳动法和劳动合同法而非合同法。

(4) 劳务派遣中争议的共同当事人。由于劳务派遣是三方关系,任何两方的争议都有可能涉及第三方,特别是劳务派遣单位与被派遣劳动者之间的劳动争议,为了澄清事实,明确权利义务关系,用工单位往往会被要求作为第三人或者共同被申请人、共同被告参与到劳动争议的仲裁和诉讼中,由此,仲裁裁决和法院判决相应会涉及第三人或者共同被申请人、共同被告的权利义务。例如,《劳动争议调解仲裁法》第22条第2款规定,劳务派遣单位或者用工单位与劳动者发生劳动争议的,劳务派遣单位和用工单位为共同当事人。《劳动合同法》(2012年修订本)第92条规定,用工单位给被派遣劳动者造成损害的,劳务派遣单位与用工单位承担连带赔偿责任。原《最高人民法院关于审理劳动争议案件适用法律若干问题的解释(二)》(法释〔2006〕

6号）第10条规定，劳动者因履行劳动力派遣合同产生劳动争议而起诉，以派遣单位为被告；争议内容涉及接受单位的，以派遣单位和接受单位为共同被告。本案中，封某申请的三次劳动仲裁和诉讼，都包括国际航协北京办事处和国际人才中心。

2. 用工单位和劳务派遣单位对辞退劳动者违反劳动制度的主张应负举证责任

在劳务派遣法律关系中，无论是解除劳务合同还是劳动合同，均应有正当理由和法律或合同依据，否则构成违法解除合同。国际航协北京办事处和国际人才中心之间的《劳务派遣协议》明确有国际航协北京办事处退回劳动者和国际人才中心解除劳动合同的情形，但根据《最高人民法院关于审理劳动争议案件适用法律问题的解释（一）》（法释〔2020〕26号）第44条的规定，因用人单位作出的开除、除名、辞退、解除劳动合同、减少劳动报酬、计算劳动者工作年限等决定而发生的劳动争议，用人单位负举证责任。

本案中，国际航协北京办事处2012年8月22日向封某发出终止聘用的通知，国际人才中心对封某作出的《解除劳动合同通知书》，都没有提供充足证据证明封某的行为达到足以解职的严重程度，应当承担举证不能的不利后果。因此，法院判决撤销国际人才中心对封某的《解除劳动合同通知书》，将劳动关系恢复至原劳动合同规定的期限。

3. 无固定期限劳动合同对劳务派遣单位的适用

根据《劳动合同法》（2012年修订本）第14条的规定，无固定期限劳动合同，是指用人单位与劳动者约定无确定终止时间的劳动合同。无固定期限劳动合同的订立方式有两种：一是用人单位与劳动者协商一致；二是强制用人单位订立。强制订立无固定期限劳动合同的情形有：①劳动者在该用人单位连续工作满10年的；②用人单位初次实行劳动合同制度或者国有企业改制重新订立劳动合同时，劳动者在该用人单位连续工作满10年且距法定退休年龄不足10年的；③连续订立2次固定期限劳动合同，且劳动者没有用人单位可以解除劳动合同的法定情形，续订劳动合同的；④用人单位自用工之日起满1年不与劳动者订立书面劳动合同的，视为用人单位与劳动者已订立无固定期限劳动合同。

本案中，封某与国际人才中心分别签订了两次两年期限的固定期限劳动合同。国际航协北京办事处与国际人才中心签订的《劳务派遣协议》约定，如果派遣员工符合签订无固定期限劳动合同的情形，国际航协北京办事处将不能因为派遣员工的派遣期限届满而将派遣员工退回国际人才中心。因此，国际航协北京办事处2012年8月22日将封某退回国际人才中心，国际人才中心据此作出的解除劳动合同通知书被依法撤销后，封某与国际人才中心已经订立两次固定期限劳动合同，在第二次固定期限劳动合同到期后，封某有权要求与国际人才中心订立无固定期限劳动合同。根据《劳动合同法》（2012年修订本）第58条规定，劳务派遣单位国际人才中心是劳动合同法所称的用人单位，应当履行用人单位对劳动者的义务，包括在封某的要求下与其签订无固定期限劳动合同。

4. 用工单位给被派遣劳动者造成损害的，劳务派遣单位承担连带责任

《劳动合同法》（2012年修订本）第92条第2款规定，用工单位给被派遣劳动者造成损害的，劳务派遣单位与用工单位承担连带赔偿责任。本案中，国际航协北京办事处在国际人才中心与封某第二次劳动合同期限届满前将封某退回，违背《劳务派遣协议》约定，并应当预见退回决定对封某造成损失，该损失包括第二次劳动合同期限届满前的工资损失和封某不能签订无固定期限劳动合同后不能提供正常劳动期间的工资损失。这些损失的原因系国际航协北京办事处不当退回及国际人才中心违法解除劳动合同所致，故法院判决国际航协北京办事处与国际人才中心承担连带赔偿责任。

5. 被派遣劳动者的过错影响工资损失的索赔数额

国际航协北京办事处依据生效的法律文书曾重新与封某协商用工岗位，其确因自身业务开展的需要或者运营状况发生变化，可以在员工薪酬待遇等条件并无不利变更的情形下，对员工的工作内容依法作出自主安排，此为用工单位依法行使自主用工的权利。在本案中，实际用工单位是国际航协北京办事处，国际人才中心可以依据用工单位发出的聘用意向或通知，对其员工封某进行具体的工作安排。在恢复封某工作岗位时，原有劳务派遣关系的履行情况已发生变化，国际航协北京办事处、国际人才中心按照不低于封某原工作岗位待遇的情况下另行安排新工作岗位，新岗位对劳动者不具有惩罚性和侮辱性，亦没有证据证明封某不能承担新工作内容，故该项调岗属于合理范畴，封某应予服从，但其依然坚持原岗位而丧失新岗位报到机会，封某自身存在相应过错，该过错影响后续工资损失的索赔数额。

6. 劳务派遣单位在劳动者无工作期间应按当地最低工资标准按月支付报酬

《劳动合同法》（2012年修订本）第58条第2款规定，劳务派遣单位应当与被派遣劳动者订立2年以上的固定期限劳动合同，按月支付劳动报酬；被派遣劳动者在无工作期间，劳务派遣单位应当按照所在地人民政府规定的最低工资标准，向其按月支付报酬。本案中，由于国际航协北京办事处和封某最终就回岗工作未达成一致，导致封某无法上岗工作，国际人才中心作为劳务派遣单位，应对封某的工作进行重新安排，并依法按最低工资标准向其发放工资待遇。

三、航空服务公司解除劳动合同补偿金的计算年限应包括劳务派遣工作期间

【案例】沈阳中山航空服务有限责任公司与李某、沈阳亚达劳务派遣有限公司、沈阳东方劳务派遣有限公司劳动争议案[①]

【案情介绍】

李某2007年10月10日到沈阳中山航空服务有限责任公司（以下简称中山航服）工作，任送票员，双方签订劳动合同的期限至2008年9月30日。同年9月30日，双方续订劳动合同，期限至2010年12月31日。2010年12月17日，中山航服与沈阳东方劳务派遣有限公司（以下简称东方派遣公司）签订劳务派遣服务协议书，约定东方派遣公司派遣职工到中山航服工作，东方派遣公司为派遣职工办理劳动用工手续、缴纳社会保险、发放工资，配合日常工作管理，协议期限为两年。2011年1月1日，李某与东方派遣公司签订劳动合同，期限至2012年12月31日，约定东方派遣公司将李某派遣至中山航服工作，岗位为调度，工资不低于沈阳市最低工资标准。2012年10月31日，中山航服又与沈阳亚达劳务派遣有限公司（以下简称亚达派遣公司）签订劳务（派遣）合同书，约定亚达派遣公司根据中山航服的用人需要和聘用劳务人员条件，选派劳务人员上岗，代理中山航服劳动工资服务，合同期限为两年。李某于

[①] 沈阳市沈河区人民法院（2016）辽0103民初4460号民事判决书；辽宁省沈阳市中级人民法院（2017）辽01民终3185号民事判决书。

2013年1月4日与亚达派遣公司签订劳动合同书,期限至2015年1月3日,约定李某担任销售岗位工作。2013年10月1日,李某再次与中山航服签订劳动合同,期限至2016年9月30日,约定李某从事主管工作,实行标准工时工作制。2016年3月31日,中山航服因经营方针和业务发生重大变化,原有配送部副经理岗位取消,向李某出具并送达解除劳动合同通知书。

李某申请劳动仲裁,要求中山航服支付解除劳动合同赔偿金,仲裁委员会以不属于劳动争议处理范围为由作出不予受理通知书。李某诉至法院。一审法院认为,中山航服因公司经营方针和业务发生重大变化在无法与李某就调岗协商一致情况下解除劳动合同,不构成违法解除,但应向李某支付经济补偿金,补偿年限应当自李某到中山航服工作的时间起算。中山航服提起上诉。二审法院判决维持原判。

【案例评析】

1. 本案纠纷的法律关系

本案中,法律关系呈现出复杂性,涉及五个劳动合同关系和两个劳务派遣服务协议关系,这七个法律关系都是以李某和中山航服公司展开(详见图6-1)。

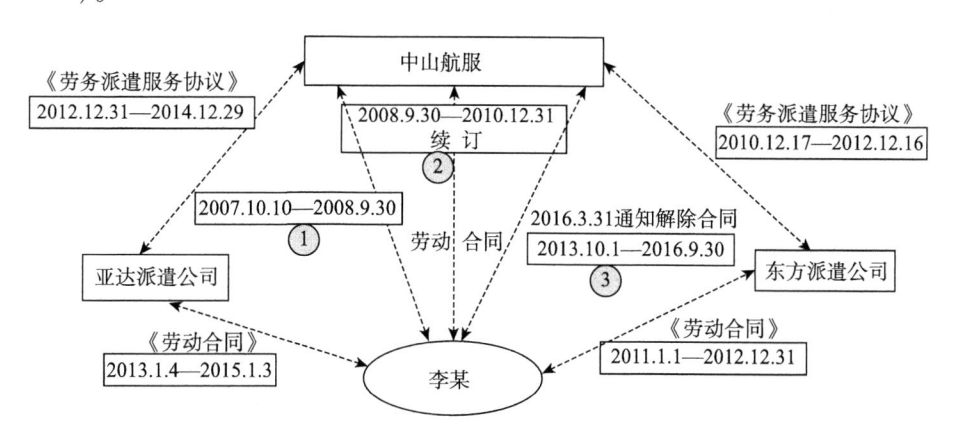

图6-1 中山航服与李某、亚达派遣公司、东方派遣公司劳动争议关系

2. 中山航服向李某支付经济补偿金的依据和计算方法

根据《劳动合同法》(2012年修订本)第40条的规定,劳动合同订立时所依据的客观情况发生重大变化,致使劳动合同无法履行,经用人

单位与劳动者协商，未能就变更劳动合同内容达成协议的，用人单位提前 30 日以书面形式通知劳动者本人或者额外支付劳动者 1 个月工资后，可以解除劳动合同。

本案中，中山航服主张因国家政策变动，公司业务锐减，李某的岗位取消，李某所在部门人员大幅度精简，且与李某协商调岗未达成一致意见，李某亦承认岗位取消、人员精简的事实。因此，中山航服以书面形式通知李某解除劳动合同，不属违法解除劳动合同，因此无须支付赔偿金。

但是，根据《劳动合同法》（2012 年修订本）第 46 条的规定，用人单位因劳动合同订立时所依据的客观情况发生重大变化致使劳动合同无法履行，经用人单位与劳动者协商，未能就变更劳动合同内容达成协议解除劳动合同的，应当向劳动者支付经济补偿。补偿标准则按照《劳动合同法》（2012 年修订本）第 47 条的规定计算，即经济补偿按劳动者在本单位工作的年限，每满 1 年支付 1 个月工资的标准向劳动者支付。6 个月以上不满 1 年的，按 1 年计算；不满 6 个月的，向劳动者支付半个月工资的经济补偿。

关于补偿年限的计算，《最高人民法院关于审理劳动争议案件适用法律问题的解释（一）》（法释〔2020〕26 号）第 46 条规定："劳动者非因本人原因从原用人单位被安排到新用人单位工作，原用人单位未支付经济补偿，劳动者依照劳动合同法第三十八条规定与新用人单位解除劳动合同，或者新用人单位向劳动者提出解除、终止劳动合同，在计算支付经济补偿或赔偿金的工作年限时，劳动者请求把在原用人单位的工作年限合并计算为新用人单位工作年限的，人民法院应予支持。"

本案中，李某于 2007 年 10 月 10 日入职中山航服，虽先后与中山航服、亚达派遣公司、东方派遣公司签订劳动合同，最后又与中山航服签订劳动合同，但在上述期间内，李某一直在中山航服处工作，工作地点未发生变化，只是劳动合同主体发生了变化，李某属于上述规定中"非因本人原因从原用人单位被安排到新用人单位工作"的情形，故李某要求将以上工作年限合并计算，法院给予支持。

四、航空维修公司接受派遣的退休返聘者可否享受工伤保险待遇

【案例】 辛某等与吉林市鸿桥劳务派遣有限公司、吉林航空维修有限责任公司劳务合同纠纷案[①]

【案情介绍】

2016年1月1日,辛某作为退休人员与吉林市鸿桥劳务派遣有限公司(以下简称鸿桥劳务公司)签订《劳务合同书》,合同期限为1年,由鸿桥劳务公司派遣到吉林航空维修有限责任公司(以下简称航空维修公司)做技术工作。2016年4月12日,辛某在航空维修公司工作结束后与同事谈话过程中,突然昏迷猝死。鸿桥劳务公司为辛某在天安财产保险股份有限公司投保了团体人身意外伤害险,但由于辛某未做尸检,天安财产保险股份有限公司不予理赔。2016年5月9日,辛某的直系家属和继承人王某等5人,将鸿桥劳务公司、航空维修公司诉至法院,要求判令鸿桥劳务公司支付补偿金、丧葬补助金和精神抚慰金等赔偿,航空维修公司对此承担连带责任。一审法院认为,辛某与鸿桥劳务公司之间并非劳动法规定的劳动关系,而是一般的民事关系,因此王某等人的诉求依据是人身损害的基础法律关系,适用《中华人民共和国侵权责任法》(以下简称《侵权责任法》)的相关规定,由王某等人就鸿桥劳务公司和航空维修公司的过错承担举证责任。因王某等未能提供鸿桥劳务公司和航空维修公司存在过错的证据,法院驳回王某等人的诉请。二审法院维持原判。

【案例评析】

本案争议涉及退休返聘人员在劳务中的法律地位及其权利保障问题。

1. 退休返聘人员与用人单位的关系定性

退休返聘人员,是指已经达到或者超过法定退休年龄,从用人单位退休后依法享受养老保险待遇或领取退休金,又与原用人单位或者其他用人单位订立合同继续提供劳动的人员。

退休返聘人员与用人单位的关系,在理论上存在分歧,一种观点认为,退休返聘人员与用人单位属于劳务关系,是民事关系,按照民事法律处理;

[①] 吉林市昌邑区人民法院(2016)吉0202民初1303号民事判决书;吉林市中级人民法院(2017)吉02民终746号民事判决书。

另一种观点认为，退休返聘人员与用人单位属于事实劳动关系，可以适用劳动法律。

《最高人民法院关于审理劳动争议案件适用法律问题的解释（一）》（法释〔2020〕26号）第32条第1款规定："用人单位与其招用的已经依法享受养老保险待遇或领取退休金的人员发生用工争议，向人民法院提起诉讼的，人民法院应当按劳务关系处理。"这意味着司法解释明确了退休返聘关系是劳务关系而非劳动关系，在劳务关系中，退休返聘人员只能根据相关劳务协议要求劳动报酬的给付，一般不能要求依照劳动法所能享有的其他权益。

2. 退休返聘人员可以享有的待遇取决于聘用协议的约定

根据原劳动部办公厅《对〈关于实行劳动合同制度若干问题的请示〉的复函》（劳办发〔1997〕88号）的规定，对被再次聘用的已享受养老保险待遇的离退休人员，聘用协议可以明确约定工作内容、报酬、医疗、劳动保护待遇等权利义务。这表明在退休返聘协议中，可以约定试用期、加班费、年休假、住房公积金的继续缴存、解聘补偿金等相关内容。

3. 退休返聘人员能否享受工伤保险待遇问题

关于退休返聘人员在工作中受到伤害能否认定成工伤、享受工伤保险待遇的问题，目前法律上没有统一规定，《工伤保险条例》对参加工伤保险的职工范围规定为与用人单位存在劳动关系的各种用工形式、各种用工期限的劳动者，但是并没有明确规定不是劳动关系的不能参加工伤保险。目前，从实务层面有三种处理方法：支持、反对和参照处理。

（1）支持的观点。主要见于最高人民法院行政审判庭的两个答复，即《关于退休人员与现工作单位之间是否构成劳动关系以及工作时间内受伤是否适用〈工伤保险条例〉问题的答复》（〔2007〕行他字第6号）指出，根据《工伤保险条例》第2条、第61条等有关规定，离退休人员受聘于现工作单位，现工作单位已经为其缴纳了工伤保险费，其在受聘期间因工作原因受到伤害，应当适用《工伤保险条例》的有关规定处理；《关于超过法定退休年龄的进城务工农民因工伤亡的应否适用〈工伤保险条例〉请示的答复》（〔2010〕行他字第10号）指出，用人单位聘用的超过法定退休年龄的务工农民，在工作期间内、因工作原因伤亡的，应当适用《工伤保险条例》的有关规定进行工伤认定。这两个答复表明无论是否缴纳工伤保险费，都要适用《工伤保险条例》。

(2) 反对的观点。主要见于《最高人民法院关于审理劳动争议案件适用法律若干问题的解释（三）》（法释〔2010〕12号）第7条规定，即用人单位与其招用的已经依法享受养老保险待遇或者领取退休金的人员发生用工争议，向人民法院起诉的，人民法院应当按劳务关系处理。劳务关系属于民事法律关系，用人单位和劳动者之间是完全平等的民事主体，双方签订的合同属于民事雇佣合同，适用《中华人民共和国民法典》等民事法律进行调整，而不属于《劳动合同法》的调整范围。由民事雇佣关系所引发的法律纠纷，不属于劳动争议的处理范围，当事人可以依法提起民事诉讼，直接按照民事诉讼程序予以处理。天津市高级人民法院《关于印发〈关于审理工伤认定行政案件若干问题座谈会纪要〉的通知》（津高法〔2005〕164号）第9条规定："对于劳动保障行政部门进行工伤认定所确定的劳动关系主体资格有争议的，人民法院应根据以下原则审查：……职工应为符合法律、法规规定的劳动者（不含16周岁以下以及依法办理退休手续的）。"《广东省工伤保险条例》（2011年修正本）第65条规定："劳动者达到法定退休年龄或者已经依法享受基本养老保险待遇的，不适用本条例。"

这些司法解释和地方规定明确排除了退休人员作为《劳动法》意义上的劳动者，此种情形下，退休返聘人员无法享受工伤保险待遇的，可以主张人身损害赔偿，适用《最高人民法院关于审理人身损害赔偿案件适用法律若干问题的解释》（法释〔2003〕20号）第11条的规定，即雇员在从事雇佣活动中遭受人身损害，雇主应当承担赔偿责任。

(3) 参照处理。主要见于《中共中央办公厅 国务院办公厅转发〈中央组织部、中央宣传部、中央统战部、人事部、科技部、劳动保障部、解放军总政治部、中国科协关于进一步发挥离退休专业技术人员作用的意见〉的通知》（中办发〔2005〕9号）第4条第2款的规定，即离退休专业技术人员受聘工作期间，因工作发生职业伤害的，应由聘用单位参照工伤保险的相关待遇标准妥善处理；因工作发生职业伤害与聘用单位发生争议的，可通过民事诉讼处理；与聘用单位之间因履行聘用合同发生争议的，可通过人事或劳动争议仲裁渠道解决。有条件的聘用单位在符合有关规定的情况下，可为聘请的离退休专业技术人员购买聘期内的人身意外伤害保险。

另需要特别注意的是，根据《人力资源社会保障部关于执行〈工伤保险条例〉若干问题的意见（二）》（人社部发〔2016〕29号）第2条之规定，达到或超过法定退休年龄,但未办理退休手续或者未依法享受城镇职工基本养老保险待遇,继续在原用人单位工作期间受到事故伤害或患职业病的,用人单位依法承担工伤保险责任。

本案中,辛某系航空维修公司的退休职工,其后被鸿桥劳务公司派回原单位工作,他们之间的劳务纠纷不适用《劳动法》和《劳动合同法》的相关规定,应适用《民法典》第 1191 条和第 1192 条的规定,即劳务派遣期间,被派遣的工作人员因执行工作任务造成他人损害的,由接受劳务派遣的用工单位承担侵权责任;劳务派遣单位有过错方,承担相应的责任。个人之间形成劳务关系,提供劳务一方因劳务造成他人损害的,由接受劳务一方承担侵权责任。提供劳务一方因劳务自己受到损害的,根据双方各自的过错承担相应的责任。因此,王某等人需要举证证明航空维修公司、鸿桥劳务公司对辛某的死亡具有过错,否则难以获得赔偿。

五、航空公司装卸工在机场控制区违规携带打火机被退回劳务派遣公司

【案例】徐某某与上海航服人才服务有限公司、中国东方航空股份有限公司劳务派遣合同纠纷案[①]

【案情介绍】

徐某某 2006 年 4 月 6 日与案外人上海航服人才服务有限公司(简称上海航服公司)签订劳动合同,并由该公司派遣至中国东方航空股份有限公司(简称东航股份公司)工作。徐某某从事货运飞机的货物装卸工作,工作地点在上海浦东国际机场内。2008 年 6 月 1 日起徐某某与上海航服公司建立劳动合同,双方数次续签劳动合同,最后一次续签的劳动合同期限至 2016 年 8 月 31 日,劳动合同约定劳动者严重违反用人单位或用工单位规章制度的,上海航服公司可以解除劳动合同等内容。2016 年 1 月 26 日,徐某某上班进入机场工作区,在经过安检时,被上海市公安局国际机场分局查出其携带的饭盒内藏有打火机。东航股份公司以徐某某违反规章制度为由将其退回上海航服公司,上海航服公司以相同理由向徐某某发出《合同解除通知书》,解除双方劳动合同关系。徐某某提出仲裁,要求上海航服公司支付违法解除劳动

[①] 上海市浦东新区人民法院 (2016) 沪 0115 民初 31003 号民事判决书;上海市第一中级人民法院 (2016) 沪 01 民终 8360 号。

合同赔偿金、东航股份公司承担连带责任。仲裁委员会裁决对徐某某的请求未予支持。徐某某诉至法院。

一审法院认为，东航股份公司以及机场公安部门的相关规定均有"禁止工作人员携带打火机进入机坪"的规定，徐某某在东航股份公司工作多年应当明知。徐某某欲藏匿打火机进入机场控制区的行为，有违劳动者应当遵守的基本职业道德和劳动纪律，属于严重违纪的行为，东航股份公司以徐某某违反单位规章制度为由将其退回上海航服公司，上海航服公司据此解除与徐某某劳动合同关系的行为，不违反我国劳动法和劳动合同法的相关规定，与劳动合同约定的解除条件相符，解除决定合法有效。一审法院驳回徐某某的诉请。二审法院维持原判。

【案例评析】

1. 机场控制区的范围及其通行控制制度

《民用航空运输机场航空安全保卫规则》（CCAR-329）第46条、第47条、第53条、第55条规定，机场控制区根据安保需要，划分为候机隔离区、行李分拣装卸区、航空器活动区和维修区、货物存放区等；机场控制区的具体划分情况应当在航空安保方案中列明；机场控制区应当有严密的航空安保措施，实行封闭式分区管理；从航空器维修区、货物存放区通向其他控制区的道口，应当采取相应的安保控制措施；机场控制区应当实行通行管制，进入机场控制区的工作人员、车辆应当持有机场控制区通行证；机场控制区人员、车辆通行证使用期限一般不超过3年。申办机场控制区人员通行证，应当同时具备下列条件：①确需进入机场控制区工作；②通过背景调查；③由所在单位提出书面申请。申办控制区通行证人员应当通过证件使用和管理的培训。

机场控制区的范围及其通行控制方式如图6-2所示。

机场控制区除了实施严格的通行控制制度之外，机场控制区内相关工作人员还实施持证上岗制度。例如，2019年1月1日起施行的《运输机场运行安全管理规定》①（CCAR-140-R1）第19条、第21条规定，机场内所有与运行安全有关岗位的员工均应当持证上岗；与运行安全有关的岗位主要包括场务维护工、场务机具维修工、运行指挥员、助航灯光电工、航站楼设备电

---

① 原规章名称为《民用机场运行安全管理规定》。

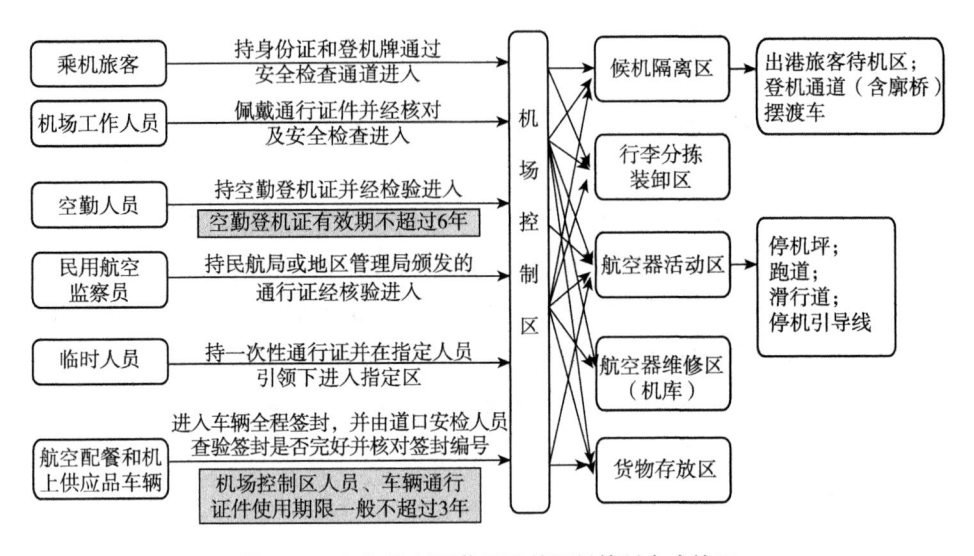

图 6-2 机场控制区范围及其通行管制方式简示

工、航站楼设备机修工、特种车辆操作工、特种车辆维修工、特种车辆电气维修工等；国家、民航局要求持有从业资格的岗位，该岗位人员应当持有相应的资格证书；航空运输企业、其他运行保障单位应当对员工进行机场运行安全培训，保证员工具备必要的机场运行安全知识，熟悉机场运行安全相关的规章制度和操作规程，掌握本岗位的操作技能。

2. 机场控制区工作人员携带打火机进入机坪构成严重违反规章制度

各个机场一般都制定有机场控制区通行证管理规定，如《北京首都国际机场控制区通行证管理规定》《上海机场控制区通行证管理办法》等。本案中，2012年，上海市公安局国际机场分局发布《上海机场控制区通行证管理办法》规定，持有机场控制区通行证的工作人员，禁止在机场控制区内存放、使用、携带易燃易爆化学物品等。2014年12月30日东航股份公司下属地面服务部浦东装卸服务中心发出《关于机坪作业区吸烟管控的通知》，通知明确包括浦东装卸服务中心工作人员严禁携带打火机进入机坪，如在航站区管理部规定的吸烟点以外的场所吸烟及违禁携带打火机进入机坪，被机坪公安、安检、机场监察大队等发现的，作辞退处理。2015年2月10日，本案徐某某签署了《浦东装卸服务中心二〇一五年度员工工作承诺书》，承诺不携带任何违禁物品进入机坪，如有违反，愿意接受各种行政处罚，直至解除劳动关系。

本案中，徐某某接受上海航服公司派遣在东航股份公司工作，上海航服公司作为用人单位，东航股份公司作为用工单位，有权在法律允许的范围内根据企业自身经营需要制定相应的规章制度。对于东航股份公司下属的地面服务部浦东装卸服务中心的《关于机坪作业区吸烟管控的通知》等文件，徐某某在东航股份公司工作多年，通过多种渠道和方式应该知道不得携带打火机等违禁物品进入机坪的规定。徐某某携带打火机进入机场停机坪被安检发现，虽然未出现事故，但藏匿打火机的行为对机场安保构成严重威胁，因此，徐某某违反了民航安保法律法规及东航股份公司的规章制度，东航股份公司以违反单位规章制度为由将其退回派遣单位上海航服公司，上海航服公司据此与其解除劳动合同关系，有法律依据和合同依据，不构成违法解除劳动合同，故上海航服公司不应承担解除劳动合同补偿金或赔偿金。

六、机场劳务派遣装卸员病假期间可否被解除劳动合同

【案例】武汉中欣劳务派遣有限公司与王某劳动合同纠纷案[①]

【案情介绍】

2013年9月9日，王某开始在武汉中欣劳务派遣有限公司（以下简称中欣劳务公司）工作，双方签订书面的劳动合同。中欣劳务公司将王某安排至湖北空港航空地面服务有限公司（以下简称空港公司）在武汉天河国际机场从事装卸员工作，按月发放工资，为王某缴纳社会保险费。王某在空港公司从事装卸员工作，2017年3月1日至5日，办理休假审批手续后休假5天。3月6日，王某再次到某医院就诊，被诊断患银屑病后，医生向王某出具病休证明单，病休时间是2017年3月6日至4月24日。王某将病休证明单交给空港公司，公司收后要求王某填写派遣人员离职审批表。2017年5月15日，空港公司书面致函将王某退回中欣劳务公司。中欣劳务公司收到退回派遣函后，向王某出具解除劳动合同证明，以违反公司规章制度为由予以辞退，与王某解除劳动合同关系。王某收到解除劳动合同证明书后，2017年6月5日申请劳动仲裁，请求裁决中欣劳务公司支付经济补偿金、赔偿金。仲裁裁决

[①] 武汉市黄陂区人民法院（2017）鄂0116民初5533号民事判决书；武汉市中级人民法院（2018）鄂01民终3650号判决书。

驳回王某的请求，王某诉至法院。法院判决认定中欣劳务公司违法解除劳动合同，应当向王某支付违法解除劳动合同的赔偿金，但对王某主张的合法解除劳动合同的经济补偿金，不予支持。二审判决驳回上诉，维持原判。

【案例评析】

本案涉及患病劳动者的劳动权益保障问题。

为保障患病或非因工负伤等情形劳动者的合法权益，《劳动法》《劳动合同法》《劳务派遣暂行规定》以及《企业职工患病或非因工负伤医疗期规定》等规范，对用人单位解除患病劳动者的劳动关系和工资待遇做了严格限制。

1. 患病劳动者权益的特别保障制度

（1）医疗期内不能解除劳动合同。依据《劳动合同法》（2012年修订本）第42条的规定，劳动者在本单位患职业病或者因工负伤并被确认丧失或者部分丧失劳动能力的，或者患病或者非因工负伤在规定的医疗期内的，或从事接触职业病危害作业的劳动者未进行离岗前职业健康检查，或者疑似职业病病人在诊断或者医学观察期间的，用人单位不得解除劳动合同。《劳务派遣暂行规定》第13条规定，被派遣劳动者有《劳动合同法》第42条规定情形的，在派遣期限届满前，用工单位不得将被派遣劳动者退回劳务派遣单位；派遣期限届满的，应当延续至相应情形消失时方可退回。

一些地方出台了有关医疗期的专门规范，例如《青岛市人力资源和社会保障局劳动者患病或非因工负伤医疗期管理规定》（青人社规〔2018〕24号）和《上海市人民政府印发修订后的〈关于本市劳动者在履行劳动合同期间患病或者非因工负伤的医疗期标准的规定〉的通知》（沪府发〔2015〕40号）规定，医疗期是指劳动者患病或者非因工负伤停止工作治疗休息，用人单位非因法定事由不得解除或者终止劳动合同的时限。劳动者患病或者非因工负伤需要停止工作治疗休息的，根据本人实际工作年限和在本单位工作年限，给予3个月到24个月的医疗期。

本案中，王某接受中欣劳务公司派遣在空港公司从事装卸工作，属于典型的劳务派遣关系。王某在劳动合同履行期间患病治疗，并向空港公司递交病休证明单，空港公司又向中欣劳务公司书面函告了王某病休的事实。中欣劳务公司在王某病假期间与其解除劳动合同实属违法，应当支付违法解除劳动合同赔偿金。

（2）提前30日书面通知劳动者本人。《劳动法》（2018年修正本）第26

条、《劳动合同法》（2012年修订本）第40条规定，有劳动者患病或者非因工负伤，在规定的医疗期满后不能从事原工作，也不能从事由用人单位另行安排工作情形的，用人单位可以解除劳动合同，但是应当提前30日以书面形式通知劳动者本人。

（3）应事先通知有监督权的工会。《劳动合同法》（2012年修订本）第43条规定，用人单位单方解除劳动合同，应当事先将理由通知工会。用人单位违反法律、行政法规规定或者劳动合同约定的，工会有权要求用人单位纠正。用人单位应当研究工会的意见，并将处理结果书面通知工会。《最高人民法院关于审理劳动争议案件适用法律问题的解释（一）》（法释〔2020〕26号）第47条规定，建立了工会组织的用人单位解除劳动合同符合《劳动合同法》第39条、第40条规定，但未按照《劳动合同法》第43条规定事先通知工会，劳动者以用人单位违法解除劳动合同为由请求用人单位支付赔偿金的，人民法院应予支持，但起诉前用人单位已经补正有关程序的除外。

2. 感染新型冠状病毒肺炎劳动者的权益保障问题

（1）被强制隔离劳动者的工资待遇。2020年1月20日，中华人民共和国国家卫生健康委员会发布2020年第1号公告如下：将新型冠状病毒感染的肺炎纳入《传染病防治法》规定的乙类传染病，并采取甲类传染病的预防、控制措施；将新型冠状病毒感染的肺炎纳入《中华人民共和国国境卫生检疫法》规定的检疫传染病管理。根据《中华人民共和国传染病防治法》（2013年修正本）第41条的规定，在隔离期间，实施隔离措施的人民政府应当对被隔离人员提供生活保障；被隔离人员有工作单位的，所在单位不得停止支付其隔离期间的工作报酬。

（2）不支持解除劳动关系。《最高人民法院印发〈关于依法妥善审理涉新冠肺炎疫情民事案件若干问题的指导意见（一）〉的通知》（法发〔2020〕12号）规定，支持用人单位在疫情防控期间依法依规采用灵活工作方式；审理涉疫情劳动争议案件时，要准确适用《劳动法》第26条、《劳动合同法》第40条等规定；用人单位仅以劳动者是新冠肺炎确诊患者、疑似新冠肺炎患者、无症状感染者、被依法隔离人员或者劳动者来自疫情相对严重的地区为由主张解除劳动关系的，人民法院不予支持。就相关劳动争议案件的处理，应当正确理解和参照适用国务院有关行政主管部门以及省级人民政府等制定的在疫情防控期间妥善处理劳动关系的政策文件。

(3) 支持协商未返岗期间的工资待遇。《人力资源社会保障部、中华全国总工会、中国企业联合会、中国企业家协会、中华全国工商业联合会〈关于做好新型冠状病毒感染肺炎疫情防控期间稳定劳动关系支持企业复工复产的意见〉》(人社部发〔2020〕8号)规定,在受疫情影响的延迟复工或未返岗期间,对用完各类休假仍不能提供正常劳动或其他不能提供正常劳动的职工,指导企业参照国家关于停工、停产期间工资支付相关规定与职工协商,在一个工资支付周期内的按照劳动合同规定的标准支付工资;超过一个工资支付周期的按有关规定发放生活费。

(4) 保障职工工资待遇权益。《人力资源社会保障部、中华全国总工会、中国企业联合会、中国企业家协会、中华全国工商业联合会〈关于做好新型冠状病毒感染肺炎疫情防控期间稳定劳动关系支持企业复工复产的意见〉》(人社部发〔2020〕8号)规定,对因依法被隔离导致不能提供正常劳动的职工,要指导企业按正常劳动支付其工资;隔离期结束后,对仍需停止工作进行治疗的职工,按医疗期有关规定支付工资。对在春节假期延长假期间因疫情防控不能休假的职工,指导企业应先安排补休,对不能安排补休的,依法支付加班工资。

一些地方也纷纷出台相关政策规定,保障职工工资权益。例如,《广东省人力资源和社会保障厅〈关于积极应对新型冠状病毒感染肺炎疫情做好劳动关系相关工作〉的通知》规定,经与职工协商一致,企业可以优先考虑安排员工年休假;员工在年休假期间享受与正常工作期间相同的工资收入;员工未复工时间较长(一般指30天以上)的,经与员工协商一致,企业可以安排员工待岗;待岗期间,企业可先按照不低于本市最低工资标准的80%支付生活费。

七、航班清洁工私拿机供品应否被劳务派遣公司解除劳动合同

【案例】沈某与中国东方航空股份有限公司、上海航服人才服务有限公司劳务派遣合同纠纷案[①]

【案情介绍】

沈某与上海航服人才服务有限公司(以下简称航服公司)签订劳动合

[①] 上海市浦东新区人民法院(2017)沪0115民初47067号民事判决书;上海市第一中级人民法院(2017)沪01民终11566号民事判决书。

同，上海航服公司派遣沈某至中国东方航空股份有限公司（以下简称东航股份公司）工作。2017年2月7日，东航股份公司告知上海航服公司，沈某2017年1月22日在执行航班清扫任务后，将一个无包装的苹果、一个启封的小毛巾和一瓶辣椒酱装入自己的工具包，私拿机供品违反《中国东方航空股份有限公司员工奖励及违规处理规定》，地服部综合其各方面表现决定退回上海航服公司。2017年2月13日，上海航服公司向沈某发送《合同解除通知书》，以沈某违反《中国东方航空股份有限公司员工奖励及违规处理规定》为由，于2017年2月7日起解除与沈某的劳动合同。沈某申请劳动仲裁，要求上海航服公司、东航股份公司支付违法解除劳动合同赔偿金。仲裁裁决对沈某请求不予支持。沈某提起诉讼，请求判令上海航服公司支付违法解除劳动合同赔偿金，东航股份公司承担连带责任。一审法院认为，沈某的行为属于违反东航股份公司工作管理规定中的"私拿私分机供品"之违规情形，东航股份公司据此将沈某退回上海航服公司，上海航服公司解除与沈某劳动合同并未存在不妥之处，驳回沈某的诉请。二审法院认为，除非是旅客及工作人员遗忘物或者抛弃物，沈某作为清洁人员，其所能接触到的物品应为乘务员确认不需要的物品，不存在私拿私分之说；即使这些物品被认定为"私拿私分机供品"，然结合这些物品的实际状态，也难以认定沈某违反公司规章制度的行为的严重性达到足以解除劳动合同的程度。故二审法院撤销一审判决，改判上海航服公司在沈某被东航股份公司退后，以严重违反规章制度为由解除劳动合同，系违法解除，应向沈某支付违法解除劳动合同赔偿金。

【案例评析】

本案涉及航班清洁工的行为是否构成"严重违纪"的认定问题。

1. 劳动者严重违纪的认定依据

严重违纪，是指劳动者的违纪行为已经超过"一般限度"，达到了"严重程度"。当用人单位以"严重违纪"为由解除劳动合同时，劳动者面临被解除劳动合同且得不到任何经济补偿的后果，实践中通常由此引发劳动者是否构成"严重违反用人单位的规章制度"之争。

严重违纪的判断直接依赖于用人单位规章制度的规定。《最高人民法院关于审理劳动争议案件适用法律若干问题的解释（一）》（法释〔2020〕26号）第50条明确规定，用人单位内部规章制度，不违反合法性、民主制定程序性和公示性，可以作为确定双方权利义务的依据。这意味着用人单位的规章制度如果被法院认定为解决争议的依据。

用人单位的规章制度只有符合法律规定"三性"的要求,才能有相应法律效力,并作为管理和处罚劳动者的依据。如果用人单位的规章制度在任何一个环节存在瑕疵,都可能导致根据该规章制度作出的处罚无效,用人单位最终构成违法解除劳动合同。当然,用人单位应对规章制度符合"三性"要求负举证责任。如"民主制定程序"的证据可以是规章制度制定过程中,单位的劳动者所提的建议和意见等,包括电子邮件或纸质意见等;"公示性"需要提供劳动者签收、阅读规章制度的证据。

严重违纪的司法认定在实践中存在一定的难点,一方面,需要用人单位提供充分、有效的证据,证明劳动者实施了违纪行为。证据的形式可以有多种形式,如由劳动者对于违纪行为出具的书面检查、报告,由劳动者签字确认的处罚通知、会议纪要,以及违纪时的录音、录像、监控视频、出警记录等,均可以作为证明劳动者违纪行为的证据。另一方面,需要确保解除劳动合同的决定有效送达劳动者本人。有效送达的证据可以是劳动者签回执单、特快专递邮寄送达回执、电子邮件、短信、微信等送达截图,或登报公告送达留样。

2. 劳动者严重违纪的法律后果

根据《劳动法》《劳动合同法》的规定,劳动者严重违反用人单位的规章制度的,用人单位可以依法解除劳动合同,且无须向劳动者支付经济补偿金。

如果用人单位以劳动者严重违反规章制度解除劳动合同时,存在一定的瑕疵,则用人单位解除劳动合同的行为就有可能会被认定为违法解除。根据《劳动合同法》(2012年修订本)第87条的规定,劳动者有两种选择权:一是有权要求继续履行劳动合同;二是劳动者不要求继续履行或劳动合同已经不能继续履行时,用人单位需要向劳动者支付违法解除劳动合同赔偿金的责任,金额为经济补偿金的二倍。

3. 私拿机供品是否构成"严重违纪"的判断

机供品是指航空公司为旅客提供的餐食、饮料、纪念品、清洁袋、盥洗用品、书报杂志等。实践中,机供品成本一般占航空公司总成本的5%,对机供品的成本控制尤其重要。[①] 因此,各个航空公司和地面服务公司都有严格的制

[①] 赵桂红、马志刚:《航空公司机上供应品成本控制方案》,载《中国民用航空》2005年第3期,第41页。

度规定，禁止相关人员私拿私分机供品，并将其列入严重违反工作制度的行为。

本案中，《中国东方航空股份有限公司员工奖励及违规处理规定》《地服部浦东××中心奖惩管理办法》和《浦东××中心员工承诺书》均要求航班清洁人员不私拿私分机上供应品，包括不吃喝机上供应品。如违反规定，私拿私分机供品或非法占有旅客及工作人员遗留财物，对当事人开除处理，扣罚1 000元，并将人员信息报送空防处，纳入通行证黑名单信息库。

毋庸置疑，沈某作为航班清洁人员，其职责是清扫客舱垃圾，应该遵守规定，不应私拿私分机上供应品。但从本案的具体情形考察，可以发现，沈某带走的仅是一个无包装的苹果、一个启封的小毛巾和一瓶辣椒酱，而且是未被乘务员收储的物品，显然并未达到解除劳动合同所需的"严重违纪"程度，沈某的行为并未给东航股份公司带来损失，东航股份公司也无其他证据证明沈某存在严重违纪的情节，故二审法院认为沈某的行为不属于严重违纪，上海航服公司以沈某违反《中国东方航空股份有限公司员工奖励及违规处理规定》为由解除劳动合同，这种辞退的处罚明显失衡，有违公平、合理的原则。上海航服公司解除与沈某劳动合同的行为系违法解除，应支付赔偿金。

八、民航空管局劳务派遣厨师的工伤保险赔偿

【案例】尹某与重庆人才服务股份有限公司、中国民用航空西南地区空中交通管理局重庆分局劳动争议案[①]

【案情介绍】

2010年，尹某与重庆人才服务股份有限公司（以下简称重庆人才公司）建立劳动关系，尹某被派遣至民航西南空管局重庆分局从事厨师工作。重庆人才公司为尹某购买了工伤保险。2013年，尹某在上班过程中受伤，造成左跟骨粉碎性骨折，先后住院治疗3次共计住院53天，住院期间重庆人才公司与民航西南空管局重庆分局均未派人对尹某进行护理。经重庆市江北区人力资源和社会保障局认定尹某为工伤。2014年8月5日，重庆市江北区劳动能力鉴定委员会鉴定尹某伤情构成伤残9级，无护理依赖。尹某因工伤向民航

---

① 重庆市渝北区人民法院（2015）渝北法民初字第00944号民事判决书；重庆市第一中级人民法院（2015）渝一中法民终字第05931号判决书。

西南空管局重庆分局借支3万元。重庆人才公司向江北区社会保险局申请工伤费用报销，工伤保险基金已划拨医疗费、住院期间伙食补助费共计47 599.11元，经尹某同意，重庆人才公司扣除3万元用于归还借支款后，将余款支付给尹某。此外，工伤保险基金划拨一次性伤残补助金19 428.75元，重庆人才公司已将该笔款项支付给尹某，并于2014年10月31日解除与尹某的劳动关系，已向尹某支付一次性伤残就业补助金38 268元。2013年8月至2014年8月，重庆人才公司每月向尹某支付1 600元。尹某受伤前12个月的平均工资为1 900元/月。尹某申请仲裁，要求重庆人才公司与民航西南空管局重庆分局连带支付医疗费、住院期间伙食补助费、住院护理费、停工留薪期待遇、一次性伤残补助金、一次性伤残就业补助金、一次性工伤医疗补助金、交通费、鉴定费、劳动能力鉴定期间的生活津贴。仲裁裁决驳回尹某的全部仲裁请求。尹某提起诉讼，一审法院判决驳回尹某诉请，二审维持原判。

【案例评析】

本案涉及劳务派遣关系中劳动者的工伤保险赔偿金相关问题。

1. 本案的劳务派遣法律关系

尹某与重庆人才公司建立劳动关系，并被派遣至民航西南空管局重庆分局从事厨师工作，属于典型的劳务派遣关系。其中尹某是劳动者，重庆人才公司是用人单位，负责缴纳工伤保险，民航西南空管局重庆分局是用工单位。本案法律关系如图6-3所示。

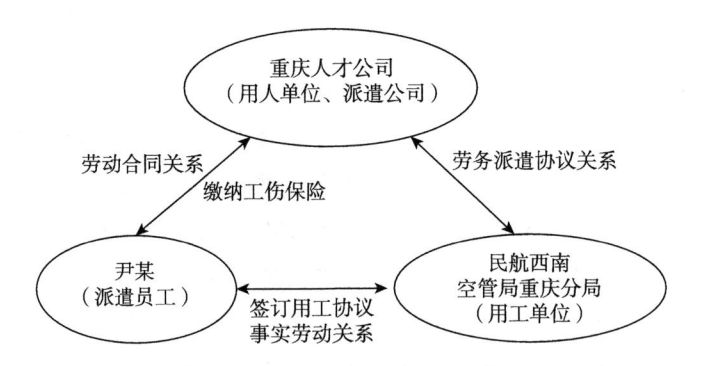

图6-3 尹某与重庆人才公司、民航西南空管局重庆分局劳动争议案法律关系

2. 工伤保险责任主体——用人单位

根据《工伤保险条例》（2010年修正本）① 第2条、第10条第1款、第62条第2款的规定，用人单位应当依照该条例规定参加工伤保险，为本单位全部职工或者雇工（以下简称职工）按时缴纳工伤保险费，职工个人不缴纳工伤保险费；应当参加工伤保险而未参加工伤保险的用人单位职工发生工伤的，由用人单位按照规定的工伤保险待遇项目和标准支付费用。这些条款表明为职工缴纳工伤保险费是用人单位的法定义务，该法定义务不得通过任何形式予以免除或变相免除。工伤保险待遇由工伤保险基金最终实现，只有用人单位未按规定缴纳工伤保险费时，才由用人单位支付工伤保险待遇。

在实践中，对于劳务派遣法律关系中，劳务派遣单位派遣的职工在用工单位工作期间因工伤亡的，根据《最高人民法院关于审理工伤保险行政案件若干问题的规定》（法释〔2014〕9号）第3条的规定，社会保险行政部门认定派遣单位为承担工伤保险责任的单位，人民法院应予支持。

3. 工伤保险待遇的申请程序

申请工伤保险待遇，相关条件、程序，如图6-4所示。

（1）用人单位已为劳动者本人缴纳工伤保险费用。用人单位未以劳动者本人信息缴纳社会保险，社会保险经办机构没有任何过错，不承担工伤保险待遇责任。用人单位因未尽到严格审查义务，存在过错，应当全部或部分承担应由社会保险机构承担的工伤赔偿责任。

（2）完成工伤诊疗。根据《工伤保险条例》第30条的规定，职工治疗工伤应当在签订服务协议的医疗机构就医，情况紧急时可以先到就近的医疗机构急救。但是，工伤保险属于基本保障范畴，工伤治疗期间所产生的药品费、诊疗费、住院费等均需符合社保基金报销目录范围，否则不予报销。实际诊疗过程中发生某些药品或诊疗项目超出报销范畴的相关费用应由谁承担，实践中经常会发生争议。《工伤保险条例》没有作出明确规定，有的地方对此进行了规定②，劳动者工伤医疗费超出社保基金报销目录范围的费用原则

---

① 本案例引用的皆为《工伤保险条例》2010年修正本。
② 参见浙江省高级人民法院民事审判第一庭、浙江省劳动人事争议仲裁院《关于审理劳动争议案件若干问题的解答（二）》第16条。

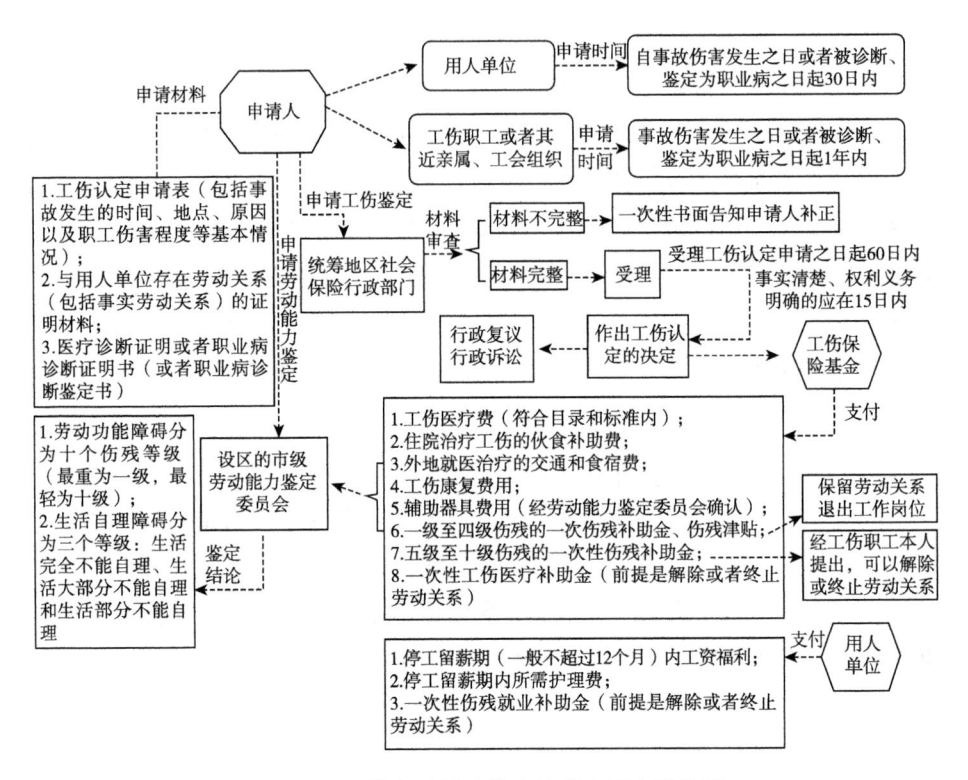

图 6-4 工伤保险待遇的申请程序及支付范围

上不应由用人单位承担，但超出目录范围的费用经用人单位同意或者认可的除外。

（3）完成劳动能力鉴定。《工伤保险条例》第 21 条、第 22 条规定，职工发生工伤，经治疗伤情相对稳定后存在残疾、影响劳动能力的，应当进行劳动能力鉴定；劳动能力鉴定是指劳动功能障碍程度和生活自理障碍程度的等级鉴定。

本案中，尹某向重庆市江北区劳动能力鉴定委员会申请劳动能力鉴定，并被认定为伤残九级，无护理依赖。根据《工伤保险条例》第 37 条的规定，如果不是劳动合同期满终止，或者尹某本人提出解除劳动合同的，用人单位不能解除劳动合同。如果解除或者终止劳动关系的，可以由工伤保险基金支付一次性工伤医疗补助金，由用人单位支付一次性伤残就业补助金。

需要注意的是，《工伤保险条例》第 42 条规定，工伤职工有丧失享受待遇条件的、拒不接受劳动能力鉴定的、拒绝治疗的情形之一的，停止享受工伤保险待遇。

（4）用人单位及时申报工伤认定。《工伤保险条例》第 17 条规定，职工发生事故伤害或者按照职业病防治法规定被诊断、鉴定为职业病，所在单位应当自事故伤害发生之日或者被诊断、鉴定为职业病之日起 30 日内，向统筹地区社会保险行政部门提出工伤认定申请。遇有特殊情况，经报社会保险行政部门同意，申请时限可以适当延长。用人单位未按前款规定提出工伤认定申请的，工伤职工或者其近亲属、工会组织在事故伤害发生之日或者被诊断、鉴定为职业病之日起 1 年内，可以直接向用人单位所在地统筹地区社会保险行政部门提出工伤认定申请。

因用人单位的原因，导致劳动者超过工伤认定申请时效无法认定工伤的，劳动者或者其近亲属向人民法院起诉要求用人单位赔偿的，人民法院应予受理。人民法院经审理后，能够认定劳动者符合工伤构成要件的，应当判令用人单位按照《工伤保险条例》规定的工伤保险待遇项目和标准给予赔偿。[1]

（5）统筹地区社会保险行政部门出具《工伤认定决定书》。职工因工作遭受事故伤害或者患职业病进行治疗，可以享受工伤医疗待遇。工伤职工享受的工伤保险待遇分别由工伤保险基金和用人单位予以支付，各自支付范围有所不同。

4. 工伤保险基金支付一次性医疗补助金的条件

值得注意的是，由工伤保险基金支付的一次性医疗补助金，需要特别条件：

（1）用人单位在工伤员工劳动能力鉴定结论作出后，及时向工伤保险基金中心申报。因用人单位怠于为工伤员工向工伤保险基金中心申报，导致工伤员工未获得应由工伤保险基金支付的各项赔偿的，后果由用人单位承担。

（2）以解除、终止劳动关系为前提。退休职工被鉴定为工伤的，无法获得一次性工伤医疗补助金。但根据《人力资源社会保障部关于执行〈工伤保

---

[1] 参见江苏省高级人民法院于 2009 年 3 月 3 日印发的《关于在当前宏观经济形势下妥善审理劳动争议案件的指导意见》。

险条例〉若干问题的意见（二）》（人社部发〔2016〕29号）规定，达到或超过法定退休年龄，但未办理退休手续或者未依法享受城镇职工基本养老保险待遇，继续在原用人单位工作期间受到事故伤害或患职业病的，用人单位依法承担工伤保险责任。

（3）支付标准不一。根据《工伤保险条例》第36、37条的规定，一次性工伤医疗补助金和一次性伤残就业补助金的具体标准由省、自治区、直辖市人民政府规定。例如，《关于北京市工伤保险基金支出项目标准及相关问题的通知》第5条规定，工伤职工在终止或者解除劳动关系时，其领取的一次性工伤医疗补助金具体标准为解除或者终止劳动关系时3至18个月的本市上年度职工月平均工资，其中五级18个月、六级15个月、七级12个月、八级9个月、九级6个月、十级3个月。

本案中，用人单位重庆人才公司已经为尹某依法缴纳工伤保险，医疗费、住院伙食补助费、一次性伤残补助金、一次性工伤医疗补助金、鉴定检查费应由工伤保险基金支付，重庆人才公司已经将工伤保险基金划拨的医疗费、住院伙食补助费、一次性伤残补助金支付给了尹某，尹某要求重庆人才公司与民航局空管局重庆分局支付社保未报销部分医疗费无法律依据。

5. 工伤保险赔偿与第三人侵权损害赔偿可否兼得

在第三人侵权引起工伤事故的情形下，会产生两种赔偿请求权，一是工伤职工的工伤保险赔偿请求权，二是工伤职工向第三人提起的侵权损害赔偿请求权。两种请求权的权利基础、归责原则、赔偿范围等不同，故在劳动者人身权受到第三人侵害的同时又被劳动行政部门认定为工伤的，如劳动者分别提起侵权损害赔偿之诉及申请工伤保险赔偿仲裁的，对于侵权损害赔偿的请求和不服工伤保险赔偿仲裁裁决提出的请求，法院应分别依法作出判决。

（1）医疗费用不可兼得。

《社会保险法》（2018年修正本）第42条规定，由于第三人的原因造成工伤，第三人不支付工伤医疗费用或者无法确认第三人的，由工伤保险基金先行支付。工伤保险基金先行支付后，有权向第三人追偿。该条款表明职工因第三人导致工伤产生的医疗费用不能获得"双赔"，而且赋予了工伤保险机构对工伤医疗费用的追偿权。

最高人民法院2016年颁布的《第八次全国法院民事商事审判工作会议（民事部分）纪要》进一步明确规定，用人单位未依法缴纳工伤保险费，劳动者因第三人侵权造成人身损害并构成工伤，侵权人已经赔偿的，劳动者有权请求用人单位支付除医疗费之外的工伤保险待遇；用人单位先行支付工伤保险待遇的，可以就医疗费用在第三人应承担的赔偿责任范围内向其追偿。

（2）医疗费用之外的护理费、食宿费、残疾赔偿金等其他赔偿费用可以兼得。

《最高人民法院关于审理工伤保险行政案件若干问题的规定》（法释〔2014〕9号）第8条规定，职工因第三人的原因受到伤害，社会保险行政部门以职工或者其近亲属已经对第三人提起民事诉讼或者获得民事赔偿为由，作出不予受理工伤认定申请或者不予认定工伤决定的，人民法院不予支持。职工因第三人的原因受到伤害，社会保险行政部门已经作出工伤认定，职工或者其近亲属未对第三人提起民事诉讼或者尚未获得民事赔偿，起诉要求社会保险经办机构支付工伤保险待遇的，人民法院应予支持。职工因第三人的原因导致工伤，社会保险经办机构以职工或者其近亲属已经对第三人提起民事诉讼为由，拒绝支付工伤保险待遇的，人民法院不予支持，但第三人已经支付的医疗费用除外。

该司法解释表明，职工因第三人的原因受到伤害，无论是否向第三人提起民事诉讼或已经获得赔偿，都不影响其获得工伤认定的申请和享受工伤保险待遇，但是职工的医疗费用已获得第三人民事赔偿的，工伤保险机构不再支付。

最高人民法院2016年颁布的《第八次全国法院民事商事审判工作会议（民事部分）纪要》进一步明确，被侵权人有权获得工伤保险待遇或者其他社会保险待遇的，侵权人的侵权责任不因受害人获得社会保险而减轻或者免除。根据《社会保险法》第30条和第42条的规定，被侵权人有权请求工伤保险基金或者其他社会保险支付工伤保险待遇或者其他保险待遇。

关于第三人侵权致工伤的工伤保险赔偿与侵权损害赔偿的区别，详见表6-1。

表 6-1 劳动者的工伤保险赔偿与侵权损害赔偿的比较

比较项		侵权损害赔偿	工伤保险赔偿
请求权基础		劳动者因第三人侵权致害	劳动者发生工伤事故
责任原则		补偿原则、过错原则和过失相抵原则	无过错责任原则
责任性质		私法赔偿	社会保险、强制责任保险
可兼得费用	专属项目	残疾赔偿金、死亡赔偿金、精神损害赔偿金、误工费	伤残津贴、停工留薪期工资（治疗工伤期间的工资）、一次性伤残就业补助金、一次性工伤医疗补助金
	非专属项目	营养费，护理费，后续治疗费（含康复护理费、适当的整容费等），受害人亲属支出的必要交通费、住宿费和误工损失，残疾辅助器具费，丧葬费，被抚养人生活费	护理费、住院伙食补助费、交通费、就医食宿费、康复治疗费、辅助器具费、供养亲属抚恤金、丧葬补助金
不可兼得费用		医疗费用（门诊费、住院费）	

6. 工伤保险赔偿与商业意外伤害保险赔偿可否兼得

工伤保险赔偿与商业保险赔偿是两个不同险种，前者是一种责任保险，后者是一种人身保险。《中华人民共和国保险法》（2015 年修正本）第 39 条第 2 款规定，投保人为与其有劳动关系的劳动者投保人身保险，不得指定被保险人及其近亲属以外的人为受益人。可见，用人单位为其员工购买意外伤害保险，受益人只能是员工及其近亲属，不能是单位。由于受益人与单位无关，即便员工或其近亲属因意外伤害险得到保险理赔款，也不能视为单位给予的赔偿。

用人单位为职工购买商业人身意外伤害保险的，也不因此免除其为职工购买工伤保险的法定义务，职工获得人身意外伤害保险赔付后，仍然有权向用人单位主张工伤保险待遇。如果用人单位主张从其应承担的工伤保险赔偿中扣除对劳动者依据人身保险或其他商业保险合同已经获得的赔偿金的，应不予支持。

7. 因工死亡职工的亲属能否要求确认劳动关系

因工死亡职工的亲属可以要求确认劳动者与用人单位之间存在劳动关系，

因工死亡职工的亲属的范围包括该职工的配偶、父母、子女、兄弟姐妹、祖父母、外祖父母、孙子女、外孙子女和其他具有扶养、赡养关系的亲属，因工死亡职工的亲属中任何一人均可作为仲裁申请人或诉讼原告。涉及因公死亡职工赔偿及享受待遇等主张，应由全部亲属作为当事人参加诉讼。①

---

① 参见2014年5月7日发布的《北京市高级人民法院、北京市劳动争议仲裁委员会关于劳动争议案件法律适用问题研讨会会议纪要（二）》。

＃ 第七章

集体合同

集体合同,又称团体协议或者集体协议,是指用人单位与本单位职工根据法律、法规、规章的规定,就劳动报酬、工作时间、休息休假、劳动安全卫生、职业培训、保险福利等事项,通过集体协商签订的书面协议。[1] 目前,我国法律对于签订集体合同并无强制性的规定,但若工会提出要求与用人单位签订集体合同,用人单位不得拒绝。

集体合同是协调集体劳动关系的一种有效手段,对畅通职工利益诉求表达渠道,促进企业发展、维护职工权益、构建和谐劳动关系具有重大意义,能最大限度地凝聚社会共识,增强企业和工会组织参与集体协商的自觉性、主动性,故集体合同与劳动合同并称为劳动法领域合同制度的两大基石[2]。

近年来,我国劳动关系正在逐步由个别向集体转变,越来越多劳动者集体或团体(通常以工会为代表)与雇主或雇主组织通过集体协商制度形成集体劳动关系。[3] 例如,在航空领域,集体合同制度建设日渐加强,涉及航空公司与机组人员、空管机构与空管人员、航空地面服务公司与地服人员、机场与机场员工等各行业主体之间就劳动时间、工资待遇、女职工权益等内容。在中国民航局全国民航工会等民航各级工会的推动下,2018年民航全行业集体合同覆盖职工59万人,覆盖率为84.7%;劳动安全卫生专项集体合同覆

---

[1] 参见《集体合同规定》第3条。
[2] 参见《集体合同法》立法可行性研究课题组:《集体合同立法的可行性研究》,载《中国劳动关系学院学报》2012年第1期,第90-92页。
[3] 常凯:《劳动关系的集体化转型与政府劳工政策的完善》,载《中国社会科学》2013年第6期,第94页。

盖职工 54 万人，覆盖率为 77.2%；工资专项集体合同覆盖职工 29 万人，覆盖率为 41%。[1]

一、航空公司的集体合同可否对飞行员加班工资计算基数进行约定

【案例】 李某与中国新华航空集团有限公司劳动争议案[2]

【案情介绍】

李某与中国新华航空集团有限公司（以下简称新华航空公司）于 2005 年 4 月 1 日签订无固定期限劳动合同，约定李某担任飞行员岗位，执行综合计算工时制度。2014 年 4 月 28 日，李某向新华航空公司邮寄解除劳动合同通知书，以新华航空公司未足天安排其享受年休假，未及时足额支付未休年休假工资及法定节假日加班费，以较低缴费基数缴纳社会保险为由，要求与新华航空公司解除劳动合同。2014 年 6 月 10 日，李某申请仲裁，请求裁决解除劳动合同、新华航空公司支付其工作期间法定节假日和周六日加班差额。仲裁委员会裁决驳回该诉请。[3] 双方均不服裁决，诉至法院。新华航空公司认为已按照公司集体合同和劳动合同的约定支付李某加班工资，其自行估算的加班工资差额没有依据。为此，新华航空公司提交盖有新华航空公司公章及工会章的集体合同 2 份和李某的工资明细。其中集体合同第 9 条规定，加班工资以工资明细中基本工资项加岗位工资项之和作为基数核发。李某对集体合同不予认可，称集体合同签订时间在劳动合同签订时间之后，对其没有约束力，集体合同需经双方代表协商一致，提交职工代表大会或者全体职工大会讨论，三分之二以上人员出席且半数以上同意，该集体合同制定未经过上述程序，且集体合同须经首席代表签字，该集体合同中对加班工资计算基数的约定侵犯了劳动者的权益。一审法院审理认为，飞行员的职业有别其他行业，其工资中的飞行小时费是针对飞行时间发放的补贴，其中已有加班费的性质，故对李某主张的周六日和法定节假日加班工资均不予支持。二审判决维持原判。

---

[1] 《民航工会 2018 年工作亮点》，载《中国民航报》，2019-03-07，第 006 版。
[2] 北京市顺义区人民法院（2014）顺民初字第 14030 号民事判决书；北京市第三中级人民法院（2016）京 03 民终 1018 号民事判决书。
[3] 京顺劳仲字（2014）第 3103 号裁决书。

【案例评析】

本案的争议焦点涉及集体合同的规定及其内容是否可以对加班工资核发基数进行确定。

1. 集体合同的立法规定

集体合同是我国劳动立法独创的法律用词，出现在立法中始于1994年《劳动法》。《劳动法》作为劳动基本法，将"劳动合同和集体合同"视为并列的两种合同类型，但集体合同仅有3个条文（第33~35条）。2001年修订的《工会法》和2004年颁布的《集体合同规定》[①] 相继补充完善了集体合同制度。2008年施行的《劳动合同法》第5章专节规定集体合同的主体、内容、效力以及救济方式，以相对简要的6个条文建构了集体合同制度的基本框架，基本是承继了《工会法》和《集体合同规定》的主要内容，没有对集体合同制度已形成的框架进行实质性改变。[②] 从《劳动合同法》的体系看，集体合同在该法中被视为一种"特别"劳动合同。也有学者指出，不应将集体合同纳入劳动合同的范畴而交由《劳动合同法》统一规制，劳动合同远不具有集体合同的制度价值和功能，应当也必须将集体合同与劳动合同分而认知并分而治之，两者需要分别遵循不同的法理与机理寻求治理之道。[③]

纵观世界各国，集体合同的立法模式分为两种，一种为在劳动法典等基本法中设置集体合同专章或专节，另一种为制定单行集体合同法规。[④] 我国的集体合同制度集合了上述两种模式。我国对集体合同的规定除《劳动法》《劳动合同法》外，还颁布了系列规章和规范性文件，如《工会参加平等协商和签订集体合同试行办法》（1995年）、《工资集体协商试行办法》（2000年）、《集体合同规定》（2004年）、《关于进一步推进工资集体协商工作的通知》（2005年）、《关于开展区域性行业性集体协商工作的意见》（2006年）、《关于推进女职工权益保护专项集体合同工作的意见》（2006年）、《关于推进实施集体合同制度攻坚计划的通知》（2014年）等。

[①] 如无特别说明，下文提到的《集体合同规定》均于2004年颁布的。
[②] 参见王天玉：《集体合同立法模式的悖论与出路》，载《社会科学战线》2017年第12期，第215页。
[③] 参见冯彦君：《理想与现实之间的〈劳动合同法〉——总体评价与创新点解析》，载《当代法学》2008年第6期，第125页。
[④] 王全兴主编：《劳动法学》，高等教育出版社2008年版，第224页。

2. 集体合同对劳动报酬的约定

根据《劳动合同法》（2012年修订本）第18条的规定，劳动合同对劳动报酬和劳动条件等标准约定不明确，引发争议的，用人单位与劳动者可以重新协商；协商不成的，适用集体合同规定；没有集体合同或者集体合同未规定劳动报酬的，实行同工同酬；没有集体合同或者集体合同未规定劳动条件等标准的，适用国家有关规定。

根据《集体合同规定》第8条、第9条的规定，集体合同可以协商约定下列多项或某项内容：劳动报酬、工作时间、休息休假、劳动安全与卫生、补充保险和福利、女职工和未成年工特殊保护、职业技能培训、劳动合同管理、奖惩、裁员、集体合同期限、变更和解除集体合同的程序、履行集体合同发生争议时的协商处理办法、违反集体合同的责任等。其中劳动报酬是集体协商双方可以协商的重要内容之一，劳动报酬包括加班、加点工资及津贴、补贴标准和奖金分配办法等。

根据《集体合同规定》第8条至第18条的规定，有关集体合同可约定的具体内容如下。

（1）劳动报酬。包括用人单位工资水平、工资分配制度、工资标准和工资分配形式，工资支付办法，加班、加点工资及津贴、补贴标准和奖金分配办法，工资调整办法，试用期及病、事假等期间的工资待遇，特殊情况下职工工资（生活费）支付办法，其他劳动报酬分配办法。

（2）工作时间。包括工时制度、加班加点办法、特殊工种的工作时间、劳动定额标准。

（3）休息休假。包括日休息时间、周休息日安排、年休假办法，不能实行标准工时职工的休息休假，其他假期。

（4）劳动安全与卫生。包括劳动安全卫生责任制、劳动条件和安全技术措施、安全操作规程、劳保用品发放标准、定期健康检查和职业健康体检。

（5）补充保险和福利。包括补充保险的种类、范围，基本福利制度和福利设施，医疗期延长及其待遇，职工亲属福利制度。

（6）女职工和未成年工特殊保护。包括女职工和未成年工禁忌从事的劳动和定期健康检查，女职工的经期、孕期、产期和哺乳期的劳动保护，未成年工的使用和登记制度。

（7）职业技能培训。包括职业技能培训项目规划及年度计划、职业技能培训费用的提取和使用、保障和改善职业技能培训的措施。

（8）劳动合同管理。包括劳动合同签订时间，确定劳动合同期限的条件，劳动合同变更、解除、续订的一般原则及无固定期限劳动合同的终止条件，试用期的条件和期限。

（9）奖惩。包括劳动纪律、考核奖惩制度、奖惩程序。

（10）裁员。包括裁员的方案，裁员的程序，裁员的实施办法和补偿标准等。

（11）集体合同期限。

（12）变更和解除集体合同的程序。

（13）履行集体合同发生争议时的协商处理办法。

（14）违反集体合同的责任。

（15）双方认为应当协商的其他内容。

3. 加班工资计算基数的确定原则

集体合同可以确定加班工资计算基数的内容，确定模式主要有两种：一是集体谈判确定加班工资计算基数模式，如英国、德国、瑞典等工会力量较强的国家；二是法律确定加班工资计算基数模式，如美国、韩国、日本等工会力量稍弱的国家。[①]

按照《劳动法》（2018年修正本）第44条的规定，劳动者加班工资的计算基数是"正常工作时间工资"，但在实务中，各地区的工资支付构成名目繁多，从而造成"正常工作时间工资"的界定存在地区差异，一些地区法院为此出台审理有关加班工资计算基数争议的指导意见。总体而言，确定加班工资计算基数的一般原则是，首先依据用人单位与劳动者的劳动合同的特别约定，其次是集体合同的约定，再次是当地最低工资标准，最后是前12个月的平均工资。

表7-1是有关加班工资计算基数的地方文件规定对照表。

[①] 侯玲玲：《我国加班工资计算基数的地方裁审规则——以北京、上海、广东、深圳为样本》，载《法学》2014年第6期，第144页。

表7-1 有关加班工资计算基数的地方文件规定对照表

地区	文件名称	有关规定
北京	《北京市工资支付规定》（2007年修正本）	第44条规定，计算加班工资的日或者小时工资基数，按照劳动合同约定的劳动者本人工资标准确定；劳动合同没有约定的，按照集体合同约定的加班工资基数以及休假期间工资标准确定；劳动合同、集体合同均未约定的，按照劳动者本人正常劳动应得的工资确定；确定的加班工资基数以及各种假期工资不得低于本市规定的最低工资标准
	《北京市高级人民法院、北京市劳动人事争议仲裁委员会关于审理劳动争议案件法律适用问题的解答》（2017年）	劳动者加班费计算基数，应当按照法定工作时间内劳动者提供正常劳动应得工资确定，劳动者每月加班费不计到下月加班费计算基数中。具体情况如下： （1）用人单位与劳动者在劳动合同中约定了加班费计算基数的，以该约定为准；双方同时又约定以本市规定的最低工资标准或低于劳动合同约定的工资标准作为加班费计算基数，劳动者主张以劳动合同约定的工资标准作为加班费计算基数的，应予支持。 （2）劳动者正常提供劳动的情况下，双方实际发放的工资标准高于原约定工资标准的，可以视为双方变更了合同约定的工资标准，以实际发放的工资标准作为计算加班费计算基数。实际发放的工资标准低于合同约定的工资标准，能够认定为双方变更了合同约定的工资标准的，以实际发放的工资标准作为计算加班费的计算基数。 （3）劳动合同没有明确约定工资数额，或者合同约定不明确时，应当以实际发放的工资作为计算基数。用人单位按月直接支付给职工的工资、奖金、津贴、补贴等都属于实际发放的工资，具体包括国家统计局《〈关于工资总额组成的规定〉若干具体范围的解释》中规定"工资总额"的几个组成部分。加班费计算基数应包括"基本工资""岗位津贴"等所有工资项目。不能以"基本工资""岗位工资"或"职务工资"单独一项作为计算基数。在以实际发放的工资作为加班费计算基数时，加班费（前月）、伙食补助等应当扣除，不能列入计算基数范围。国家相关部门对工资组成规定有调整的，按调整的规定执行。 （4）劳动者的当月奖金具有"劳动者正常工作时间工资报酬"性质的，属于工资组成部分。劳动者的当月工资与当月奖金发放日期不一致的，应将这两部分合计作为加班费计算基数。用人单位不按月、按季发放的奖金，根据实际情况判断可以不作为加班费计算基数。

续表

地区	文件名称	有关规定
北京	《北京市高级人民法院、北京市劳动人事争议仲裁委员会关于审理劳动争议案件法律适用问题的解答》（2017年）	（5）在确定职工日平均工资和小时平均工资时，应当按照原劳动和社会保障部《关于职工全年月平均工作时间和工资折算问题的通知》规定，以每月工作时间为21.75天和174小时进行折算。 （6）实行综合计算工时工作制的用人单位，当综合计算周期为季度或年度时，应将综合周期内的月平均工资作为加班费计算基数
天津	《关于印发〈天津法院劳动争议案件审理指南〉的通知》（津高法〔2017〕246号）	第33条规定，用人单位与劳动者约定了加班费计算基数，且不低于最低工资标准的，从其约定。用人单位与劳动者未约定加班费计算基数的，应根据集体劳动合同确定。没有集体劳动合同的，应按照劳动者应得工资确定。劳动者应得工资难以确定的，以劳动者主张权利或者劳动关系解除、终止前12个月的平均工资（含奖金）作为计算加班费的基数
上海	《上海市企业工资支付办法》（2016年修订）	第九条规定，加班工资和假期工资的计算基数按以下原则确定：①劳动合同对劳动者月工资有明确约定的，按劳动合同约定的劳动者所在岗位相对应的月工资确定；实际履行与劳动合同约定不一致的，按实际履行的劳动者所在岗位相对应的月工资确定。②劳动合同对劳动者月工资未明确约定，集体合同（工资专项集体合同）对岗位相对应的月工资有约定的，按集体合同（工资专项集体合同）约定的与劳动者岗位相对应的月工资确定。③劳动合同、集体合同（工资专项集体合同）对劳动者月工资均无约定的，按劳动者正常出勤月依照本办法第二条规定的工资（不包括加班工资）的70%确定。加班工资和假期工资的计算基数不得低于本市规定的最低工资标准。法律、法规另有规定的，从其规定
江苏	《江苏省工资支付条例》（2010年修正本）	第64条规定，用于计算不予支付月工资的标准应当按照下列原则确定：①用人单位与劳动者双方有约定的，从其约定；②双方没有约定的，或者双方的约定标准低于集体合同或者本单位工资支付制度标准的，按照集体合同或者本单位工资支付制度执行；③前两项无法确定工资标准的，按照劳动者前12个月平均工资计算，其中劳动者实际工作时间不满12个月的按照实际月平均工资计算

续表

地区	文件名称	有关规定
重庆	《重庆市劳动和社会保障局关于企业职工加班加点工资计算基数等有关问题的通知》（渝劳社办发〔2006〕124号）	关于企业职工加班加点工资计算基数，劳动合同有约定的，从其约定；劳动合同没有约定的，按照集体合同约定的标准确定；用人单位与劳动者无约定的，按照该劳动者加班加点发生前或休假前12个月的平均工资确定，其中劳动者在该用人单位实际工作时间不满12个月的，按照实际月平均工资确定；用人单位与劳动者未约定工资支付标准，也未实际发放工资的，按该用人单位相同岗位人员同期平均工资确定
深圳	《深圳市中级人民法院关于审理劳动争议案件的裁判指引》（2015年）	第61条规定，双方在劳动合同中约定了计发加班工资基数标准或从工资表中可看出计发加班工资基数标准，而用人单位也确实按照该标准计发了劳动者加班工资，并据此制作工资表，该工资表亦经劳动者签名确认的，只要双方的约定不低于最低工资标准，即可认定双方已约定以该计发加班工资基数标准为加班工资的计算基数。用人单位根据此标准计发给劳动者的工资符合法律规定的加班工资计算标准的，应认定用人单位已足额支付了加班工资
广州	《广东省高级人民法院、广东省劳动争议仲裁委员会关于适用〈劳动争议调解仲裁法〉〈劳动合同法〉若干问题的指导意见》（粤高法发〔2008〕13号）	第28条规定，劳动者加班工资计算基数为正常工作时间工资。……但约定的正常工作时间工资低于当地最低工资标准的除外

本案中，新华航空公司提交的集体合同已经对加班工资的计算基数进行约定，故法院认定应按照集体合同的确定基数计算，而非李某主张的以自己平均工资作为加班费计算基数。

不同航空公司的集体合同对飞行员的法定节假日加班工资计发基数有所不同。例如，在"张某与中国国际航空股份有限公司浙江分公司、中国国际航空股份有限公司劳动争议案"[①] 中，关于法定节假日加班工资支付问题，

---

① 浙江省杭州市中级人民法院（2014）浙杭民终字第606号民事判决书。

中国国际航空股份有限公司浙江分公司系以张某基本工资为基数计发，而张某认为应按实发工资计发。中国国际航空股份有限公司《集体合同》第16条规定，飞行人员执行《中国国际航空股份有限公司飞行人员薪酬福利管理规定》，加班工资的计发办法按国家和公司有关规定执行。《中国国际航空股份有限公司飞行人员薪酬福利管理规定》则规定飞行人员以本人基本工资为基数计发法定节假日加班工资。加班工资通常以标准工资为基数计算，一般要扣除绩效、奖金、物价补贴等项目，实发工资包含了已经发放的加班工资、绩效、奖金等内容，会产生重复计算等问题，故法院认定对张某的计算方法不予采纳。

4. 用人单位延迟支付或未足额支付加班工资的法律后果

依据《劳动合同法》（2012年修订本）第38条、第46条的规定，未及时足额支付劳动报酬的，劳动者可以解除劳动合同，同时可以请求用人单位支付经济补偿。根据《最高人民法院关于审理劳动争议案件适用法律问题的解释（一）》（法释〔2020〕26号）第45条的规定，未按照劳动合同约定支付劳动报酬或拒不支付劳动者延长工作时间工资报酬，迫使劳动者提出解除劳动合同的，用人单位应当支付劳动者的劳动报酬和经济补偿，并可支付赔偿金。

在司法实践中，法院对劳动者以未足额支付加班工资为由辞职并请求经济补偿的支持率均相对较高，但存在下列情形的，法院往往会驳回经济补偿的请求：①用人单位对于延迟支付或未足额支付加班工资不存在主观恶意；②用人单位虽未足额支付或拒不支付加班工资，但尚未迫使劳动者提出解除劳动合同。

二、航空港建设公司的集体合同是否需要劳动者签字

【案例】 龚某某与中铁航空港建设集团北京有限公司劳动争议案[①]

【案情介绍】

1998年10月1日，中铁航空港建设集团北京有限公司（以下简称中铁航空港公司）的前身中铁建北京建设工程有限责任公司与龚某某签订无固定

[①] 北京市丰台区人民法院（2014）丰民初字第04360号民事判决书；北京市第二中级人民法院（2014）二中民终字第08968号判决书。

期限劳动合同。2011年3月25日,龚某某到中铁航空港公司在海南省的三亚美丽之冠项目部工作。2013年1月31日,龚某某申请仲裁,要求中铁航空港公司支付2011年3月25日至2012年2月6日休息日加班工资、法定节假日加班工资。北京市丰台区劳动争议仲裁委员会裁决驳回仲裁请求。[1] 龚某某不服裁决,提起诉讼,称其在三亚项目部工作期间,没有休息日和法定节假日,中铁航空港公司未支付其休息日加班工资和法定节假日加班工资。中铁航空港公司认为已经按照集体合同约定的加班工资计发基数向龚某某支付了相应的休息日加班工资及法定节假日加班工资。为此,中铁航空港公司提交了工资表、集体合同予以佐证。工资表显示:龚某某的月工资有节日加班、加班项目;集体合同显示,2010年约定的加班工资计发基数为1 300元/月,2011年约定的加班工资计发基数为1 500元/月,同时约定新集体合同未签订生效前,原合同继续有效。龚某某认可集体合同的真实性,但称集体合同并非其本人签署,且中铁航空港公司未按照集体合同的约定向其支付加班费。一审法院判决驳回龚某某的诉讼请求。二审法院驳回上诉,维持原判。

【案例评析】

本案涉及集体合同的订立程序及其对劳动者的适用效力问题。

1. 订立集体合同的法定程序

集体合同制度对调整劳动关系具有基础性作用。根据《集体合同规定》《关于推进实施集体合同制度攻坚计划的通知》（人社部发〔2014〕30号），在订立集体合同的过程中，包括有指导推进、工会提出要约、协商代表产生程序、集体协商制订集体合同草案、职代会审议通过、报人力资源社会保障部门审查、向全体职工公布集体合同等程序（详见图7-1）。

由图7-1可见，集体合同由工会代表企业职工一方与用人单位订立；尚未建立工会的用人单位，由上级工会指导劳动者推举的代表与用人单位订立。[2] 集体合同草案或专项集体合同草案经职工代表大会或者职工大会通过后，由集体协商双方首席代表签字。[3] 因此，集体合同的订立主体是劳动者一方（用人单位工会或者上级工会推举的代表）与用人单位一方，并由双方

---

[1] 北京市丰台区劳动争议仲裁委员会京丰劳仲字（2013）第887号裁决书。
[2] 参见《劳动合同法》（2012年修订本）第51条第2款规定。
[3] 参见《集体合同规定》第37条规定。

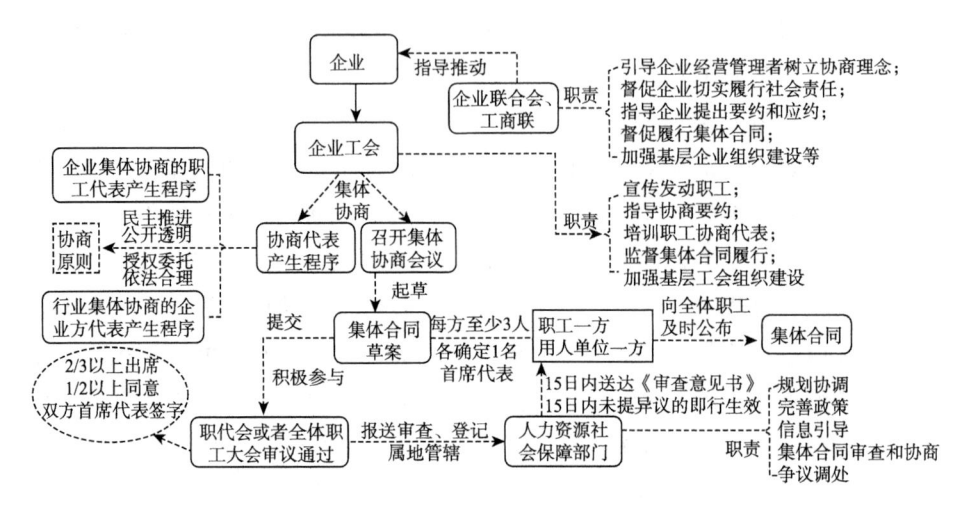

图 7-1 订立集体合同的程序以及三方协同

首席代表签署,无须每个劳动者签字。

需要特别注意的是,根据人力资源和社会保障部办公厅 2018 年 6 月 9 日对黑龙江省政府法制办公室作出的复函(《140 号函》)[①],《关于加强集体合同审核管理工作的通知》(劳部发〔1996〕360 号)仍有效,该通知是以 1994 年颁布的《集体合同规定》中有关审查备案存档的规定为依据制定的,2004 年修订实施的《集体合同规定》只明确了劳动行政部门应当对用人单位报送的集体合同进行合法性审查,不再要求备案存档,因此,该通知中关于备案存档的要求已不再适用,其中关于对集体合同报送的具体材料和劳动行政部门审查内容等规定,与现行法律法规不冲突,仍继续有效。

2. 集体合同生效后的普遍适用效力

《劳动合同法》(2012 年修订本)第 54 条规定,集体合同订立后,应当报送劳动行政部门;劳动行政部门自收到集体合同文本之日起 15 日内未提出异议的,集体合同即行生效。依法订立的集体合同对用人单位和劳动者具有约束力。行业性、区域性集体合同对当地本行业、本区域的用人单位和劳动者具有约束力。《集体合同规定》第 6 条第 1 款规定:"符合本规定的集体合同或专项集体合同,对用人单位和本单位的全体职工具有法律约束力。"

---

① 参见袁延国与黑龙江省人力资源和社会保障厅劳动和社会保障行政管理争议的黑龙江省哈尔滨市中级人民法院(2019)黑 01 行终 96 号行政判决书。

本案中，龚某某认可集体合同的真实性，尽管其主张集体合同并非其本人签署，但并不影响集体合同对龚某某的适用与约束效力。根据上述规定，集体合同生效后，对用人单位和劳动者均具有约束力，其签订时间在劳动合同之前或之后并不影响其效力，除非该劳动合同效力终止先于集体合同生效的时间。因此，对龚某某关于集体合同对其不适用的主张，法院不予支持。

三、航空货运公司的集体合同是否需要签盖单位公章

【案例】 关某某与中国国际货运航空有限公司劳动争议纠纷案[①]

【案情介绍】

关某某为国货航公司职工。2012年7月国货航公司对关某某作出了《关于关某某违纪情况的通报》，根据公司考勤管理规定，关某某4月累计旷工56小时，即7个工作日旷工，严重违反了《中国国际货运航空有限公司职工奖惩规定》和《北京运营基地奖惩规定》。根据《中国国际货运航空有限公司职工奖惩规定》第11条，给予关某某记过处分，计入本人档案，根据《北京运营基地奖惩规定》，扣罚关某某12个月月度绩效考核分数。2017年3月8日，关某某提起劳动仲裁，要求国货航公司撤销通报、支付其2012年5月至2016年12月的工资。北京市顺义区劳动人事争议仲裁委员会驳回关某某全部申请请求。[②] 关某某不服裁决诉至法院。一审中，关某某提交了国货航公司集体合同（无公章），证明对违规职工的处理应当通知工会，应当有听取其陈述和申辩。关某某称该集体合同来源于公司网站，其有自己的用户名和密码可以登录公司的内网。国货航公司以集体合同没有单位公章为由不予认可。一审法院判决驳回关某某的全部诉讼请求。二审驳回上诉，维持原判。

【案例评析】

本案中涉及了集体合同是否需要单位盖章及其与劳动合同的区别。

1. 集体合同的审查与生效

根据《劳动合同法》（2012年修订本）第54条、《集体合同规定》第42

[①] 北京市顺义区人民法院（2017）京0113民初8787号民事判决书；北京市第三中级人民法院（2018）京03民终420号判决书。

[②] 京顺劳人仲字（2017）第1450号仲裁裁决书。

条第 1 款、第 47 条的规定，集体合同或专项集体合同签订或变更后，应当自双方首席代表签字之日起 10 日内，由用人单位一方将文本一式三份报送劳动保障行政部门审查，劳动保障行政部门对报送的集体合同或专项集体合同应当办理登记手续。劳动保障行政部门自收到文本之日起 15 日内未提出异议的，集体合同或专项集体合同即行生效。

可见，集体合同的订立、续订或变更，都需报请劳动保障行政部门予以审查和备案。从各地对集体合同审查和备案的管理操作考察，申请集体合同备案一般需提供以下材料：集体合同备案申请表、集体合同文本（原件）、企业职工代表大会或职工大会决议（原件）、双方协商代表资格证明材料（原件）、职工（代表）大会审议集体合同的纪要（记录）、双方代表协商的会议纪要（记录）、企业法人、工会法人（已建立工会的提交）证明复印件、依法设立的法人分支机构签订集体合同备案，同时应出具法人授权委托书。所有提供的材料均应加盖申请单位公章。[1]

劳动保障行政部门对集体合同的审查，主要从集体合同双方的主体资格、集体协商和签订集体合同的程序、集体合同的内容三个方面进行合法性审查。[2]

（1）主体资格方面。企业法人资格（《营业执照》和《组织机构代码证》是否有效和年检）、工会社团资格、集体协商记录员（是否由非协商代表担任）、企业和职工协商代表资格（双方代表人数是否对等和不少于 3 人、是否存在兼任、双方首席代表的产生是否遵照《集体合同规定》第 20～23 条执行[3]）。

（2）程序方面。主要审查集体合同的订立是否经过集体协商、职工大会或职工代表大会审议、代表签字公示、公告等法定程序。

（3）内容方面。主要审查合同条款是否合法合规、公平；集体合同期限是否符合规定（一般为 1～3 年，最长不超过 3 年）。

由上可见，集体合同的生效要件包括集体协商、双方首席代表签字及劳

---

[1] 参见重庆市北部新区社会保障局《集体合同备案办事指南》，西安市人力资源和社会保障局《集体合同备案办事指南》，海南省人力资源和社会保障厅、海南省总工会、海南省企业联合会/海南省企业家协会、海南省工商业联合会《关于规范集体合同备案工作的通知》（琼人社发〔2014〕263 号）。

[2] 参见《北京市集体合同备案管理办法》（京劳社资发〔2005〕115 号）第 5 条。

[3] 一般代表的产生，企业方必须由单位中层正职以上人员担任，职工方必须由单位中层正职以下人员担任。

动保障行政部门审查。虽然用人单位盖章不是集体合同的生效要件，但是，劳动保障行政部门审查的材料包括集体合同文本，需要用人单位盖章。审查通过的集体合同应及时对单位职工予以公示告知，公示的集体合同不要求必须加盖单位公章。

本案中，关某某通过登录公司内网打印集体合同，无论是否加盖公司公章，如果能证明该合同确系公司内网文件，应当对其真实性予以认可。国货航公司以集体合同没有单位公章为由不予认可，是无法获得支持的，除非其证明关某某打印提交的集体合同不是公司内网公示的。

2. 集体合同与劳动合同的区别

集体合同与劳动合同有共通之处。例如，调整的内容都是有关劳动方面的权利和义务；合同的主体都涉及用人单位与劳动者；生效的合同对合同双方都有约束力；合同的内容都不得违反法律、法规和规章，否则就无效。二者虽然是两个独立的合同，但集体合同的内容对劳动合同有限制和影响，相互具有关联性。

普适性的集体合同和个体性的劳动合同有明显差异。例如，劳动合同必须用人单位与劳动者都得签字或盖章，集体合同不需要劳动者签字。具体差异如表7-2所示。

表7-2 集体合同与劳动合同的差异对照表

比较项	劳动合同	集体合同
合同主体	一方是劳动者个人，一方是用人单位	一方是全体职工（其代表是工会组织），另一方是企业
合同内容	确定的是劳动者个人的工作任务、劳动条件、劳动报酬、保险福利等内容，每个劳动者的劳动合同可以有所不同	确定的是全体职工的某些劳动内容，如集体合同协商约定企业全体职工的工资水平或劳动条件等
生效时间	用人单位和劳动者签字即可生效	劳动行政部门自收到集体合同文本之日起15日内未提出异议的即行生效
功能作用	是劳动关系建立的法律凭证，且只维护劳动者个人和用人单位的劳动权益	改善劳动关系，从整体上维护企业职工的劳动权益

续表

比较项	劳动合同	集体合同
法律效力	效力具有相对性。仅对用人单位和劳动者个人有约束力；约定的劳动条件和劳动报酬等标准不得低于集体合同的规定	效力具有普遍性，对用人单位和全体职工均具有法律约束力，是用人单位和全体职工必须共同遵守的准则；法律效力高于劳动合同，集体合同生效前后的有效劳动合同均受集体合同的制约
签订程序	用人单位和劳动者协商一致即可，无须公权力介入	集体协商＋职工代表大会或者全体职工讨论通过＋劳动保障行政部门的审查备案＋对全体职工公布。无须所有劳动者参与签订，需公权力介入
生效条件	生效的核心在于合法前提下的意思自治，生效的核心在于劳动保障行政部门的审查备案	生效的核心在于劳动保障行政部门的审查
合同影响	劳动合同的订立是劳动关系发生的前提	集体合同的订立不影响劳动者与企业建立的劳动关系
争议处理方式	协商、调解、仲裁、诉讼	协商，由劳动保障行政部门组织同级工会和企业共同处理，仲裁

四、机场集团公司的集体合同可否适用下属股份公司

【案例】陈某某与大连国际机场股份有限公司、大连市光彩就业服务有限公司劳动合同纠纷案[①]

【案情介绍】

2014年8月21日，陈某某与大连市光彩就业服务有限公司（以下简称光彩公司）签订书面劳动合同，合同期限自2014年8月21日至2017年8月20日。光彩公司派陈某某到大连国际机场股份有限公司（以下简称大连机场

---

① 大连市甘井子区人民法院（2017）辽0211民初10565号民事判决书；辽宁省大连市中级人民法院（2019）辽02民终5612号民事判决书。

公司）装卸保障岗位工作，派遣期限自 2014 年 8 月 21 日起至 2017 年 8 月 20 日止，工作地点为大连机场。所在岗位实行综合计算工时制度，实际工作时间为工作两天休息一天，早晚班倒班制，早班时间为 6：30—19：30，晚班时间从早 9：00 或 11：00 到晚上的时间不确定，根据航班的密度及是否有航班进出港确定原告的工作时间。2017 年 6 月 27 日，双方解除劳动合同。陈某某诉请大连机场公司支付其 2014 年 8 月 21 日至 2017 年 6 月 27 日期间的延时加班费和法定假日加班费共计 72 840 元，光彩公司承担连带责任。理由是：认为本人的劳动加班费计算标准不应当适用大连国际机场集团有限公司（以下简称机场集团公司）的集体合同，大连机场公司用集体合同计算其延时加班和法定加班时间，扣除 50% 的等待时间是错误的，机场集团公司与大连机场公司是母子公司关系，是两个独立的法人，与本人存在劳动关系的是大连机场公司，而非机场集团公司，因此集体合同的主体不是大连机场公司，因此对大连机场公司和本人没有约束力。一审判决大连机场公司支付陈某某 2017 年度延时加班工资、法定节假日加班工资合计 835 元；光彩公司对此义务承担连带给付责任。二审驳回上诉，维持原判。

【案例评析】

本案涉及焦点是机场集团公司集体合同能否适用于陈某某与大连机场公司的劳动关系。

1. 机场集团公司集体合同的适用对象

机场集团公司集体合同第 23 条第 5 款约定，具有等待（间歇）特点且明显受航班密度影响的岗位，在工作班内发生的等待时间按照 50% 计算工作时间。该集体合同是否适用大连机场公司，关键在于该股份公司职工代表或工会是否参与了集体合同的订立。

法院查明，机场集团公司集体合同是经过机场集团公司职工代表大会审议通过的，大连机场公司的职工代表参与了该集体合同的审议。根据机场集团公司工会委员会向一审法院出具的情况说明，机场集团公司工会委员会包括大连航空食品有限公司工会、大连机场宾馆工会、大连机场公司工会委员会等 22 家基层工会，机场集团公司工会负责对 22 家基层工会所属全部会员进行管理。因此，一审法院认为，机场集团公司集体合同可以作为人民法院审理本案的依据，并认定陈某某所在岗位等待时间按照 50% 计算工作时间并无不妥。二审法院维持一审认定结论。

2. 民航所属企业部分岗位人员实行综合计算工时制的文件依据

根据原劳动部《关于企业实行不定时工作制和综合计算工时工作制的审批办法》（劳部发〔1994〕503号）第7条的规定，实行特殊工时工作制的企业必须按照规定向人社部门提出批准申请。民航所属企业如何实行不定时工作制和综合计算工时工作制，《关于民航实行不定时工作制和综合计算工时工作制的批复》（劳动部〔1995〕485号）明确批复民航所属企业可以根据岗位特点对部分岗位的人员实行综合计算工时工作制。由此，中国民用航空总局《关于印发民航实行不定时工作制和综合计算工时工作制暂行办法的通知》（民航人发〔1996〕81号）第11条第4项规定："对于以下由于运输生产特点造成的看管或等待（间歇）时间的岗位，其实际消耗时间或等待时间根据实际工时利用率折算后的工时为工作时间……具有等待间歇特点且明显受航班密度影响的岗位，工作班时间内发生的等待时间按照50%计算工作时间……"

大连机场公司的发起人包括机场集团公司，法定代表人及住所地与机场集团公司一致，经营范围包括为国内外航空运输企业、过港和转岗旅客提供过港服务和地面延伸服务等。大连机场公司明显具有民航所属企业的特点，故其相关岗位可以参照中国民用航空总局《关于印发民航实行不定时工作制和综合计算工时制暂行办法的通知》（民航人发〔1996〕81号）的相关规定执行，陈某某所在岗位属于民用航空运输服务岗位，系可实行综合计算工时制的相关岗位，对其工作等待时间按照50%折算，也是有文件依据的。

五、飞机维修公司可否依据集体合同对辞职员工主张培训违约金

【案例】北京飞机维修工程有限公司与张某劳动争议案[①]

【案情介绍】

张某于2014年8月1日入职北京飞机维修公司，双方签订书面劳动合同，期限为2014年8月31日至2019年8月31日，工作岗位为机电技术员，张某实际提供劳动至2019年2月9日，2019年2月11日张某因个人原因向北京飞机维修公司提出辞职，双方劳动关系于2019年2月23日解除。张某

---

① 北京市顺义区人民法院（2019）京0113民初15769号民事判决书。

以北京飞机维修公司在自己辞职后按事假扣款并扣除培训费为由,申请仲裁,要求北京飞机维修公司返还已支付的培训费 14 420 元。北京市顺义区劳动人事争议仲裁委员会裁决支持了张某请求。[①] 北京飞机维修公司不服仲裁裁决,诉至法院,主张张某参加过公司组织的培训,公司向张某收取培训违约金是根据《人事工作手册》和集体合同相关规定。北京飞机维修公司集体合同第 57 条规定,职工违反培训协议应当按照约定向公司支付违约金,违约金不得超过服务期尚未履行部分所应分摊的培训费用。张某认可集体合同的真实性,但称自己没有在集体合同签字,北京飞机维修公司也从未通知其签字。

法院认为,北京飞机维修公司虽主张 2015 年、2016 年为张某提供专项培训共花费培训费 31 800 元,但每天 600 元培训费标准系于 2018 年确定,且北京飞机维修公司既未提交相应的支付凭证,也未提交证据证明上述费用是因培训产生的用于张某的其他直接费用,而将培训期间发放给劳动者的工资计入培训费的范畴亦缺乏依据。北京飞机维修公司在安排张某参加培训时,未与张某订立协议约定服务期,故认定北京飞机维修公司根据公司制定的《人事工作手册》收取张某培训违约金,确有不妥,应当予以返还。

【案例评析】

本案争议涉及集体合同是否可以作为要求支付培训违约金的依据以及是否需要劳动者签字才能生效的问题。

1. 辞职劳动者支付培训违约金的依据并非集体合同

辞职劳动者支付培训费违约金的条件具有法定性,即使没有集体合同的约定,符合法定条件,用人单位即可以要求辞职劳动者支付。

《劳动合同法》(2012 年修订本)第 22 条规定,用人单位为劳动者提供专项培训费用,对其进行专业技术培训的,可以与该劳动者订立协议,约定服务期。劳动者违反服务期约定的,应当按照约定向用人单位支付违约金。违约金的数额不得超过用人单位提供的培训费用。用人单位要求劳动者支付的违约金不得超过服务期尚未履行部分所应分摊的培训费用。

《劳动合同法实施条例》第 16 条规定:"劳动合同法第二十二条第二款规定的培训费用,包括用人单位为了对劳动者进行专业技术培训而支付的有凭证的培训费用、培训期间的差旅费用以及因培训产生的用于该劳动者的其

[①] 北京市顺义区劳动人事争议仲裁委员会作出的京顺劳人仲字(2019)第 2390 号裁决书。

他直接费用。"

本案中,法院对北京飞机维修公司收取张某培训违约金的诉请没有予以支持,原因是不具备《劳动合同法》和《劳动合同法实施条例》的上述法定要件。

2. 劳动者未在集体合同上签字并不影响合同效力

《集体合同规定》第47条、第48条规定,劳动保障行政部门自收到文本之日起15日内未提出异议的,集体合同或专项集体合同即行生效;生效的集体合同或专项集体合同,应当自其生效之日起由协商代表及时以适当的形式向本方全体人员公布。

可见,集体合同生效的核心判断因素是劳动保障行政部门是否对集体合同的合法性提出异议,15日内无异议的,集体合同即生效。集体合同在公司内网公示,并且公司告知入职员工关注内网信息,可以证明集体合同向全体员工进行了适当方式的公布。根据《劳动部关于〈中华人民共和国劳动法〉若干条文的说明》(劳办发〔1994〕289号)第35条的规定,依法签订的集体合同对企业和企业的全体职工具有约束力。职工个人与企业订立的劳动合同中劳动条件和劳动报酬等标准不得低于集体合同的规定。这表明集体合同的法律效力高于劳动合同,劳动法律法规的法律效力高于集体合同。

六、民航空管站的劳务派遣驾驶员是否适用集体合同

【案例】杨某某与青岛市人力资源有限责任公司、中国民用航空青岛空中交通管理站劳动争议案[①]

【案情介绍】

2005年11月28日,杨某某与中国民用航空青岛空中交通管理站(以下简称民航空管站)签订临时用工协议,期限自2005年11月28日起至2006年11月28日止;2006年11月29日,杨某某与东海公司签订临时用工协议,期限自2006年11月29日起至2007年11月28日止。两份临时用工协议均约定民航空管站、东海公司聘请杨某某从事汽车驾驶工作,安排杨某某执行综合计算工时制。东海公司由民航空管站设立,2006年成立,具有独立法人资

[①] 青岛市城阳区人民法院(2014)城民初字第3058号民事判决书;山东省青岛市中级人民法院(2017)鲁02民终8591号民事判决书。

格。后杨某某与青岛市人力资源有限责任公司（以下简称青岛人力资源公司）订立自2007年12月25日起至2013年12月31日止的3个连续劳务派遣合同，约定：由青岛人力资源公司派遣杨某某至民航空管站继续从事驾驶员工作；杨某某在实际用工单位实行标准工时制，实行综合计算工时制或不定时工时制的，由青岛人力资源公司负责审核实际用工单位报经劳动行政部门批准的行政许可决定，并告知杨某某等。2013年12月31日，青岛人力资源公司终止到期的劳务派遣合同，并支付其终止劳动合同经济补偿金。2014年4月15日，杨某某申请仲裁，索要带薪年休假工资、加班工资等，后诉至法院。杨某某在民航空管站工作期间上白班，也上夜班值班，每次值班时间为24小时。杨某某对民航空管站所称值班24小时按18.4小时计算工时无异议。民航空管站称根据《民航空管站集体合同》附件一《民航空管站实行综合计算工时制度的管理办法》的规定，实行综合计算工时制的工种岗位月工时标准平均为166.64小时，故对杨某某按月实行综合计算工时制，每月不超过166.64小时。杨某某认为其从事的是驾驶员工作，主要是为领导开车，其不是民用航空机场保障设施人员，而是为领导服务的，其在民航空管站实行综合计算工时制没有依据，并且其与青岛人力资源公司所签订的劳动合同明确约定实行标准工时制，民航空管站关于实行综合计算工时制的两份文件只是暂行办法，并非法律制度和部门规章，不具有强制性。一审法院判决，作为用工单位的青岛民航空管站未足额支付加班费的，作为用人单位的青岛人力资源公司应当承担连带责任。二审维持原判。

【案例评析】

本案争议的焦点是民航空管站的员工是否应实行综合计算工时制。

1. 杨某某与民航空管站的法律关系之性质

杨某某分别与民航空管站、东海公司、青岛人力资源公司签订临时用工协议和劳务派遣合同，从事汽车驾驶工作，与民航空管站、东海公司之间形成的并非劳动关系，而是劳务关系。杨某某自2007年12月25日起与青岛人力资源公司形成劳动合同关系，与民航空管站形成实际用工关系，三方之间关系应按照劳务派遣的相关规定予以调整。

《劳动合同法》（2012年修订本）第62条、第92条规定，用工单位应当支付加班费、绩效奖金，提供与工作岗位相关的福利待遇；给被派遣劳动者造成损害的，劳务派遣单位和用工单位承担连带赔偿责任。

民航空管站属于杨某某的用工单位,有义务支付杨某某的加班费,发放未休带薪年休假工资,作为劳务派遣单位的青岛人力资源公司对加班费和带薪年休假工资的支付承担连带责任。

2. 《民航空管站集体合同》的适用范围

根据《劳动法》(2018年修正本)第36条、第39条的规定,国家实行的标准工时制是:劳动者每日工作时间不超过8小时,平均每周工作时间不超过44小时的工时制度;企业因生产特点不能实行标准工时制的,经劳动行政部门批准,可以实行其他工作和休息办法。原劳动部颁发《〈国务院关于职工工作时间的规定〉的实施办法》,要求不实施标准工时制的企业应当按照《关于企业实行不定时工作制和综合计算工时工作制的审批办法》(劳部发〔1994〕503号)执行,交通、航空等行业中因工作性质特殊,需连续作业的职工,可实行综合计算工时制。

民航空管站属于民航系统实行企业化管理的事业单位,负责空中交通服务、民用航空通信等职能管理。根据原劳动部《关于民航实行不定时工作制和综合计算工时工作制的批复》(劳部发〔1995〕458号),同意对民航系统实行企业化管理的事业单位部分工作岗位的职工实行不定时工作制和综合计算工时制,其中民用航空机场保障设施人员可实行综合计算工时制,中国民用航空总局针对该批复制定了《民航实行不定时工作制和综合计算工时工作制暂行办法》。

本案中,杨某某作为民航空管站驾驶员,所从事的工作与民航空管站的职能管理有关,属于民用航空机场保障设施人员,且杨某某自2005年11月28日进入民航空管站从事驾驶员工作以来,所签订的两份《临时用工协议》均约定杨某某执行综合计算工时制。因此,无论是从有关规定还是从双方用工履行情况看,均应认定杨某某在民航空管站实行综合计算工时制。

3. 综合计算工时制的加班费计算标准

根据《劳动部关于印发〈关于贯彻执行《中华人民共和国劳动法》若干问题的意见〉的通知》(劳部发〔1995〕309号)第60条、第62条的规定,经批准实行综合计算工时制的企业,应当按照劳动法的规定支付劳动者延长工作时间的工资报酬;实行综合计算工时制的企业职工,工作日正好是周休息日的,属于正常工作;工作日正好是法定节假日时,要依照《劳动法》第44条第3项的规定支付职工的工资报酬。

民航空管站对杨某某实行以月为周期的工时制,月工时标准为166.64小时,即杨某某每月工作时间超过166.64小时的,属于延长工作时间,民航空管站应依法支付相应加班费。

七、机场集团公司依据集体合同规定解除劳动合同应否支付经济补偿金

【案例】线某诉云南机场集团有限责任公司劳动争议纠纷案[①]

【案情介绍】

线某于1989年到德宏芒市机场工作,于2007年2月13日与云南机场集团有限责任公司(以下简称云南机场公司)签订无固定期限劳动合同。2014年12月21日,线某因交通事故受伤住院,云南机场公司批准其请假时间为2014年12月24日至2015年2月28日。假期届满后线某依旧称病拒不到岗,公司多次催促其到岗并办理请假手续未果,公司作出并送达《云南机场集团有限责任公司关于给予常某某等同志处罚的通知》(云机场发〔2015〕240号),决定解除与线某的劳动合同。线某申请劳动仲裁,芒市劳动人事争议仲裁委员会裁决云南机场公司为申请人办理社会保险关系转移手续、驳回其他请求。[②] 线某提起诉讼,请求判令云南机场公司支付经济补偿金。

云南机场公司答辩称,线某旷工行为严重违反单位集体合同和单位规章制度,公司依法依规解除劳动合同,不应支付经济补偿金。公司举证显示:《云南机场集团有限责任公司奖惩管理办法(试行)》经职工代表大会审议通过,并已经向员工进行公示。该办法第33条规定,员工有以下行为者,给予解除劳动合同:连续旷工15日(含)或1年内累计旷工达30日者。《云南机场集团有限责任公司集体合同》经职工代表大会审议通过,并经劳动行政部门审核批准执行。该集体合同附件1约定:员工有严重违反用人单位的规章制度情形的,公司可以解除劳动合同。附件2第24条第1项约定:凡员工患病或非因工负伤需要休息,必须在公司医疗部门出具病假证明或各机场认可的县级以上医院出具病假证明后,方可休病假。

一审法院认为,机场集团解除与线某的劳动合同,符合法律规定用人单

[①] 云南省芒市人民法院(2016)云3103民初5624号民事判决书;云南省德宏傣族景颇族自治州中级人民法院(2016)云31民终172号民事判决书。
[②] 芒劳人仲案字(2015)54号仲裁裁决书。

位可以单方解除劳动合同的情形及法定程序，机场集团无须向线某支付经济赔偿金，故判决驳回线某的诉请。二审判决维持原判。

【案例评析】

本案涉及集体合同的约束效力范围及相关争议问题。

1. 集体合同效力的特殊性

集体合同效力又称集体合同的法律效力，是指集体合同在法律上的约束力。集体合同效力问题包括两方面内容：一是集体合同是否具有效力（应然和实然层面是否生效）；二是有效的集体合同能够产生何种约束力（有效之效果及其体现）。[1]

集体合同与劳动合同的效力不同，劳动合同基本遵循合同之债的效力体系，不是劳动法特有的制度类型。《劳动合同法》（2012年修订本）对劳动合同效力的规定是以民事合同效力体系为基础，仅在劳动合同的书面形式要件、劳动合同无效或部分无效等少数具有劳动关系特殊性的情形下予以规定，故有学者称之为对《合同法》的突破。[2] 但集体合同的效力不同，除对集体合同主体的工会与用人单位具有法律效力外，还延伸至工会的团体成员，为此集体合同的效力具有特殊性，呈现出契约与法规的双重属性。[3]

集体合同的契约性效力体现为《劳动合同法》（2012年修订本）第54条规定，即依法订立的集体合同对用人单位和劳动者具有约束力。行业性、区域性集体合同对当地本行业、本区域的用人单位和劳动者具有约束力。该效力基础在于，在我国，单位内部的职工都当然、自动、全员成为本单位的工会会员，在入会方面事实上不存在自主选择权，全体职工因皆为工会会员，故而工会行使代表权所订立的集体合同顺理成章地对作为工会会员的全体职工具有约束力。[4]

集体合同的法规性效力是指其强制性，体现为《劳动合同法》（2012年

---

[1] 参见冯彦君：《集体合同效力的生成与实现——以营造"和谐劳动"为目标》，载《南京师大学报（社会科学版）》2016年第2期，第78页。

[2] 参见王全兴、黄昆：《劳动合同效力制度的突破和疑点解析》，载《法学论坛》2008年第2期，第23-29页。

[3] 参见王天玉：《集体合同立法模式的悖论与出路》，载《社会科学战线》2017年第12期，第218页。

[4] 参见冯彦君：《集体合同效力的生成与实现——以营造"和谐劳动"为目标》，载《南京师大学报（社会科学版）》2016年第2期，第83页。

修订本）第 55 条规定，即用人单位与劳动者订立的劳动合同中的劳动报酬和劳动条件等标准不得低于集体合同规定的标准。显然，集体合同对劳动者个人的劳动合同具有强制约束力，但集体合同的强制性效力关注的主要是劳动报酬、工作时间、休息休假、劳动安全卫生、社会保险等内容，集体合同所涵盖的对象都应对这些内容的约定予以服从。

本案中，生效的《云南机场集团有限责任公司集体合同》附件 2 第 24 条约定：凡员工患病或非因工负伤需要休息，必须在公司医疗部门出具病假证明或各机场认可的县级以上医院出具病假证明后，方可休病假。线某在 2014 年 12 月 21 日发生交通事故受伤后仅办理了 2014 年 12 月 24 日至 2015 年 2 月 28 日的病假手续，根据该集体合同的规定，在请假期限届满后其没有办理继续请假手续，则不可继续休病假，应到岗上班。云南机场公司多次催促其到岗上班且履行补办请假手续，并告知不按规定履行义务的后果，线某既未继续请假又未到岗，显然构成旷工，其行为不仅严重违反用人单位的规章制度，也违反了集体合同的约定，无论是依据《云南机场集团有限责任公司奖惩管理办法（试行）》《云南机场集团有限责任公司请销假管理规定（暂行）》等文件，还是依据《云南机场集团有限责任公司集体合同》附件 1，云南机场公司解除劳动合同符合法律规定用人单位可以单方解除劳动合同的情形及法定程序。

2. 集体合同争议的类型及处理方式

集体合同争议，是指由工会组织代表劳动者与用人单位在签订或履行集体合同时所发生的纠纷。集体合同争议分为两种类型，分别有不同的解决方式。

（1）因签订集体合同所引起的争议。《劳动法》（2018 年修正本）第 84 条第 1 款规定："因签订集体合同发生争议，当事人协商解决不成的，当地人民政府劳动行政部门可以组织有关各方协调处理。"立法明确因签订集体合同发生争议的两种解决方式：双方协商、劳动行政部门组织行政调解。这种立法并非法律漏洞，乃为明智的立法举措，因订立集体合同所发生的争议不是集体合同争议，而是集体协商争议，本质上属于利益争议，而利益争议通常都没有明确的是非标准和裁判依据，对利益诉求可以进行合理性审查，但难于进行合法性判断，为此司法之裁判难于有效推演和运行，国外对这种利益争议通常都是通过罢工和闭厂等集体行动机制予以抗治和排解，我国则由政府进行必要介入。[1]

(2) 因履行集体合同所引起的争议。《劳动法》(2018年修正本)第84条第2款规定:"因履行集体合同发生争议,当事人协商解决不成的,可以向劳动争议仲裁委员会申请仲裁;对仲裁裁决不服的,可以自收到仲裁裁决书之日起十五日内向人民法院提起诉讼。"本规定表明我国集体合同在履行过程中所发生的争议除协商外,还可以通过仲裁或诉讼的途径予以解决。对集体合同的契约效力之违反,通过直接提起违约之诉即可实现,但对于集体合同的规范效力之违反,只能通过审查劳动合同内容是否遵守或违反了集体合同的强制性要求,从而间接实现集体合同的规范效力。

本案中,线某违反了《云南机场集团有限责任公司集体合同》约定的请假制度,即是对集体合同契约效力的违反,云南机场公司则依约解除与线某的劳动合同。

---

[1] 参见冯彦君:《集体合同效力的生成与实现——以营造"和谐劳动"为目标》,载《南京师大学报(社会科学版)》2016年第2期,第85页。

第八章

劳动合同争议的解决

在劳动合同纠纷争议解决机制中，包括协商和解、调解、监察、仲裁、诉讼等多种方式，法律通过提供多种纠纷解决方式供社会选择，以此期望劳动领域的矛盾得到及时、快速、公正的化解。例如，《劳动争议调解仲裁法》第4条、第5条规定："发生劳动争议时，劳动者可以与用人单位协商，也可以请工会或者第三方共同与用人单位协商，达成和解协议"，"当事人不愿协商、协商不成或者达成和解协议后不履行的，可以向调解组织申请调解；不愿调解、调解不成或者达成调解协议后不履行的，可以向劳动争议仲裁委员会申请仲裁；对仲裁裁决不服的，除本法另有规定的外，可以向人民法院提起诉讼"。在劳动争议纠纷中，如果双方当事人以达成和解协议为由向法院申请撤回起诉的，系在法律规定的范围内处分自己的诉讼权利，应该予以准许。

目前，在我国现行劳动争议处理机制中，和解、调解和仲裁三种争议解决方式之间没有强制性的顺序要求，当事人可以自行选择，但诉讼的启动具有特殊规则，即只有劳动争议仲裁委员会作出不予受理的裁决或者当事人对仲裁裁决不服的，才可以向人民法院起诉。从协商到调解、从调解到仲裁、从仲裁到诉讼以及仲裁诉讼中融入的调解，这种相对固定的劳动争议解决流程构成了当前我国劳动争议解决程序的总体框架和路径（详见图8-1）。

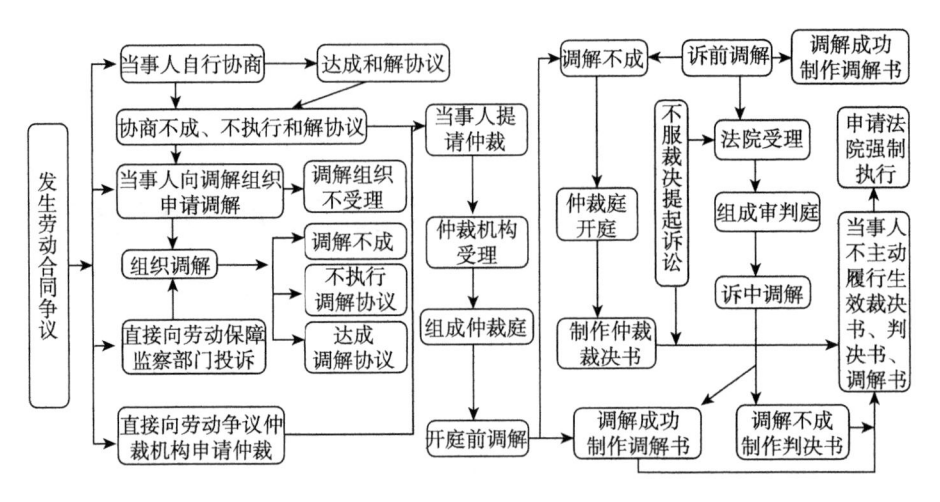

图 8-1 劳动人事争议解决路径及其衔接

第一节　劳动合同争议解决路径之一：仲裁

劳动仲裁是由劳动争议仲裁委员会对用人单位与劳动者之间的劳动、人事争议居中公断与裁决。在我国，劳动仲裁是劳动争议当事人提起诉讼的前置程序。劳动仲裁具有及时快速处理争议的特点，对保护双方当事人的合法权益具有重要意义。劳动仲裁制度作为保护劳动者合法权益的救济途径之一，与调解制度、诉讼制度、劳动保障监察制度一起对维护和谐劳动关系发挥着各自的作用和优势。

依据《劳动保障监察条例》和《关于实施〈劳动保障监察条例〉若干规定》《劳动争议调解仲裁法》以及《最高人民法院关于审理劳动争议案件适用法律问题的解释（一）》（法释〔2020〕26号）等规定，劳动争议仲裁和劳动保障监察在工作时间、休息休假、劳动报酬、社会保险缴纳等事项的救济方面有一定的重合与交叉，对于重合事项，劳动者可以根据情况选择不同的维权路径。但是，二者在很多方面也存在差别，详见表 8-1。

表 8-1　劳动保障监察和劳动争议仲裁的区别对照表

比较项	劳动保障监察	劳动争议仲裁
性质	劳动保障行政部门运用公权力督促用人单位履行法定义务	仲裁机构对劳动争议事项依法裁决

续表

比较项		劳动保障监察	劳动争议仲裁
作用		规范用人单位的用工管理行为	解决劳动者和用人单位的劳动争议
受理事项	应予受理事项	1. 用人单位制定内部劳动保障规章制度的情况； 2. 用人单位与劳动者订立劳动合同的情况； 3. 用人单位遵守禁止使用童工规定的情况； 4. 用人单位遵守女职工和未成年工特殊劳动保护规定的情况； 5. 用人单位遵守工作时间和休息休假规定的情况； 6. 用人单位支付劳动者工资和执行最低工资标准的情况； 7. 用人单位参加各项社会保险和缴纳社会保险费的情况； 8. 职业介绍机构、职业技能培训机构和职业技能考核鉴定机构遵守国家有关职业介绍、职业技能培训和职业技能考核鉴定的规定的情况； 9. 法律、法规规定的其他劳动保障监察事项	1. 因确认劳动关系发生的争议； 2. 因订立、履行、变更、解除和终止劳动合同发生的争议； 3. 因除名、辞退和辞职、离职发生的争议； 4. 因工作时间、休息休假、社会保险、福利、培训以及劳动保护发生的争议； 5. 因劳动报酬、工伤医疗费、经济补偿或者赔偿金等发生的争议； 6. 劳动者与用人单位在履行劳动合同过程中发生的纠纷； 7. 劳动者与用人单位之间没有订立书面劳动合同，但已形成劳动关系后发生的纠纷； 8. 劳动者退休后，与尚未参加社会保险统筹的原用人单位因追索养老金、医疗费、工伤保险待遇和其他社会保险费而发生的纠纷
	不予受理事项	1. 应当通过劳动争议处理程序解决的； 2. 已经按照劳动争议处理程序申请调解、仲裁的； 3. 已经提起劳动争议诉讼的； 4. 因用人单位制定的劳动规章制度违反法律、法规规定，对劳动者造成损害的； 5. 因用人单位违反对女职工和未成年工的保护规定，对女职工和未成年工造成损害的； 6. 因用人单位原因订立无效合同，对劳动者造成损害的； 7. 因用人单位违法解除劳动合同或者故意拖延不订立劳动合同，对劳动者造成损害的； 8. 法律、法规和规章规定的其他因用人单位违反劳动保障法律的行为，对劳动者造成损害的； 9. 劳动者或者用人单位与社会保险经办机构发生的社会保险行政争议，按照《社会保险行政争议处理办法》处理	1. 劳动者请求社会保险经办机构发放社会保险金的纠纷； 2. 劳动者与用人单位因住房制度改革产生的公有住房转让纠纷； 3. 劳动者对劳动能力鉴定委员会的伤残等级鉴定结论或者对职业病诊断鉴定委员会的职业病诊断鉴定结论的异议纠纷； 4. 家庭或者个人与家政服务人员之间的纠纷； 5. 个体工匠与帮工、学徒之间的纠纷； 6. 农村承包经营户与受雇人之间的纠纷

续表

比较项	劳动保障监察	劳动争议仲裁
受理条件	1. 违反劳动保障法律的行为发生在2年内； 2. 有明确的被投诉单位，且投诉人的受害是被投诉单位违法行为造成的； 3. 属于劳动保障监察职权范围并由受理投诉的劳动保障行政部门管辖	劳动争议申请仲裁的时效期间为1年，从当事人知道或者应当知道其权利被侵害之日起计算。劳动关系存续期间拖欠劳动报酬争议的仲裁申请不受时效限制，劳动关系终止的，自劳动关系终止之日起1年内提出
立案/审查/受理	接到投诉之日起5个工作日内依法受理，并于受理之日立案查处	收到仲裁申请之日起5日内审查，符合条件的应受理并通知申请人；不符合条件的应书面通知申请人并说明理由
调查/审理	自立案之日起60个工作日内完成；情况复杂的经批准可延长30个工作日	自组成仲裁庭之日起45日内结案；案情复杂的报批准后可延长，但最长不得超15日
调解影响	双方达成调解不影响劳动保障程序对行政违法行为的处理	双方达成调解的可制作仲裁调解书并可申请强制执行
救济措施	申请行政复议或提起行政诉讼	自收到裁决书之日起15日内提起诉讼；自收到终局裁决书之日起30日内申请撤销裁决
违反时限后果	超时限作出决定被认定为违法	因超期裁决可以直接向法院起诉

一、航油公司员工申请绩效工资的仲裁时效与起算

【案例】李某诉中国航油集团陕西石油有限公司劳动争议案[①]

【案情介绍】

李某于1996年5月开始在原陕西陆地石油有限公司的长陵油库从事保安工作，2008年4月30日陕西陆地石油有限公司与李某签订解除劳动关系协

---

① 咸阳市渭城区人民法院（2012）咸渭民初字第01038号民事判决书；咸阳市中级人民法院（2013）咸民终字第00201号民事判决书。

议，陕西陆地石油有限公司支付经济补偿金9 600元。2009年12月，陕西陆地石油有限公司更名为中国航油集团陕西石油有限公司（以下简称中航油公司）。2012年7月，李某向咸阳市劳动争议仲裁委员会提出仲裁申请，要求中航油公司支付其自1996年5月至2008年4月30日绩效工资、年终绩效综合奖、风险抵押金返利。仲裁委员会以超过时效作出不予受理通知。李某诉至法院，法院判决驳回其诉请。

【案例评析】

本案争议焦点是劳动争议申请仲裁的时效期间与起算问题。

劳动争议仲裁时效实质是为督促权利人在法定期间内行使请求劳动争议仲裁机构保护其民事权利的请求权，尽快解决劳动争议，维护劳动关系的稳定。

1. 劳动争议普通仲裁时效的期间与起算

1994年公布的《劳动法》第82条首次以法律形式对劳动争议仲裁申请期限规定为60日。2008年施行的《劳动争议调解仲裁法》第27条将劳动争议申请仲裁的时效期间规定为1年。法律目前确定的1年的劳动争议仲裁时效短于普通诉讼时效，普通民事争议诉讼时效一般是3年[1]，这体现了劳动争议案件在民事案件中的特殊性。

仲裁时效的起算点应当为有证据表明当事人知道自己的权利被侵害之日，或者依据常理可以推断当事人应当知道自己的权利被侵害之日。例如，《劳动争议调解仲裁法》第27条规定，仲裁时效期间从当事人知道或者应当知道其权利被侵害之日起计算。《最高人民法院关于人事争议申请仲裁的时效期间如何计算的批复》（法释〔2013〕23号）规定，当事人自知道或者应当知道其权利被侵害之日起一年内申请仲裁，仲裁机构予以受理的，人民法院应予认可。

《劳动法》规定仲裁时效期间起算点是劳动争议发生之日，但劳动争议发生之日是指当事人知道或应当知道其权利被侵害之日[2]。当然，如果当事人在申请劳动争议仲裁前向企业劳动争议调解委员会提出了调解申请，在实践中，调解委员会主持调解的时间（最长不得超过30日）可以扣除，申请

---

[1] 参见《民法典》第9章"诉讼时效"，第188条第1款。
[2] 参见劳动部1995年发布的《关于贯彻执行〈中华人民共和国劳动法〉若干问题意见》第85条。

仲裁时效从调解结束之日起继续计算。

2. 劳动报酬争议的特别仲裁时效与起算

劳动报酬对劳动者具有重要意义，因此法律对劳动报酬争议的规制明显偏向对劳动者的保护，设计了包括特别仲裁时效的多重救济路径。例如：

（1）确认事实劳动关系。《劳动合同法》（2012年修订本）第28条规定，劳动合同被确认无效，劳动者已付出劳动的，用人单位应当向劳动者支付劳动报酬。劳动报酬的数额，参照本单位相同或者相近岗位劳动者的劳动报酬确定。可见，我国法律确认事实劳动关系下劳动者的劳动报酬请求权。

（2）直接按普通民事案件诉讼。根据《最高人民法院关于审理劳动争议案件适用法律问题的解释（一）》（法释〔2020〕26号）第15条的规定，劳动者可以持用人单位的工资欠条为证据直接提起诉讼，诉讼请求不涉及劳动关系其他争议的，视为拖欠劳动报酬争议，人民法院按照普通民事纠纷受理。本司法解释第51条还规定："当事人在调解仲裁法第十条规定的调解组织主持下仅就劳动报酬争议达成调解协议，用人单位不履行调解协议确定的给付义务，劳动者直接提起诉讼的，人民法院可以按照普通民事纠纷受理。"这意味着劳动报酬争议可以不用必须走"先裁后审"程序。

（3）直接向劳动行政部门投诉。《劳动争议调解仲裁法》第9条规定，用人单位违反国家规定，拖欠或者未足额支付劳动报酬，或者拖欠工伤医疗费、经济补偿或者赔偿金的，劳动者可以向劳动行政部门投诉，劳动行政部门应当依法处理。

（4）申请仲裁。《劳动争议调解仲裁法》第27条对劳动报酬的仲裁时效作出了特别规定，即劳动关系存续期间因拖欠劳动报酬发生争议的，劳动者申请仲裁不受仲裁时效1年期间的限制；劳动关系终止后，因劳动报酬发生争议申请仲裁的，应当依法自劳动关系终止之日起1年内提出。《劳动人事争议仲裁办案规则》第26条也规定，劳动人事关系存续期间因拖欠劳动报酬发生争议的，劳动者申请仲裁不受仲裁时效1年期间的限制；但劳动人事关系终止的，应当自劳动人事关系终止之日起1年内提出。

本案中，李某某与中航油公司的劳动关系于2008年4月30日终止，申请仲裁的时效期间应是2009年4月30日止，但李某某于2012年7月才申请劳动报酬争议仲裁，显然超过法定1年的时效期间。

（5）可先予执行。《劳动争议调解仲裁法》第44条规定，仲裁庭对追索劳动报酬、工伤医疗费、经济补偿或者赔偿金的案件，根据当事人的申请，可以裁决先予执行，移送人民法院执行。仲裁庭裁决先予执行的，应当符合的条件是当事人之间权利义务关系明确、不先予执行将严重影响申请人的生活。劳动者申请先予执行的，可以不提供担保。《最高人民法院关于审理劳动争议案件适用法律问题的解释（一）》（法释〔2020〕26号）第10条规定，当事人不服劳动争议仲裁机构作出的预先支付劳动者报酬的裁决，依法提起诉讼的，人民法院不予受理。用人单位不履行上述裁决中的给付义务，劳动者依法申请强制执行的，人民法院应予受理。

（6）终局裁决。《劳动争议调解仲裁法》第47条规定，追索劳动报酬、工伤医疗费、经济补偿或者赔偿金，不超过当地月最低工资标准12个月金额的争议，除本法另有规定的外，仲裁裁决为终局裁决，裁决书自作出之日起发生法律效力。值得注意的是，2017年人社部修订的《劳动人事争议仲裁办案规则》细化了适用终局裁决的范围，将竞业限制期限内给予的经济补偿金、解除或者终止劳动合同的经济补偿、未签订书面劳动合同的二倍工资、违法约定试用期的赔偿金、违法解除或者终止劳动合同的赔偿金等争议案件纳入终局裁决适用范围，并明确了适用终局裁决的金额为单项计算的金额。

3. 仲裁时效期满的法律后果

《劳动法》对仲裁时效期满的法律后果未作明确规定，根据《劳动争议调解仲裁法》第27条关于仲裁时效1年期间的规定，因劳动争议申请仲裁，未在仲裁时效期间内提起的，均难以获得支持。例如，在"王某与中国航空油料有限责任公司山西分公司、中国航空油料有限责任公司长治供应站劳动争议"中，王某于1993年7月1日到中国航空油料有限责任公司长治供应站工作，双方签订了劳动合同。2012年4月26日王某提交离职申请报告，并于2012年5月7日签收中国航空油料有限责任公司的员工劳动合同解除（终止）通知书。王某于2017年申请劳动仲裁，要求公司为其恢复安排工作，但没有提供仲裁时效中断的证据，法院对诉请不予支持。[1]

需要注意的是，劳动仲裁是诉讼的前置程序，未经劳动仲裁，当事人直接向法院提起诉讼，法院不会受理，除非仲裁机构未在法定期限内受理或作

---

[1] 山西省长治市郊区人民法院（2018）晋0411民初220号民事判决书；山西省长治市中级人民法院（2018）晋04民终1304号民事判决书。

出裁决。例如,《劳动争议调解仲裁法》第 29 条规定,劳动争议仲裁委员会收到仲裁申请之日起 5 日内,认为符合受理条件的,应当受理,并通知申请人;认为不符合受理条件的,应当书面通知申请人不予受理,并说明理由。对劳动争议仲裁委员会不予受理或者逾期未作出决定的,申请人可以就该劳动争议事项向人民法院提起诉讼。《最高人民法院关于审理劳动争议案件适用法律问题的解释(一)》(法释〔2020〕26 号)第 12 条规定,劳动争议仲裁机构逾期未作出受理决定或仲裁裁决,当事人直接提起诉讼的,人民法院应予受理。

4. 劳动争议仲裁机构对仲裁时效应否主动审查和释明

根据《最高人民法院关于审理民事案件适用诉讼时效制度若干问题的规定》(2020 年修正本)第 2 条规定,当事人未提出诉讼时效抗辩,人民法院不应对诉讼时效问题进行释明。该解释明确了司法机关在审判过程中不允许法官对时效主动释明。但是,劳动争议仲裁机构在立案时对仲裁时效是否应主动审查,《劳动争议调解仲裁法》并没有明确规定,实践中存在不同的观点和做法。

(1)支持的观点。这种观点认为,主动审查和释明的意义在于三点。第一,可以快速解决纠纷,稳定劳动关系。第二,可以提高劳动仲裁的效率。仲裁时效首先应适用于劳动仲裁程序,仲裁机构对超出时效的直接作出不予受理或驳回申请的裁决,无须进行实体审理,节约仲裁成本。第三,强化对怠于行使权利者的制裁和对债务人的保护。[①] 主动审查和释明的实质是不待被申请人行使仲裁时效抗辩权,仲裁机构直接认定抗辩权已生效,主动审查仲裁时效是否已过。

例如,在"吴某与吉林航空维修有限责任公司劳动争议案"中,2019 年 4 月 22 日,吴某申请劳动仲裁,要求确认其与该公司在 1979 年 6 月至 1983 年 7 月间存在事实劳动关系。吉林市劳动人事争议调解仲裁委员会以"仲裁请求超过仲裁时效"为由裁定不予受理。[②] 吴某不服,诉至法院,一审法院认为,吴某主张的事实缺少充分证据支持,故判决驳回吴某的诉请。二审法院审理认为,对吴某主张的事实劳动关系,航空维修公司明确表示对此并无

[①] 参见刘力、玄玉宝:《劳动仲裁时效的理解与适用》,载《人民司法》2010 年第 17 期,第 82-83 页。

[②] 2019 年 4 月 26 日作出吉市劳人仲字(2019)第 477 号裁决书。

异议，故双方不存在需要法院解决的纠纷或争议，吴某的诉请不属于法院受理劳动争议案件的范围，裁定驳回吴某诉请，并撤销一审判决。吉林省高级人民法院裁定驳回吴某的再审申请。①

（2）反对观点。这种观点认为，按照民事案件适用诉讼时效制度的原理，从维护申请人的申请权出发，不宜主动审查仲裁时效。仲裁时效采用抗辩主义，意味着劳动争议仲裁机构不得以超过仲裁时效为由对劳动人事争议仲裁申请不予受理，而应是在被申请人提出时效抗辩情形下，经过审查属实，才能以时效为由驳回仲裁申请。有学者认为，仲裁机构主动适用仲裁时效或释明，实质偏离了公断机构的中立性，因为大部分申请人是处于弱势地位的劳动者，可能因无法立案造成劳动者权益得不到保障，偏离《劳动争议调解仲裁法》赋予保护当事人合法权益，促进劳动关系和谐稳定的立法本意。②一些法院也坚持仲裁时效抗辩主义的司法态度，如从泸州市中级人民法院给出的参考意见可见，当事人在仲裁阶段未提出超过仲裁申请期间的抗辩，劳动人事仲裁机构作出了实体裁决后，当事人在诉讼阶段以超过仲裁时效期间为由进行抗辩的，人民法院不予支持。劳动人事争议仲裁机构以当事人的仲裁申请超过法定时效期间为由作出不予受理的决定，当事人向法院起诉的，人民法院应当对当事人的仲裁申请是否超过法定时效期间进行审查，但当事人在诉讼期间未以申请超过法定时效期间抗辩的除外。审查后，如认为申请未超过法定时效期间的，人民法院可以直接审理并作出裁判。③

本书认为，仲裁时效和诉讼时效的立法目的和功效应是相同的，都是督促权利人及时行使自己的合法权利，且涉及当事人的实体权利。仲裁时效和诉讼时效的抗辩权在性质上都是义务人的一项民事实体权利，不是程序法上的程序性权利。作为民法上一个基本的民事实体性权利，其行使应在民法意思自治原则的框架下建构规则。当事人在仲裁或民事诉讼中是否主张仲裁时效和诉讼时效的抗辩权，应尊重权利人的意思自治，仲裁机构和人民法院都

---

① 吉林省吉林市船营区人民法院（2019）吉0204民初2022号民事判决书；吉林省吉林市中级人民法院（2019）吉02民终1678号民事裁定书；吉林省高级人民法院（2019）吉民申3437号民事裁定书。

② 于欣翠、栾居沪：《劳动仲裁机构是否可主动审查仲裁时效》，载《中国劳动》，2014年第4期，第48页。

③ 参见泸州市中级人民法院于2015年9月1日发布生效的《关于审理劳动争议纠纷案件若干疑难问题解答》，问题27：关于劳动争议仲裁和诉讼的衔接的常见问题及处理。

不应过多干涉。因此,在义务人不提出仲裁时效和诉讼时效抗辩的情形下,仲裁机构和人民法院不应主动援引仲裁时效和诉讼时效的规定进行裁判。同时,时效抗辩权是一种颠覆性权利,对当事人非常重要,仲裁机构和法院应否对诉讼时效进行释明?答案也应是否定的。因为义务人在仲裁机构和法院释明后主张诉讼时效抗辩权的,将会使结果发生根本性变化,导致对权利人的权利依法不予保护。在义务人未主张时效抗辩权的情形下,仲裁机构和人民法院主动对仲裁时效和诉讼时效问题进行释明,无异于提醒和帮助义务人,有违民法的诚实信用原则和公平原则,也有违仲裁机构和法院居中裁断的中立地位。① 劳动人事争议仲裁时效制度与民事诉讼时效制度实现统一,有着十分重要的意义:一方面,切实保护了劳动者的合法权益,不再以简单的时效已过为由将劳动者拒之仲裁门外;另一方面,保证了劳动争议仲裁机构做好诉讼前置程序的角色。②

仲裁时效抗辩主义的立法态度,即劳动争议仲裁机构不得以超过仲裁时效为由对劳动人事争议仲裁申请不予受理,而应是在被申请人提出时效抗辩情形下,经过审查属实,才能以时效为由驳回仲裁申请。

二、机场公司向劳动者主张违约金的仲裁时效与中断

【案例】郑某与广西河池机场有限公司劳动争议纠纷案③

【案情介绍】

郑某于2012年7月毕业于中国民航大学通信工程专业。同年7月15日,成为河池机场公司职工,双方签订期限自2012年7月28日至2018年7月28日止为期6年的固定期限劳动合同,约定郑某从事通信工作。后郑某到柳州机场脱产培训,培训结束后经考核取得中国民用航空中南地区管理局颁发的资格证书。2013年6月,郑某回公司上班,因当时河池机场尚未正式开通,故郑某暂未进入通导岗工作。2013年9月13日,郑某在未办理任何请假手续的情况下自行离开河池机场公司,公司于2014年8月25日对其作出除名决定。同年10月28日,河池机场公司申请仲裁,要求郑某支付违约金。郑

---

① 参见郝秀辉:《航空运输合同法》,法律出版社2016年版,第130-131页。
② 参见佟昕:《劳动争议仲裁时效制度研究》,内蒙古大学2018年硕士学位论文,第3-4页。
③ 广西壮族自治区河池市中级人民法院(2015)河市民四终字第90号民事判决书。

某诉至法院，主张河池机场公司申请劳动仲裁已超过仲裁时效。

【案例评析】

本案争议焦点是河池机场公司的仲裁申请是否发生时效中断。

1. 劳动争议仲裁时效的立法目的

劳动争议仲裁时效与诉讼时效制度的立法目的基本相同，意在促使权利人及时行使请求权，消除权利义务关系的不稳定状态。《劳动争议调解仲裁法》第27条规定，劳动争议申请仲裁的时效期间为1年。仲裁时效期间从当事人知道或者应当知道其权利被侵害之日起计算。

2. 仲裁时效中断的事由

为保护仲裁请求权人的利益，立法规定了时效中断制度。根据《劳动争议调解仲裁法》第27条、《企业劳动争议协商调解规定》第31条和《劳动人事争议仲裁办案规则》第27条等规定，仲裁因时效期间内出现法定情形而中断，申请仲裁期间中断的，从对方当事人明确拒绝履行义务，或者有关部门作出处理决定或明确表示不予处理时起，申请仲裁期间重新计算。

仲裁时效中断的具体事由如图8-2所示。

仲裁期间中断的情形：

1. 一方当事人通过协商、申请调解等方式向对方当事人主张权利的；
2. 一方当事人通过向有关部门投诉，向仲裁委员会申请仲裁，向人民法院起诉或者申请支付令等方式向有关部门请求权利救济的；
3. 对方当事人同意履行义务的

——《劳动争议调解仲裁法》第27条；《劳动人事争议仲裁办案规则》第27条

1. 一方当事人提出协商要求后，另一方当事人不同意协商或在5日内不作出回应的；
2. 在约定的协商期限内，一方或者双方当事人不同意继续协商的；
3. 在约定的协商期限内未达成一致的；
4. 达成和解协议后，一方或者双方当事人在约定的期限内不履行和解协议的；
5. 一方当事人提出调解申请后，另一方当事人不同意调解的；
6. 调解委员会受理调解申请后，在调解委员会受理调解申请之日起15日内一方或者双方当事人不同意调解的；
7. 在调解委员会受理调解申请之日起15日内未达成调解协议的；
8. 达成调解协议后，一方当事人在约定期限内不履行调解协议的

——《企业劳动争议协商调解规定》第31条

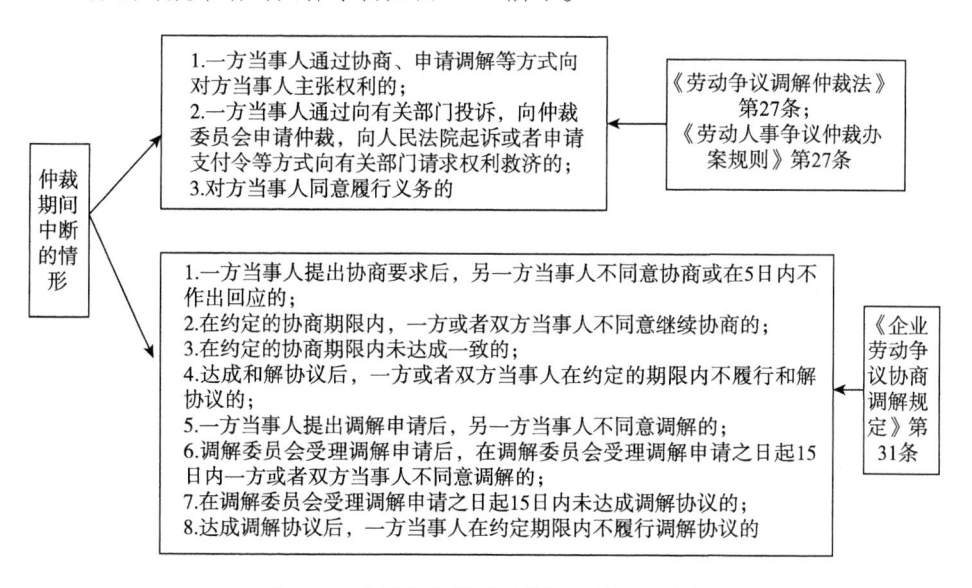

图8-2 劳动争议仲裁时效期间的中断事由

本案中，经河池机场公司举证证明：郑某于2013年9月13日自行离开公司，至公司于2014年10月28日向劳动人事争议仲裁委员会申请仲裁期

间，河池机场公司曾于2014年5月至10月以手机短信、互联网电子邮件的形式与郑某就争议问题沟通协商、主张权利，具有仲裁时效的中断情形，故法院认定，从河池机场公司最后一次向郑某主张权利之日即2014年10月20日起仲裁时效期间重新计算，河池机场公司于2014年10月28日申请仲裁未超过法定仲裁时效。

3. 仲裁时效中断与中止的差异

需要特别注意的是，仲裁时效中断与中止不同。《劳动人事争议仲裁办案规则》（2017年修正本）第28条规定，因不可抗力或者有无民事行为能力或者限制民事行为能力劳动者的法定代理人未确定等其他正当理由，当事人不能在规定的仲裁时效期间申请仲裁的，发生仲裁时效中止的法律效果，从中止时效的原因消除之日起，仲裁时效期间继续计算。

三、航空货运公司未签订书面劳动合同加付双倍工资的仲裁时效与起算

【案例】 张某与长春市双赢航空货运服务有限公司劳动争议案[①]

【案情介绍】

2015年8月，张某入职长春市双赢航空货运服务有限公司（以下简称双赢公司），工作期间双方一直未签订劳动合同，2018年10月18日张某与双赢公司解除劳动关系。同年10月31日，张某申请仲裁，长春市南关区劳动争议人事仲裁委员会以仲裁请求不属于劳动争议处理范围为由作出不予受理通知书。张某诉至法院，请求双赢公司给付未签订劳动合同的工资及支付双倍经济赔偿金。一审法院认为，关于未签订劳动合同的双倍工资请求，已超仲裁时效，不予支持。张某不服，提起上诉。二审判决驳回其此项诉讼请求。

【案例评析】

本案争议涉及的问题之一是未签订书面劳动合同的劳动关系如何认定以及双倍工资请求仲裁时效的起算。

1. 未签订书面劳动合同的劳动关系认定与后果

根据《关于确立劳动关系有关事项的通知》（劳社部发〔2005〕12号）第1条的规定，为规范用人单位用工行为，保护劳动者合法权益，用人单位

---

① 吉林省长春市南关区人民法院（2018）吉0102民初4103号判决书、吉林省长春市中级人民法院（2019）吉01民终3788号判决书。

招用劳动者未订立书面劳动合同，但同时具备下列情形的，劳动关系成立：①用人单位和劳动者符合法律、法规规定的主体资格；②用人单位依法制定的各项劳动规章制度适用于劳动者，劳动者受用人单位的劳动管理，从事用人单位安排的有报酬的劳动；③劳动者提供的劳动是用人单位业务的组成部分。用人单位招用劳动者符合上述规定情形的，用人单位应当与劳动者补签劳动合同，劳动合同期限由双方协商确定。协商不一致的，任何一方均可提出终止劳动关系，但对符合签订无固定期限劳动合同条件的劳动者，如果劳动者提出订立无固定期限劳动合同，用人单位应当订立。

根据《劳动合同法》第10条第2款、第82条第1款和《劳动合同法实施条例》第7条的规定，已建立劳动关系，未同时订立书面劳动合同的，应当自用工之日起1个月内订立书面劳动合同；用人单位自用工之日起超过1个月不满1年未与劳动者订立书面劳动合同的，应当向劳动者每月支付2倍的工资；支付起止月数为自用工之日起满1个月的次日至满1年的前一日。

2. 未签订书面劳动合同的双倍工资请求的仲裁时效该如何起算

关于未签订书面劳动合同加倍支付工资的仲裁时效起算如何认定，学术和司法实践存在如下不同观点。

（1）主张适用普通劳动争议仲裁时效，从当事人知道或应当知道其权利被侵害之日起计算。

该观点认为，双倍工资中的一倍工资是劳动者正常劳动所得，另一倍工资实际是惩罚性赔偿金，是因用人单位未按法律规定与劳动者签订书面劳动合同而承担的法定责任的体现，不属于劳动报酬。因此，二倍工资中属于劳动者正常工作时间劳动报酬的部分，适用《劳动争议调解仲裁法》第27条第4款的规定；增加一倍的工资属于惩罚性赔偿的部分，不属于劳动报酬，适用《劳动争议调解仲裁法》27条第1款的规定，即1年的仲裁时效。[①] 即从未签订书面劳动合同的第二个月起按月分别计算仲裁时效。[②]

本案判决则持有这种观点，法院认为，张某自2015年8月1日进入双赢货运公司工作，其至少应在2016年9月1日前主张权利，其直至2018年10

[①] 参见泸州市中级人民法院2015年9月1日发布的《关于审理劳动争议纠纷案件若干疑难问题解答》。

[②] 参见《上海市高级人民法院关于审理劳动争议案件若干问题的解答》（民一庭调研指导〔2010〕34号）。

月31日才申请仲裁,已超仲裁时效,故不予支持。①

(2) 主张适用普通劳动争议仲裁时效,从补签劳动合同之日起计算。

该观点认为,劳动者根据《劳动合同法》第82条规定要求支付二倍工资的,因该工资差额本不属拖欠劳动报酬范围,故其仲裁时效应适用《劳动争议调解仲裁法》第27条的规定,按下列情况确定劳动者追索二倍工资差额的仲裁时效起算点:①劳动者与用人单位补签劳动合同之日;②视为用人单位与劳动者签订无固定期限劳动合同之日。②

(3) 主张适用劳动报酬特别仲裁时效,即无时效限制或自劳动关系终止之日起算。③

该观点认为,二倍工资是一种劳动报酬,故应按照《劳动争议调解仲裁法》第27条第4款有关特别仲裁时效的规定,即劳动关系存续期间因拖欠劳动报酬发生争议的,劳动者申请仲裁不受第27条第1款规定的仲裁时效期间的限制;但劳动关系终止的,应当自劳动关系终止之日起1年内提出。

(4) 主张适用普通劳动争议仲裁时效1年期间,但应自双方解除劳动关系之日起算。

该观点认为,用人单位在用工期间一直未与劳动者签订劳动合同的行为,属于连续侵权行为,但时效期间应从双方解除劳动关系之日起算,因为用人单位不与劳动者签订书面劳动合同,劳动者为保全自己的工作岗位,工作期间内一般不会要求用人单位支付二倍工资,但其工作两年后离开用人单位再主张权益时,如果认为已经超过时效,用人单位因此逃避惩罚,则违背《劳动合同法》的立法本意。④

(5) 主张适用普通劳动争议仲裁时效1年期间,但应从侵权行为终了之日起计算。

该观点认为,用人单位不与劳动者签订书面劳动合同是一种连续性侵权行为,但时效期间应从侵权行为终了之日起算。例如,《江苏省高级人民法

---

① 类似观点请参见山西省太原市小店区人民法院(2016)晋0105民初2154号判决书;山西省太原市中级人民法院(2017)晋01民终4489号判决书。
② 参见中山市中级人民法院2011年11月1日下发的《关于审理劳动争议案件若干问题的参考意见》第4.6条。
③ 参见李鑫超:《谈劳动争议的仲裁时效》,载《中国劳动》2013年第10期,第61页。
④ 参见程丽珍、栾居沪:《二倍工资属于劳动报酬还是惩罚性赔偿》,载《中国劳动》2013年第11期,第55页。

院、江苏省劳动人事争议仲裁委员会关于审理劳动人事争议案件的指导意见（二）》第1条规定，对二倍工资中属于用人单位法定赔偿金部分，劳动者申请仲裁的时效适用《劳动争议调解仲裁法》第27条第1款的规定，即从用人单位不签订书面劳动合同的违法行为结束之次日开始计算1年。这种观点将不签订书面劳动合同视为一种连续性侵权行为，然后参照民事诉讼时效的有关规定，认为针对连续性侵权的时效起算应从侵权行为终了之日起计算。但用连续性侵权理论理解二倍工资时效起算依据不足，并不符合立法本意。①

（6）主张适用普通定期给付之债的仲裁时效期间，从最后履行期限届满之日起算。

该观点认为，二倍工资具有惩罚性赔偿金的性质，劳动者请求用人单位支付未签订书面劳动合同的双倍工资不适用《劳动争议调解仲裁法》第27条第4款关于劳动关系存续期间因拖欠劳动报酬发生争议仲裁时效的规定，用人单位支付劳动者未签订劳动合同双倍工资的责任可视为同一合同项下约定的具有整体性和关联性的定期给付之债，仲裁时效期间从最后履行期限届满之日起算。②

需要特别注意的是，虽然订立劳动合同是用人单位的法定义务，但用人单位有证据证明其已主动履行订立劳动合同义务，劳动者拒绝订立劳动合同或者劳动者利用主管人事等职权故意不订立劳动合同，以及因其他客观原因导致用人单位无法及时与劳动者订立劳动合同的，劳动者因此主张用人单位支付二倍工资的，不予支持。③

四、商务航空公司职工未休年休假工资的仲裁时效与起算

【案例】蔡某与中一太客商务航空有限公司劳动争议案④

【案情介绍】

蔡某2005年7月在沈阳皇朝万豪酒店工作。2010年5月17日至2012年

---

① 参见曹金岗、沈鸿伟：《二倍工资的仲裁时效应如何起算》，载《中国劳动》2012年第10期，第56页。
② 山东省高级人民法院2011年11月30日下发的《全省民事审判工作会议纪要》（鲁高法〔2011〕297号）。
③ 参见江苏省劳动人事争议仲裁委员会2019年12月30日印发的《长三角区域"三省一市"劳动人事争议疑难问题审理意见研讨会纪要》。
④ 北京市顺义区人民法院（2014）顺民初字第13978号民事判决书。

8月17日，蔡某被安排至中一太客商务航空有限公司（以下简称中一太客公司）工作，担任商务部经理。2012年8月17日至2013年10月15日，蔡某被安排至中一太客商务航空有限公司北京分公司。2013年10月1日蔡某开始未到公司工作。2013年11月6日，蔡某向北京市顺义区劳动争议仲裁委员会申请仲裁，认为中一太客公司经常要求其周一至周五延时加班、双休日加班以及法定节假日上班，从未支付加班费，要求中一太客公司支付未休年休假工资。仲裁委员会裁决中一太客公司支付蔡某2012年年度未休年休假工资5 057.47元。① 双方均对裁决提起诉讼，由辽宁省沈阳市浑南区人民法院并案审理。法院判决中一太客公司支付蔡某年休假工资8 789元，驳回双方的其他诉请。② 中一太客公司不服一审判决，提起上诉，辽宁省沈阳市中级人民法院判决驳回上诉，维持原判。③

【案例评析】

1. 年休假制度

年休假，是指法律规定的职工满一定工作年限后，每年享有的保留工作带薪连续休假。年休假适用的对象是机关、团体、企业、事业单位、民办非企业单位、有雇工的个体工商户等单位连续工作1年以上的职工。职工在年休假期间享受与正常工作期间相同的工资收入。

我国在20世纪50年代初期曾经在部分单位中试行过年休假，后因受国家经济条件的限制而停止。改革开放以来，随着我国国民经济的发展和人民生活水平的提高，年休假制度重新被恢复试行。④ 1995年公布的《劳动法》第45条正式确立年休假制度，即"国家实行带薪年休假制度。劳动者连续工作一年以上的，享受带薪年休假。具体办法由国务院规定"。为维护职工休息休假权利，调动职工工作积极性，国务院根据《劳动法》和《中华人民共和国公务员法》，颁布了《职工带薪年休假条例》（2008年1月1日起施行）。《工资支付暂行规定》也明确规定劳动者依法享受年休假期间，用人单位应按劳动合同规定的标准支付劳动者工资。

---

① 京顺劳仲字（2014）第0173号裁决书。
② 辽宁省沈阳市浑南区人民法院（2014）东陵民一初字第1953号和（2015）浑南民五初字第323号并案的民事判决书。
③ 辽宁省沈阳市中级人民法院（2015）沈中民五终字第1193号民事判决书。
④ 关怀、林嘉主编：《劳动法》，中国人民大学出版社2012年版，第150页。

关于年休假享受条件以及未休年假的工资计算，详见表8-2和表8-3。

表8-2 职工应享受和不享受当年年休假的情形

应享受当年年休假的条件		不享受当年年休假的情形
休假条件	休假天数	1. 职工依法享受寒暑假，其休假天数多于年休假天数的； 2. 职工请事假累计20天以上且单位按照规定不扣工资的； 3. 累计工作满1年不满10年的职工，请病假累计2个月以上的； 4. 累计工作满10年不满20年的职工，请病假累计3个月以上的； 5. 累计工作满20年以上的职工，请病假累计4个月以上的
1. 已满1年不满10年	5天	^
2. 已满10年不满20年	10天	^
3. 已满20年	15天	^
1. 职工在年休假期间享受与正常工作期间相同的工资收入； 2. 国家法定休假日、休息日不计入年休假的假期		^

表8-3 职工应休未休年休假的工资计算标准

职工不休年休假的工资支付标准	终止或解除劳动合同时应休未休年休假工资计算标准
1. 经职工同意不休或少休年假的：按照其日工资收入的300%支付未休年休假工资报酬，其中包含用人单位支付职工正常工作期间的工资收入。 日工资收入：按照职工本人的月工资除以月计薪天数（21.75天）进行折算 月工资：职工在用人单位支付其未休年假工资报酬前12个月剔除加班工资后的月平均工资	1.（当年度在本单位已过日历天数÷365天）×职工本人全年应当享受的年休假天数－当年度已安排年休假天数； 2. 单位当年已安排年休假的，多于折算应休年休假的天数不再扣回
2. 职工主动要求不休年假的：用人单位可以只支付其正常工作期间的工资收入	

2. 用人单位违反年休假规定的法律责任

根据《职工带薪年休假条例》第6条、第7条和《企业职工带薪年休假实施办法》第15条的规定，对年休假规定了三级监督机制：①县级以上地方人民政府人事部门、劳动保障部门有权主动监督检查；②工会组织可依法维权；③受理法院予以强制执行。

用人单位违反年休假规定、不安排职工休年休假又不依规定支付未休年休假工资报酬，将承担的法律责任包括：①县级以上地方人民政府劳动行政部门依据职权责令限期改正；②对逾期不改正的，用人单位除支付未休年休假工资报酬外，还应按照未休年休假工资报酬的数额向职工加付赔偿金；③对拒不执行支付未休年休假工资报酬、赔偿金行政处理决定的，属于公务员和参照公务员法管理的人员所在单位的，对直接负责的主管人员以及其他直接责任人员依法给予处分，属于其他单位的，由劳动保障部门、人事部门或者职工申请人民法院强制执行。

3. 劳动者申请未休年休假工资仲裁的时效起算

支付劳动者未休年休假工资报酬系用人单位应当履行的法定补偿义务，劳动者与用人单位就未休年休假工资发生争议的，申请仲裁的时效及其如何起算，《劳动争议调解仲裁法》《职工带薪年休假条例》《企业职工带薪年休假实施办法》都没有明确。

实践中，此类争议焦点在于年休假的工资是劳动报酬还是福利的认定问题，因为这直接关系到年休假工资申请仲裁时效的适用，主张劳动报酬的，适用特殊时效，劳动关系存续期间不受限制。从各地仲裁实践来看，认定有所不同，并不完全一致。

例如，江苏省劳动人事争议仲裁委员会于2019年12月30日印发的《长三角区域"三省一市"劳动人事争议疑难问题审理意见研讨会纪要》显示，劳动者要求用人单位支付未休年休假工资的请求，符合《劳动争议调解仲裁法》第2条规定的受案范围，劳动人事争议仲裁委员会应当予以受理。该请求权时效应按照《劳动争议调解仲裁法》第27条第1款之规定，从应休年休假年度次年的1月1日起计算；确因生产、工作需要，经劳动者同意，用人单位跨年度安排劳动者休年休假的，请求权时效顺延至下一年度的1月1日起计算；劳动关系已经解除或者终止的，从劳动关系解除或者终止之日起计算。

《2013年深圳市劳动人事争议疑难问题研讨会纪要》显示，未休年休假工资仲裁时效以自然年计算，并区别对待在职和离职员工；在职的，劳动者应当在未休年度后2年内提出；离职的，劳动者应当自离职之日起1年内提出。

实际上，根据《企业职工带薪年休假实施办法》第10条的规定，在用人单位按职工日工资收入300%支付的年休假工资中,包括用人单位支付职工正常工作期的工资(100%)及法定补偿(200%)。其中正常工作期的工资(100%)属于劳动者的劳动报酬,但法定补偿(200%)不属于劳动者的劳动报酬,因为年休假是劳动者休息休假权利的体现,是劳动者的一种福利,劳动者未休年休假给予的法定补偿(200%)是对劳动者未休年休假的补偿性福利。因此,未休年休假工资中的法定补偿(200%)不属于劳动报酬,该部分支付请求应适用1年仲裁时效。

4. 劳动争议案件的仲裁管辖和诉讼管辖

在劳动争议案件仲裁和诉讼过程中,案件管辖地不同,可能导致裁审结果不同。主要原因在于各地仲裁机构和人民法院在审理劳动争议案件时,除依据国家法律、行政法规外,还要结合符合本地区实际的地方性劳动法规、政策、裁审实务操作标准等作为裁审依据。

劳动仲裁管辖地和诉讼管辖地是法定的,约定管辖无效。其主要原因是劳动关系具有人身依附性,劳动者需接受用人单位的管理,遵守用人单位的规章制度,通常处于相对弱势的缔约地位,如果允许用人单位在劳动合同中使用约定管辖的条款,并确认该条款的法律效力,通常会排除劳动者的诉讼权利,造成劳动者诉讼明显不便利的结果。因此,用人单位使用格式条款与劳动者签订管辖协议,约定劳动争议纠纷由用人单位所在地的人民法院管辖,造成劳动者诉讼明显不便利,劳动者主张该管辖协议无效的,人民法院应予支持。[①]

(1)劳动争议仲裁管辖的法律依据。

《劳动争议调解仲裁法》第21条规定,劳动争议仲裁委员会负责管辖本区域内发生的劳动争议。劳动争议由劳动合同履行地或者用人单位所在地的劳动争议仲裁委员会管辖。双方当事人分别向劳动合同履行地和用人单位所在地的劳动争议仲裁委员会申请仲裁的,由劳动合同履行地的劳动争议仲裁委员会管辖。

2017年版的《劳动人事争议仲裁办案规则》第8条进一步规定,劳动合同履行地为劳动者实际工作场所地,用人单位所在地为用人单位注册、登记

[①] 参见"陈某诉武汉艾德蒙科技股份有限公司劳动争议纠纷案",北京市第三中级人民法院(2014)三中民终字第10006号民事判决书。

地或者主要办事机构所在地。用人单位未经注册、登记的，其出资人、开办单位或者主管部门所在地为用人单位所在地。双方当事人分别向劳动合同履行地和用人单位所在地的仲裁委员会申请仲裁的，由劳动合同履行地的仲裁委员会管辖。有多个劳动合同履行地的，由最先受理的仲裁委员会管辖。劳动合同履行地不明确的，由用人单位所在地的仲裁委员会管辖。案件受理后，劳动合同履行地或者用人单位所在地发生变化的，不改变争议仲裁的管辖。

（2）劳动争议诉讼管辖的法律依据

《最高人民法院关于审理劳动争议案件适用法律问题的解释（一）》（法释〔2020〕26号）第3条规定："劳动争议案件由用人单位所在地或者劳动合同履行地的基层人民法院管辖。劳动合同履行地不明确的，由用人单位所在地的基层人民法院管辖。法律另有规定的，依照其规定。"现实生活中，多数情况下，用人单位安排劳动者为其提供劳动，会在用人单位注册登记所在地进行，但由于开展生产经营活动的需要，也可能会安排劳动者在用人单位所在地以外的地方从事劳动，履行劳动合同。在此情形下，双方发生劳动争议时，劳动合同履行地法院即有权对有关案件进行管辖。

第4条规定："劳动者与用人单位均不服劳动争议仲裁机构的同一裁决，向同一人民法院起诉的，人民法院应当并案审理，双方当事人互为原告和被告，对双方的诉讼请求，人民法院应当一并作出裁决。在诉讼过程中，一方当事人撤诉的，人民法院应当根据另一方当事人的诉讼请求继续审理。双方当事人就同一仲裁裁决分别向有管辖权的人民法院起诉的，后受理的人民法院应当将案件移送给先受理的人民法院。"根据该规定，劳动争议案件经裁决后，劳动者和用人单位任何一方均有权提起诉讼，因此在劳动争议诉讼中，双方均起诉将会互为原被告。实践中，用人单位和劳动者发生的劳动争议经仲裁机构作出裁决后，是否提起诉讼，一方往往会存在观望状态，即看对方会不会起诉再决定自己是否起诉。此外，由于用人单位所在地和劳动合同履行地之间可能不在同一地区，还会存在双方向不同地区法院起诉的情况下，此时，通常先起诉一方将会拥有更多主动权。

第5条规定："劳动争议仲裁机构以无管辖权为由对劳动争议案件不予受理，当事人提起诉讼的，人民法院按照以下情形分别处理：（一）经审查认为该劳动争议仲裁机构对案件确无管辖权的，应当告知当事人向有管辖权的劳动争议仲裁机构申请仲裁；（二）经审查认为该劳动争议仲裁机构有管辖权的，应当告知当事人申请仲裁，并将审查意见书面通知该劳动争议仲裁机构；劳动争议仲裁机构仍不受理，当事人就该劳动争议事项提起诉讼的，人民法院应予受理。"由此可见，用人单位与劳动者之间发生劳动争议，选择哪个劳动争议仲裁机构申请仲裁将成为司法救济首先考虑的问题，正确确定劳动争议仲裁机构的管辖权也就显得非常重要。如果劳动争议仲裁机构应受理而未受理的，可以凭有关证明向法院提起诉讼。

综上，劳动争议案件必须先行经过仲裁然后才能到人民法院起诉，即"先裁后审"机制。劳动争议案件的管辖分为劳动仲裁阶段的管辖和劳动诉讼阶段的管辖，劳动诉讼阶段的管辖地与劳动仲裁的管辖地没有必然联系，诉讼阶段不以劳动仲裁机构所在地法院为管辖法院。在劳动仲裁阶段，"管辖原则是劳动合同履行地+用人单位所在地"（两者择一；同时申请情形下，劳动合同履行地管辖优先）；劳动诉讼阶段，法院管辖不受仲裁管辖地影响，管辖原则是"劳动合同履行地+用人单位所在地"（两者择一；双方均对仲裁裁决提起诉讼的情形下，先受理的法院管辖优先）。

本案中，劳动争议仲裁由北京市顺义区劳动争议仲裁委员会管辖，是因为蔡某2012年8月至2013年10月，工作地点在中一太客商务航空有限公司北京分公司，劳动合同履行地仲裁委员会有管辖权。但是，蔡某请求的是2012年度未休年休假工资，2012年8月之前工作地点在沈阳，劳动合同履行地和中一太客公司所在地都在沈阳，故在劳动争议诉讼中，辽宁省沈阳市浑南区人民法院有管辖权。

五、机场客服员请求确认劳动关系之诉是否适用仲裁时效

【案例】吕某某与广州白云国际机场股份有限公司、广州白云国际机场股份有限公司旅客服务分公司劳动争议案[①]

【案情介绍】

吕某某在1997年8月20日至2001年7月7日与广州白云国际机场股份有限公司旅客服务分公司（以下简称旅客公司）存在劳动关系，2001年7月7日离职，但旅客公司未为其办理1997年8月20日至2001年7月7日的工伤、养老、生育、失业和医疗五种保险。2019年7月3日吕某某申请劳动仲

---

① 广东省广州市白云区人民法院（2019）粤0111民初27745号民事判决书。

裁，要求确认其与旅客公司之间的劳动关系。2019年7月4日，仲裁委员会以已超过法定的仲裁时效为由不予受理。吕某某遂诉至法院。法院认为，双方劳动关系在2001年7月7日终止，吕某某直到2019年才提起诉讼，明显超过1年的仲裁时效，也未有证据证明本案的仲裁时效存在中断、中止的法定情形，故对其主张不予支持。

【案例评析】

本案涉及劳动仲裁时效的适用范围以及对劳动关系确认之诉是否适用仲裁时效的司法认定问题。

1. 劳动争议仲裁的受案范围

《劳动争议调解仲裁法》第2条规定："中华人民共和国境内的用人单位与劳动者发生的下列劳动争议，适用本法：（一）因确认劳动关系发生的争议；（二）因订立、履行、变更、解除和终止劳动合同发生的争议；（三）因除名、辞退和辞职、离职发生的争议；（四）因工作时间、休息休假、社会保险、福利、培训以及劳动保护发生的争议；（五）因劳动报酬、工伤医疗费、经济补偿或者赔偿金等发生的争议；（六）法律、法规规定的其他劳动争议。"

《劳动人事争议仲裁办案规则》第2条规定："本规则适用下列争议的仲裁：（一）企业、个体经济组织、民办非企业单位等组织与劳动者之间，以及机关、事业单位、社会团体与其建立劳动关系的劳动者之间，因确认劳动关系，订立、履行、变更、解除和终止劳动合同，工作时间、休息休假、社会保险、福利、培训以及劳动保护，劳动报酬、工伤医疗费、经济补偿或者赔偿金等发生的争议；（二）实施公务员法的机关与聘任制公务员之间、参照公务员法管理的机关（单位）与聘任工作人员之间因履行聘任合同发生的争议；（三）事业单位与其建立人事关系的工作人员之间因终止人事关系以及履行聘用合同发生的争议；（四）社会团体与其建立人事关系的工作人员之间因终止人事关系以及履行聘用合同发生的争议；（五）军队文职人员用人单位与聘用制文职人员之间因履行聘用合同发生的争议；（六）法律、法规规定由劳动人事争议仲裁委员会处理的其他争议。"

根据《劳动争议调解仲裁法》《劳动人事争议仲裁办案规则》的上述规定，仲裁机构对劳动、人事争议的受案范围既包括涉及形成权的争议，如确认劳动关系、劳动合同的解除与终止、除名与辞退等，也包括涉及请求权的争议，如劳动报酬、工伤医疗费、经济补偿或者赔偿金等。

2. 劳动争议的诉讼程序与仲裁程序的衔接

劳动争议的仲裁与诉讼作为劳动争议处理的重要方式，"仲裁前置"的强制性规定解决了仲裁和诉讼之间的程序衔接（详见图 8-3）。

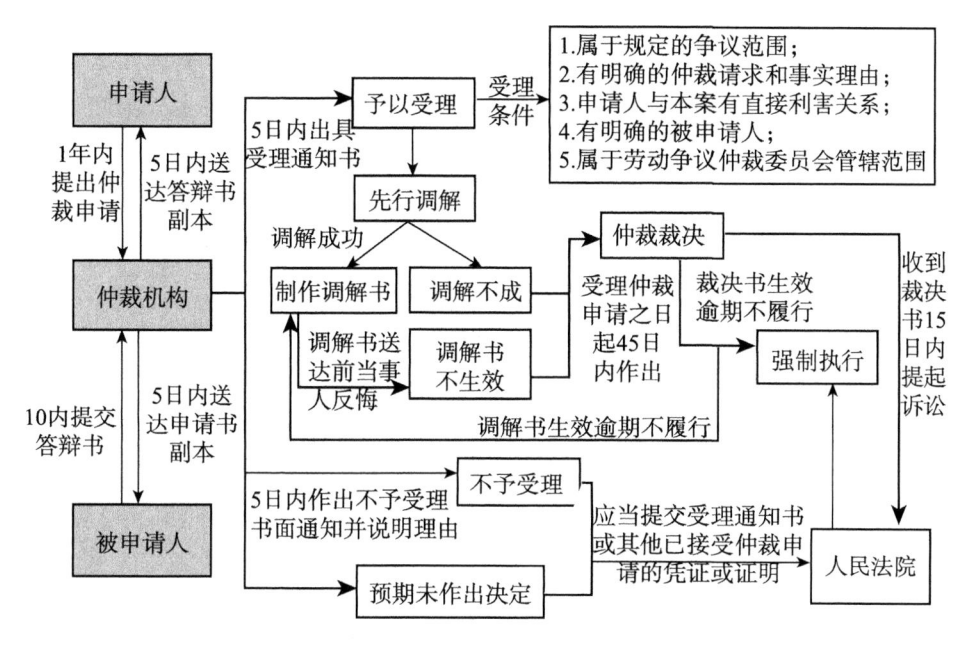

图 8-3 劳动争议的仲裁程序与诉讼程序衔接

3. 确认劳动关系之诉是否适用仲裁时效的司法认定

在司法实践中，关于确认劳动关系之诉，因不属于《最高人民法院关于审理民事案件适用诉讼时效制度若干问题的规定》（2020 年修正本）第 1 条规定的债权请求权，不适用诉讼时效的规定，但是否适用仲裁时效，人民法院存在否认和肯定两种不同的观点。

（1）否认观点。该观点认为，诉讼时效的适用范围仅限于请求权，确认劳动关系属于形成权，确认之诉不适用诉讼时效的限制。例如，在"韦某某与上海市农业科学院确认劳动关系纠纷案"① 中，法院认为，确认劳动关系是对劳动者与用人单位之间是否存在劳动关系的事实本身的确认，并非对当事人请求权的处置，其本质为民法上的确认之诉，不应受到仲裁时效或诉讼

---

① 三亚市城郊人民法院（2018）琼 0271 民初 6931 号民事判决书。

时效的限制，且不能以劳动争议仲裁的受案范围概括地认为确认劳动关系之诉受1年仲裁时效的限制。本案涉及的是机场客服员吕某某请求确认劳动关系之诉，显然不属于诉讼时效的适用范围。

(2) 肯定观点。该观点认为，《劳动争议调解仲裁法》《劳动人事争议仲裁办案规则》关于仲裁时效的规定并没有将确认劳动关系的案件排除在外，故劳动关系确认之诉应该适用仲裁时效。例如，在"廖某某和广东中人爆破工程有限公司劳动争议案"① 中，法院认为，因确认劳动关系发生的争议应适用申请仲裁的1年时效期间，从当事人知道或者应当知道其权利被侵害之日起计算。本书认为，本案涉及的机场客服员吕某某请求确认劳动关系之争议，可以适用仲裁时效的规定。本案审理法院以超过1年仲裁时效为由不支持吕某某的请求，显然表明是认可肯定观点的。

4. 法院查明不存在劳动关系后如何处理

仲裁机构以双方之间不存在劳动关系为由作出不予受理的裁决，当事人不服向人民法院起诉的，人民法院审查后发现双方之间不存在劳动关系，可向劳动者释明转换适合程序，劳动者不同意转换为适合程序进行审理的，应当裁定驳回当事人的起诉。②

第二节　劳动合同争议解决路径之二：诉讼

劳动争议诉讼是指人民法院对当事人不服劳动争议仲裁机构的裁决或决定而起诉的劳动争议案件，依照法定程序进行审理和判决，并对当事人具有强制执行力的一种劳动争议处理方式。

劳动争议仲裁是劳动争议诉讼的法定前置程序，即"先裁后审"制，劳动争议当事人对仲裁裁决不服的，应在收到裁决书后15日内起诉，未经仲裁而直接起诉的，人民法院不予受理。劳动争议的仲裁与诉讼相互作用、互为补充，紧密联系。仲裁是诉讼的必经程序，可以有效地提高劳动争议纠纷解决的专业化，实现案件分流，减轻法院负担；劳动争议诉讼既是对仲裁裁决

---

① 广东省广州市中级人民法院（2019）粤01民终3032号民事判决书。
② 参见广东省高级人民法院2017年7月19日发布的《广东省高级人民法院关于审理劳动争议案件疑难问题的解答》。

一、航空公司请求飞行员返还生活补贴的诉讼时效

【案例】 西藏航空有限公司与张某劳动合同纠纷案①

【案情介绍】

2008年1月17日西藏航空筹备组与张某签订无固定期限劳动合同书、培训协议书及附加协议，约定张某从事飞行员岗位；若张某与原公司因其决定辞职到甲方（西藏航空筹备组）工作而导致其收入降低，西藏航空有限公司将视收入降低程度给予生活补贴；若张某在接受生活补贴后因任何原因不到西藏航空有限公司工作，承诺将给予的所有补贴归还；若因西藏航空有限公司筹建未成功，则无须退还生活费。协议签订后，西藏航空筹备组在2008年4月至2009年1月期间按照23 000元/月向张某支付生活补贴。2009年8月，张某与四川航空股份有限公司签订劳动合同，之后张某一直在四川航空股份有限公司从事飞行员工作。西藏航空有限公司认为，根据合同约定，张某实际不能履行劳动合同，根据约定，张某应当退还已经领取的生活补贴253 000元；张某认为西藏航空有限公司的请求已经超过诉讼时效。法院认为，西藏航空有限公司在2010年6月17日登记成立，张某没有到西藏航空有限公司工作，西藏航空有限公司知道或应当知道其权利受到侵害的时间应在2010年6月17日；西藏航空有限公司在2016年才向张某主张权利，已经超过诉讼时效，故对于西藏航空有限公司要求张某返还生活补贴的请求，不予支持。

【案例评析】

本案涉及人民法院受理劳动争议的范围及其诉讼时效问题。

1. 人民法院受理劳动争议案件的具体范围

根据《劳动争议调解仲裁法》《最高人民法院关于审理劳动争议案件适用法律问题的解释（一）》（法释〔2020〕26号）、《劳动人事争议仲裁办案规则》等规定，人民法院对劳动争议的受案范围主要包括三类（详见图8-4）。

---

① 四川省成都市双流区人民法院（2017）川0116民初11403号民事判决书。

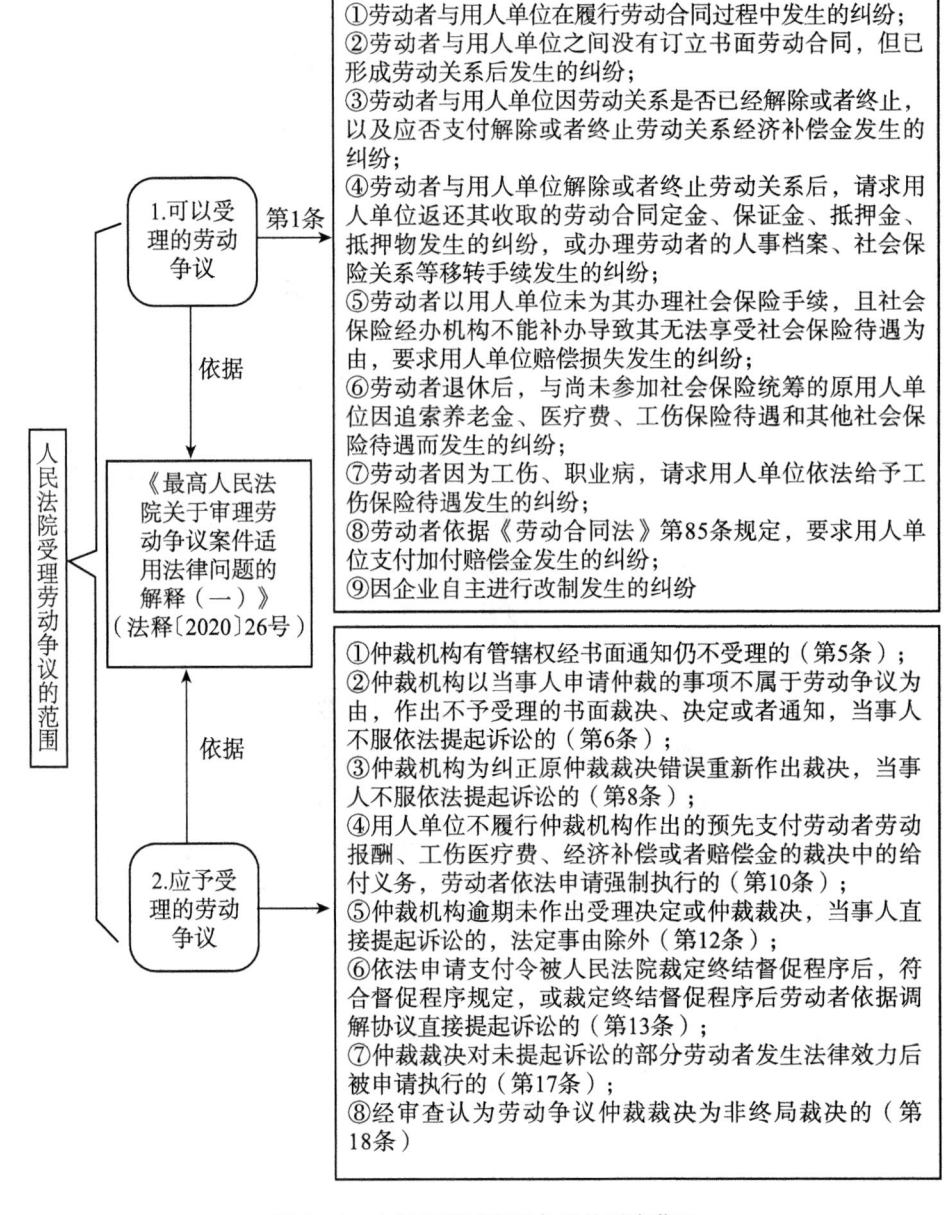

```
                               ┌─ ①劳动者与用人单位在履行劳动合同过程中发生的纠纷;
                               │  ②劳动者与用人单位之间没有订立书面劳动合同,但已
                               │    形成劳动关系后发生的纠纷;
                               │  ③劳动者与用人单位因劳动关系是否已经解除或者终止,
                               │    以及应否支付解除或者终止劳动关系经济补偿金发生的
                               │    纠纷;
          ┌─1.可以受  第1条    │  ④劳动者与用人单位解除或者终止劳动关系后,请求用
          │  理的劳动 ───────→─┤    人单位返还其收取的劳动合同定金、保证金、抵押金、
          │  争议              │    抵押物发生的纠纷,或办理劳动者的人事档案、社会保
          │     │              │    险关系等移转手续发生的纠纷;
          │    依据            │  ⑤劳动者以用人单位未为其办理社会保险手续,且社会
          │     ↓              │    保险经办机构不能补办导致其无法享受社会保险待遇为
          │                    │    由,要求用人单位赔偿损失发生的纠纷;
          │ 《最高人民法       │  ⑥劳动者退休后,与尚未参加社会保险统筹的原用人单
          │  院关于审理劳      │    位因追索养老金、医疗费、工伤保险待遇和其他社会保
  人      │  动争议案件适      │    险待遇而发生的纠纷;
  民      │  用法律问题的      │  ⑦劳动者因为工伤、职业病,请求用人单位依法给予工
  法      │  解释(一)》       │    伤保险待遇发生的纠纷;
  院      │ (法释〔2020〕26号) │  ⑧劳动者依据《劳动合同法》第85条规定,要求用人单
  受      │                    │    位支付加付赔偿金发生的纠纷;
  理      │       ↑            └─ ⑨因企业自主进行改制发生的纠纷
  劳 ─────┤       │
  动      │      依据          ┌─ ①仲裁机构有管辖权经书面通知仍不受理的(第5条);
  争      │       │            │  ②仲裁机构以当事人申请仲裁的事项不属于劳动争议为
  议      │       ↓            │    由,作出不予受理的书面裁决、决定或者通知,当事人
  的      │                    │    不服依法提起诉讼的(第6条);
  范      │                    │  ③仲裁机构为纠正原仲裁裁决错误重新作出裁决,当事
  围      │                    │    人不服依法提起诉讼的(第8条);
          │                    │  ④用人单位不履行仲裁机构作出的预先支付劳动者劳动
          │  2.应予受          │    报酬、工伤医疗费、经济补偿或者赔偿金的裁决中的给
          └─  理的劳动 ───────→┤    付义务,劳动者依法申请强制执行的(第10条);
             争议              │  ⑤仲裁机构逾期未作出受理决定或仲裁裁决,当事人直
                               │    接提起诉讼的,法定事由除外(第12条);
                               │  ⑥依法申请支付令被人民法院裁定终结督促程序后,符
                               │    合督促程序规定,或裁定终结督促程序后劳动者依据调
                               │    解协议直接提起诉讼的(第13条);
                               │  ⑦仲裁裁决对未提起诉讼的部分劳动者发生法律效力后
                               │    被申请执行的(第17条);
                               │  ⑧经审查认为劳动争议仲裁裁决为非终局裁决的(第
                               └─   18条)
```

图 8-4 人民法院对劳动争议的受案范围

2. 诉讼时效与仲裁时效的关系

(1) 二者的区别。

仲裁时效与诉讼时效虽然都是指权利人未在法定期间内行使权利从而丧

失请求仲裁机构或人民法院保护其权利的法律制度，但两者的区别较为明显（详见表 8–4）。

表 8–4 仲裁时效与诉讼时效的比较

	项目	仲裁时效	诉讼时效
不同点	法律依据	《劳动争议调解仲裁法》	《民法典》总则编
	适用程序	仲裁程序	诉讼程序
	适用对象	劳动争议案件	民事诉讼案件
	时效期间	一年	三年
相同点		1. 都是权利行使尤其是救济权行使期间的一种； 2. 都与当事人的实体权利密切相关； 3. 都与当事人通过相应的程序救济权益密不可分； 4. 起算点均为"知道或应当知道权利受损之日"，其规范的是请求权的行使，立法目的在于督促权利人行使权利； 5. 仲裁机构和法院都不应对二者进行释明和依职权主动适用	

（2）二者的联系。

首先，仲裁时效的适用优于诉讼时效。《民法典》总则编第 198 条规定，法律对仲裁时效有规定的，依照其规定；没有规定的，适用诉讼时效的规定。《劳动争议调解仲裁法》特别规定了劳动争议的仲裁时效。仲裁时效与诉讼时效是"特别法与一般法"的关系，根据"特别法优于一般法"的法律适用原则，对于劳动争议案件，仲裁时效应优先适用。

例如，在"龚某和盘州市九洲医院有限公司工伤保险待遇纠纷案"[①] 中，关于工伤保险待遇纠纷是否适用诉讼时效的问题，法院认为，工伤保险待遇纠纷属于劳动争议下的三级案由，应适用《劳动争议调解仲裁法》第 27 条规定的 1 年仲裁时效，而不应当适用诉讼时效，仲裁时效期间是从当事人知道或者应当知道其权利被侵害之日起计算。

其次，劳动争议诉讼时效寓于仲裁时效之中。劳动争议的仲裁是诉讼的必经程序，诉讼时效与仲裁时效有紧密联系。劳动争议案件的诉讼时效寓于仲裁时效之中，主要体现在以下三个方面。

---

① 贵州省六盘水市中级人民法院（2018）黔 02 民终 2320 号民事判决书。

第一，《劳动法》对申请仲裁时效期满所导致的法律后果未作明确规定。实践中，对于仲裁时效期间届满后提起的劳动争议案件，劳动争议仲裁委员会仍予以受理，在受理后进行实体审理，最终确定该案是否已经确定地超过仲裁时效期间。在审理中，如有证据表明当事人的申请确已超过劳动争议法定的仲裁时效，应裁定驳回当事人的申请。当事人对裁定不服，可依法向人民法院起诉。如果没有超过诉讼时效，其权利仍可受到法院保护。但是，人民法院也往往以其超过法定的申请仲裁时效为由支持劳动争议仲裁委员会的裁定。

第二，用人单位在仲裁阶段未提出仲裁时效抗辩，而在诉讼阶段再提出抗辩的，将被视为用人单位已放弃仲裁时效抗辩权利，法院不再支持用人单位的时效抗辩，按未超过诉讼时效继续审理。①

第三，劳动争议当事人对仲裁裁决不服的，可以自收到仲裁裁决书之日起15日内向人民法院提起诉讼，一方当事人在法定期限内不起诉又不履行仲裁裁决的，另一方当事人可以申请人民法院强制执行。② 由此充分体现了"裁审衔接"关系。

本案中，无论是依据1年的仲裁时效，还是3年的诉讼时效，西藏航空有限公司的诉请显然都已经超过仲裁时效与诉讼时效的时限，故被法院判决驳回诉请。

二、通航公司法务员请求防暑降温费的仲裁时效的司法认定

【案例】阎某某与山东通用航空服务股份有限公司劳动合同纠纷案③

【案情介绍】

2016年3月7日，阎某某（乙方）与山东通航公司（甲方）订立劳动合同，约定：合同期限为2016年3月7日至2019年5月6日；工作地点及工作内容为济南市、东营市的法务工作；工资分配方法为基本工资和绩效工资相结合，基本工资为每月6 140元，绩效工资根据工作业绩、劳动成果和实

---

① 参见最高人民法院2016年11月30日发布的《第八次全国法院民事商事审判工作会议（民事部分）纪要》第6条第2款。

② 参见《劳动法》（2018年修正本）第83条。

③ 济南市槐荫区人民法院（2019）鲁0104民初5895号民事判决书；山东省济南市中级人民法院（2020）鲁01民终769号民事判决书。

际贡献按照内部分配办法考核确定；乙方提前30日以书面形式通知甲方，可以解除劳动合同。2018年5月28日，阎某某陈述以书面离职信的方式通知山东通航公司离职，但没有证据，山东通航公司否认收到过离职信。法院认定，阎某某与山东通航公司在2016年3月7日至2018年5月28日之间存在劳动关系。2019年5月27日，阎某某申请劳动仲裁，提出请求之一是要山东通航公司支付2016年防暑降温费560元。仲裁委员会裁定对阎某某的仲裁申请不予受理①。阎某某诉至法院，法院以防暑降温费已过1年仲裁时效为由驳回诉请。

【案例评析】

本案涉及防暑降温费是否属于劳动报酬以及应否适用特别仲裁时效的问题。

1. 劳动报酬适用的特别仲裁时效

《劳动争议调解仲裁法》第27条规定，劳动争议申请仲裁的时效为1年。仲裁时效时间从当事人知道或者应当知道其权利被侵害之日起计算。劳动关系存续期间因拖欠劳动报酬发生争议的，劳动者申请仲裁，不受仲裁时效规定的时效时间的限制；但是，劳动关系终止的，应当自劳动关系终止之日起1年内提出。

值得特别注意的是，根据《最高人民法院关于审理劳动争议案件适用法律问题的解释（一）》（法释〔2020〕26号）第15条规定，劳动者以用人单位的工资欠条为证据直接向人民法院起诉，诉讼请求不涉及劳动关系其他争议的，视为拖欠劳动报酬争议，按照普通民事纠纷受理。这表明此类案件劳动者可不经过劳动仲裁直接起诉，且适用普通民事诉讼程序和普通诉讼时效，劳动关系终止之日起1年仲裁时效的限制。

2. 防暑降温费是否属于劳动报酬的司法认定差异

在司法实践中，防暑降温费是否属于劳动报酬的认定有所不同。有的法院认定防暑降温费不属于劳动报酬。在本案中，法院认为，依据《关于企业加强职工福利费财务管理的通知》（财企〔2009〕242号）等相关规定，防暑降温费属于企业职工福利费，不属于劳动报酬，阎某某主张2016年防暑降温费，已过1年仲裁时效，故不予支持。在"威海通力工程监理有限公司与

---

① 济南市槐荫区劳动人事争议仲裁委员会济槐劳人仲案字（2019）第723号仲裁决定书。

赵某某劳动争议案"①中，法院认定，防暑降温费的仲裁时效应自赵某某知道公司拒绝支付之日起算，超过1年的仲裁时效，无权要求支付。

有的法院认定防暑降温费属于劳动报酬。例如，在"李某某与深圳市国源环境集团有限公司沂源分公司劳动争议案"②中，法院认定，根据《山东省企业工资支付规定》第49条，工资是指企业依据国家有关规定和劳动合同、工资集体协议的约定，以货币形式支付给劳动者的劳动报酬，包括计时工资、计件工资、奖金、津贴、补贴和加班等特殊情况下支付的工资。防暑降温费属于工资中的补贴。2019年2月28日，公司与李某某解除劳动合同，李某某于2019年4月19日申请仲裁，请求2015—2018年期间的防暑降温费，申请未超出法律规定的仲裁时效。

三、航空配餐公司员工主张加班费的时效与诉讼中调解

【案例】查某与四川航空重庆空港配餐服务有限公司劳动争议纠纷抗诉案③

【案情介绍】

查某原系四川航空重庆空港配餐服务有限公司（以下简称川航重庆配餐公司）员工。2010年3月16日，查某申请仲裁，要求川航重庆配餐公司支付加班费。2010年3月30日，重庆市渝北区劳动争议仲裁委员会向查某出函，表明本案仲裁申请书正在审查，还未予立案④。2010年7月20日，查某提起诉讼，诉请川航重庆配餐公司支付超时工作加班费，被重庆市渝北区人民法院以"查某起诉超过了法定期限"为由裁定驳回⑤。2011年3月4日，查某又再次就同一事项申请劳动仲裁。2011年3月7日，仲裁委员会作出不予受理案件通知书。查某再次提起诉讼，2011年4月15日，重庆市渝北区人民法院以"一事不再理原则"为由裁定驳回⑥。查某不服，向检察机关申诉，2011年12月5日，重庆市人民检察院第一分院向重庆市第一中级人民

---

① 山东省威海市中级人民法院（2016）鲁10民终441号民事判决书。
② 山东省沂源县人民法院（2019）鲁0323民初2420号民事判决书。
③ 重庆市第一中级人民法院（2012）渝一中法民抗字第00002号调解书。
④ 重庆市渝北区劳动争议仲裁委员会渝北劳仲函字（2010）第379号函。
⑤ 重庆市渝北区人民法院（2010）渝北法民初字第9525号民事裁定书。
⑥ 重庆市渝北区人民法院（2011）渝北法民初字第3264号民事裁定书。

法院提出抗诉，理由是（2010）渝北法民初字第9525号民事裁定书适用法律不当致判决错误。2012年2月2日，重庆市第一中级人民法院裁定提审该案①。在审理过程中，经法院主持调解，双方自愿达成调解协议，由川航重庆配餐公司给付查某5万元，查某放弃其他诉请，法院作出调解书②。

【案例评析】

本案的争议焦点是加班费争议的仲裁时效、举证负担与诉讼中的调解问题。

1. 加班费争议应适用的仲裁时效

根据国家统计局《关于工资总额组成的规定》第4条的规定，加班费属于工资范畴。工资争议的解决实行劳动仲裁前置程序，即未经劳动仲裁，劳动者不能就加班费争议直接向法院提起诉讼，除非劳动争议仲裁机构未在法定期限内作出裁决或当事人对裁决不服。

加班工资属于劳动报酬的范畴，故加班费的仲裁申请应自劳动关系解除或终止之日起1年内提出。本案查某关于加班费争议提起2次诉讼和1次申诉之前，即进行了2次仲裁申请。

2. 加班费申请的举证责任分配

根据《劳动争议调解仲裁法》第6条和《最高人民法院关于审理劳动争议案件适用法律问题的解释（一）》（法释〔2020〕26号）第42条的规定，劳动者主张加班费的，应当首先就加班事实的存在承担举证责任，但劳动者有证据证明用人单位掌握加班事实存在的证据，用人单位不提供的，由用人单位承担不利后果。

据此，劳动者主张加班费的，劳动者可以直接举证证明加班事实的存在，或者举证证明用人单位掌握加班事实存在的证据。例如，《工资支付暂行规定》第6条规定："用人单位必须书面记录支付劳动者工资的数额、时间、领取者的姓名以及签字，并保存两年以上备查。用人单位在支付工资时应向劳动者提供一份其个人的工资清单。"故用人单位应当提供支付工资的相关证据，但对于两年前的工资支付记录，用人单位无义务保存。

在司法实践中，劳动者可以提供存在加班事实的证据形式包括：书证和

---

① 重庆市第一中级人民法院（2012）渝一中法民抗字第00002号民事裁定书。
② 重庆市第一中级人民法院制作了（2012）渝一中法民提字第12号民事调解书。

视听资料,包括考勤记录、电子邮件、微信或 QQ 群聊天记录、钉钉系统打卡记录、汽车的行车仪、打车票、公司曾经发放加班费的证据、公司网站或期刊文章宣扬的超时工作资料、与公司部门负责人的录音或视频等。法院主要从用人单位执行工时制情况、考勤记录是否签字确认、单位对加班的管理等方面进行综合认定。如果无法形成证明加班事实的证据链,劳动者主张的加班费难以获得支持;如果用人单位。无法举证否定劳动者加班的事实,则面临败诉风险。

特别需要注意的是,在劳动争议仲裁或诉讼程序中,电子邮件、网络聊天记录等电子证据,需要具有合法性和真实性。由于电子数据本身具有易篡改性,单独一个电子数据的证明力极低,被采信的可能性甚微,所以需要当事人提供物证、书证、视听资料等其他形式的证据,与电子数据形成证据链,以增强电子数据的证明力。例如,以有形载体固定或者显示的电子数据交换、电子邮件以及其他数据资料,其制作情况和真实性经对方当事人确认,或者以公证等其他有效方式予以证明的,则被认为与原件具有同等的证明效力。[①]

3. 对加班费裁决不服提起诉讼的时限要求与理解

根据《劳动法》(2018 年修正本)第 83 条和《劳动争议调解仲裁法》第 50 条的规定,除"一裁终局"的特定劳动争议外,劳动争议当事人对仲裁裁决不服的,可以自收到仲裁裁决书之日起 15 日内向人民法院提起诉讼。

需特别注意的是,15 日的起算点是接到劳动争议仲裁委员会的"仲裁裁决书",而劳动争议仲裁委员会出具的函、不予受理通知书等均不属于"仲裁裁决书",不适用 15 日起诉期限的规定。

从形式上看,"不予受理通知书"是劳动仲裁委员会对仲裁申请作形式上的审查后作出的程序性处理,"仲裁裁决书"是仲裁庭对仲裁申请审理后对双方争议的权利义务关系作出的裁判和决定,是对劳动争议的实体处理。[②]

根据《劳动争议调解仲裁法》第 29 条和《劳动人事争议仲裁办案规则》第 31 条的规定,对劳动争议仲裁委员会不予受理或者逾期未作出决定的,申请人可以就该劳动争议事项向人民法院提起诉讼。但是,对于这种情形下当事人提起诉讼的时效期间,目前没有其他任何法律作出特别规定,应当适用

[①] 参见《最高人民法院关于行政诉讼证据若干问题的规定》第 64 条。
[②] 王峰、冯国玉:《浅议"不予受理通知书"的诉讼时效》,载《江苏法制报》2011 年 10 月 17 日,第 6 版。

一般民事诉讼时效的规定①，即《民法典》总则篇规定的3年普通诉讼时效期间②。

申请人自收到不予受理通知书之日起15日内是否应就劳动争议事项向人民法院提起诉讼的问题，劳动争议调解仲裁法立法过程中曾有争议。有的观点认为在申请人收到不予受理通知书后，应当给予申请人充分的时间去为诉讼做准备，不应将申请人就劳动争议事项提起诉讼的时效限定为15日。③ 本书对此不予以苟同，如果提起诉讼的时间规定过长，会影响仲裁裁决书的生效和申请强制执行，进而破坏仲裁程序与诉讼程序有效衔接以及诉前仲裁前置程序设计的立法目的。15日期限的立法目的仅是为劳动仲裁的司法监督提供一个入口，为审查劳动争议仲裁时效的裁决书认定是否正确与适当，提供一个诉讼路径，为当事人提供最终的裁断。

4. 劳动争议的调解制度

调解方式贯穿于劳动合同争议解决的全程，在不违反法律、行政法规强制性规定的前提下，调解可以参考行业惯例、村规民约、社区公约和当地善良风俗等行为规范。

劳动争议的调解包括企业内部设立的劳动争议调解委员会主持的调解和仲裁或诉讼程序中的调解。

（1）仲裁或诉讼中的调解制度。

最高人民法院《关于建立健全诉讼与非诉讼相衔接的矛盾纠纷解决机制的若干意见》（法发〔2009〕45号）对诉讼活动中多方参与的调解机制作出规定。《劳动人事争议仲裁办案规则》第66条规定，仲裁庭处理集体劳动人事争议，开庭前应当引导当事人自行协商或者先行调解。仲裁庭处理集体劳动人事争议案件，可以邀请法律工作者、律师、专家学者等第三方共同参与调解。协商或者调解未能达成协议的，仲裁庭应当及时裁决。

劳动争议诉讼中的调解包括立案前的调解和立案后的调解两类，如图8-5所示。

---

① 信春鹰主编：《中华人民共和国劳动争议调解仲裁法释义》，法律出版社2008年版，第103页。
② 《中华人民共和国民法通则》第135条规定的两年诉讼时效，由于和《中华人民共和国民法典》总则编第188条规定的三年诉讼时效相冲突，已被后者取代。
③ 信春鹰主编：《中华人民共和国劳动争议调解仲裁法释义》，法律出版社2008年版，第114页。

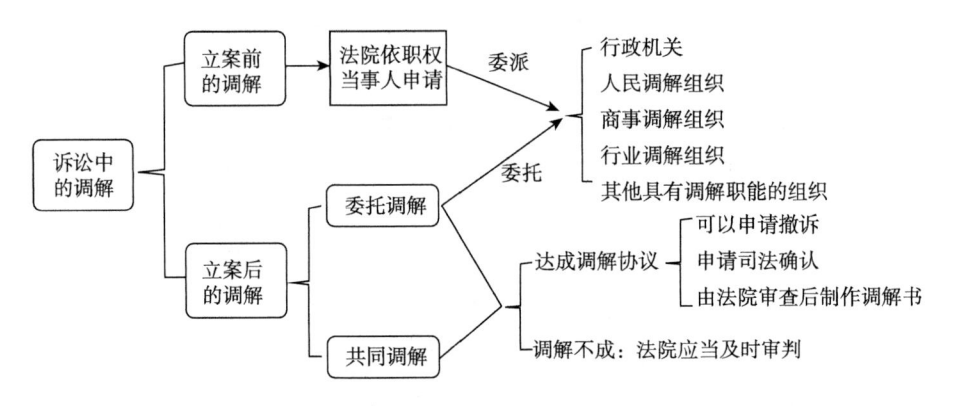

```
                        ┌─ 法院依职权 ──委派──→ 行政机关
         ┌─ 立案前 ──┤   当事人申请              人民调解组织
         │  的调解   └────────────委托──→ 商事调解组织
诉讼中 ──┤                                行业调解组织
的调解   │         ┌─ 委托调解            其他具有调解职能的组织
         └─ 立案后 ─┤                  ┌─ 可以申请撤诉
            的调解  │    达成调解协议 ──┤ 申请司法确认
                    └─ 共同调解          └─ 由法院审查后制作调解书
                                        调解不成：法院应当及时审判
```

图 8－5　诉讼中的调解类型和结果

根据《最高人民法院关于审理劳动争议案件适用法律问题的解释（一）》（法释〔2020〕26号）第35条的规定，劳动者与用人单位就加班费达成的协议，不违反法律、行政法规的强制性规定，且不存在欺诈、胁迫或者乘人之危情形的，应当认定有效。本案所涉查某与川航重庆配餐公司之间的加班费争议，在法院主持下达成调解协议。根据前述司法解释第51条的规定，川航重庆配餐公司不履行调解协议确定的给付义务，查某可以直接提起诉讼，人民法院可以按照普通民事纠纷受理。

（2）劳动争议调解委员会主持的调解制度。

《企业劳动争议协商调解规定》第13条、第14条规定，大中型企业应当依法设立调解委员会，并配备专职或者兼职工作人员。小微型企业可以设立调解委员会，开展调解工作。

《劳动争议调解仲裁法》第10条规定："发生劳动争议，当事人可以到下列调解组织申请调解：（一）企业劳动争议调解委员会；（二）依法设立的基层人民调解组织；（三）在乡镇、街道设立的具有劳动争议调解职能的组织。"

用人单位内部设立的劳动争议调解委员会主持下的劳动争议调解，具有程序简单、不收费及"和谐"等特点，是用人单位与劳动者之间发生劳动争议时运用最普遍的争议解决方式。《劳动争议调解仲裁法》设专章规定劳动争议调解制度，并提出"着重调解原则"[①]，突出劳动争议调解程序，进一步

---

① 参见《劳动争议调解仲裁法》第3条。

强化调解在劳动争议处理中的功能。但是，设立劳动争议调解委员会并非所有企业的法定义务。目前，我国的国有企业、中外合资经营企业、中外合作经营企业以及外商独资企业在与员工发生劳动争议后，一般都由内部设立的劳动争议调解委员会对劳动争议进行调解和处理。调解制度具体内容如图8-6所示。

```
                        ┌─法律依据─┬─①《劳动法》
                        │         ├─②《劳动争议调解仲裁法》
                        │         └─③《企业劳动争议协商调解规定》
                        │
                        ├─调解组织─┬─①企业劳动争议调解委员会
                        │         ├─②依法设立的基层人民调解组织
                        │         └─③在乡镇、街道设立的具有劳动争议调解职能的组织
         劳动           │
         争议 ──────────┼─调解原则─┬─①自愿原则
         的调           │         ├─②合法原则
         解             │         └─③不公开进行原则
                        │
                        ├─调解程序─┬─调解申请─┬─口头申请
                        │         │         └─书面申请
                        │         ├─受理申请─→应当在接到调解申请后3个工作日内受理
                        │         ├─当事人陈述
                        │         └─制作调解协议书─┬─可申请司法确认
                        │                       ├─可申请支付令     →因支付拖欠劳动报酬、
                        │                       └─可申请仲裁审查确认  工伤医疗费、经济补偿
                        │                                          或者赔偿金事项达成
                        │                                          调解协议
                        │
                        └─调解期限─→原则上应当自受理调解申请之日起15日内结束
```

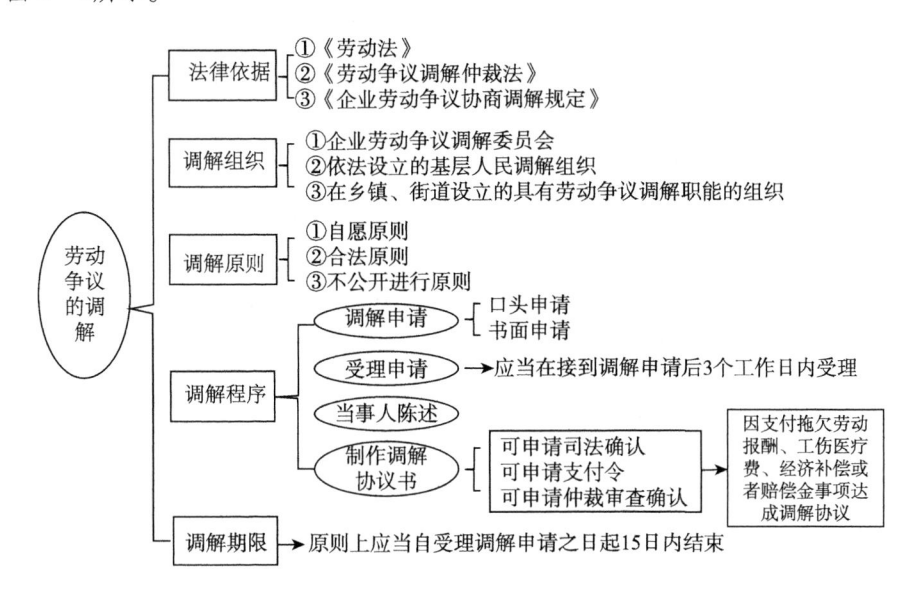

图8-6 劳动争议调解委员会的调解制度

（3）劳动争议的企业内部调解与仲裁或诉讼程序中调解的异同。

在劳动争议的调解中，企业内部设立的劳动争议调解委员会主持的调解和仲裁或诉讼程序中的调解，两种模式的共同点是一般都不公开进行，但双方当事人要求公开调解的除外，但两种调解也具有不同特点。详细对照见表8-5。

表8-5 企业劳动争议调解委员会的调解模式与仲裁或诉讼程序中的调解模式对照表

项目	企业劳动争议调解委员会的调解	仲裁或诉讼程序中的调解
调解的启动	当事人可以口头或者书面形式向调解委员会提出调解申请；当事人未申请调解的，调解委员会可在征得双方当事人同意后主动调解；调解不是解决劳动争议的必经程序	调解不是仲裁或诉讼的前置程序；仲裁是诉讼的前置程序；劳动争议的仲裁和诉讼程序中应当进行调解

续表

项目	企业劳动争议调解委员会的调解	仲裁或诉讼程序中的调解
救济的衔接	收到调解申请之日起 15 日内未达成调解协议的，当事人可以依法申请仲裁	达成调解协议的，仲裁机构、法院进行审查确认，通过置换调解书赋予其法律效力；未达成调解协议的，应当及时裁决或判决
调解的效力	1. 生效的调解协议对双方当事人具有约束力，当事人应当履行； 2. 当事人对调解协议可申请仲裁审查，经仲裁审查的调解协议，程序和内容合法有效的，出具调解书； 3. 当事人不愿调解、调解不成或达成调解协议后，一方在约定期限内不履行调解协议的，可申请仲裁，但不可直接申请法院强制执行	1. 调解协议的效力由仲裁庭、法院依法审查后决定是否确认； 2. 确认调解协议效力的决定送达双方当事人后发生法律效力，拒绝履行的，可以依法申请法院强制执行； 3. 除法定情形外，当事人不得在审判程序中将调解过程中制作的笔录、当事人为达成调解协议而作出的让步或者承诺、调解员或者当事人发表的任何意见或者建议等作为证据使用
适用的规则	《企业劳动争议协商调解规定》	《劳动争议调解仲裁法》《民事诉讼法》

四、飞行员与航空公司劳动争议诉讼的优先管辖与并案审理

【案例】奥凯航空有限公司与彭某某劳动争议案

【案情介绍】

2014 年 5 月 20 日，彭某某入职奥凯航空有限公司（以下简称奥凯公司），双方签订无固定期限劳动合同，约定彭某某在奥凯公司从事飞行驾驶工作，合同期限为从 2014 年 5 月 20 日起，至彭某某达到法定退休年龄之日终止。后彭某某提起仲裁申请，要求确认双方劳动关系已经解除，并要求奥凯公司为其出具解除劳动合同证明和转移社会保险关系，北京市顺义区劳动人事争议仲裁委员会作出京顺劳人仲字（2019）第 783 号裁决书。彭某某不服仲裁裁决书向北京市顺义区人民法院提起诉讼，奥凯公司不服仲裁裁决书向北京市大兴区人民法院提起诉讼。北京市顺义区人民法院于 2019 年 3 月 5 日收到诉状，北京市大兴区人民法院于 2019 年 3 月 11 日收到诉状。北京市

大兴区人民法院裁定将本案移送北京市顺义区人民法院处理。①

【案例评析】

根据《劳动争议调解仲裁法》和《最高人民法院关于审理劳动争议案件适用法律问题的解释（一）》（法释〔2020〕26号）等规定，对劳动争议案件，实行"先裁后诉"规则。但是，劳动争议的仲裁管辖和诉讼管辖并没有必然的联系。

1. 仲裁管辖原则：劳动合同履行地优先管辖

《劳动争议调解仲裁法》第21条规定，劳动争议仲裁委员会负责管辖本区域内发生的劳动争议。劳动争议由劳动合同履行地或者用人单位所在地的劳动争议仲裁委员会管辖。双方当事人分别向劳动合同履行地和用人单位所在地的劳动争议仲裁委员会申请仲裁的，由劳动合同履行地的劳动争议仲裁委员会管辖。

可见，仲裁确定管辖的原则是"劳动合同履行地优先管辖"，劳动合同履行地为劳动者的实际工作岗位所在地，用人单位所在地为用人单位注册登记所在地，二者在实践中并不完全一致。

2. 诉讼管辖原则：先受理的法院优先管辖

根据《最高人民法院关于审理劳动争议案件适用法律问题的解释（一）》（法释〔2020〕26号）第3条和第4条的规定，劳动争议案件由用人单位所在地或劳动合同履行地的基层人民法院管辖。双方当事人就同一裁决分别向有管辖权的人民法院起诉的，后受理的人民法院应当将案件移送给先受理的法院。

从司法解释来看，诉讼管辖确定的原则是"先受理的法院优先管辖"。据此，本案北京市大兴区人民法院和北京市顺义区人民法院均有管辖权，前者作为后受理的人民法院应当将案件移送给先受理的北京市顺义区人民法院。

3. 对确认劳动关系的裁决双方均起诉的并案审理以及当事人的诉讼地位

在司法实践中，当事人双方不服劳动人事争议仲裁委员会作出的同一仲裁裁决，均向同一人民法院起诉的，依照《民事诉讼法》确定的合并审理原则，对双方当事人的诉讼请求，人民法院应当一并作出裁决。

---

① 北京市大兴区人民法院（2019）京0115民初7702号民事裁定书。

关于均起诉的双方当事人的诉讼地位，《最高人民法院关于审理劳动争议案件适用法律问题的解释（一）》（法释〔2020〕26号）第4条规定："劳动者与用人单位均不服劳动争议仲裁机构的同一裁决，向同一人民法院起诉的，人民法院应当并案审理，双方当事人互为原告和被告，对双方的诉讼请求，人民法院应当一并作出裁决。"

例如，在"辽宁省机场管理集团锦州机场与王某某确认劳动关系纠纷案"中，双方在收到锦州市劳动人事争议仲裁院作出的（2019）锦劳人仲案字第243号仲裁裁决书后，均提起诉讼并被立案受理，案由均为确认劳动关系纠纷，辽宁省锦州市太和区人民法院裁定双方的（2019）辽0791民初638号案和（2019）辽0791民初671号案合并审理[①]。

本案中，彭某某与奥凯公司均不服裁决向人民法院提起了诉讼，北京市顺义区人民法院应当并案审理。

[①] 辽宁省锦州市太和区人民法院（2019）辽0791民初671号民事裁定书。

参考文献

专著教材类

1. 杜万华．《第八次全国法院民事商事审判工作会议（民事部分）纪要》理解与适用［M］．北京：人民法院出版社，2017．

2. 万青，张辉，郭玉涛．飞机载重平衡［M］．北京：中国民航出版社，2015．

3. 黎建飞．劳动法与社会保障法：原理、材料与案例［M］．北京：北京大学出版社，2015．

4. 王全兴．劳动法学［M］．北京：高等教育出版社，2008．

5. 谢德成．劳动法与社会保障法［M］．北京：中国政法大学出版社，2017．

6. 郝秀辉．航空运输合同法［M］．北京：法律出版社，2016．

7. 信春鹰．中华人民共和国劳动争议调解仲裁法释义［M］．北京：法律出版社，2008．

8. 关怀，林嘉．劳动法［M］．5版．北京：中国人民大学出版社，2016．

9. ［德］沃尔夫冈·多伊普勒．德国劳动法［M］．11版．王倩，译．上海：上海人民出版社，2016．

10. 翟业虎．竞业禁止法律问题研究［M］．北京：中国政法大学出版社，2013．

11. 柯振兴．美国劳动法［M］．北京：中国政法大学出版社，2014．

12. ［德］曼罗雷德·魏斯，马琳·施密特．德国劳动法与劳资关系

[M]．倪斐，译．北京：商务印书馆．2012．

论文类

1. 冯彦君．劳动合同期限分治的立法意义及其功能性回归［J］．法学评论，2017（5）．

2. 周国良，王坤，李坤刚．劳动合同解除事由中不能胜任工作与不符合录用条件的认定［J］．中国劳动，2016（17）．

3. 周洪波．企业单方对员工调岗调薪的法律风险及防范［J］．上海企业，2017（6）．

4. 吴亚平．为无固定期限劳动合同正名［J］．中国劳动关系学院学报，2011（6）．

5. 林嘉．退休年龄的法理分析及制度安排［J］．中国法学，2015（6）．

6. 陈敏．关于飞行员辞职劳动争议中如何处理档案转移诉求的探讨［J］．海峡法学，2019（2）．

7. 汪君．行政规范性文件之民事司法适用［J］．法学家，2020（1）．

8. 侯进令，陈秀．书面劳动合同的定义研究［J］．中国人力资源社会保障，2019（3）．

9. 赵运成．中国法院适用劳动合同法律适用规则之实证研究［J］．武大国际法评论，2020（1）．

10. 卢修敏．我国劳务派遣法律结构分析［J］．华东政法大学学报，2010（2）．

11. 赵桂红，马志刚．航空公司机上供应品成本控制方案［J］．中国民用航空，2005（3）．

12. 汪洋．"从契约到身份"：以船员劳动合同的特殊性及司法应对为视角［J］．中国海商法研究，2014（3）．

13. 常凯．劳动关系的集体化转型与政府劳工政策的完善［J］．中国社会科学，2013（6）．

14. 王天玉．集体合同立法模式的悖论与出路［J］．社会科学战线，2017（12）．

15. 叶欢．论《劳动合同法》中的"劳动基准"［J］．西南政法大学学报，2020（2）．

16. 集体合同法立法可行性研究课题组．集体合同立法的可行性研究[J]．中国劳动关系学院学报，2012（2）．

17. 侯玲玲．我国加班工资计算基数的地方裁审规则：以北京、上海、广东、深圳为样本[J]．法学，2014（6）．

18. 冯彦君．集体合同效力的生成与实现：以营造和谐劳动为目标[J]．南京师大学报（社会科学版），2016（2）．

19. 张家宇．劳动合同法中规制与自治的平衡：以经济性裁员为中心的展开[J]．河南财经政法大学学报，2020（4）．

20. 刘力，玄玉宝．劳动仲裁时效的理解与适用[J]．人民司法，2010（9）．

21. 于欣翠，栾居沪．劳动仲裁机构是否可主动审查仲裁时效[J]．中国劳动，2014（4）．

22. 李鑫超．谈劳动争议的仲裁时效[J]．中国劳动，2013（10）．

23. 程丽珍，栾居沪．二倍工资属于劳动报酬还是惩罚性赔偿[J]．中国劳动，2013（11）．

24. 曹金岗，沈鸿伟．二倍工资的仲裁时效应如何起算[J]．中国劳动，2012（10）．

25. 崔兆军．仲裁机构和人民法院不应主动审查仲裁时效[J]．中国劳动，2014（10）．

26. 杜万华，王林清．最高人民法院《关于审理劳动争议案件适用法律若干问题的解释（三）》的理解与适用[M]//最高人民法院民事审判第一庭．民事审判指导与参考．北京：法律出版社，2011．

27. 杜宁宁．劳动缔约《明示》义务研究[D]．吉林大学，2012．

28. 立花聪．《劳动合同法》的无固定期限劳动合同制度研究[D]．华东政法大学，2013．

29. 佟昕．劳动争议仲裁时效制度研究[D]．内蒙古大学，2018．